1000 XIANG QICHE JISHI
SHIYONG JINENG WANQUAN ZHANGWO

# 1000项

## 汽车技师
## 实用技能完全掌握

周晓飞　主编

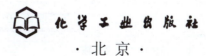

·北京·

图书在版编目（CIP）数据

1000项汽车技师实用技能完全掌握/周晓飞主编.—北京：化学工业出版社，2019.11（2023.4重印）
ISBN 978-7-122-35068-8

Ⅰ.①1… Ⅱ.①周… Ⅲ.①汽车-车辆维修-问题解答 Ⅳ.①U472.4-44

中国版本图书馆CIP数据核字（2019）第182769号

责任编辑：黄　滢　　　　　　　　文字编辑：冯国庆
责任校对：王鹏飞　　　　　　　　装帧设计：王晓宇

出版发行：化学工业出版社（北京市东城区青年湖南街13号　邮政编码100011）
印　　装：涿州市般润文化传播有限公司
787mm×1092mm　1/16　印张24　字数605千字　2023年4月北京第1版第3次印刷

购书咨询：010-64518888　　　　　　　　售后服务：010-64518899
网　　址：http：//www.cip.com.cn
凡购买本书，如有缺损质量问题，本社销售中心负责调换。

定　　价：99.00元　　　　　　　　　　　　　　　　　　　版权所有　违者必究

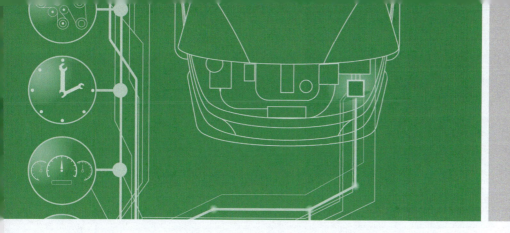

# 前言

随着我国汽车产业的迅猛发展，私家车的普及率和持有量也逐年增加。随之而来的，国内对汽车专业技术人才的需求量也愈来愈多，特别是电子控制技术在汽车上的不断应用，汽车维修工尤其是中高级汽车维修技师的缺口也呈明显扩大趋势。当前，汽车维修已经不存在单纯的机械维修作业方式，而是机电一体化，侧重电子控制诊断检测和电子电工基础维修相融合的较高层面的维修作业项目。因此，汽车维修行业已成为国内发展空间巨大的"朝阳行业"，越来越多的人想成为一名汽车维修技师。

为帮助广大汽车维修技术人员快速掌握汽车维修实践技能、提高汽车维修操作本领，我们特编写了此书。本书结合笔者多年来指导汽车维修工的实践经验，以问答的形式，介绍了汽车维修作业过程中经常遇到的一些重点、难点和容易被普通工人疏忽的问题，内容通俗易懂，注重实践。

本书的编写宗旨是：帮助广大汽车维修人员尽可能快速地解决贴近车间一线的实际问题，巩固维修知识，增强维修技能。在编写过程中着重从以下两个角度出发。

（1）汽车维修知识有问必答

全书从一线汽车维修工的角度出发进行编写，精选了1000余项与汽车维修人员日常工作相关的实际问题，给出解决方案，内容系统、易学易用。尤其是汽车维修故障实例诊断及排除方面的问题与解答，均出自维修一线技师之手。

（2）汽车维修技能完全掌握

本书强调实际操作能力和相应故障的诊断与排除，即学即用，具有很强的实用性，是一本对汽车维修人员非常有用的培训与指导用书。

本书共分六章，依次为汽车维修基础、发动机维修、自动变速器维修、空调系统维修、电气系统维修和底盘维修，涵盖维修知识与通识技能、故障诊断与维修操作等内容。

本书由周晓飞主编，参加编写的人员还有万建才、王立飞、边先锋等。编写过程中参考了大量的维修技术资料，同时也汇集了很多业内汽修高手的维修经验，在此一并表示衷心的感谢！

本书适合维修一线的汽车维修人员阅读，也可作为专业院校师生以及汽车维修培训机构的参考教材。

由于笔者水平所限，书中难免有疏漏和不妥之处，敬请广大读者批评指正。

编者

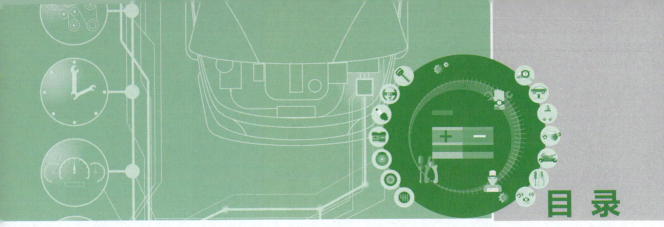

# 目 录

## 第一章 汽车维修基础

1. 汽车由哪几部分组成? ...... 1
2. 发动机有哪些类型? ...... 3
3. 什么是止点? ...... 4
4. 什么是气缸的排量? ...... 5
5. 什么是压缩室? ...... 5
6. 什么是燃烧室? ...... 5
7. 什么是压缩比（$e$）? ...... 5
8. 什么是行程/缸径比? ...... 5
9. 什么是连杆曲轴比（$\lambda$）? ...... 5
10. 什么是平均活塞速度? ...... 5
11. 什么是最大活塞速度? ...... 5
12. 什么是发动机转速? ...... 5
13. 什么是点火间隔? ...... 6
14. 什么是空调高压端? ...... 6
15. 什么是A/C压力禁止和请求? ...... 6
16. 什么是空燃比? ...... 6
17. 指令控制燃油泵有什么作用? ...... 6
18. 理想怠速转速是怎样实现的? ...... 6
19. 发动机冷却液温度传感器有什么作用? ...... 6
20. EGR的工作循环有什么作用? ...... 7
21. 怎样计算发动机负荷? ...... 7
22. 什么是发动机运转时间? ...... 7
23. 怎样计算发动机转速? ...... 7
24. 什么是燃油蒸发（EVAP）炭罐吹洗? ...... 7
25. 什么是风扇1/风扇2控制? ...... 7
26. 什么是燃油调整单元? ...... 7
27. 什么是燃油调整学习? ...... 7
28. 什么是加热型氧传感器1? ...... 8
29. 什么是加热型氧传感器2? ...... 8
30. 什么是氧传感器1跳变次数? ...... 8
31. 什么是过热模式? ...... 8
32. 什么是怠速空气控制（IAC）位置? ...... 8
33. 什么是点火控制（IC）模式? ...... 8
34. 什么是喷油器脉宽? ...... 8
35. 什么是爆震传感器（KS）开启次数? ...... 8
36. 什么是爆震传感器（KS）噪声通道? ...... 9
37. 什么是长期燃油调整值? ...... 9
38. 什么是开环和闭环? ...... 9
39. 什么是短期燃油调整值? ...... 9
40. 什么是点火正时? ...... 9
41. 什么是车辆防盗控制模块（VTD）关闭燃油? ...... 9
42. 举升设备操作有什么注意事项? ...... 9
43. 有关汽油/汽油蒸气有什么注意事项? ...... 10
44. 维修防抱死制动系统部件有什么注意事项? ...... 10
45. 关于蓄电池操作有什么注意事项? ...... 10
46. 关于制动液有什么注意事项? ...... 10
47. 从放油螺塞孔处检查变速器油有什么注意事项? ...... 10
48. 关于安全带预紧器有什么注意事项? ...... 10
49. 关于部件紧固有什么注意事项? ...... 11
50. 关于驱动桥有什么注意事项? ...... 11

51. 关于加热型氧传感器有什么注意事项? …… 11
52. 关于转向装置有什么注意事项? …… 11
53. 关于正时传动链条反作用扭矩有什么注意事项? …… 12
54. 汽车的布置形式有几种? …… 12
55. 什么是汽车维修工艺规程? 有哪些相关依据和规定? …… 12
56. 什么叫车辆小修? …… 12
57. 什么叫车辆大修? 什么叫总成大修? …… 12
58. 发动机二级维护作业内容有哪些? …… 12
59. 底盘二级维护作业内容有哪些? …… 13
60. 电气设备二级维护作业内容有哪些? …… 14
61. 发动机二级维护的技术要求有哪些? …… 14

## 第二章　发动机维修

### 第一节　维修知识与通识技能 …… 16

1. 双凸轮轴可变气门正时系统的作用和特点是什么? …… 16
2. 全可变进气门系统的作用和特点是什么? …… 17
3. 可变气门的作用和特点是什么? …… 17
4. VVT-i 的作用和特点是什么? …… 18
5. 双 VVT-i 系统的作用和特点是什么? …… 19
6. i-VTEC 的作用和特点是什么? …… 19
7. 可变进气系统的作用和特点是什么? …… 20
8. 可变进气系统的原理是什么? …… 21
9. 可变排量的特点和实现方式是什么? …… 21
10. 什么是稀薄燃烧? …… 22
11. 稀薄燃烧有什么优点? …… 23
12. 稀薄燃烧的原理是什么? …… 23
13. 发动机实现稀薄燃烧的关键技术有哪些? …… 23
14. 稀薄燃烧发动机的优势是什么? …… 23
15. 分层燃烧有什么好处? …… 24
16. 均质稀燃有什么优点? …… 24
17. 均质燃烧有什么优点? …… 24
18. CDI 和 FSI 有什么关联和区别? …… 24
19. 缸内直喷技术有什么特点? …… 25
20. TFSI 发动机和 TSI 发动机有什么区别? …… 25
21. SIDI 发动机有什么特点? …… 26
22. 涡轮增压器的原理是什么? 有什么特点? …… 26
23. 机械增压器的原理是什么? 有什么特点? …… 27
24. 双增压器的原理是什么? 有什么特点? …… 28
25. 凸轮轴传感器的作用原理是什么? …… 28
26. 曲轴位置传感器的作用原理是什么? …… 29
27. 空气流量计的作用原理和失效影响是什么? …… 29
28. 进气温度传感器的作用原理是什么? …… 30
29. 冷却液温度传感器的作用、特性和失效影响是什么? …… 31
30. 偏心轴传感器的作用、原理和故障影响是什么? …… 31
31. 水箱出口上的温度传感器的作用、原理和故障影响是什么? …… 32
32. 加速踏板模块的作用、原理和失效影响是什么? …… 32
33. 进气压力传感器的作用、原理和故障影响是什么? …… 33
34. 爆震传感器的作用、原理和故障影响是什么? …… 33
35. 氧传感器的作用原理是什么? …… 34
36. 宽带氧传感器的结构特征和原理是什么? …… 34

37. 后氧传感器的作用是什么？怎么
    调校？ ........................................... 35
38. 废气催化剂转换器的作用是什么？
    怎么监控？ ..................................... 36
39. 温度油位传感器的作用、原理和
    故障影响是什么？ ............................ 36
40. 油压开关的作用原理和故障影响
    是什么？ ........................................ 36
41. 制动信号灯开关的作用原理和故障影响
    是什么？ ........................................ 37
42. 电子节气门控制伺服电动机的作用
    原理是什么？ .................................. 37
43. 电子节气门调节器的作用原理是
    什么？ ........................................... 38
44. VANOS 电磁阀的作用功能是什么？
    是怎么调节和控制的？ ...................... 39
45. 全顺序喷射装置喷油阀有哪些
    优点？ ........................................... 40
46. 高压泵的作用是什么？怎么
    工作？ ........................................... 41
47. 燃油通风阀的作用是什么？怎么
    工作？ ........................................... 41
48. 点火线圈受什么控制？ ...................... 41
49. 电子节温器有什么特点？怎么
    工作？ ........................................... 42
50. 全变量进气系统的作用、原理和
    失效影响是什么？ ............................ 42
51. 增压空气冷却系统的作用是什么？
    怎么工作？ ..................................... 43
52. 高精度直喷系统（HPI）的作用是
    什么？怎么工作？ ............................ 44
53. 双气流式进气管的作用是什么？
    怎么工作？ ..................................... 44
54. 增压压力调节装置的作用是什么？
    怎么工作？ ..................................... 45
55. 循环空气减压阀的作用是
    什么？ ........................................... 46
56. 增压空气冷却系统是怎么工
    作的？ ........................................... 46
57. 二次空气系统的作用是什么？ ............ 47

58. 二次空气泵是怎么工作的？ ............... 47
59. 二次空气阀是怎么工作的？ ............... 47
60. 什么是空燃比控制？ ........................ 47
61. 计算机空燃比控制策略是
    怎样的？ ........................................ 47
62. 怎样理解喷油脉宽？ ........................ 48
63. 什么是回油型燃油系统？ .................. 48
64. 什么是无回油型燃油系统？ ............... 48
65. 冷却系统怎么实现冷却？电动冷却
    液泵是怎样工作的？ ........................ 49

第二节　故障诊断与维修操作 ................ 49

66. 机油损耗量大的故障原因有
    哪些？ ........................................... 49
67. 机油损耗量大的受损部件有
    哪些？ ........................................... 49
68. 机油损耗量大的故障怎么排除？ ........ 50
69. 汽车发动机烧机油故障怎么判断和
    排除？ ........................................... 50
70. 机油泄漏主要原因有哪些？ ............... 51
71. 机油泄漏故障怎么排除？ .................. 51
72. 冷却液泄漏的主要原因是什么？ ........ 51
73. 温度高对发动机有哪些损坏？ ............ 51
74. 怎么判断和排除冷却液泄漏？ ............ 51
75. 怎样排放冷却液使冷却系统内不容
    易憋气？ ........................................ 52
76. 怎样就车检查冷却液泵故障？ ............ 52
77. 怎样就车检查节温器故障？ ............... 52
78. 诊断发动机异响有什么技巧？ ............ 52
79. 影响发动机异响的因素有哪些？ ........ 52
80. 活塞要进行哪些检修和维护？ ............ 53
81. 活塞环的端隙与气缸直径间有什么
    关系？ ........................................... 53
82. 活塞环都有哪些装配间隙要求？
    如何测量？ ..................................... 54
83. 活塞销与承孔的配合要求有
    哪些？ ........................................... 54
84. 怎样检测和判断连杆的弯扭
    变形？ ........................................... 54
85. 怎样检查分析活塞偏缸现象？ ............ 55
86. 气缸垫有什么作用？对其有什么

- 87. 气缸套有哪些形式？各有哪些特点？ … 56
- 88. 怎样检验气缸体与气缸盖是否有裂纹产生？ … 56
- 89. 曲轴上为什么要设置平衡块？ … 57
- 90. 曲轴产生裂纹和断裂的原因有哪些？ … 57
- 91. 活塞敲缸有什么特征？是什么原因所致？ … 57
- 92. 怎么判断和排除活塞敲缸故障？ … 58
- 93. 活塞销异响有什么特征？是什么原因所致？ … 58
- 94. 怎么判断和排除活塞销异响故障？ … 58
- 95. 活塞环的异响有什么特征？怎么排除？ … 59
- 96. 气门漏气的原因有哪些？怎么排除？ … 59
- 97. 气门机械异响有什么特征？什么原因所致？ … 60
- 98. 怎么判断和排除气门机械异响？ … 60
- 99. 气门弹簧异响是什么原因所致？有什么维修事项？ … 60
- 100. 怎么判断和排除积炭造成发动机高速运转时气门异响故障？ … 61
- 101. 液压挺杆异响有什么特征？什么原因所致？ … 61
- 102. 怎么判断和排除液压挺杆异响？ … 61
- 103. 怎么判断单一挺杆异响？ … 61
- 104. 怎么判断所有挺杆异响？ … 61
- 105. 曲轴主轴承异响有什么特征？什么原因所致？ … 62
- 106. 怎样判断和排除曲轴主轴承异响？ … 62
- 107. 连杆轴承异响有什么特征？什么原因所致？ … 62
- 108. 怎样判断和排除连杆轴承异响？ … 63
- 109. 正时带和正时链异响有什么特征？什么原因所致？ … 63
- 110. 进气正时自动控制机构异响是什么原因？ … 63
- 111. 机油滤网堵塞导致的液压挺杆异响怎么办？ … 63
- 112. 为什么通风管路堵塞会导致发动机异响？ … 63
- 113. 发动机启动困难有哪些主要原因？ … 64
- 114. 发动机冷启动困难有哪些主要原因？ … 64
- 115. 怎么检修燃油压力导致的发动机启动困难？ … 64
- 116. 怎么检修ISC故障导致的发动机启动困难？ … 64
- 117. 为什么冷却液温度传感器故障会导致发动机启动困难？ … 65
- 118. 怎么检修转速信号系统故障导致的发动机启动困难或无着火征兆？ … 65
- 119. 发动机不能启动故障有哪些原因？ … 65
- 120. 发动机无着火征兆是什么原因？ … 65
- 121. 怎么检修点火系统故障导致的发动机无着火征兆？ … 65
- 122. 怎么检修燃油控制系统故障导致的发动机无着火征兆？ … 65
- 123. 发动机有着火征兆但发动机不能启动是什么原因？ … 66
- 124. 如何检测空气流量计？ … 66
- 125. 如何检测第6代热膜式空气流量计？ … 67
- 126. 怎样检修凸轮轴位置传感器故障？ … 68
- 127. 怎么检修凯美瑞轿车怠速抖动故障？ … 69
- 128. 怎么检修迈腾轿车启动故障？ … 69
- 129. 怎么检修别克新君越轿车挂挡熄火故障？ … 70
- 130. 怎么判断炭罐电磁阀损坏导致的故障？ … 70
- 131. 怎么排除排气管"放炮"故障？ … 71
- 132. 怎么排除加速踏板导致的故障？ … 72
- 133. 怎么检修节气门损坏导致的故障？ … 72
- 134. 怎么检查机油灯报警？ … 72

135. 怎么检修和排除帕萨特轿车机油灯报警? … 73
136. 怎么检修和排除喷油器泄漏导致缺缸? … 74
137. 怎么检修和排除喷油器积炭导致发动机加速无力? … 74
138. 怎么检修和排除燃油滤清器堵塞导致发动机加速无力? … 74
139. 怎么检修和排除压力调节器堵塞导致尾气冒黑烟? … 75
140. 进气系统有问题会导致哪些故障? … 75
141. 节气门有问题会导致哪些故障? … 75
142. 怎么检查和排除离合器踏板开关导致的故障? … 75
143. 机油尺未插到位会导致什么特殊故障? … 76
144. 怎么判断氧传感器故障? … 76
145. 排放控制主要监控对象和项目是什么? … 76
146. OBD 有哪几种形式? … 77
147. 什么是过量空气系数调节系统? … 77
148. 怎么检查和排除燃油消耗大? … 78
149. 怎么检查和排除发动机怠速不稳? … 78
150. 怎么检查和排除涡轮增压器漏气导致提速很慢? … 78
151. 怎么检查和排除 EGR 阀故障导致发动机加速缓慢? … 79
152. 点火提前角对发动机性能有什么影响? … 79
153. 哪些因素影响点火提前角? … 79
154. 怎样判断火花塞损坏? … 80
155. 怎样判断火花塞烧蚀? … 80
156. 转速传感器会发生哪些故障? … 80
157. 爆震传感器发生故障对发动机有什么影响? … 81
158. 怎么检查和排除点火线圈故障? … 81
159. 怎么检查和排除火花塞导致的游车故障? … 81
160. 火花塞热值不正确对发动机有什么影响? … 82
161. 曲轴轴向间隙大会导致发动机熄火吗? … 82
162. 怎么检查和排除长时间停放后启动困难故障? … 82
163. 怎么检查和排除低速熄火故障? … 83
164. 怎么检查和排除无法启动故障? … 83
165. 怎么检查和排除氧传感器导致的故障? … 83
166. 怎么检查和排除废气管漏气导致的故障? … 83
167. 怠速电磁阀的结构是怎样的? 有什么故障影响? … 84
168. 怎么检查和排除挂挡起步熄火故障? … 84
169. 智能蓄电池传感器的作用是什么? … 84
170. 怎么检查和排除怠速游车? … 84
171. 进气管真空度失常对发动机性能有哪些影响? … 85
172. 怎么检查和排除怠速过高故障? … 85
173. 怎么检查和排除冷启动怠速不稳故障? … 85
174. 怎样检查和排除发动机转速不稳、启动困难故障? … 86
175. 什么是发动机大修? … 86
176. 什么是发动机小修? … 86
177. 什么是就车修理? … 87
178. 怎样使用螺栓黏合剂? … 87
179. 为什么发动机在重新装配后要进行磨合? … 87

第三节 柴油发动机维修 … 87
180. 什么是换气过程? … 87
181. 什么是自由排气阶段? … 88
182. 什么是强制排气阶段? … 88
183. 什么是进气过程? … 88
184. 柴油发动机混合气形成有什么特点? … 88
185. 什么是小涡流和雾状喷射的喷射方式? … 89

186. 什么是辅助涡流喷射方式？ …… 89
187. 预燃室方式的工作原理是怎样的？有何特点？ …… 89
188. 涡流室方式的工作原理是怎样的？有何特点？ …… 89
189. 什么是非均质混合气？有何特点？ …… 89
190. 柴油机燃油混合气质量控制方式是怎样的？ …… 90
191. 混合气形成受哪些因素影响？ …… 90
192. 发动机启动工况是怎样的？ …… 90
193. 影响启动性能的因素有哪些？ …… 90
194. 哪些因素能改善柴油机启动性能？ …… 90
195. 低怠速工况对燃油喷射的要求是怎样的？ …… 91
196. 全负荷工况对燃油喷射的要求是怎样的？ …… 91
197. 影响燃油喷射计量有哪些因素？ …… 91
198. 燃油喷射量计算时应考虑哪些因素？ …… 92
199. 什么是排烟限制？ …… 92
200. 什么是燃烧压力限制？ …… 92
201. 柴油机排气温度限制由哪些因素决定？ …… 92
202. 柴油机的转速限制有什么作用？ …… 92
203. 柴油机着火延迟是什么原因？ …… 93
204. 什么是速燃期？ …… 93
205. 什么是缓燃期？ …… 93
206. 什么是补燃期？ …… 94
207. 燃料性质对柴油机燃烧过程有什么影响？ …… 94
208. 压缩比对柴油机燃烧过程有什么影响？ …… 94
209. 喷油规律对柴油机燃烧过程有什么影响？ …… 94
210. 喷油提前角对柴油机燃烧过程有什么影响？ …… 94
211. 转速与负荷对柴油机燃烧过程有什么影响？ …… 95

212. 什么是预喷射？有什么作用？ …… 95
213. 什么是主喷射？ …… 95
214. 什么是后喷射？ …… 95
215. 柴油机燃油供给系统有什么功能？有哪些组成部分？ …… 96
216. 轴针式喷油器有什么特点？结构原理是怎样的？ …… 97
217. 孔式喷油器有什么用途？有何特点？ …… 97
218. 柱塞式喷油泵的作用是什么？ …… 97
219. 喷油泵有哪些类型？ …… 98
220. 柱塞式喷油泵由哪些组件组成？ …… 98
221. 柱塞式喷油泵分泵由哪些重要部件组成？ …… 98
222. 喷油泵油量调节机构是怎样的？ …… 99
223. 喷油泵驱动机构有哪些？ …… 100
224. 柴油机燃油系统为什么要设置调速器？ …… 100
225. 柴油机调速器有什么功用？ …… 100
226. 根据构造柴油机调速器有哪些分类？ …… 100
227. 根据调速器作用范围有哪些分类？ …… 100
228. 什么是单极式调速器？ …… 101
229. 机械离心全程式调速器的结构是怎样的？ …… 102
230. 两极式（RQ型）调速器的结构是怎样的？ …… 102
231. 两极式（RQ型）调速器启动工况是怎样的？ …… 103
232. 两极式（RQ型）调速器怠速工况是怎样的？ …… 104
233. 两极式（RQ型）调速器部分负荷工况是怎样的？ …… 104
234. 两极式（RQ型）调速器转矩校正工况是怎样的？ …… 104
235. 两极式（RQ型）调速器高速作用工况是怎样的？ …… 104
236. RAD两极式调速器是怎么工作的？ …… 104

237. RFD 调速器是怎样工作的? ……… 105
238. 怎么检验喷油器密封性? ………… 105
239. 怎么检查喷油器喷油压力? ……… 106
240. 怎么检验喷油器喷油质量? ……… 106
241. 怎么就车检查喷油器? …………… 106
242. 分配式喷油泵是怎样的? ………… 106
243. PT 喷油泵供油系统是怎样的? … 107
244. 增压补偿器有什么作用?
    结构是怎样的? …………………… 107
245. 油水分离器的作用是什么? ……… 108
246. 电控柴油机有何特点? 基本原理和
    结构组成是怎样的? ……………… 108
247. 高压共轨系统的结构组成是怎样的?
    高压共轨发动机有哪些优点? …… 108
248. 高压共轨系统是怎样工作的? …… 109
249. 高压共轨系统低压油路有什么作用?
    有哪些重要零部件? ……………… 109
250. 高压共轨系统高压油路有什么作用?
    有哪些重要零部件? ……………… 109
251. 高压油泵的结构组成是怎样的?
    是怎样工作的? …………………… 110
252. 比例阀有什么重要作用? ………… 111
253. 电控发动机油轨的结构是
    怎样的? …………………………… 111
254. 电控喷油器的组成和工作过程
    是怎样的? ………………………… 111
255. 电控喷油器的工作原理是怎样的? … 112
256. 什么是无喷射(阶段)? ………… 112
257. 什么是喷射(阶段)? …………… 113
258. 什么是喷射结束(阶段)? ……… 113
259. 喷油器驱动电路是怎样的? ……… 113
260. 电控柴油机燃油喷射是怎么
    控制的? …………………………… 113
261. 燃油喷射控制有哪些类型? ……… 114
262. 什么是燃油喷射量控制? ………… 114
263. 什么是燃油喷射正时控制? ……… 114
264. 什么是燃油喷射率控制? ………… 114
265. 什么是燃油喷射压力控制? ……… 114
266. 喷射量是怎么计算的? …………… 115
267. 什么是基本喷油量? ……………… 115

268. 什么是启动喷油量? ……………… 115
269. 什么是最高转速设定喷射量? …… 115
270. 什么是最大喷射量? ……………… 115
271. 如何校正基本喷油量? …………… 115
272. 什么是怠速控制? ………………… 116
273. 什么是平稳运转控制? …………… 116
274. 什么是巡航控制(汽车速度
    控制器)? ………………………… 117
275. 什么是主动喘振衰减? …………… 117
276. 什么是海拔补偿? ………………… 117
277. 什么是喷油器供油量补偿? ……… 117
278. 什么是零供油量标定(ZFC)? … 117
279. 什么是发动机制动功能? ………… 118
280. 发动机 ECU 的重要策略
    有哪些? …………………………… 118
281. 喷油器开始喷油时有哪些必要
    条件? ……………………………… 118
282. 发动机启动时的判缸过程是
    怎样的? …………………………… 118
283. 发动机启动时的喷油量控制是
    怎样的? …………………………… 119
284. 什么是电控系统失效策略? ……… 119
285. 曲轴或凸轮轴位置传感器失效策略
    是怎样的? ………………………… 119
286. 共轨压力传感器失效策略是
    怎样的? …………………………… 120
287. 进油计量阀驱动失效策略是
    怎样的? …………………………… 120
288. 电子油门失效策略是怎样的? …… 120
289. 水温传感器失效策略是
    怎样的? …………………………… 120
290. 减扭矩失效策略是怎样的? ……… 121
291. 停机保护失效策略是怎样的? …… 121
292. 怠速控制策略是怎样的? ………… 121
293. 冒烟限制控制是怎样的? ………… 121
294. 柴油机传感器有哪些类型? ……… 122
295. 柴油机二线式热敏式温度传感器
    的工作原理是怎样的? …………… 122
296. 怎样检测柴油机温度传感器? …… 122
297. 轨道压力传感器起什么作用? …… 122

298. 油水分离器位置传感器起什么
作用? ………………………… 123
299. 压电直接控制式喷油器有什么
特点? ………………………… 123
300. 高压共轨柴油发动机的 SCR 系统
的作用是什么? ………………… 124
301. 使用高压共轨柴油发动机的 SCR
系统时要注意哪些事项? ……… 124

## 第三章 自动变速器维修

第一节 维修知识与通识技能 …………… 125
1. 什么是 AMT 变速器? ………… 125
2. 什么是 DCT 变速器? ………… 125
3. 什么是 CVT 变速器? ………… 126
4. 什么是 AT 变速器? …………… 127
5. 自动变速器驻车制动装置的结构和
作用是怎样的? 如何操作? …… 127
6. 液压控制阀体的作用是什么? 包括
哪些组件? ……………………… 127
7. 电磁阀供油限压阀的作用是什么?
故障影响是怎样的? …………… 128
8. 电磁阀供油限压阀容易出现哪些
问题? …………………………… 128
9. 大众车型 01M/01N 阀体中的电磁阀
调节阀有什么作用? …………… 128
10. 主调压阀(阀体内部)有
什么作用? ……………………… 128
11. 增压阀的作用是什么? ………… 129
12. 扭矩信号阀有什么作用? 影响因素
有哪些? ………………………… 129
13. 换挡控制策略包括哪些方面? … 129
14. 市区行驶换挡策略是什么? …… 129
15. 上坡路行驶换挡策略是什么? … 130
16. 下坡路行驶换挡策略是什么? … 130
17. 弯路行驶换挡策略是什么? …… 130
18. 冰雪路面行驶换挡策略是什么? … 130
19. 高原地区行驶换挡策略是什么? … 130
20. 换挡点力矩平衡(重叠换挡)控制
策略是什么? …………………… 130
21. 减扭矩控制策略是什么? ……… 130
22. 后坐力控制(N-D 缓冲控制)
策略是什么? …………………… 130
23. 停车回空挡控制策略是什么? … 130
24. 自动变速器过热保护控制策略
是什么? ………………………… 130
25. 直接换挡控制策略是什么? …… 131
26. 双离合器扭矩传递路线是
怎样的? ………………………… 131
27. 双离合器(干式离合器)是
怎样工作的? …………………… 131
28. 双离合器(湿式离合器)是
怎样工作的? …………………… 132
29. 双离合器输入轴的结构是
怎样的? ………………………… 132
30. 常规 8 速自动变速器有什么
特点? …………………………… 132
31. 混合动力版 8 速自动变速器的结构
是怎样的? ……………………… 133
32. 9 速自动变速器的特性是
怎样的? ………………………… 134
33. 变速器多功能挡位(TR)开关 F125
的作用是什么? ………………… 134
34. 变速器多功能挡位(TR)开关 F125
出现故障怎么办? ……………… 134
35. 变速器输入转速传感器 G182 有什么
作用? 有什么故障影响? ……… 135
36. 变速器输出转速传感器 G195 有什么
作用? 有什么故障影响? ……… 135
37. 变速器油温传感器 G93 有什么作用? 有
什么故障影响? ………………… 136
38. 节气门位置传感器和加速踏板位置
传感器对变速器有什么作用? … 136

39. 09G 型六挡自动变速器控制单元的安全功能是怎样的? ………… 137
40. 09G 型六挡自动变速器控制单元有效的机械应急状态是怎样的? ………… 137
41. 09G 型六挡自动变速器控制单元无效的机械应急状态是怎样的? ………… 137
42. 宝马 6HP-26 自动变速器电子控制装置主要包括哪些? ………… 137
43. 宝马 6HP-26 自动变速器驻车锁止装置是怎样的? ………… 138
44. 4F27E 型自动变速器电子控制系统组成是什么? ………… 138
45. 涡轮轴转速传感器 (TSS) 的作用是什么? 有什么故障影响? ………… 138
46. 输出轴转速传感器 (OSS) 的作用是什么? 有什么故障影响? ………… 138
47. 变速器油温传感器 (TFT) 的作用是什么? ………… 138
48. 挡位开关 (TR) 的作用是什么? ………… 139
49. 手动模式开关、增/减挡开关的作用是什么? ………… 139
50. 制动开关的作用是什么? ………… 139
51. 换挡电磁阀的作用是什么? ………… 139
52. 压力控制电磁阀 (EPC) 的作用是什么? ………… 139
53. 0BK/0BL 自动变速器包括哪些元件? ………… 139
54. 0BK/0BL 自动变速器 1 挡是怎样传递动力的? ………… 139
55. 0BK/0BL 自动变速器 2 挡是怎样传递动力的? ………… 140
56. 0BK/0BL 自动变速器 3 挡是怎样传递动力的? ………… 140
57. 0BK/0BL 自动变速器 4 挡是怎样传递动力的? ………… 141
58. 0BK/0BL 自动变速器 5 挡是怎样传递动力的? ………… 142
59. 0BK/0BL 自动变速器 6 挡是怎样传递动力的? ………… 142
60. 0BK/0BL 自动变速器 7 挡是怎样传递动力的? ………… 143
61. 0BK/0BL 自动变速器 8 挡是怎样传递动力的? ………… 143
62. 0BK/0BL 自动变速器 R 挡是怎样传递动力的? ………… 144

第二节  故障诊断与维修操作 ………… 144
63. 怎样检查变速器油位? ………… 144
64. 怎样检查变速器油质? ………… 145
65. 怎样检查和调整挡位开关? ………… 145
66. 变速器油压过高或过低有什么影响? 测试油压的目的是什么? 试验的准备有哪些? ………… 145
67. 挡位油压测试有什么条件? 有什么故障影响? ………… 146
68. 时间滞后测试的目的是什么? 怎样进行测试? ………… 146
69. 连续升挡试验的目的是什么? ………… 146
70. 怎么进行升挡车速试验? ………… 147
71. 怎么进行锁止离合器工作状况的试验? ………… 147
72. 怎么进行发动机制动性能试验? ………… 147
73. 怎么进行强制降挡试验? ………… 148
74. 怎样检测电磁阀供油限压阀阀孔? ………… 148
75. 通用 4T65-E 变速器中增压阀的常见故障有哪些? ………… 148
76. 大众 01M/01N 变速器增压阀的常见故障有哪些? ………… 149
77. 大众 09G 型六挡自动变速器控制单元的故障识别是怎样的? ………… 149
78. 变速器机油 (DSG 油) 的作用是什么? 怎么维护 DSG 油变速器? ………… 149
79. 拆卸 DSG 变速器离合器有哪些重要步骤和要领? ………… 150
80. 安装 DSG 变速器离合器有哪些重要步骤和要领? ………… 150

81. 测量和调整离合器有哪些重要步骤及要领? ………… 150
82. 拆卸 DSG 变速器控制单元 J743 有哪些重要步骤和要领? ………… 151
83. 安装 DSG 变速器控制单元 J743 有哪些重要步骤和要领? ………… 153
84. 拆卸 DSG 变速器油泵有哪些重要步骤和要领? ………… 153
85. 安装 DSG 变速器油泵有哪些重要步骤和要领? ………… 154
86. 汽车不能行驶的故障表现是什么? 是什么原因导致的? ………… 154
87. 自动变速器打滑的故障表现是什么? 是什么原因导致的? ………… 154
88. 换挡冲击过大的故障表现是什么? 是什么原因导致的? ………… 155
89. 升挡过迟的故障表现是什么? 是什么原因导致的? ………… 155
90. 不能升挡的故障表现是什么? 是什么原因导致的? ………… 156
91. 无超速挡的故障表现是什么? 是什么原因导致的? ………… 156
92. 无前进挡的故障表现是什么? 是什么原因导致的? ………… 157
93. 无倒挡的故障表现是什么? 是什么原因导致的? ………… 157
94. 跳挡的故障表现是什么? 是什么原因导致的? ………… 157
95. 挂挡后发动机怠速易熄火是什么原因? ………… 158
96. 无发动机制动是什么原因导致的? ………… 158
97. 不能强制降挡是什么原因导致的? ………… 158
98. 无锁止故障是什么原因导致的? ………… 158
99. 自动变速器异响故障表现是什么? 是什么原因导致的? ………… 159
100. 造成摩擦片烧损的具体故障表现是什么? 是什么原因导致的? ………… 159
101. 制动器活塞发生故障的表现是什么? 是什么原因导致的? ………… 159
102. 01M 自动变速器换挡电磁阀的作用是什么? 怎么进入应急状态? ………… 160
103. 怎么检查和排除 01M 自动变速器换挡电磁阀故障? ………… 160
104. 怎么检查和排除 01M 自动变速器变扭器锁止离合器控制故障? ………… 160
105. 怎么检查和排除 01M 自动变速器 2 挡升 3 挡打滑故障? ………… 161
106. 怎么检查和排除 01M 自动变速器 2 挡升 3 挡冲击故障? ………… 161
107. 怎么检查和排除 01M 自动变速器超速挡打滑故障? ………… 161
108. 怎么检查和排除 01M 自动变速器没有超速挡故障? ………… 162
109. 什么情况下自动变速器执行升降挡位? ………… 163
110. 怎么检查帕萨特 01M 自动变速器升降挡重叠故障? ………… 163
111. 怎么检查帕萨特 01M 自动变速器挡位不正确故障? ………… 163
112. 怎么检查不能自动换挡故障? ………… 164
113. 怎么检查和排除突然没有倒挡? ………… 164
114. 变速器油温高会导致什么故障? ………… 164
115. 什么原因导致变速器在"P"位和"N"位有异常响? ………… 165
116. 自动变速器内印制导线损坏会导致什么故障? ………… 165
117. 自动变速器油压不足会导致什么故障? ………… 165
118. 为什么换挡手柄不能从"P"位移出? ………… 165
119. 怎么检修和排除 1 挡到 4 挡时加速不良? ………… 165
120. 怎么检修和排除升挡不顺畅故障? ………… 166

# 第四章 空调系统维修

第一节 维修知识与通识技能……………… 167
1. 汽车空调系统由哪些部分组成?……… 167
2. 汽车空调制冷系统由哪些部分
   组成?……………………………………… 167
3. 制冷的基本原理是什么?汽车空调
   制冷系统的工作原理是什么?………… 167
4. 冷冻油有什么作用?…………………… 167
5. 汽车空调系统对冷冻油有什么
   要求?……………………………………… 168
6. 加注冷冻油要注意哪些事项?………… 168
7. 制冷剂 R134a 的特点是什么?………… 168
8. 制冷剂循环是怎么工作的?…………… 169
9. 制冷剂循环回路(汽车空调制冷系统)
   有哪些组件?……………………………… 169
10. 进行制冷剂循环回路方面的工作要
    注意哪些事项?………………………… 170
11. 外部调节式空调压缩机有什么特点
    和功用?………………………………… 170
12. 储液罐和干燥器的作用和工作过程
    是怎样的?……………………………… 171
13. 蒸发器是怎么工作的?………………… 172
14. 蒸发器温度传感器(温度调节器)
    是怎么工作的?………………………… 172
15. 膨胀阀的类型是什么?有什么
    作用?…………………………………… 173
16. 热力膨胀阀有哪些指标?……………… 174
17. 内平衡膨胀阀的结构和工作原理是
    什么?…………………………………… 174
18. 外平衡膨胀阀的结构特点和工作原理
    是什么?………………………………… 175
19. H 形膨胀阀的结构特点和工作原理
    是什么?………………………………… 176
20. 暖风是怎样产生的?…………………… 177
21. 空调通风方式有哪几种?……………… 177
22. 空气净化装置有什么作用?…………… 178
23. 水暖式供暖系统工作原理是
    怎样的?………………………………… 179

24. 汽车空调配气系统的工作过程是
    怎样的?………………………………… 180
25. 自动空调的特点及主要组成部件有哪些?
    有何类型?工作原理是怎样的?……… 181
26. 什么是有效出气温度?………………… 182
27. 出风气流是怎么控制的?……………… 184
28. 内循环模式(进气)是怎么
    控制的?………………………………… 184
29. 鼓风机电动机控制模块是怎样
    工作的?………………………………… 184
30. 空气质量传感器是怎样工作的?……… 184
31. 自动空调系统控制特点是
    怎样的?………………………………… 185
32. 自动空调系统暖风和冷气的调节及
    控制是怎样的?………………………… 186
33. 什么是定排量空调系统?……………… 187
34. 什么是变排量空调系统?……………… 187
35. 汽车空调系统为什么采用变排量
    压缩机?………………………………… 188
36. 变排量压缩机主要优点有哪些?……… 188
37. 压力调节式变排量压缩机的工作原理
    是怎样的?……………………………… 188
38. 压力调节式变排量压缩机的工作过程
    是怎样的?……………………………… 188
39. 什么是斜盘式压缩机?………………… 189
40. 斜盘式压缩机的工作原理是
    什么?…………………………………… 189
41. 摇板式压缩机的工作原理是
    什么?…………………………………… 189
42. 什么是旋叶式压缩机?………………… 190
43. 旋叶式压缩机的工作原理是
    什么?…………………………………… 190
44. 涡旋式压缩机是怎样工作的?………… 191
45. 汽车空调系统中常用的压力开关
    有哪些类型?…………………………… 191
46. 高压开关是怎样工作的?……………… 191
47. 触点常开型压力开关是怎么

工作的？…… 191
48. 触点常闭型压力开关是怎么工作的？…… 191
49. 低压开关是怎么工作的？…… 191
50. 三位压力开关的作用是什么？是怎么工作的？…… 192
51. 自动空调系统有哪些常用传感器？…… 192
52. 自动空调系统有哪些执行元件？…… 192
53. 自动空调电控单元（ECU）的作用是怎样的？…… 193
54. 自动空调电控单元（ECU）怎么控制空调系统？…… 193
55. 自动空调中为什么要设置鼓风机转速控制？…… 193
56. 空调的电气控制系统起什么作用？怎么执行工作？…… 193
57. 空调压力传感器的作用是什么？怎么执行工作？…… 193
58. 车外温度传感器的作用是什么？怎么执行工作？…… 194
59. 车内温度传感器的作用是什么？怎么执行工作？…… 194
60. 蒸发器温度传感器的作用是什么？怎么执行工作？…… 194
61. 日照传感器的作用是什么？怎么执行工作？…… 194
62. 什么是空调温度保护？…… 194
63. 什么是空调压缩机过热保护？…… 194
第二节 故障诊断与维修操作 …… 194
64. 怎样检测膨胀阀？…… 194
65. 怎样检修冷凝器？…… 195
66. 汽车空调压缩机常见故障有哪些？…… 196
67. 怎样加注制冷剂和排放制冷剂？…… 196
68. 空调制冷系统怎么抽真空？…… 197
69. 怎么诊断和排除日照传感器故障？…… 197
70. 怎么诊断和排除空气温度传感器故障？…… 199

71. 怎么检修压缩机不工作？…… 200
72. 怎么检修压缩机产生噪声？…… 200
73. 怎么检修压缩机机油不够？…… 200
74. 怎么检修压缩机内部泄漏？…… 200
75. 怎么检修压缩机外部泄漏？…… 201
76. 怎么检测蒸发器？…… 201
77. 怎么更换蒸发器？…… 201
78. 怎么使用电子检漏仪对空调系统进行检漏？…… 201
79. 怎么运用压力对空调系统检漏？…… 201
80. 怎么检修压缩机反复吸合故障？…… 202
81. 怎么检修空调制冷效果差？…… 202
82. 怎么检修空调系统不制冷？…… 202
83. 空调系统高、低压均低是什么问题？…… 202
84. 空调系统低压表指示接近零、高压表指示低是什么问题？…… 203
85. 空调系统高、低压表指示均比正常值高是什么问题？…… 203
86. 空调系统高、低压两侧的压力均过高是什么问题？…… 203
87. 空调系统低压过高、高压稍高是什么问题？…… 203
88. 空调系统低压负压、高压异常是什么问题？…… 203
89. 空调系统低压过高、高压过低是什么问题？…… 203
90. 怎么检修制冷剂或冷冻油导致的空调制冷效果差？…… 203
91. 怎么检修制冷剂与冷冻润滑油内有杂质导致的制冷效果差？…… 204
92. 怎么检查冷凝器散热问题导致的空调制冷效果差？…… 204
93. 怎么检修压缩机皮带过松导致空调系统效果有所下降？…… 204
94. 怎么检查和排除压缩机故障导致的空调不工作？…… 204
95. 为什么压缩机驱动盘因过载而导致内部故障？…… 204
96. 怎么检修温度传感器故障导致的空调制冷效果差？…… 205

97. 怎么检修和排除空调压缩机反复断开和吸合故障? ……… 205
98. 怎么检修空调冷风出风口温度过高故障? ……… 205
99. 怎么检修冷却液温度传感器导致的空调故障? ……… 205
100. 怎么检修和排除空调出风口吹热风故障? ……… 206
101. 怎么检修和排除低压管导致的空调不制冷故障? ……… 206

## 第五章　电气系统维修

第一节　维修知识与通识技能 ……… 208
1. 怎样测量电压? ……… 208
2. 什么是直流电压? ……… 208
3. 什么是交流电压? ……… 208
4. 什么是电荷载体? ……… 209
5. 什么是电路? ……… 209
6. 电流是怎样产生的? ……… 209
7. 什么是直流电流? ……… 209
8. 什么是交流电流? ……… 209
9. 什么是脉动电流? ……… 209
10. 怎样测量电流? ……… 209
11. 电阻有什么作用? ……… 210
12. 什么是导体的电阻? ……… 210
13. 什么是作为元件使用的电阻? ……… 210
14. 什么是机械可变电阻? ……… 210
15. 什么是 NTC 热敏电阻器? ……… 211
16. 什么是 PTC 热敏电阻器? ……… 211
17. 什么是光敏电阻器（LDR）? ……… 211
18. 怎样测量电阻值? ……… 211
19. 电容器是怎样工作的? ……… 211
20. 电容器充电/放电有什么特性? ……… 212
21. 电容器有哪几种类型? ……… 212
22. 什么是电容? ……… 212
23. 电容器串联是怎样的? ……… 213
24. 电容器并联是怎样的? ……… 213
25. 电容器在汽车上是怎样运用的? ……… 213
26. 汽车上有哪些利用线圈的电感元件和零部件? ……… 213
27. 什么是导电体的磁场? ……… 213
28. 什么是磁力线圈? ……… 213
29. 什么是电磁感应? ……… 214
30. 电磁感应在汽车上是怎样运用的? ……… 214
31. 什么是半导体技术? ……… 214
32. 二极管有什么作用? ……… 214
33. 怎样检测二极管? ……… 215
34. 什么是发光二极管? ……… 215
35. 稳压二极管有什么作用? ……… 215
36. 什么是光敏二极管? ……… 215
37. 什么是整流二极管? ……… 215
38. 什么是晶体管? ……… 215
39. 什么是通路? ……… 216
40. 什么是断路? ……… 216
41. 什么是短路? ……… 216
42. 什么是串联? ……… 216
43. 什么是并联? ……… 216
44. 什么是供电电源串联? ……… 216
45. 什么是供电电源并联? ……… 217
46. 什么是逻辑电路? ……… 217
47. 什么是集成电路? ……… 217
48. 怎样检测集成电路? ……… 218
49. 怎样拆卸双列直插式集成电路? ……… 218
50. 怎样维修四方扁平芯片? ……… 218
51. 什么是集成运算放大器? ……… 219
52. 什么是反相放大器? ……… 219
53. 什么是同相放大器? ……… 219
54. 电桥信号放大电路在汽车上是怎样应用的? ……… 220
55. 简单电压比较器在汽车上是怎样应用的? ……… 221
56. 滞回比较器在汽车上是怎样应用的? ……… 221
57. 窗口比较器在汽车上是怎样应用的? ……… 222
58. 继电器的基本原理是什么? ……… 223
59. 继电器的作用是什么? ……… 223

60. 汽车继电器类型有哪些? ………223
61. 什么是电子混合式继电器? ……224
62. 大灯(前照灯)继电器是怎样
    工作的? ………………………224
63. 万用表的作用是什么? …………225
64. 用万用表怎么测量交流电压? …225
65. 用万用表怎样测量直流电压? …226
66. 用万用表怎样测量电阻? ………226
67. 用万用表怎样检测通断? ………226
68. 用万用表怎样测试二极管? ……226
69. 用万用表怎样测试直流电流? …226
70. 怎样衡量蓄电池的工作能力? …226
71. 什么是蓄电池的额定容量? ……227
72. 什么是蓄电池的储备容量? ……227
73. 什么是蓄电池的启动容量? ……227
74. 怎样测试蓄电池? ………………228
75. 蓄电池怎样充电? ………………228
76. 怎样进行蓄电池充电系统测试? …229
77. 怎样诊断和解决蓄电池故障? …229
78. 蓄电池维护和使用应注意什么? …230

第二节　故障诊断与维修操作 ………230
79. 为什么使用能量管理系统? ……230
80. 能量管理中蓄电池导线有什么
    特点? …………………………230
81. 为什么要使用安全型蓄电池接线柱
    (SBK)? ………………………231
82. 什么是总线端? …………………231
83. 什么是总线端 30? ……………231
84. 什么是总线端 R? ………………231
85. 什么是总线端 15? ……………231
86. 什么是总线端 31? ……………232
87. 为什么使用智能化发电机调节
    IGR? …………………………232
88. 充电调节和电压调节是怎样
    控制的? ………………………232
89. 智能化发电机调节系统有哪几个
    运行状态? ……………………232
90. 智能化发电机调节系统较低功能
    运行状态是怎样的? …………232
91. 智能化发电机调节系统中等功能
    运行状态是怎样的? …………233

92. 智能化发电机调节系统较高功能
    运行状态是怎样的? …………233
93. 双蓄电池系统的功能和工作原理
    是什么? ………………………233
94. 双蓄电池系统启动模式是怎样
    工作的? ………………………234
95. 双蓄电池系统发动机运行模式是
    怎样工作的? …………………234
96. 双蓄电池系统用电设备切断模式是
    怎样工作的? …………………234
97. 双蓄电池系统用发动机运行时用电
    设备切断模式是怎样工作的? …234
98. 双蓄电池系统发动机熄火时用电
    设备切断模式是怎样工作的? …234
99. 电源管理系统是怎么控制的? …235
100. 电源管理系统蓄电池管理器的任务
     是什么? ………………………235
101. 电源管理控制单元有哪些功能模块?
     作用是什么? …………………235
102. 静态电流管理器的任务是什么?
     有什么功能? …………………235
103. 电源管理系统关闭等级控制原理
     是什么? ………………………236
104. 静态管理器逐级降低静态电流的
     作用是什么? …………………237
105. 什么是普通硅整流发电机? ……237
106. 什么是整体式硅整流发电机? …237
107. 什么是无刷硅整流发电机? ……237
108. 什么是带有励磁机的无刷硅整流
     交流发电机? …………………237
109. 6 管发电机结构是怎样的? ……238
110. 8 管发电机结构是怎样的? ……238
111. 9 管发电机结构是怎样的? ……238
112. 11 管发电机结构是怎样的? …238
113. 发电机调节器有什么作用? ……238
114. 晶体管调节器是怎么工作的? …238
115. 集成电路调节器是怎么工作的? …238
116. 电压调节器置于发电机内的电路
     原理是什么? …………………239
117. 怎样测量各接线柱之间的电阻? …239
118. 怎样进行发电机试验台试验? …239

119. 怎样检测与维修转子? ………… 239
120. 怎样检测与维修整流器? ………… 239
121. 怎样诊断和排除发电机充电故障? ………… 239
122. 起动机是怎样执行启动工作的? … 240
123. 为什么要在某些启动电路中装置继电器? ………… 240
124. 怎样测试起动机消耗电流? … 240
125. 发电机不发电的原因有哪些? … 241
126. 发电机发电量不足有什么表现? 原因有哪些? ………… 241
127. 发电机发电量过高的原因有哪些? ………… 241
128. 充电电流不稳定的原因有哪些? 怎样排除? ………… 241
129. 起动机电枢线圈和磁场线圈间实际线路是怎样布置的? ………… 242
130. 怎样测试启动电压? ………… 242
131. 怎样测试起动机接触不良? … 242
132. 怎样测试起动机接地? ………… 242
133. 怎样测试开关电路? ………… 243
134. 起动机运转无力故障怎么排除? … 243
135. 起动机空转故障怎么排除? … 243
136. 电子控制单元的功能和组成有哪些? ………… 243
137. 启动及充电装置是怎么控制的? … 244
138. 交流发电机是怎么控制的? … 244
139. 启动电动机是怎么控制的? … 244
140. 车窗系统是怎么控制的? … 245
141. 电动车窗是怎么控制的? … 246
142. 电动玻璃升降器电动机是怎么控制的? ………… 246
143. 电动车窗防夹功能是怎么控制的? ………… 246
144. 刮水器和洗涤器是怎么控制的? … 246
145. 刮水器开关是怎么控制的? … 246
146. 汽车中产生直流（DC）信号的装置有哪些? ………… 246
147. 汽车中产生交流（AC）信号的装置有哪些? ………… 247
148. 汽车中产生可变频率调制信号的装置有哪些? ………… 247
149. 汽车中产生脉宽调制信号的装置有哪些? ………… 247
150. 串行数据（多路）信号是由哪些模块产生的? ………… 247
151. 什么是电压降? ………… 247
152. 什么是对地短路? ………… 247
153. 什么是对电源短路? ………… 247
154. 查阅电路图有什么要点? ………… 247
155. 查阅电路图有什么技巧? ………… 248
156. 电路图有什么基本特点? ………… 248
157. 电流路径走向是怎样的? ………… 249
158. 电路图最上边的内部正负线路是什么? ………… 250
159. 什么是常火线? ………… 251
160. 什么是条件电源? ………… 251
161. 什么是卸荷线? ………… 251
162. 汽车电路接线有什么特点? ………… 251
163. 电源系统的接线有什么特点? ………… 251
164. 启动系统的接线有什么特点? ………… 251
165. 照明系统的接线有什么特点? ………… 252
166. 仪表报警系统的接线有什么特点? ………… 252
167. 点火开关是怎么控制的? ………… 252
168. 启动系统是怎么控制的? ………… 252
169. 启动系统电路路径是怎样的? ………… 252
170. 启动系统电路路径是怎样的? ………… 254
171. 风扇低速电路和高速电路路径是怎样的? ………… 255
172. 无雨量传感器的刮水系统是怎样控制的? ………… 256
173. 刮水器高速、低速、间歇动作控制电路路径分别是怎样的? ………… 256
174. 刮水片自动复位、电动洗涤液泵、自动空调除雾模式的控制电路路径分别是怎样的? ………… 258
175. 怎么检修刮水器系统不工作? ………… 258
176. 怎么检修刮水器系统无高速挡? … 259
177. 怎么检修刮水器系统无低速挡? … 259
178. 怎么检修刮水器系统无间歇挡? … 259
179. 怎样检查和测量起动机励磁

180. 怎样检查和测量起动机电刷与电刷架? ... 260
181. 怎样检查和测量起动机单向离合器? ... 260
182. 怎样识别起动机接线柱? ... 260
183. 怎样检查和排除起动机不转动故障? ... 260
184. 怎样检查和排除起动机有时无法工作故障? ... 261
185. 直流电输出是怎么形成的? ... 261
186. 怎样识别发电机接线柱? ... 262
187. 怎样检测交流发电机定子? ... 262
188. 怎样检测集成电路电压调节器? ... 262
189. 怎么判断充电系统异常? ... 263
190. 怎么检查充电系统? ... 263
191. 远光灯是怎么控制的? ... 264
192. 怎样检修远光控制电路故障? ... 264
193. 驻车灯是怎么控制的? ... 264
194. 怎样检修驻车灯控制电路故障? ... 264
195. 乘客舱变光电路是怎么控制的? ... 264
196. 怎样检修乘客舱变光控制电路故障? ... 264
197. 前雾灯电路是怎么控制的? ... 265
198. 怎样检修前雾灯控制电路故障? ... 265
199. 制动灯电路是怎么控制的? ... 265
200. 怎样检修制动灯控制电路故障? ... 265
201. 牌照灯电路是怎么控制的? ... 265
202. 怎样检修牌照灯控制电路故障? ... 266
203. 中央高位制动灯电路是怎么控制的? ... 266
204. 怎样检修中央高位制动灯控制电路故障? ... 266
205. 前转向信号电路是怎么控制的? ... 266
206. 怎样检修前转向信号控制电路故障? ... 267
207. 怎样检修转向信号电路对蓄电池短路? ... 267
208. 什么是发动机控制单元的常供电源? ... 267
209. 什么是发动机控制单元的点火开关电源? ... 267
210. 怎么检查燃油泵继电器? ... 268
211. 什么是点火提前角控制? ... 268
212. 什么是通电时间(闭合角)控制? ... 268
213. 什么是怠速控制? ... 268
214. 怎么检测冷却液温度传感器? ... 268
215. 怎么检测曲轴位置传感器? ... 269
216. 凸轮轴位置传感器与点火是什么关系? ... 269
217. 怎么检测爆震传感器? ... 270
218. 怎么进行氧传感器反馈电压测试? ... 270
219. 怎么通过电压判断氧传感器故障? ... 271
220. 怎么进行氧传感器加热器电阻检测? ... 271
221. 电动燃油泵是怎样运行的? ... 271
222. 电动燃油泵继电器工作电路是怎样的? ... 271
223. 电动燃油泵工作电路是怎样的? ... 272
224. 怎么检查燃油泵电动机故障? ... 272
225. 怎么用传统的方法测试喷油器? ... 272
226. 怎么单体测试喷油器? ... 272
227. 怎么断油(缸)测试喷油器? ... 272
228. 怎么测量喷油器电磁线圈阻值? ... 272
229. 喷油器控制电路是怎样的? ... 273
230. OBD-Ⅱ维修应用有哪些关键要点? ... 273
231. 传感器自诊断原理是什么? ... 274
232. 水温传感器故障是怎样设置的? ... 275
233. 怎样控制和调节氙气灯? ... 276
234. 自适应氙气灯作用范围是什么? ... 277
235. 氙气灯自适应调节装置内部结构是怎样的? ... 277
236. 怎样设定氙气大灯系统? ... 277
237. 电动车窗是怎么控制的? ... 278

238. 怎么检修电动车窗故障? ……… 280
239. 怎么排除雨刷器故障? ………… 280
240. 怎么检修照明距离调节装置警告
     灯点亮? ……………………… 280
241. 怎么检修右前座椅不能调节? … 281
242. 怎么检修喇叭不响? …………… 281
243. Kessy 无钥匙系统的特点
     是什么? ……………………… 281
244. 怎样诊断无钥匙系统? ………… 282
245. 无钥匙系统的工作流程是
     怎样的? ……………………… 282
246. 什么情况下防盗系统进入警戒
     状态? ………………………… 282
247. 防盗系统的触发报警条件
     是什么? ……………………… 283
248. 怎么解除防盗系统报警? ……… 283
249. 如何防止电路搭铁不良故障? … 283
250. 怎么检修汽车搭铁线断路? …… 283
251. 怎么检修汽车搭铁接触不良? … 283
252. 怎么检修汽车线路馈电端短路? … 283
253. 怎么排除导线的故障? ………… 284
254. 车载网络系统有什么特点? …… 284
255. 什么是 LAN 系统? …………… 284
256. 车载 CAN 总线系统有哪些
     特点? ………………………… 284
257. 怎么检测 CAN 系统节点故障? … 284
258. 怎么判断 CAN 系统通信线路
     故障? ………………………… 285
259. 怎么检测 CAN 系统电源系统
     故障? ………………………… 285
260. 怎么检修和排除电动车窗不能升降
     故障? ………………………… 285
261. 怎么检修和排除右前车门车窗玻璃
     升降器不能升降故障? ………… 285
262. 怎么检修和排除天窗故障? …… 286
263. 机油压力报警系统电路是怎样控制的?
     机油压力低压开关和高压开关分别
     是怎样控制的? ………………… 286
264. 机油压力的控制过程是怎样的? … 287
265. 怎么检查机油压力系统线路? … 287
266. 燃油油位传感器电路是怎样控制的?
     怎么检修燃油表常见故障? 燃油表
     有什么特殊故障? ……………… 287
267. 怎么排除电子驻车指示灯报警? … 288
268. 怎么检修发动机部件供电继电器
     故障? ………………………… 289
269. 安全带维修有哪些注意事项? … 289
270. 安全气囊维修有哪些注意事项? … 289
271. 怎样拆装前部安全带? ………… 290
272. 怎样拆卸和安装后排座椅外侧
     安全带? ……………………… 291
273. 怎样拆卸驾驶员侧安全气囊? … 293
274. 怎样安装驾驶员侧安全气囊? … 294
275. 怎样调整安全气囊螺旋电缆? … 294

## 第六章　底盘维修

第一节　维修知识与通识技能 ……… 295
  1. 钢板弹簧式非独立悬架结构是
     怎样的? ……………………… 295
  2. 钢板弹簧式非独立悬架有什么特别
     作用? ………………………… 295
  3. 什么是螺旋弹簧非独立悬架? … 295
  4. 独立悬架有什么特点? ………… 296
  5. 双叉臂式悬架有什么特点? …… 296
  6. 麦弗逊式独立悬架有什么特点? … 296
  7. 多连杆式独立悬架有什么特点? … 296
  8. 前悬架的作用是什么? ………… 296
  9. 前悬架的原理是什么? ………… 297
  10. 稳定杆的作用是什么? ………… 297
  11. 典型的后悬架结构是怎样的? … 297
  12. 电控空气悬架的作用是什么? … 297
  13. 电控空气悬架减振器的结构原理
     是什么? ……………………… 297
  14. 电控空气悬架空气供给总成一般
     安装在什么位置? ……………… 298
  15. 电控空气悬架空气供给总成结构是
     怎样的? ……………………… 298
  16. 电控空气悬架压力传感器的结构原理

是怎样的？作用是什么？ ………… 299
17. 电控空气悬架车身速度传感器的结构
   是怎样的？作用是什么？ ………… 299
18. 电控空气悬架车身水平传感器是
   怎样的？ ………………………… 299
19. 主动车身稳定控制系统组成部件
   有哪些？ ………………………… 300
20. 主动悬架的基本特点是什么？ … 300
21. 主动悬架控制系统主要有什么
   类型？ …………………………… 300
22. 主动车身稳定控制系统的特点
   是什么？ ………………………… 300
23. 什么是连续性阻尼控制系统？ … 300
24. 什么是底盘线控系统？ ………… 300
25. 什么是连续控制底盘系统？有什么
   作用特点？ ……………………… 301
26. 连续控制底盘系统的原理是
   什么？ …………………………… 301
27. 带有车身水平高度控制和高度调节
   功能的空气悬架系统有什么
   特点？ …………………………… 301
28. 不同的水平高度有哪些？ ……… 301
29. 一般地形高度是怎么设置的？ … 301
30. 特殊地形高度是怎么设置的？ … 301
31. 低位高度是怎么设置的？ ……… 301
32. 装载高度是怎么设置的？ ……… 302
33. 转向节有什么特点？ …………… 302
34. 梯形连杆有什么特点？ ………… 302
35. 上部横向导臂有什么特点？ …… 302
36. 转向系统的作用是什么？有哪些
   重要组成机构（部件）？ ……… 302
37. 转向操纵机构是怎样的？ ……… 303
38. 转向管柱和转向轴安装结构是
   怎样的？ ………………………… 303
39. 可收缩转向操纵机构安装结构是
   怎样的？ ………………………… 303
40. 转向机类型有哪些？ …………… 303
41. 什么是循环球式转向机构？ …… 303
42. 什么是齿轮齿条式转向机构？ … 303
43. 液压动力转向系统的作用和传动
   方式是什么？ …………………… 303

44. 动力转向系统有哪些主要组件？ …… 304
45. 液压动力转向系统有哪几种
   类型？ …………………………… 304
46. EPS 电动助力转向系统基本组成
   有哪些组件？特点是什么？ …… 304
47. 电控机械助力转向系统结构是
   怎样的？ ………………………… 305
48. 转向角传感器的工作原理是怎样的？
   有何作用？ ……………………… 305
49. 转向力矩传感器的作用是什么？ … 305
50. 转向力矩传感器信号是怎样
   产生的？ ………………………… 305
51. 转向力矩传感器怎么判断转向？ … 306
52. 转向力矩传感器失效有什么
   影响？ …………………………… 306
53. 转子位置传感器的结构是怎样的？
   有何作用？ ……………………… 306
54. 转子位置传感器的工作原理
   是什么？ ………………………… 306
55. 转向辅助控制单元 J500 的工作原理
   是什么？有何作用？ …………… 306
56. 电动机械式助力转向电动机 V187
   的工作原理是什么？有何作用？ …… 307
57. 电动机械式助力转向系统是怎样
   控制的？ ………………………… 307
58. 电子机械助力转向控制过程作用
   （随速控制）是怎样的？ ……… 308
59. 驻车时的转向过程是怎样的？ … 308
60. 市区行驶时的转向过程是
   怎样的？ ………………………… 308
61. 高速公路行驶时的转向过程是
   怎样的？ ………………………… 309
62. 主动式复位过程是怎样的？ …… 309
63. 直线行驶修正过程是怎样的？ … 309
64. 什么情况下需要拆解维修液压动力
   转向机？ ………………………… 310
65. 制动系统的作用是什么？基本原理
   是怎样的？ ……………………… 311
66. 制动总泵工作过程是怎样的？ … 311
67. 行车制动器的作用是什么？
   由哪些机构和部件组成？ ……… 311

68. 制动助力器的作用是什么？
什么是串联制动主缸？ ……………… 311
69. 制动总泵的作用是什么？
怎么维护？ …………………………… 311
70. 制动踏板的作用是什么？
怎么维护？ …………………………… 311
71. 鼓式制动器的作用是什么？
怎么维护？ …………………………… 311
72. 盘式制动器的工作过程是
怎样的？ ……………………………… 312
73. 怎样维护盘式制动器？ ………………312
74. 机械驻车制动器（非电子）的结构
是怎样的？具体作用是什么？ ………312
75. 防抱死制动系统（ABS）的作用
是什么？ ……………………………… 312
76. 什么是制动效能？ ……………………312
77. ABS 系统是怎么分类的？ ……………313
78. ABS 控制系统组成有哪些？ …………313
79. 轮速传感器是怎么工作的？ …………313
80. 怎样检查轮速传感器？ ………………314
81. 怎样测试轮速传感器？ ………………314
82. ABS 电子控制单元是怎样工作的？ … 314
83. ABS 警示灯是怎样工作的？ …………315
84. ABS 系统控制过程是怎样的？ ………315
85. ABS 建压阶段是怎样工作的？ ………315
86. ABS 保压阶段是怎样工作的？ ………315
87. ABS 降压阶段是怎样工作的？ ………315
88. ABS 升压阶段是怎样工作的？ ………315
89. 什么是电子制动力分配
（EBD）？ …………………………… 315
90. 什么是 ASR 系统？ ……………………316
91. ASR 系统和 ABS 系统的相同
点是什么？ …………………………… 316
92. ASR 系统和 ABS 系统的区别
是什么？ ……………………………… 316
93. ASR 系统常用的控制方式
是什么？ ……………………………… 316
94. ABS 系统工作时有什么表现？ ………317
95. ABS 系统故障有什么表现？ …………317
96. 带 ABS 系统的车辆怎么进行液压
制动系统排气？ ……………………… 317

97. EBA 电子制动力辅助系统的作用
是什么？ ……………………………… 318
98. TCS 系统与 ABS 系统有什么区别？
TCS 系统的控制是怎样的？ …………318
99. 可变传动比转向系统控制过程
是怎样的？ …………………………… 318
100. 可变传动比转向系统的作用
是什么？ …………………………… 319
101. 可变传动比转向系统中转向执行器
总成的结构是怎样的？各主要部件
是怎样工作的？ …………………… 319
102. 可变传动比转向系统的工作原理
是怎样的？ ………………………… 319
103. 电控驻车制动系统的作用是什么？
是怎样实现的？ …………………… 320
104. 传统手刹和电子驻车制动有哪些
异同？ ……………………………… 320
105. EPB 系统主要组成部件有
哪些？ ……………………………… 320
106. EPB 系统驻车制动电动机是怎样
工作的？ …………………………… 321
107. EPB 系统后轮执行元件斜轴轮盘
机构是怎样工作的？ ……………… 321
108. 什么是车辆动态行驶平稳控制系统？
VDC 系统的工作原理是什么？ …… 322
109. VDC 系统的主要传感器有哪些？ … 322
110. 轮胎压力监测系统的作用是什么？
有哪些类型？ ……………………… 322
111. 三种轮胎压力系统的主要区别
是什么？ …………………………… 323
112. 轮胎压力监测显示（TPMD）的工作
特点是什么？有哪些主要元件？
是怎么进行监控的？ ……………… 323
113. 轮胎压力监测显示（TPMD）
怎样校准？ ………………………… 324
114. 轮胎滚动周长的影响因素有哪些？
胎压监控的终止条件是什么？ ……325
115. 轮胎压力监测显示（TPMD）中更换
ABS 泵总成要注意什么？ ………… 325
116. 不带车轮位置识别的 TPM 系统的工作
特点是什么？怎样操作切换？ ……325

117. 不带车轮位置识别的 TPM 系统中怎么设定胎压? ……325
118. 不带车轮位置识别的 TPM 系统中车轮压力电子装置元件有哪些? ……326
119. 不带车轮位置识别的 TPM 系统中数据传输的作用有哪些? ……326
120. 轮胎压力数据传输状态和条件是什么? ……326
121. TPM 系统中更换轮胎后怎么设定? ……326
122. TPM 系统中什么情况下故障报警灯点亮? ……327
123. 带车轮位置识别的 TPM 系统是怎么控制的? ……327
124. 带车轮位置识别的 TPM 系统的工作过程是怎样的? ……327
125. 怎样诊断胎压监控单元 J793 及四轮压力参数? ……327
126. 轮胎的标记有什么含义? ……328
127. 轮胎的速度等级有哪些? ……328
128. 轮胎的性能有什么要求? ……328
129. 对于轮胎使用寿命的影响有哪些? ……329
130. 对于轮胎压力有什么要求? ……329
131. 对轮纹深度的测量有什么要求? ……329
132. 轮胎上的颜色标记有什么含义? ……330
133. 汽车定位测量参数有哪些? ……330
134. 汽车定位相互影响的参数有哪些? ……330
135. 车轮外倾角的作用是什么? 对车辆有什么影响? ……331
136. 什么是前束? 作用是什么? 对车辆有什么影响? ……331
137. 什么是主销后倾角? 作用是什么? 对车辆有什么影响? ……331
138. 什么是主销内倾角? 作用是什么? 对车辆有什么影响? ……331
139. 四轮定位仪测量方法有哪些? ……331
140. 非接触式线激光传感器测量原理是什么? ……332
141. 激光测量原理是什么? ……332
142. 方向盘不正如何调整? ……332
143. 车轮和轮胎运转不平顺的原因是什么? ……332
144. 车轮和轮胎平衡前应满足什么条件? ……333
145. 怎样进行车轮和轮胎平衡测试? ……333
146. 由于低胎压造成的轮胎损坏有什么故障特征? ……333
147. 分动器起什么作用? ……334
148. 传动轴为什么会产生不平衡现象? 有什么影响? ……334
149. 传动轴为什么要进行动平衡试验? ……335
150. 怎样检验传动轴管的弯曲度? ……335
151. 怎样进行传动轴的弯曲校正? ……335
152. 主减速器起什么作用? 有哪几种形式? ……335
153. 单级主减速器的工作原理是怎样的? ……335
154. 双级主减速器的工作原理是怎样的? ……336
155. 有的汽车差速器齿轮上有"YL"字样, 有什么含义? 为什么? ……336
156. 主减速器磨合试验的目的是什么? ……336
157. 装配、调整差速器时有哪些技术要求? ……336
第二节 故障诊断与维修操作 ……336
158. 怎样手动设置车辆高度? ……336
159. 电控空气悬架控制单元故障怎么办? ……337
160. 电控空气悬架传感器故障怎么办? ……337
161. 电控空气悬架空气弹簧故障怎么办? ……337
162. 怎样检查和拆装转向球头? ……338
163. 怎样检查和更换减振器? ……338
164. 怎样拆装万向节? ……339
165. 怎样拆装后轮轴承? ……339
166. 怎样拆卸后桥? ……339

167. 怎样拆卸转向节总成更换？ …… 340
168. 怎样安装转向节总成更换？ …… 340
169. 怎样进行电动机械式转向系统设定？ …… 340
170. 更换转向机后无法进行基本设定怎么办？ …… 341
171. 电动助力转向系统操作、维修诊断要注意什么？ …… 341
172. 怎样检修电动助力转向系统变得特别沉重？ …… 341
173. 怎样检修电控液压助力转向系统变得特别沉重？ …… 341
174. 动力转向系统转向沉重怎么排除？ …… 342
175. 动力转向系统转向泵异响怎么排除？ …… 342
176. 动力转向系统转向时方向盘发抖怎么排除？ …… 343
177. 怎么测试动力转向系统？ …… 343
178. 动力转向液泄漏是什么原因？ …… 344
179. 转向柱锁集成开关故障怎么排除？ …… 344
180. 转向柱锁止电动机锁止电路故障怎么排除？ …… 344
181. EPB 系统怎样调整制动蹄片间隙？ …… 345
182. EPB 系统车辆怎么更换后制动蹄片？ …… 345
183. 怎样拆装驻车制动电动机？ …… 345
184. 制动失效故障怎么处理？ …… 345
185. 制动不灵故障怎么处理？ …… 346
186. 制动跑偏故障怎么处理？ …… 347
187. 制动拖滞故障怎么处理？ …… 347
188. 机械驻车制动不良怎么处理？ …… 348
189. 怎么拆卸制动摩擦片？ …… 348
190. 怎么安装制动摩擦片？ …… 349
191. 怎么拆卸制动钳？ …… 349
192. 怎么安装制动钳？ …… 349
193. 怎么拆卸盘式后轮制动片？ …… 350
194. 怎么安装盘式后轮制动片？ …… 350
195. 怎么拆卸盘式后制动钳？ …… 350
196. 怎么安装盘式后制动钳？ …… 350
197. 怎么拆卸后轮毂式制动器？ …… 351
198. 怎么拆卸后鼓式制动蹄片？ …… 351
199. 怎么安装后鼓式制动蹄片？ …… 351
200. 怎么调整盘式手制动装置？ …… 352
201. 怎么调整毂式手制动装置？ …… 352
202. 怎样分析实际 TPMS（轮胎压力监控系统）故障灯报警？ …… 352
203. 轮胎偏磨是什么原因？ …… 353
204. 轮胎外胎肩磨损是什么原因？ …… 354
205. 轮胎对角线斑点磨蚀是什么原因？ …… 354
206. 轮胎锯齿形磨损是什么原因？ …… 354
207. 车辆行驶跑偏路试有哪些条件？ …… 354
208. 怎么调整轮胎引起的车辆跑偏？ …… 355
209. 怎么检查和排除手动变速器低速异响？ …… 356
210. 怎么检查和排除手动变速器加减速异响？ …… 356
211. 怎么检查和排除手动变速器振动异响？ …… 356
212. 怎么检查和排除手动变速器空挡异响？ …… 356
213. 怎么检查和排除手动变速器倒挡异响？ …… 356
214. 自动变速器异响有什么特征？ …… 357
215. 怎么判断变扭器异响？ …… 357
216. 怎么判断自动变速器油泵异响？ …… 357
217. 怎么判断行星齿轮系统异响？ …… 357
218. 怎么判断离合器异响？ …… 358
219. 怎么检修差速器异响？ …… 358
220. 怎么判断低速行驶换挡故障？ …… 358
221. 怎么判断高速行驶换挡故障？ …… 359

## 参考文献

# 第一章 汽车维修基础

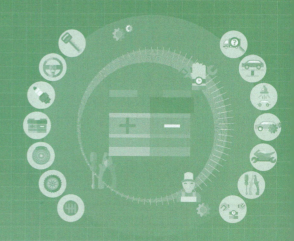

### 1. 汽车由哪几部分组成?

汽车由发动机、底盘(包括变速器)、车身和电气系统组成。

(1)发动机 发动机是汽车的动力装置,其作用是使供入发动机的燃料燃烧而产生动力,经传动系统驱动汽车行驶。发动机的种类虽然很多,但其基本结构大体相同,现代电控汽油发动机一般都由两大机构和六大系统组成(表1-1)。

表1-1 发动机组成

| 项目 | | 说明 | 图示/示意图 |
|---|---|---|---|
| 发动机组成 | 两大机构 | 曲柄连杆机构 | 配气机构、点火控制装置、燃油供给系统(喷射装置)、火花塞、点火线圈、点火系统 |
| | | 配气机构 | |
| | 六大系统 | 燃油供给系统 | 曲柄连杆机构、启动系统(起动机)、润滑系统(机油泵)、机体组件 |
| | | 冷却系统(未示出) | |
| | | 润滑系统 | |
| | | 启动系统 | |
| | | 点火系统 | |
| | | 电源系统(未示出) | |

（2）底盘　底盘是汽车的基础，在其上安装有发动机、车身及其各种附属设备。此外，还安装有电气设备的各机件。底盘接受发动机的动力，使汽车产生运动，并保证汽车正常行驶。底盘由传动系统、行驶系统、转向系统和制动系统组成（表1-2）。

表1-2　底盘组成

| 项目 | | 说明 | 图示/示意图 |
|---|---|---|---|
| 底盘组成 | 传动系统 | 传动系统的基本任务是将发动机动力传递给驱动轮和其他需要发动机动力的部分 | 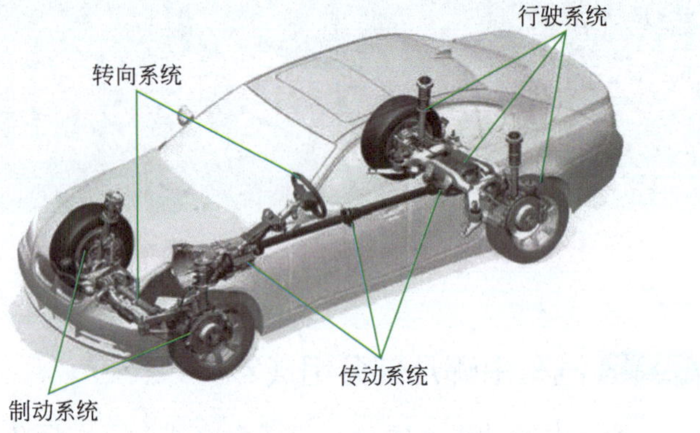 行驶系统、转向系统、传动系统、制动系统 |
| | 行驶系统 | 行驶系统承受并传递路面对车轮的各种反力及力矩；减振缓冲，保证汽车平稳行驶 | |
| | 转向系统 | 转向系统由转向操纵机构、转向器、转向传动机构等组成 | |
| | 制动系统 | 制动系统主要由供能装置、控制装置、传动装置和制动器等部分组成，常见的制动器主要有鼓式制动器和盘式制动器 | |

变速器属于底盘的组成部分，按操纵方式分为手动变速器和自动变速器两种类型，也就是我们通常说的手动挡和自动挡。

变速器（表1-3）可以按照不同的齿轮比例来降低输出转速，增大扭转力矩，而力矩又通过齿轮与齿轮的传递让汽车行驶更快，同时使发动机更省力，以保证汽车能在不同使用条件下正常行驶。

变速器类型见表1-4。

表1-3　变速器类型

| 项目 | | 说明 | 图示/示意图 |
|---|---|---|---|
| 变速器类型 | 按照传动比方式 | 有级变速器 | 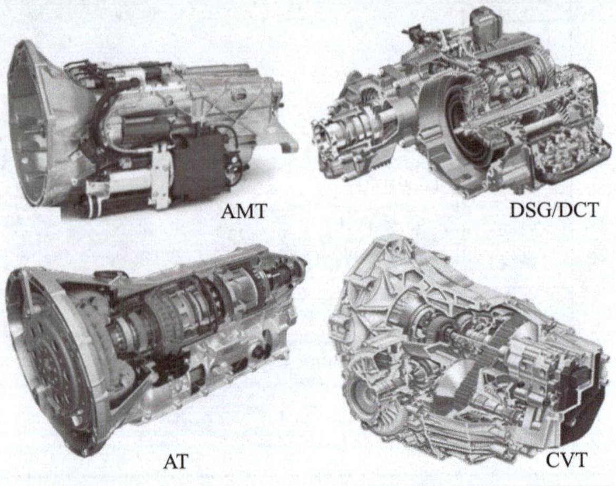 AMT、DSG/DCT、AT、CVT |
| | | 无级变速器（CVT） | |
| | 按照操纵方式 | 手动变速器（MT） | |
| | | 自动变速器（AT）除MT以外的变速器都可称为自动变速器 | |
| | 按照离合器控制形式 | 自动离合变速器（AMT） | |
| | | 双离合变速器（DSG/DCT） | |

表1-4 变速器概览

| 项目 | 说明 | | | |
|---|---|---|---|---|
| 变速器 | 换挡操作 | 动力传递方式 | 变速方式 | 传动比 |
| 手动变速器（MT） | 手动 | 全机械 | 齿轮 | 有级 |
| 自动变速器（AT） | 自动 | 有液力 | 行星齿轮 | 有级 |
| 手自一体变速器（AT） | 自动/手动 | 有液力 | 行星齿轮 | 有级 |
| 无级变速器（CVT） | 自动/手动 | 有液力 | 钢带+滑轮 | 无级 |
| 自动离合变速器（AMT） | 自动/手动 | 全机械 | 齿轮 | 有级 |
| 双离合变速器（DSG/DCT） | 自动/手动 | 全机械 | 齿轮 | 有级 |

（3）车身 车身是驾驶员工作的场所，也是装载乘客和货物的场所。车身应为驾驶员提供方便的操作条件，以及为乘客提供舒适和安全的环境。典型的货车车身包括汽车外壳、驾驶室、车厢等钣金部件和座椅及其他附件。

车身结构有两种类型：车架式车身和单壳式车身，见表1-5。

表1-5 车身基本结构

| 结构分类 | 说明 | 示意图/图示 |
|---|---|---|
| 车架式车身 | 这种类型的车身结构由分开的车身和车架（装有发动机、变速器和悬架）组成 | |
| 单壳式车身 | 这种类型的车身结构由集成为一个整体的车身和车架组成。整个车身成为一个厢体，并保持其强度 | |

（4）电气系统 电气系统包括供电和总线系统、发动机电气系统、汽车照明和信号装置、空调和暖风装置、中央车身电气系统及其他辅助电子控制系统等。其中发动机电气系统包括启动系统、点火系统、发电机管理系统、发动机管理系统等。

汽车的电气系统用于保证汽油机点火、发动机启动、照明和发出灯光信号，监视发动机及其他机构的技术状态，保障空调和其他电子控制装置正常工作。电气设备通常由电源和耗电设备组成。汽车电气系统的电压，一般采用12V或24V，负极搭铁。

## 2. 发动机有哪些类型？

发动机类型见表1-6。

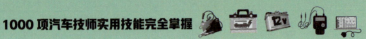

表1-6 发动机类型

| 类型 | | | 说明 |
|---|---|---|---|
| 按使用燃料分类 | 汽油发动机 | | 汽油的沸点低、容易气化，汽油发动机通过气缸压缩，将吸入的汽油气化，并与缸内空气相混合，形成可燃混合气体，最后由火花塞放电点燃气体推动活塞做功 |
| | 柴油发动机 | | 柴油的特点是燃点低、易自燃，所以柴油发动机不需要火花塞之类的点火装置，它采用压缩空气的办法提高空气温度，使空气温度超过柴油的燃点，这时再喷入柴油，柴油喷雾和空气混合的同时点火燃烧 |
| 按照行程分类 | 四行程发动机 | | 活塞移动四个行程或曲轴转两圈，气缸内完成一个工作循环 |
| | 二行程发动机 | | 活塞移动两个行程或曲轴转一圈，气缸内完成一个工作循环 |
| 按照冷却方式分类 | 水冷式发动机 | | 以水为冷却介质，有冷却水箱（散热器），冷却系统靠水循环实现。常见汽车为水冷式发动机 |
| | 风冷式发动机 | | 以空气（风）为冷却介质，有散热片，靠高速运转的大流量风扇实现冷却 |
| 按照气缸数目及气缸排列方式分类 | 单缸发动机 | | 如除草机上的小发动机一般采用单缸形式 |
| | 多缸发动机 | 直列立式发动机 | 也称L型发动机，所有气缸中心线都在同一垂直平面内。汽车上主要有L3、L4、L5、L6型发动机 |
| | | V型发动机 | 将所有气缸分成两组，把相邻气缸以一定的夹角布置在一起，使两组气缸形成两个有一个夹角的平面，从侧面看气缸呈V型<br>例如，把直列6气缸分成两排，每排3个气缸，然后让这两排气缸呈V型，这就是V型发动机。V6发动机虽然没有L6发动机安静和平顺，但它的声音非常好听，而且体积可以缩小，更加紧凑，可以放在前驱车的机舱盖下面，因此现在被广为采用 |
| | | W型发动机 | W型发动机是大众专属发动机技术。简单说就是两个V型发动机相加，组成一个W型发动机 |
| | | 水平对置式发动机 | 水平对置发动机，也称H型发动机，其实也是V型发动机的一种，只不过"V"的夹角变成了180°，一般为4缸或6缸<br>目前世界上只有保时捷和斯巴鲁两家汽车制造商生产水平对置发动机 |
| 按照活塞的工作方式分类 | 往复活塞式发动机 | | 往复活塞式发动机是活塞在气缸内做往复运动的发动机。现代汽车发动机如果不加特别说明，一般都是指往复活塞式发动机 |
| | 转子发动机 | | 转子发动机取消了无用的直线运动，因而同样功率的转子发动机尺寸较小，重量较轻，而且振动和噪声较低，具有较大优势。三角转子把气缸分成三个独立空间，三个独立空间各自先后完成进气、压缩、做功和排气，三角转子自转一周，发动机点火做功三次<br>目前只有日本马自达公司在应用这项技术 |

### 3. 什么是止点？

止点是指活塞移动的终点，活塞在止点处改变移动方向。止点分为上止点（TDC）和下止点（BDC）。到达上止点处时燃烧室的容积最小，到达下止点处时燃烧室的容积最大。

### 4. 什么是气缸的排量？

气缸的排量是指活塞在一个行程过程中所经过的空间，或者称作活塞上止点与下止点位置之间的气缸空间。在发动机的技术数据中，排量通常指的是发动机的总排量。总排量即所有气缸的单个排量之和。

### 5. 什么是压缩室？

压缩室指的是活塞到达上止点位置时活塞以上的空间，此时燃烧室的容积最小。

### 6. 什么是燃烧室？

燃烧室的边界由气缸盖、活塞和气缸壁构成。活塞到达上止点位置时，燃烧室即压缩室。

### 7. 什么是压缩比（$e$）？

压缩比是指排量和压缩室容积之和与压缩室容积之比。

### 8. 什么是行程/缸径比？

行程/缸径比指的是行程与缸径之比。

根据发动机类型可分为长行程发动机和短行程发动机。长行程发动机的行程大于气缸内径，短行程发动机的行程小于或等于气缸内径。缸径与行程相等的发动机属于短行程发动机，这种发动机也称为等径程发动机。

### 9. 什么是连杆曲轴比（$\lambda$）？

连杆曲轴比指的是连杆长度（两个连杆头中点之间的距离）与曲轴半径（主轴承轴颈轴线与曲柄轴颈轴线之间的距离）之比。

### 10. 什么是平均活塞速度？

即使发动机转速保持不变，活塞也会不断加速和减速。活塞到达上止点和下止点时，瞬时处于静止状态。处于这两个位置之间时，活塞速度增至最大值随后减至最小值。由于活塞速度不断变化，因此采用平均活塞速度进行计算。该速度是一个恒定的理论速度，即平均活塞速度。平均活塞速度通常是指额定转速时的速度，并用作发动机负荷的衡量标准。

### 11. 什么是最大活塞速度？

连杆与曲轴半径形成直角时，活塞速度最大。最大活塞速度大约为平均活塞速度的1.6倍。

### 12. 什么是发动机转速？

发动机转速是指曲轴每分钟的转动圈数。每个发动机都有多个不同的重要转速：启动转速是发动机启动时所需的最低转速；达到怠速转速时，已启动的发动机可自动继续运行；处于额定转速时，发动机达到最大功率；最高转速是避免造成发动机机械损伤的最大允许转速。

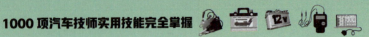

### 13. 什么是点火间隔?

点火间隔是指两次连续点火之间的曲轴转角。

在一个工作循环过程中每个气缸点火一次。在四行程发动机的工作循环（进气、压缩、做功、排气）中曲轴转动整整两圈，即曲轴转角为720°。

相等的点火间隔可在所有转速情况下确保稳定的发动机运行特性。该点火间隔计算方式为

$$点火间隔 = \frac{720°}{气缸数}$$

气缸数越多，点火间隔越小。点火间隔越小，发动机运行越平稳。至少从理论上来讲，质量平衡因素也起到了一定作用，该因素取决于发动机结构形式和点火顺序。

### 14. 什么是空调高压端?

空调高压端代表的是空调制冷剂压力传感器的信号。压力数表明安装在发动机上的A/C（空调）压缩机的负荷。PCM（发动机控制模块）利用这个信息来调整怠速并控制冷却风扇。

### 15. 什么是A/C压力禁止和请求?

（1）A/C压力禁止　表明PCM正在监测A/C制冷剂压力信号过高或过低，不能允许A/C压缩机离合器接合。

（2）A/C请求　表明来自HVAC系统的A/C请求输入电路的状态。PCM利用A/C请求信号来决定是否要求A/C（空调）压缩机运转。

### 16. 什么是空燃比?

空燃比表明PCM的控制值。在闭环时，空燃比一般为14.2～14.7。较低的空燃比表明所供给的混合气比较浓，这可以在动力加浓或三元催化转化保护模式时见到。较高的空燃比表明所供给的混合气比较稀，这可以在减速燃油模式时见到。

### 17. 指令控制燃油泵有什么作用?

指令控制燃油泵指示PCM控制燃油泵继电器驱动电路的控制状态。当燃油的流量或歧管绝对压力（MAP）超过一定值时，或者系统电压低于10V时，燃油泵会高速运转以供给更多容积的燃油。

### 18. 理想怠速转速是怎样实现的?

理想怠速转速是由PCM控制的，PCM会以发动机冷却液温度为基础，根据不同的发动机负荷做出补偿，以使发动机保持在理想怠速转速。

### 19. 发动机冷却液温度传感器有什么作用?

发动机冷却液温度传感器安装在冷却液中，并向PCM发送发动机温度信息，范围为-40～151℃。PCM将5V电压加到发动机冷却液温度传感器电路上，传感器是一个热敏电阻，随着温度的变化，它的内部阻值也将发生改变。当发动机冷却液温度传感器冷时（内

部阻值高），PCM 会监测到一个高压信号并把此理解成发动机为冷机。当发动机冷却液温度传感器热时（内部阻值低），电压信号也会下降，PCM 会把低电压值理解成发动机为热机。

### 20. EGR 的工作循环有什么作用？

EGR 的工作循环代表 PCM 控制的 EGR 阀的 PWM 工作循环。显示 0 表明没有 EGR，显示 100% 表明全部 EGR。

（1）EGR 反馈　代表被 PCM 监测的 EGR 枢轴位置传感器的信号电压。低电压表明全伸的枢轴（阀关闭）；接近 5V 的电压表明全缩的枢轴（阀开启）。

（2）EGR 流量测试次数　代表当前点火循环中所收集到的 EGR 流量测试样本的数量。在正常的运转中，所允许的最大样本数量是 1。如果 PCM 的供电断开或者 DTC P0401（例如通用车系）被擦除，则允许在下一个点火循环内有 10 个 EGR 流量测试样本。

### 21. 怎样计算发动机负荷？

发动机负荷是由 PCM 根据发动机的转速以及质量空气流量（MAF）传感器的读数而计算的，范围为 0～100%。当转速或空气流量增加时，发动机的负荷也会增加。

### 22. 什么是发动机运转时间？

发动机运转时间是指从发动机启动以后经过的时间。如果发动机停机，则发动机运转时间将被复位到 00：00：00。

### 23. 怎样计算发动机转速？

发动机转速是由 PCM 根据曲轴位置传感器参考信号输入而计算的，范围为 0～9999r/min。在发动机怠速时，它应该接近于发动机各个负荷情况下的理想怠速转速。

### 24. 什么是燃油蒸发（EVAP）炭罐吹洗？

EVAP 炭罐吹洗代表 PCM 控制的电磁阀 PWM 的工作循环，范围为 0～100%。显示 0 表明没有吹洗，显示 100% 表明全吹洗。

### 25. 什么是风扇 1/ 风扇 2 控制？

风扇 1/ 风扇 2 控制代表 PCM 对风扇 1 和风扇 2 的继电器驱动器的控制状态，显示开（ON）或关（OFF）。

### 26. 什么是燃油调整单元？

燃油调整单元用来控制发动机的转速以及空气流量传感器（MAF）的读数。一个以转速对应于 MAF 的图表被分成 10 个单元。燃油调整单元表明发动机目前运行所在的单元。

### 27. 什么是燃油调整学习？

当工况所处的时间接近允许长期燃油调整修正阈值时，燃油调整学习会显示 YES（是，即允许），这表明长期燃油调整值取决于短期燃油调整值。如果燃油调整学习显示 NO（否，即禁止），则表明长期燃油调整值不取决于短期燃油调整值。

### 28. 什么是加热型氧传感器1？

加热型氧传感器1代表燃油控制排气的氧传感器输出电压，范围为0～1132mV。当发动机运行在闭环时，应该在10mV（排气过稀）和1000mV（排气过浓）之间经常波动。

### 29. 什么是加热型氧传感器2？

加热型氧传感器2代表催化转化剂监视器排气的氧传感器输出电压，范围为0～1132mV。如果催化转化剂正在有效工作，那么加热型氧传感器1的信号要比加热型氧传感器2的信号灵敏得多。如果当PCM检测到加热型氧传感器2的灵敏度超过一定的水平，则表明催化剂已不再有效工作，就会设置故障码。

### 30. 什么是氧传感器1跳变次数？

氧传感器1跳变次数指1s的时间间隔内氧传感器1的信号穿越450mV偏置电压的次数，范围为0～255。如果氧传感器1的信号几乎从未穿越过偏置电压，则说明燃油调整有问题，可能是氧传感器1电路失效，或者氧传感器1失效。

### 31. 什么是过热模式？

检测仪显示"开"表明PCM已经检测到变速驱动桥在过热的工况下运转。PCM是根据变速驱动桥液的温度来做出这个判断的。当处于过热的工况运转时，变速驱动桥的挡位可能会改变，4挡被禁止，并且变矩器离合器（TCC）强制在2挡接合。

### 32. 什么是怠速空气控制（IAC）位置？

怠速空气控制位置一般意味着更多的空气流过怠速空气通道。IAC位置需要对发动机负荷的变化反应很快，以保证理想的怠速转速。

### 33. 什么是点火控制（IC）模式？

检测仪显示"开启"表明PCM已经发信号给点火模块，PCM将控制点火正时（IC模式）。点火控制模式是根据PCM在旁路电路上发给点火控制模块的电压值而决定采取正确的工作方式的。如果PCM将以IC模式控制点火正时，则会向点火控制模块旁路电路提供5V电压。如果PCM没有提供5V电压，或者点火模块没有接收到5V电压，则模块就会以旁路模式控制点火正时。当显示"关闭"的时候，点火控制模块把点火提前角固定在上止点前（BTDC）10°。

### 34. 什么是喷油器脉宽？

喷油器脉宽指在每一个发动机循环中PCM控制每个喷油器打开的时间值，范围为0～1000ms。长的喷油器脉宽会供给更多的燃油。在增加发动机负荷时应该增加喷油器脉宽。

### 35. 什么是爆震传感器（KS）开启次数？

检测仪显示一个次数值，表明当前检测到的是爆震传感器的开启次数。控制单元根据爆震传感器产生的交流电压信号进行检测，该信号随发动机运行时的振动程度而变化。

## 36. 什么是爆震传感器（KS）噪声通道？

爆震传感器噪声通道指当前在噪声通道里检测的电压电平，范围为 0～5V。PCM 通过监视 KS 电路中的信号幅值来确定是否发生了爆震。噪声通道允许 PCM 通过标明正常发动机所存在的机械噪声的大小来诊断 KS 模块以及爆震传感器。正常的发动机噪声随着发动机的转速和负荷变化而变化。

## 37. 什么是长期燃油调整值？

长期燃油调整值由短期燃油调整值而得到，并代表了对燃油偏差的长期修正值，范围为 -23%～16%。显示 0 表明为了保持 PCM 所控制的空燃比，燃油供给不需要任何补偿。显示明显低于 0 的负值表明燃油系统混合气过浓，并且燃油的供给正在减少（喷油器脉宽减少）。显示明显高于 0 的正值表明存在混合气过稀工况，并且 PCM 正在增加供油（增加喷油器脉宽），进行补偿。

## 38. 什么是开环和闭环？

闭环指 PCM 正在根据氧传感器的电压控制燃油供给。开环指 PCM 忽略氧传感器的电压，只根据节气门位置（TP）传感器、发动机冷却液和 MAF 传感器的输入供油。

## 39. 什么是短期燃油调整值？

短期燃油调整值表示由 PCM 根据燃油控制氧传感器输出的电压高于或低于 450mV 阈值所处的时间而对燃油的供给所做的短期修正，范围为 -11%～20%。如果氧传感器电压一直保持在低于 450mV，表明混合气的空燃比过稀，短期燃油调整值应该增加到正值，并且 PCM 也应增加供油。如果氧传感器电压一直高于阈值，短期燃油调整值应该减少到负值。与此同时 PCM 也应减少供油以补偿所指示的过浓工况。在个别工况下，诸如急速枢轴完全伸出、环境温度过高以及炭罐吹洗有可能导致在正常运转情况下所读得的短期燃油调整值为负值。在所允许范围内最大的燃油调整值说明系统中的混合气非常浓或非常稀。

## 40. 什么是点火正时？

点火正时是由 PCM 通过 IC 电路控制的。负值表明上止点前（BTDC）的角度或点火提前，正值表明上止点后（ATDC）的角度或点火推迟。由于工作在旁路模式时，点火控制模块将点火提前角设置在固定的上止点前（BTDC）10°，所以所显示的点火提前只反映在 PCM 控制 IC 模块时的实际点火正时。

## 41. 什么是车辆防盗控制模块（VTD）关闭燃油？

防盗燃油电路能使车辆防盗控制模块向 PCM 输入信号，以使 PCM 接收到正确的信号就开启喷油器。一般情况下，如果车辆防盗控制模块没有将正确的防盗燃油信号发送给 PCM，检测仪显示就会切换到关闭，并且燃油系统也有可能关闭，或车辆进入防盗诊断状态。

## 42. 举升设备操作有什么注意事项？

❶ 确保举升机有足够的负重能力。保证举升机在提举和支撑工作时处于水平位置，使用手制动和楔子来固定车轮。

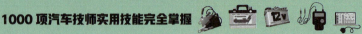

❷ 不要在只靠一个千斤顶支撑的车顶或底部工作。必须把车支撑在举升机上。

❸ 如在临近燃油箱的地方焊接，要先排空其中的燃油，在焊接前移出燃油箱再进行焊接。

### 43. 有关汽油/汽油蒸气有什么注意事项？

❶ 汽油或汽油蒸气极易燃烧，如果存在火源可能导致火灾。为防止火灾或爆炸危险，切勿使用敞口容器排出或存放汽油或柴油。应在附近准备一个干粉灭火器。

❷ 不能在修理地沟内排空车内燃油，排空要在通风的地方进行。

❸ 在维修燃油系统前，请先拆下燃油箱盖并卸去燃油系统压力，以降低人身伤害的风险。卸去燃油系统压力后，在维修燃油管路、喷油泵或接头时，会溢出少量燃油。为降低人身伤害的风险，在断开前用抹布包住燃油系统部件，抹布可以吸附泄漏的燃油。断开连接后，将抹布放入经批准的容器内。

### 44. 维修防抱死制动系统部件有什么注意事项？

防抱死制动系统（ABS）中的某些部件不能单独维修。试图拆下或断开某些系统部件，可能导致人身伤害和/或系统运行不正常。只能维修那些被批准拆卸和安装的部件。

### 45. 关于蓄电池操作有什么注意事项？

❶ 在维修任何电气部件前，点火和启动开关必须置于 OFF 或 LOCK 位置，并且所有电气负载必须关闭，除非操作程序中另有说明。将蓄电池负极电缆断开，以防止工具或设备接触裸露的电气端子从而产生电火花。违反这些安全须知，可能导致人身伤害和/或损坏车辆或车辆部件。

❷ 为了避免给电子元件带来损害，运行电子系统时要先断开蓄电池连接，首先断开且最后接上接地电线。

❸ 应确保蓄电池导线连接正确，不能存在潜在隐患。

### 46. 关于制动液有什么注意事项？

❶ 制动液会刺激眼睛和皮肤，一旦接触，应采取以下措施。
a. 如不慎入眼，应用清水彻底冲洗。
b. 如接触皮肤，应用肥皂和清水清洗。

❷ 避免制动液溅到油漆表面、电气连接器、线束或电缆上。制动液会损坏油漆表面并导致电气部件腐蚀。如果制动液接触到油漆表面，应立即用水冲洗接触部位。如果制动液接触到电气连接器、线束或电缆，应用干净的抹布将制动液擦去。

### 47. 从放油螺塞孔处检查变速器油有什么注意事项？

拆下变速器油加注螺塞时，发动机必须处于运行状态，否则会流失过多油液。变速器油可能很烫，由于不知道实际的油位，因此拆下加注螺塞时应注意，不要被烫伤。准备好容器，接收流出的油液。拆下加注螺塞后，切勿关闭发动机，否则会被从加注口喷出的热变速器油烫伤。

### 48. 关于安全带预紧器有什么注意事项？

❶ 不要通过安全带或引线连接器来拿取安全带预紧器。

❷ 应通过壳体拿取安全带预紧器,手要远离安全带。
❸ 确保安全带开始拉伸处的开口朝下,且安全带自然悬挂,否则可能导致人身伤害。

### 49. 关于部件紧固有什么注意事项?

❶ 更换部件的零件号必须正确。需要使用螺纹密封胶、润滑剂、阻蚀剂或密封胶的部件应在维修程序中指出。有些更换部件可能已经带有这些涂层,除非特别说明,否则不得在部件上使用这些涂层。这些涂层会影响最终扭矩,从而可能影响到部件的工作。安装部件时,应使用正确的扭矩规格,以免造成损坏。

❷ 请在正确的位置使用正确的紧固件。更换紧固件的零件号必须正确。需要更换的紧固件或需要使用螺纹锁止剂或密封剂的紧固件在维修程序中指出。不得在紧固件或紧固件连接表面使用油漆、润滑剂或阻蚀剂,除非另有说明。这些涂剂影响紧固件的扭矩和夹紧力,并可能损坏紧固件。安装紧固件时,使用正确的紧固顺序和紧固规格,以避免损坏零件和系统。

### 50. 关于驱动桥有什么注意事项?

将下控制臂支撑在正常水平位置,以避免损坏驱动桥。在车轮下悬的整个行程中,不要挂挡运行车辆。

### 51. 关于加热型氧传感器有什么注意事项?

切勿拆下加热型氧传感器或其引线,否则会影响加热型氧传感器的工作。

不要跌落加热型氧传感器。应保持直列式电气连接器和格栅式散热端无润滑脂或其他污染物。不要使用任何类型的清洗剂。不要修理线束、连接器或端子。如果引线、连接器或端子损坏,则更换氧传感器。

维修加热型氧传感器时,必须遵循以下原则。

❶ 切勿在传感器或车辆线束连接器上涂抹触点清洁剂或其他材料,这些材料会进入传感器,导致其性能不良。

❷ 不要损坏传感器的引线和线束,导致其内部导线外露,这样提供了异物进入传感器的通道并导致性能故障。

❸ 确保传感器或车辆引线没有较大的折弯或扭结,较大的折弯或扭结会堵塞通过引线的基准空气通道。

❹ 确保车辆线束连接器外围密封完好无损,以避免因进水而造成损坏。

### 52. 关于转向装置有什么注意事项?

❶ 车轮保持在正前位置,利用转向柱防转销、转向柱锁止系统或箍带固定方向盘,避免旋转。转向柱的锁止可防止安全气囊系统的损坏和可能出现的故障。

❷ 在将内转向横拉杆从转向机上移走之前,不要改变转向机的预紧力。在将内转向横拉杆移动之前就改变转向机的预紧力,会导致锥齿轮和转向机损坏。

❸ 方向盘处于极限转向位置的持续时间不要超过 5s,否则可能损坏转向泵。

❹ 添加或彻底更换油液时,务必使用正确的动力转向液。使用不正确的油液,将导致软管和密封件损坏以及油液泄漏。

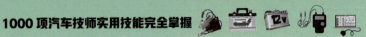

### 53. 关于正时传动链条反作用扭矩有什么注意事项？

为避免部件损坏，在松开或紧固正时传动链条时，必须用扳手扳住凸轮轴的六角部位。如果不能避免正时传动链条反作用扭矩，会导致正时传动链条故障。

### 54. 汽车的布置形式有几种？

按发动机和各个总成相对位置的不同，现代汽车的布置形式通常有如下几种。

（1）发动机前置后轮驱动（FR） 是传统的布置形式，国内外的大多数货车、部分轿车和部分客车都采用这种形式。

（2）发动机前置前轮驱动（FF） 是在轿车上逐渐盛行的布置形式，具有结构紧凑、减轻轿车重量、降低底盘高度、改善高速行驶时的操纵稳定性等优点。

（3）发动机后置后轮驱动（RR） 是目前大、中型客车盛行的布置形式，具有降低室内噪声、有利于车身内部布置等优点，少数微型或普及型轿车也采用这种形式。

（4）发动机中置后轮驱动（MR） 是目前大多数运动型轿车和方程式赛车所采用的布置形式。由于这些车型都采用功率很大的发动机，将发动机布置在驾驶人座椅之后和后桥之前，有利于获得最佳载荷分配和提高汽车的性能。此外，某些大、中型客车也采用这种布置形式，把配备的卧式发动机装在地板下面。

（5）全轮驱动（AWD） 是越野汽车特有的形式，通常发动机前置，在变速器后装有分动器，以便将动力分别输送到全部车轮上。

### 55. 什么是汽车维修工艺规程？有哪些相关依据和规定？

汽车维修工艺规程是包括汽车或总成维修全过程的作业内容、操作要求和作业技术质量要求等的综合性技术文件。

（1）常用名词和术语 指原厂尺寸、原厂规定、大修允许、使用限度和技术条件。

（2）维修工艺规程的编制依据 必须依据本单位生产实际和技术资料。

（3）维修工艺规程 一般应包括维修作业内容及过程检验的技术要求；操作方法；质量要求和技术要求；作业完成后的技术性能。

（4）维修工艺规程的审批 维修工艺规程草拟后，经讨论修改，下发生产单位验证，并对验证过程中发现的问题进行修改，再提交主管部门审批公布。

### 56. 什么叫车辆小修？

车辆小修，是用修理或更换个别零件的方法，保证或恢复车辆工作能力的运行性修理，主要是消除车辆在运行过程或维护作业过程中发生或发现的故障或隐患。

### 57. 什么叫车辆大修？什么叫总成大修？

车辆大修，是新车或经过大修后的车辆，在行驶一定里程（或时间）后，经过检测诊断和技术鉴定，用修理或更换车辆零部件的方法，恢复车辆技术状况的恢复性修理。

总成大修，是车辆的总成经一定使用里程（或时间）后，用修理或更换总成零部件（包括基础件）的方法，恢复其完好技术状况的恢复性修理。

### 58. 发动机二级维护作业内容有哪些？

❶拆检并清洗机油粗滤清器，更换滤芯。

❷ 拆检机油细滤清器。
❸ 拆检并清洗油底壳、集滤器，检查曲轴轴承松紧度，拧紧曲轴轴承螺栓、螺母。
❹ 热车放出脏机油后，加入清洗剂，清洗发动机机油道。
❺ 检查并清洗汽油滤清器。
❻ 检查汽油泵及管路。
❼ 清洗火花塞积炭，校正电极间隙，检查有无漏油现象。
❽ 检查并调整气门间隙。
❾ 检查并紧固进、排气歧管。
❿ 清洁发动机空气滤清器和曲轴箱通风空气滤清器。
⓫ 清洁曲轴箱通风单向阀及管路。
⓬ 拧紧水泵螺栓、螺母，调整风扇V带松紧度。
⓭ 按规定次序和力矩拧紧气缸盖螺栓。
⓮ 检查发动机支架的连接及损坏情况。
⓯ 检查、紧固、调整散热器。
⓰ 检查、紧固汽油箱及油管。
⓱ 检查、紧固排气歧管及消声器。
⓲ 检测发动机燃烧效果，并进行调整。

## 59. 底盘二级维护作业内容有哪些？

❶ 检查离合器片和分离轴承；检查分离杠杆，调整其与分离轴承之间的间隙；调整离合器踏板自由行程；润滑变速器第一轴前轴承和分离轴承。
❷ 检查转向节衬套与主销的配合松紧度；拧紧主销横销螺栓。
❸ 检查前轮制动器调整臂。
❹ 拆检前轮毂轴承、制动蹄、偏心销；清洗转向节、轴承、偏心销；清洁制动底板等零件；检查制动底板、制动凸轮轴，拧紧装置螺栓；检查转向节及螺母、保险片及油封、转向节臂，拧紧装置螺栓；检查内外轴承、制动蹄及支承销、制动蹄回位弹簧；检查前轮毂、制动鼓及轴承外座圈；拧紧轮胎螺栓内螺母；装复前轮毂，调整前轮轴承松紧度及制动间隙。
❺ 检查转向器的工作状况及密封性，拧紧装置螺栓；检查转向传动机构，拧紧装置螺栓及横销螺栓。
❻ 解体横直拉杆，清洗并检查各部件。
❼ 检查并调整前束及转向角。
❽ 检查转向器齿轮油油面。
❾ 检查变速器润滑油油面；检查并紧固变速器第二轴凸缘螺母；拆检并清洗变速器通气塞。
❿ 检查传动轴万向节、中间轴承有无松旷；检查、紧固传动轴凸缘和中间支承U形支架。
⓫ 拆下后桥壳盖，清除沉积物，检视减速器齿轮，拧紧减速器壳连接螺栓的螺母、差速器轴承盖螺母；检查并调整主、从动锥齿轮的啮合间隙；检查并拧紧主动锥齿轮凸缘螺母；拆洗通气孔；加注齿轮油。
⓬ 检查后轮制动器调整臂。
⓭ 拆下半轴、轮毂总成、制动蹄、支承销；清洗各零件及制动底板、半轴套管；检查制动底板和制动凸轮轴，拧紧连接螺栓；检查后桥半轴套管、螺母及油封；检查内、外轴承；检查制动蹄及支承销；检查制动蹄回位弹簧；检查后轮毂、制动鼓及轴承外座圈；检查并紧

固半轴螺栓；检查轮胎螺栓，拧紧内螺母；检查半轴；装复后轮毂，调整制动间隙。

⑭ 检查制动阀各管路接头是否漏气和紧固情况；检查制动气室；检查挂车阀、分离开关、连接接头和管路。

⑮ 检查储气筒放水阀、安全阀、单向阀的工作情况；紧固储气筒连接部位。

⑯ 检查并紧固翼子板、发动机盖、挡泥板等。

⑰ 检查驾驶室有无缺陷，紧固驾驶室连接部位；检查并调整车门、玻璃升降器及止冲器。

⑱ 检查、调整、紧固气动刮水器。

⑲ 检查车厢，拧紧各部螺栓。

⑳ 检查车架铆钉，校紧车架保险杠，校紧前、后拖车钩；检查并拧紧车架上各支架螺栓。

㉑ 检查钢板弹簧吊耳；检查钢板弹簧；检查并紧固钢板弹簧卡子和U形螺栓，检查并紧固减振器固定螺栓及支架。

㉒ 分解车轮，检查并清洁挡圈及轮辋；检查内、外胎。

㉓ 检查备胎，若胎压低，应补气；进行轮胎换位。

㉔ 润滑水泵轴承、离合器与制动踏板轴承、变速器第一轴前轴承、制动调整臂、传动轴十字轴轴承。润滑传动轴滑动叉、传动轴中间支承轴承、转向节上下轴承、前后钢板弹簧销、横直拉杆球销、转向传动轴滑动叉及十字轴轴承、前后制动凸轮轴、驻车制动蹄片轴承。

## 60. 电气设备二级维护作业内容有哪些？

❶ 清洁蓄电池表面及接线柱，在接线头上涂润滑脂，检查电解液密度，根据情况加注蒸馏水。

❷ 清除发电机集电环表面油污，清洗并检查轴承，填充润滑脂，检查二极管。

❸ 检查并调整发电机电压调节器。

❹ 清洁起动机换向器，清洗并检查轴承，填充润滑脂。

❺ 检查灯光、仪表、信号、暖风装置的工作情况，检查并紧固全车线路。

## 61. 发动机二级维护的技术要求有哪些？

（1）发动机拆装作业技术要求

❶ 气缸盖螺栓齐全完好，其拧紧力矩符合车型技术要求。

❷ 机油粗、细滤清器密封圈完好有效，油道（喷孔）畅通，性能良好。

❸ 气门间隙符合车型技术要求。

❹ 清除火花塞积炭，校正电极间隙。

❺ 汽油泵管路畅通，接头不漏油；各连接螺栓紧固；衬垫完好，无漏油、漏气。

❻ 拧紧曲轴主轴承和连杆轴承螺栓。

❼ 油底壳衬垫完好有效，曲轴箱油面高度符合要求。

❽ 发动机支架无断裂，发动机支承垫齐全完好，螺栓、螺母紧固。

（2）曲轴轴承间隙二级维护技术要求

❶ 主轴承、连杆轴承间隙值应符合规定值。

❷ 主轴承和连杆轴承螺栓拧紧力矩应符合规定。

（3）曲轴轴向间隙二级维护技术要求　曲轴轴向间隙符合规定值。

（4）气门间隙二级维护技术要求　气门间隙应符合技术要求。

（5）汽油泵二级维护技术要求　装复后启动试验，汽油泵应工作正常，无漏油现象。

（6）柴油机喷油器二级维护技术要求

❶喷油器雾化良好，无滴油、漏油现象。喷油压力符合规定，同一台柴油机的喷油压力差不超过 1.0MPa。

❷供油提前角符合规定。

（7）冷却系统二级维护技术要求

❶散热器软管无变形、破损及渗漏；散热器盖接合表面良好，胶垫不老化，散热器盖压力阀开启压力符合要求。

❷水泵不漏水，无异响；节温器工作性能符合规定。

❸V 带应无裂痕和过量磨损，表面无油污，松紧度符合规定。

（8）润滑系统二级维护技术要求

❶机油的规格、性能指标和油面高度应符合规定。

❷机油滤清器密封良好，无堵塞。

❸曲轴箱通风装置清洁畅通，连接可靠，不漏气，各阀门无堵塞、卡滞现象，灵敏度符合规定。

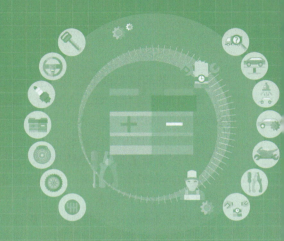

# 第二章
# 发动机维修

## 第一节　维修知识与通识技能

**1. 双凸轮轴可变气门正时系统的作用和特点是什么？**

可变凸轮轴控制装置使发动机具有更平稳的怠速，更大的扭矩，更灵活的动力。宝马Double-VANOS双凸轮轴可变气门正时系统改变凸轮轴的正时，让功率在整个转速范围内都得到优化（图2-1），具有更高的燃油效率和更低的排放。

图 2-1　宝马双凸轮轴控制装置

双凸轮轴可变气门正时系统可持续调节进气门和排气阀的凸轮轴位置，由此带来低发动机转速时扭矩明显增大，高发动机转速时功率更高，同时降低油耗和减少排放。

在低发动机转速时，移动凸轮轴的位置，使气门延时打开，提高怠速质量并改进功率输出的平稳性。在发动机转速增加时，气门提前打开，增强扭矩，降低油耗并减少排放。高发动机转速时，气门重新延时打开，为全额功率输出提供条件。

双凸轮轴可变气门正时系统还控制循环返回进气歧管的废气量以增强燃油经济性。系统在发动机预热阶段使用一套专用参数以帮助三元催化转换器更快达到理想工作温度并降低排放。整个过程由车辆的汽油发动机电子控制系统（DME）控制。宝马是最早应用可调式凸轮轴控制装置技术的公司。

### 2. 全可变进气门系统的作用和特点是什么？

宝马 Valvetronic 是具有全可变进气门升程控制功能的气门驱动系统（图 2-2），发动机输出由无级可变进气门升程控制，不再需要以往汽油发动机必不可少的节气门。这种进气门升程功能可以通过控制吸入发动机的空气量，将功率损失保持在极低的水平。表现在实际行驶过程中，Valvetronic 电子气门技术带来的是更高的燃油经济性、更低的废气排放量以及更佳的响应和更高水准的运转平稳性。

宝马 Valvetronic 系统在传统的配气相位机构上增加了一根偏心轴、一个步进电动机和中间推杆等部件，该系统借由步进电动机的旋转，再在一系列机械传动后很巧妙地改变了进气门升程的大小。

当凸轮轴运转时，凸轮会驱动中间推杆和摇臂来完成气门的开启和关闭。当电动机工作时，蜗轮蜗杆机构会首先驱动偏心轴发生旋转，然后中间推杆和摇臂会产生联动，偏心轴旋转的角度不同，最终凸轮轴通过中间推杆和摇臂顶动气门产生的升程也会不同。在电动机的驱动下，进气门的升程可以实现从 0.18～9.9mm 之间的无级变化（图 2-3）。

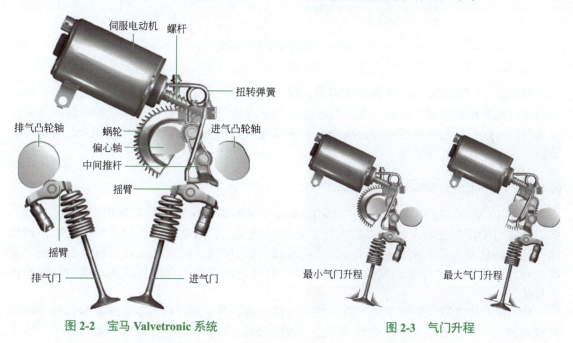

图 2-2　宝马 Valvetronic 系统　　　　图 2-3　气门升程

宝马 Valvetronic 技术已经覆盖了旗下的多款发动机，包括目前陆续推出的涡轮增压新动力。该技术能够让发动机对驾驶者的意图做出更迅捷的反馈，同时通过发动机管理系统对气门升程的精确控制，实现了车辆在各种工况和负荷下的最佳动力匹配。

### 3. 可变气门的作用和特点是什么？

发动机上的气门可变驱动机构可以通过两种形式实现：一种是凸轮轴和凸轮可变系统，

就是通过凸轮轴或者凸轮的变换来改变配气相位和气门升程；另一种是气门挺杆可变系统，工作时凸轮轴和凸轮不变动，气门挺杆、摇臂或拉杆靠机械力或者液压力的作用而改变，从而改变配气相位和气门升程。

可变气门是指发动机的气门正时和升程是可以根据行驶情况变化的（图2-4），以提高动力性能和节油效果。

把气门提得更高些（改变升程），或延长气门的打开时间（改变正时），便能满足需求，从而提高动力；反之，在低速时，最好少吸入混合气，则可以降低气门的升程或缩短打开时间，从而节省燃料。

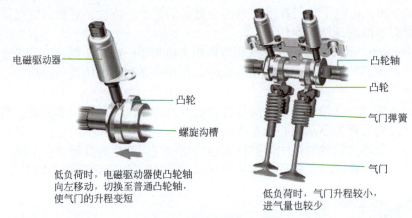

图2-4 奥迪可变气门系统

虽然各个厂家所采用的执行机构不尽相同，但基本上都是控制气门的升程或正时，或对气门正时和升程同时进行控制，因为气缸的进气量或排气量主要取决于气门的升程和正时。可变气门可以使气门在低速时进排气少点，在高速时进排气多点，使燃烧更完全，对动力、节油、排放都有更好的效果。

### 4. VVT-i的作用和特点是什么？

VVT-i（Variable Valve Timing-intelligence）是丰田公司注册的发动机可变气门技术，即"智能可变配气正时系统"。最大特点是可根据发动机的状态来控制进气凸轮轴，通过调整凸轮轴转角对配气时机进行优化，以获得最佳的配气正时，从而在所有速度范围内提高转矩，并能在一定程度上改善燃油经济性，有效提高汽车的功率与性能，减少油耗和废气排放。

VVT-i由传感器、电控单元、液压控制阀和控制器等组成，按控制器的安装部位不同而分成两种：一种是安装在排气凸轮轴上的，称为叶片式VVT-i，比如丰田大霸王；另一种是安装在进气凸轮轴上的，称为螺旋槽式VVT-i，雷克萨斯400、430等高级轿车采用的就是此种形式。

丰田VVT-i发动机的ECM在各种行驶工况下自动搜寻一个对应发动机转速、进气量、节气门位置和冷却水温度的最佳气门正时，并控制凸轮轴正时液压控制阀，通过各个传感器的信号来感知实际气门正时，然后执行反馈控制，补偿系统误差，达到最佳气门正时的位置，从而能有效地提高汽车的功率与性能，尽量减少耗油量和废气排放。

发动机可变气门正时技术是近些年来被逐渐应用于现代轿车上的新技术中的一种，发动机采用可变气门正时技术可以提高进气充量，使充量系数增加，发动机的扭矩和功率可以得到进一步提高。

## 5. 双 VVT-i 系统的作用和特点是什么？

VVT-i 系统只对进气门的正时进行控制和调节，而双 VVT-i 系统则对进气门和排气门都进行控制与调节。相对而言，双 VVT-i 系统可以使发动机的运行效率更高（图 2-5）。

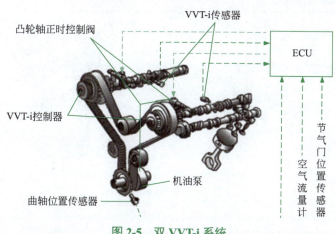

图 2-5　双 VVT-i 系统

丰田卡罗拉双 VVT-i 系统可分别控制发动机的进气系统和排气系统。在急加速时，控制进气的 VVT-i 会提前进气，而控制排气的 VVT-i 会推迟排气，此效果如同一个较小的涡轮增压器，能有效地提升发动机动力。同时，由于进气量的加大，也使得汽油的燃烧更加完全，达到低排放的目的。

发动机 ECU 根据发动机的转速、进气量以及节气门位置和水温计算出一个最优气门正时，并且向凸轮轴正时机油控制阀发出控制指令。凸轮轴正时机油控制阀根据所发出的指令选择至 VVT-i 控制器的不同油路，使之处于提前、滞后或保持 3 个不同的工作状态。此外，发动机 ECU 根据来自凸轮轴和曲轴位置传感器的信号检测实际的气门正时，从而尽可能地进行反馈控制，以便获得预定的气门正时。

## 6. i-VTEC 的作用和特点是什么？

i-VTEC 是"智能可变气门正时和气门升程电子控制系统"（Intelligent Variable Valve Timing and Lift Electronic Control System）的英文缩写。可以说 i-VTEC 是 VTEC 的升级版，VTEC 是本田公司更早些时候开发的发动机技术，也是为了省油而开发的，最早用在本田的 F1 赛车上，后来才引用到批量生产车型上。

与普通发动机相比，VTEC 发动机所不同的是凸轮与摇臂的数目及控制方法，它有中低速用和高速用两组不同的气门驱动凸轮，并可通过电子控制系统的调节进行自动转化。通过 VTEC 系统装置，发动机可以根据行驶工况自动改变气门的开启时间和提升程度，达到改变进气量和排气量的效果，从而降低油耗，还能在一定程度上降低不必要的排放。

i-VTEC 是在 VTEC 的基础上，添加了一个智能型可变正时控制系统，通过 ECU 控制程序调节进气门的开启与关闭，使气门的重叠时间更加精确，达到最佳的进、排气时机，并且进一步提高了发动机的功率（图 2-6）。如今在本田的主要产品上 VTEC 已被 i-VTEC 所取代。

图 2-6　本田 i-VTEC

### 7. 可变进气系统的作用和特点是什么？

可变进气系统（图 2-7）是通过改变进气管的长度和截面积，提高燃烧效率，使发动机在低转速时更平稳、扭矩更充足，高转速时更顺畅、功率更强大。

图 2-7　可变进气系统

进气歧管一端与进气门相连，另一端与进气总管后的进气谐振室相连，每个气缸都有一根进气歧管。发动机运转时，进气门不断地开启和关闭，气门开启时，进气歧管中的混合气以一定的速度通过气门进入气缸，当气门关闭时混合气受阻就会反弹，周而复始会产生震动频率。如果进气歧管很短，显然这种频率会更快；如果进气歧管很长，这个频率就会变得相对慢一些。如果进气歧管中混合气的振荡频率与进气门开启的时间达到共振，那么此时的进气效率显然是很高的。因此可变进气歧管，在发动机高速运转和低速运转时都能提供最佳配气。

发动机低速运转时，用又长又细的进气歧管可以增加进气的气流速度和气压强度，并使汽油雾化效果更好，燃烧得更好，提高扭矩。

发动机高速运转时需要大量混合气，这时进气歧管就会变得又粗又短，这样才能吸入更多的混合气，提高输出功率。

### 8. 可变进气系统的原理是什么？

发动机转速低时，进气流速比较低，这不利于保证低转速时的最佳配气。如果能将进气管道的长度变短一些，便可提高进气速度，从而将进气流速控制在一个合理的范围内。具体做法是关闭或打开进气道中的一些阀门，让气流走捷径或绕远便可达到改变进气管长度的目的。

例如，当发动机在 2000r/min 低转速运转时，黑色控制阀关闭，气流被迫从长歧管流入气缸，此时，进气歧管的固有频率得以降低，以适应低转速的气流；当发动机转速上升到一定程度时，如 5000r/min，此时该控制阀开启，气流绕开下部导管直接注入气缸，这样更利于高速进气（图 2-8）。

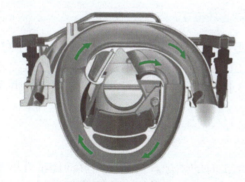 

(a) 进气歧管变长(发动机转速2000r/min)　　(b) 进气歧管变短(发动机转速5000r/min)

图 2-8　可变进气歧管变化

宝马装配的 V12 发动机则采用了另一种进气管长度连续可变的设计。它在进气机构中间设计了一个转子来控制进气歧管的长度，通过转子角度的变化，使进气气流进入气缸的长度连续可变。这样更能满足各个转速下的进气效率需求，提高动力输出和燃油经济性。

### 9. 可变排量的特点和实现方式是什么？

（1）可变排量的特点　可变排量可以理解为按需气缸管理系统，顾名思义，是一套依靠对车辆动力需求（发动机负荷）的判断，来对发动机的工况进行相应调整的系统。例如奥迪 4.0TFSI 双涡轮增压发动机，在发动机负荷较低的情况下，系统会关闭发动机的 4 个气缸，使发动机仅以 4 个气缸来工作，这其实就是我们比较熟悉的"可变排量控制系统"，在不同的厂商中，它有多种不同的叫法，如 VCM、MDS、AFM 等，在奔驰、本田、通用、克莱斯勒等品牌的产品上都有这种通过关闭气缸来节约能耗的技术。

（2）可变排量实现方式　在实现手段上，也与其他制造商的方法大同小异，它是依靠升级版的奥迪可变气门升程控制系统（AVS），在其凸轮轴增加了一套"零升程"的凸轮而实现的。当切换到这套"零升程"凸轮时，凸轮轴将无法驱动气门运动，2、3、5、8 四个气缸的进排气门便处于关闭状态（图 2-9）。

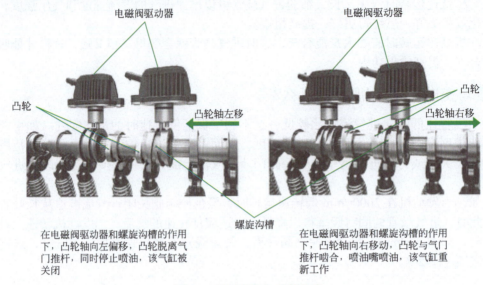

图 2-9　发动机气缸关闭示意

要实现关闭气缸运行，需要发动机的工况满足以下条件：第一是发动机的转速高于怠速，在 960～3500r/min 之间，发动机输出扭矩在峰值扭矩的 25%～40% 之间；第二是冷却液的温度要高于 30℃，而且变速箱的挡位要处在 3 挡以上。而变速箱的"运动模式"并不会影响系统的工作。

## 10. 什么是稀薄燃烧？

稀薄燃烧是指空燃比大于理论空燃比 14.7：1 时的燃烧。这是提高燃油经济性的重要手段，发动机稀薄燃烧技术是为了让混合气得到更加充分的燃烧，达到降低油耗和排放的目的。

稀薄燃烧（图 2-10）应用于汽油机缸内直接喷射技术，因此要实现分层燃烧必须基于缸内直喷，缸内直喷汽油机稀薄燃烧技术可以分为均质稀薄燃烧和分层燃烧两种燃烧模式。

(a) 低负荷分层喷射
燃油系统在发动机压缩冲程喷注燃油

(b) 高负荷均匀喷射
燃油与空气在进气冲程同步注入混合

图 2-10　稀薄燃烧

## 11. 稀薄燃烧有什么优点？

稀薄燃烧系统能使燃油发挥出最大的效率，使汽油机燃烧室内的燃烧更加完全，不但大大地降低了汽油机的燃油消耗率，也大大地改善了汽油机的尾气排放。

缸内直喷技术使汽油机（GDI）有了超稀薄空燃比的利用和工作方式的改变，如取消节流降低了泵气损失；燃油蒸发引起了缸内温度的降低；提高了汽油机工作的压缩比；燃油在进气行程中对进气的冷却，提高了充气效率等。这些优点可以使发动机燃油经济性提高25%左右，动力输出也比进气道喷射的汽油机增加了将近10%。GDI发动机除了温室气体排放较少外，由于其冷启动迅速快捷，很少需要冷启动加浓，因而可以大幅度降低冷启动时未燃碳氢化合物的排放。

## 12. 稀薄燃烧的原理是什么？

简单来说就是用增加发动机进气系数的方式达到完善的燃油燃烧环境。

一般发动机节气门设计的开启角度以及开启时间都无法达到"微调"的工作状态，例如发动机在1000r/min和1100r/min时所需要的空气进气量不同，而通过传统的发动机各个感应器无法侦测这么细微的差距，节气门的工作方式不会随着发动机工作"随时"调整开启角度，而是根据各个传感器传送而来的信息于下次工作时修改指令，因此有一些燃油是被迫压入发动机机室的，然后随尾气排出车外，造成燃油浪费，同时尾气排放含有过多的未充分燃烧的碳氢化合物。

## 13. 发动机实现稀薄燃烧的关键技术有哪些？

（1）提高压缩比 采用紧凑型燃烧室，通过改进进气口位置使缸内形成较强的空气运动旋流，提高气流速度，将火花塞置于燃烧室中央，缩短点火距离，将压缩比提高至13∶1左右，促使燃烧速率加快。

（2）分层燃烧 如果稀薄燃烧技术的混合比达到25∶1以上，按照常规是无法点燃的，因此必须采用由浓至稀的分层燃烧方式。通过缸内空气的运动在火花塞周围形成易于点火的浓混合气，混合比达到12∶1左右，外层逐渐稀薄。浓混合气点燃后，燃烧迅速波及外层。为了提高燃烧的稳定性，降低氮氧化物（$NO_x$）含量，现在采用燃油喷射定时与分段喷射技术，即将喷油分成两个阶段：进气初期喷油，燃油首先进入缸内下部，随后在缸内均匀分布；进气后期喷油，浓混合气在缸内上部聚集在火花塞四周被点燃，实现分层燃烧。

（3）高能点火 高能点火和宽间隙火花塞有利于火核形成，火焰传播距离缩短，燃烧速度增快，稀薄燃烧极限大。有些稀薄燃烧发动机采用双火花塞或者多极火花塞装置来达到上述目的。

## 14. 稀薄燃烧发动机的优势是什么？

（1）改善性能

❶ 采用稀薄混合气燃烧时循环热效率提高。汽油发动机的实际循环接近于定容加热循环，从定容加热循环的指示热效率与压缩比和绝热指数的关系可以看到，提高工质的绝热指数和压缩比有利于指示热效率的提高。随着空燃比的提高，空气所占的量增加，因此工质的绝热指数逐渐接近于空气的绝热指数，理论上，在空燃比达到无限大时，热效率达到最大值。

❷ 由于稀薄燃烧时混合气燃烧温度低，燃烧产物的离解损失减小，并且降低了与气缸壁面的传热，也使热效率得以提高。由于稀薄燃烧发动机一般不受高负荷时爆燃极限的限制，

因此可以采用较高的压缩比，有利于热效率的提高。当采用稀薄混合气燃烧时，由于进入缸内空气的量增加，因此减小了泵吸损失，这对汽油机部分负荷经济性的改善是很明显的。同时也可以采用变质调节，不用节气门或是小节流，会大大减少泵吸损失，特别有利于改进部分负荷性能。

（2）改善排放质量　随着空燃比的增加，由于采用稀薄混合气使燃烧温度降低，$NO_x$ 的排放明显减少，同时燃烧产物中的氧成分有利于 HC 和 CO 的氧化，因此，HC 和 CO 的排放也会减少。然而，随着空燃比增加到一定程度，由于燃烧速率的降低可能会使燃烧不完全，HC 的排放会迅速增加。如果能合理地设计紧凑的燃烧室，使燃烧在短时间内完成，那么 $NO_x$、HC 和 CO 的排放都可以大大减少。

### 15. 分层燃烧有什么好处？

分层燃烧的好处在于热效率高、节流损失少、有限的燃料尽可能多地转化成工作能量。分层燃烧模式下节气门不完全打开，保证进气管内有一定真空度（可以控制废气再循环和炭罐等装置）。这时，发动机的扭矩大小取决于喷油量，与进气量和点火提前角关系不大。

分层燃烧模式在进气过程中节气门开度相对较大，减少了一部分节流损失。进气过程中的关键是进气歧管中安置一个翻板，翻板向上开启（实际机型的原理和性质可能有所不同），封住下进气歧管，让进气加速通过，与 W 形活塞顶配合，形成进气涡旋。

### 16. 均质稀燃有什么优点？

均质稀燃模式混合气形成时间长，燃烧均匀，通过精确控制喷油，可以达到较低的混合气浓度。均质稀燃的点火时间选择范围宽泛，有很好的燃油经济性。

均质稀燃与分层燃烧的进气过程相同，油气混合时间加长，形成均质混合气。燃烧发生在整个燃烧室内，对点火时间的要求没有分层燃烧那么严格。均质稀燃的空燃比大于 1。

### 17. 均质燃烧有什么优点？

均质燃烧能充分发挥动态响应好、扭矩和功率高的特点。均质燃烧进气过程中节气门位置由油门踏板决定，进气歧管中的翻板位置视不同情况而定。当中等负荷时，翻板依然是关闭的，有利于形成强烈的进气旋流，利于混合气的形成与雾化。当高速大负荷时，翻板打开，增大进气量，让更多的空气参与燃烧。均质燃烧的喷油、混合气形成和燃烧与均质稀燃模式基本一样。在均质燃烧情况下，空燃比≤1。

### 18. GDI 和 FSI 有什么关联和区别？

（1）关联　缸内直喷技术（GDI）和分层燃烧技术（FSI）一直是相关联的。分层燃烧的真正目的是可以实现较稀混合气的点燃，要实现分层燃烧，必须基于缸内直喷，对于缸外喷射的发动机，是无法实现分层燃烧的。设计缸内直喷的主要目的是为了实现稀薄燃烧。发动机的稀薄燃烧技术是为了让混合气更加充分燃烧，达到降低油耗和排放的目的。

（2）区别

❶ GDI。三菱 GDI 采用真正的直接喷射，喷油器置于气缸顶部，离火花塞和进气门位置很近。在发动机进气行程中，它也会喷油，但喷油量非常少，在活塞向下运动到底部并向上压缩时，气缸内的空气已经得到完全混合，这就和缸外喷射的道理相同。但这时候的混合气是不能被点燃的，因为浓度实在是太低了，预先达到这种浓度，只是为第二次喷油点燃缸内

气体并充分燃烧做准备。当活塞即将达到上止点时，喷油器开始第二次喷油，因为喷出的燃油是漏斗形，越是靠近喷油器的地方，浓度就越高，而火花塞离喷油器很近，显然此时在火花塞附近的燃油浓度是很高的，比其他部位的混合气浓度都要高，从而实现不同区域出现浓度不同的混合气，也就是所谓的分层。由于火花塞附近的混合气较浓，很容易被点燃，这部分点燃的气体会继续引燃剩余的混合气，从而达到分层点火燃烧的目的。

❷ FSI。大众 FSI 的喷油是间接式的，它把喷油器安放在进气门附近，同样是两次喷油，但其喷油对象是对准活塞。在活塞上有个 U 形槽，燃油喷射出来后，会随着凹槽转变方向，目的地是火花塞附近，因此会在火花塞附近形成较浓的混合气，达到燃油分层的目的。大众 FSI 的目的似乎很简单，就是想要节油，活塞上的 U 形槽有助于产生更多的缸内涡流，使混合更充分。

### 19. 缸内直喷技术有什么特点？

汽油发动机的改进空间已经很小了，增加更多气门的方式已经无法大幅度提高性能和经济性了。缸内直喷技术可能是汽油发动机的未来。缸内直喷技术所宣扬的是通过均匀燃烧和分层燃烧，不仅可实现高负荷或低负荷下的燃油消耗降低，动力还有很大提升。它尤其是在部分负荷时具有巨大的节油作用。无论是哪家公司，其缸内直喷技术都大同小异。

开发缸内直喷技术的最初想法是，由于在大多数的情况下，发动机的空燃比可以调节到比用化学计算法得出的 14.7 : 1 更稀薄的状态，而不会对发动机性能造成负面影响。然而其局限性却是稀薄混合气体很难点燃，而且还会随之产生相应的排放物，其主要成分是氮氧化合物。

采用缸内直喷（图 2-11）技术后，燃油以细微滴状的薄雾方式进入气缸，而不是以混合气的方式进入气缸。这也就意味着当燃油雾滴吸收热量变为可燃气体时，实际上对发动机的气缸起到了冷却的作用。这种冷却作用降低了发动机对辛烷的需要，所以其压缩比可以有所增加。而且正如柴油一样，用较高的压缩比可以提高燃料的效率。

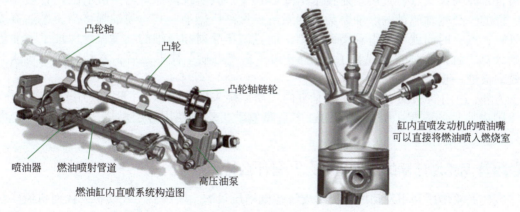

图 2-11　缸内直喷

### 20. TFSI 发动机和 TSI 发动机有什么区别？

TFSI 发动机是指带涡轮增压的缸内燃油直喷发动机（图 2-12），主要应用在奥迪和大众车型上。这种发动机不仅可以像传统的涡轮增压发动机那样提高动力性，而且由于在低速和高速时分别采用分层燃烧及均质燃烧方式而使燃油消耗控制得比较好。

TSI 发动机也是指带涡轮增压的缸内燃油直喷发动机。大众 1.8/2.0TSI 中的"TSI"则代表着 Turbo Fuel Stratified Injection，通过表面意思可以理解为涡轮增压＋分层燃烧＋缸内直喷，等同于 TFSI，不过国内则省掉了分层燃烧。

在国内主要由于油品的问题，国产奥迪轿车上使用的 TFSI 并没有分层燃烧技术，只有均质燃烧，它实际上和 TSI 是基本一样的。

图 2-12　TFSI 发动机

图 2-13　SIDI 发动机

### 21. SIDI 发动机有什么特点？

通用公司将燃油直喷技术的代号定为 SIDI，SIDI 是 Spark Ignition Direct Injection 的缩写，直译为火花点燃直接喷射技术（图 2-13）。其实现的原理与一般的缸内直喷发动机是一样的。凸轮轴驱动的燃油泵为供油系统提供高压燃油，共轨喷油嘴将高压燃油直接注入气缸，点火时间就可以得到精确控制，而且高压喷射和极细的喷嘴设计保证了喷油量的精确计算。缸内直喷技术代替了传统 MPFI（多点电喷）技术之后，发动机在低转速下燃烧效率被进一步提升。

另外，通用的 SIDI 技术依靠的是缸内均质燃烧来提升效率，并没有使用分层燃烧技术。由于国内油品的限制，引入国内的缸内直喷发动机均不使用分层燃烧，通用的 SIDI 也不例外。

### 22. 涡轮增压器的原理是什么？有什么特点？

废气涡轮增压利用发动机排出的废气达到增压目的。增压器与发动机无任何机械联系，由内燃机废气驱动的涡轮来带动。它的优点是增压效率要高于机械增压，但与机械增压相比，增压效果有滞后于节气门开启的表现。

这种发动机是利用排放出的废气的能量，冲击装在排气系统中的涡轮，使之高速旋转，同时带动压缩机一同旋转，压缩机压缩进气，强制地将进气增压后压送到气缸中（图 2-14）。由于发动机功率与进气量成正比，因此可提高发动机功率。根据增压方式不同，可分为机械式与涡轮式，现代的增压发动机一般是指涡轮增压发动机。

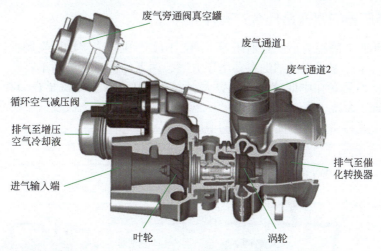

图 2-14　单涡轮双涡管涡轮增压器

当涡轮工作时，内部会产生极高的压力，涡轮本体虽然有释放高压气体的孔径，但是面对连续增压状态，仍显得有些不足，通过减压阀可使高压气体得以迅速释放，以便下一次的增压动作。这样不仅可以保护涡轮，还可以消除部分的涡轮迟滞现象。

### 23. 机械增压器的原理是什么？有什么特点？

机械增压器（Supercharger）并不是依靠排出的废气能量来压缩空气的，而是通过一个机械式的空气压缩机与曲轴相连，通过发动机曲轴的动力带动空气压缩机旋转来压缩空气（图 2-15）。压缩机是通过两个转子的相对旋转来压缩空气的。正因为需要通过曲轴转动的能量来压缩空气，所以机械增压会对发动机输出的动力造成一定程度的损耗。

图 2-15　机械增压器

机械增压器的特性刚好与涡轮增压器相反，由于机械增压器始终在"增压"，因此在发动机低转速时其转矩输出也十分出色。另外，由于空气压缩量完全是按照发动机转速线性上升的，整个发动机运转过程与自然吸气发动机极为相似，加速十分线性，没有涡轮增压发动机在涡轮介入那一刻的唐突，也没有涡轮增压发动机的低速迟滞。但由于在发动机高转速时机械增压器对发动机动力的损耗巨大，因此在发动机高转速时其作用就不太明显。

### 24. 双增压器的原理是什么？有什么特点？

在一台发动机上采用两个涡轮增压器（图2-16），也称为双增压发动机。涡轮增压与机械增压一直是汽车厂家所能接纳的主要增压方案，两者的优劣无法简单判断，前者的作用在中高速时明显，而后者在中低速时作用更大。大众1.4L TSI 发动机早在2005年就开始应用双增压器，在进气系统上安装一个机械增压器，而在排气系统上安装一个涡轮增压器，从而保证在低速、中速和高速时都能有较佳的增压效果。

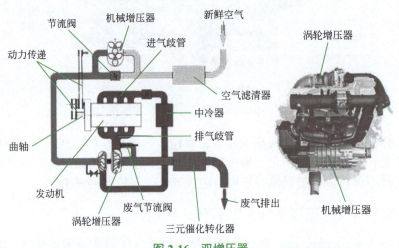

图2-16 双增压器

机械增压器就像发动机的附件——转向助力泵一样安装在发动机上，并由发动机皮带驱动，将压缩空气输送到进气歧管。机械增压器结构简单，工作温度介于70～100℃，不需特殊冷却系统，机件维护简单。不过增压值会随发动机转速的提高而降低，当达到某一界限时，由于本身的阻力，增压器反而会成为发动机的负担，严重影响发动机转速的提升。

涡轮增压是利用发动机排出的废气驱动增压器，由于废气温度有上千摄氏度，需要增设空气中间冷却器来给高温压缩空气进行冷却。优点是增压效率高于机械增压，缺点是受发动机转速影响，低转速时效果不明显，待发动机提升到一定转速时才会有出色表现。涡轮迟滞也是涡轮增压发动机的最大难题。

机械增压有助于低转速时的扭力输出，但是高转速时功率输出有限；而废气涡轮增压在高转速时拥有强大的功率输出，但低转速时则"力不从心"。发动机的设计师们于是就设想把机械增压和涡轮增压结合在一起，来解决两种技术各自的不足，同时解决低速扭矩和高速功率输出的问题。

### 25. 凸轮轴传感器的作用原理是什么？

在凸轮轴上装有一个脉冲信号轮，凸轮轴传感器直接安装在气缸盖内该脉冲信号轮旁边。凸轮轴传感器提供凸轮轴位置信号，以此可以确定发动机的点火TDC位置。

宝马双凸轮轴机构有两个凸轮轴传感器，即进气凸轮轴传感器和排气凸轮轴传感器，气门机构装备了用于进气凸轮轴和排气凸轮轴的可调式凸轮轴控制装置（双VANOS），这两个凸轮轴传感器探测凸轮轴的调节情况（图2-17）。

图 2-17　凸轮轴传感器

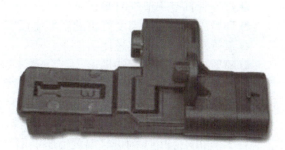

图 2-18　曲轴位置传感器（宝马）

### 26. 曲轴位置传感器的作用原理是什么？

曲轴位置传感器（图 2-18）借助一个旋接在曲轴上的信号齿轮探测曲轴位置。曲轴位置传感器是全顺序喷射装置所必需的（每个气缸的喷射都在最佳点火时刻）。

曲轴位置传感器负责提供转速信号，它主要用于与 HFM 一起计算基本喷射量。

曲轴位置传感器主要通过霍尔式传感器原理进行工作，为此在曲轴上装有一个所谓的脉冲信号轮，曲轴位置传感器在曲轴箱内紧靠该脉冲信号轮安装。曲轴位置传感器探测脉冲信号轮及曲轴的移动情况。脉冲信号轮的转速以电信号形式发送至发动机管理系统，系统根据该信号计算出发动机转速。

### 27. 空气流量计的作用原理和失效影响是什么？

（1）空气流量计的作用　空气流量计记录吸入的空气质量。该信号为电压信号，发动机控制单元由此计算出需要的负荷状态（喷射持续时间的基本参数）。

（2）宝马公司的空气流量计　宝马发动机 N46B20 以及 N46TU2 中的空气流量计不用于记录信号。进气温度传感器仍然安装在空气流量计壳体中，发动机控制单元通过一个模型计算空气质量。最重要的输入参数是空燃比控制信号，为此氧传感器（调控用传感器）布置在发动机附近。

空气流量计测量进气质量并将该数值以电信号形式发送至控制单元（图 2-19）。发动机控制单元（发动机管理系统）根据该数值和发动机转速计算出基本喷射量。

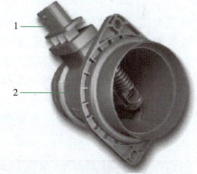

图 2-19　空气流量计和插件

1—插件；2—空气流量计

空气流量计（仅 E87、E90、E91 中的 N46B20 以及 N46TU2）抽吸的空气质量不再直接用空气流量计测量，而是由发动机控制单元（DME）计算得出。为了进行该计算，DME 中已编程了一个进气计算程序（进气模型）。

在该计算中收到下列信号。

❶进气门的气门升程（负荷记录）。

❷VANOS 位置（负荷记录）。

❸节气门位置（节气）。

❹ 进气温度（空气密度修正）。
❺ 发动机转速（气缸进气）。
❻ 进气管真空（节气时修正）。
❼ 环境压力（通过高度修正的空气密度）。
❽ 氧传感器信号（空燃比）。
❾ 喷射持续时间（燃油量）。

如有必要，校正计算得出的空气质量。氧传感器失灵时在 DME 的故障码存储器中将记录一个故障（空气质量可信度检查）。在这种情况下将取消匹配计算得出的空气质量。

空气流量计为热膜式传感器，根据电路图可知，该传感器与进气温度传感器集成在一起，有 5 个 PIN：PIN1 为进气温度传感器信号线；PIN2 为电源线（12V）；PIN3 为接地线；PIN4 为 DME 参考电源线（5V）；PIN5 为空气流量计信号线。

（3）失效影响

❶ 当空气流量计出现故障，如因污物等原因导致该传感器失灵时，控制单元可通过转速、进气管压力和温度等替代参数计算出一个替代值，但发动机的动力性和经济性将受到影响。

图 2-20　进气温度传感器

❷ 由于氧传感器的信号与空气质量息息相关，所以当氧传感器出现故障时，也会影响到空气流量计。

### 28. 进气温度传感器的作用原理是什么？

通过进气温度对进入的空气密度进行修正，从而计算出空气的质量。

进气温度传感器（图 2-20）有一个热敏电阻（负温度系数），该电阻伸入进气气流中，测量进气温度。热敏电阻是分压器电路的一个组成部分，发动机控制单元为其提供 5V 电压。热敏电阻的电压取决于空气温度。

进气温度传感器也有助于更准确地计算喷射量。空气温度决定了空气密度，就是说，冷空气与热空气体积相同时，冷空气质量较重。因此吸入冷空气时，燃烧室内的氧气较多，燃油喷射时间也较长。

进气温度传感器额定值见表 2-1。

表 2-1　进气温度传感器额定值

| 进气温度 /℃ | 电阻 /Ω | 进气温度 /℃ | 电阻 /Ω | 进气温度 /℃ | 电阻 /Ω |
|---|---|---|---|---|---|
| 0 | 5000～6000 | 25 | 1800～2200 | 50 | 700～900 |
| 5 | 4000～5000 | 30 | 1600～1900 | 55 | 600～800 |
| 10 | 3500～4000 | 35 | 1400～1600 | 60 | 500～700 |
| 15 | 2600～3200 | 40 | 1100～1400 | 70 | 400～500 |
| 20 | 2300～2700 | 45 | 900～1100 | 80 | 300～400 |

当进气温度传感器出现故障时，将有故障记忆，发动机不能对进气密度进行修正，从而

不能准确计算出发动机的进气质量，发动机的动力性和经济性将受到影响。

### 29. 冷却液温度传感器的作用、特性和失效影响是什么？

（1）冷却液温度传感器的作用

❶ 冷却液温度传感器探测发动机冷却循环的冷却液温度。冷却液温度用于下列计算的测量参数：喷油量和怠速理论转速。

❷ 冷却液温度传感器探测并提供发动机温度。根据该信号对喷射时间、点火时刻和怠速转速等进行相应调节，这些运行状态称为冷启动和暖机运行。

❸ 冷却液温度为 -40 ~ 130℃ 的电阻范围为 167000 ~ 150Ω。DME 为该传感器提供接地连接，传感器的另一个接口与 DME 内的一个分压器电路相连。

（2）冷却液温度传感器的特性　冷却液温度传感器（图 2-21）为负温度系数电阻计（NTC），随着温度升高，其电阻值会下降。DME 通过测量其电压值，可以计算出电阻的大小，从而推算出冷却液温度。冷却液温度传感器有 2 个 PIN：PIN1 为信号线；PIN2 为接地线。

图 2-21　冷却液温度传感器

（3）失效影响

❶ 当冷却液温度传感器出现故障时，将有故障记忆，发动机不能准确计算出喷油量；发动机会抖动或冒黑烟，发动机的动力性和经济性将受到影响。

❷ 发动机不能准确计算出怠速理论转速，发动机怠速会不稳。

❸ 当发动机冷却液温度传感器出现断路或短路故障时，电子扇会高速转动。

### 30. 偏心轴传感器的作用、原理和故障影响是什么？

（1）作用　宝马发动机偏心轴传感器在装备电子气门控制系统时探测偏心轴的位置。偏心轴调整凸轮轴，使得在每种运行状态下都能达到最佳的进气门升程（进气门升程可无级调整）。偏心轴由电子气门控制伺服电动机调整。

（2）原理　偏心轴传感器（图 2-22）装备了 2 个相互独立的具有相反特性线的角度传感器。偏心轴传感器按磁阻效应原理工作，即铁磁导体在磁场的作用下其电阻改变。该传感器采用冗余设计结构，两个传感器元件安装在一个壳体内，一个传感器承担引导任务，该任务由参考传感器监控。

图 2-22　偏心轴传感器

如果偏心轴从零行程向最大行程方向调节,那么该引导传感器将提供上升的角度值,另一个传感器提供下降的角度值。数据通过各串行接口传到 DME,DME 控制单元通过电子气门控制伺服电动机调节偏心轴位置,直到目前的位置与标准位置一致。

传感器的测量范围为 0°～180°。该传感器由发动机控制单元(DME)提供 5V 电压,从偏心轴传感器至 DME 的数据以 250kHz 的中等节拍频率传输。

偏心轴传感器由 9 个 PIN 组成。

PIN1:P-CS1S 为角传感器 1 的信号线。

PIN2:为空。

PIN3:T-DAT1S 为角传感器 1 的信号线。

PIN4:屏蔽线。

PIN5:接地线。

PIN6:电源线。

PIN7:P-CS2S 为角传感器 2 的信号线。

PIN8:偏心轴传感器的节拍时钟信号。

PIN9:T-DAT2S 为角传感器 2 的信号线。

(3)故障影响

❶ 当公用的 P-CLKS 信号丢失时,则两路相互独立的角度传感器均无信号;当偏心轴传感器任何一路信号缺失(开路或短路)时,则 VVT 进入紧急模式。进入紧急模式后 DME 会试图让节气门开度变到最大,用节气门来控制进气量。从 ISID 读数可以看到 MAP 不再是 50mbar(1mbar=$10^2$Pa),而是随负荷和转速变化的。

❷ 偏心轴传感器的中心磁轮安装螺栓为不锈钢材质,如果更换了已经被磁化的螺栓或用普通螺栓代替,则偏心轴传感器完全失效,此时发动机可能无法启动。

### 31. 水箱出口上的温度传感器的作用、原理和故障影响是什么?

水箱出口上的温度传感器用于探测水箱后的冷却液温度。发动机控制单元(DME)需要用冷却液出口处的冷却液温度来控制冷却器风扇。

水箱出水口温度传感器为负温度系数电阻计(NTC),随着温度升高,其电阻值会下降。DME 通过测量其电压值,可以计算出电阻的大小,从而推算出温度。

冷却液温度传感器有 2 个 PIN:PIN1 为接地线;PIN2 为信号线。

当发动机冷却液温度传感器出现断路或短路故障时,电子扇会高速转动。

### 32. 加速踏板模块的作用、原理和失效影响是什么?

加速踏板模块识别加速踏板的位置及驾驶员要求的发动机功率,这是发动机管理系统计算节气门规定位置最重要的输入参数。发动机控制单元在考虑到其他因素的情况下,由此计算出需要的电子气门控制系统位置或节气门位置。

加速踏板模块采用霍尔传感器原理,有两路方向相同但幅度不同的信号。

加速踏板位置传感器由 6 个 PIN 组成。

❶ PIN1 和 PIN2 为接地线。

❷ PIN3 为传感器 2 的电源线。

❸ PIN4 为传感器 1 的信号线。

❹ PIN5 为传感器 1 的电源线。

❺ PIN6 为传感器 2 的信号线。

失效影响如下。

❶ 当一路出现故障时,将产生故障码,但加速踏板仍然有响应。

❷ 当两路同时出故障时,踩油门踏板将没有反应。

### 33. 进气压力传感器的作用、原理和故障影响是什么?

(1)作用、原理 进气压力传感器(图 2-23)测量进气系统内的真空度。对于带电子节气门控制系统的发动机,例如在急速下设定一个约 50mbar($1mbar=10^2Pa$)的真空,进气管真空用作负荷信号的备用参数。

通过探测进气管压力可计算出各气缸空气量的准确数值。根据该数值对进气门的开启时间和喷射量进行相应调节。

进气压力传感器应用压电原理,随着进气管的压力的变化,电压值也会随之变化。

进气压力传感器由 3 个 PIN 组成。

❶ PIN1 为信号线。

❷ PIN2 为接地线。

❸ PIN3 为参考电源线。

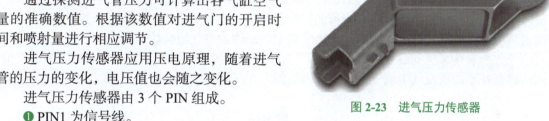

图 2-23 进气压力传感器

(2)故障影响 当 VVT 出现故障进入紧急模式后,进气歧管的真空和没有电子节气门的发动机相同,进气压力传感器测的是进气歧管的实际真空。

### 34. 爆震传感器的作用、原理和故障影响是什么?

(1)作用 爆震传感器可识别爆震燃烧,对于 4 缸发动机,一个爆震传感器监控气缸 1 和 2,另一个爆震传感器监控气缸 3 和 4。DME 选择气缸进行爆震识别并进行爆震控制。发动机较长时间爆震燃烧运行可能导致严重的损坏。

爆震可因下列原因加剧。

❶ 压缩比提高。

❷ 气缸进气多。

❸ 燃油等级不良。

❹ 进气温度和发动机温度高。

压缩比也可能由于存放或制造方面的离散而达到过高的值。对于没有爆震控制系统的发动机,必须在设计点火开关时通过一个到爆震极限的安全距离考虑这些不利影响,因此在负荷区不可避免地带来效率的损失。

(2)原理 爆震传感器为压电式传感器。当发动机发生爆震时,爆震传感器内的压电元件产生一个电压值,DME 通过监测电压值的大小,确定发动机的爆震程度。

1 个爆震传感器有 2 个 PIN,分别为电源线和接地线。

(3)故障影响 爆震控制系统的自诊断包括下列检测。

❶ 检测有故障的信号,例如断路或插头损坏。

❷ 分析电路的自检。

❸ 检测爆震传感器探测到的发动机噪声电平。

如果在进行这些检测之一时发现一个故障，则关闭爆震控制系统。通过紧急程序执行点火角控制，同时在故障码存储器中记录一个故障。紧急程序可从最小ROZ91开始保证无损运行，其与发动机负荷、转速和温度有关。

### 35. 氧传感器的作用原理是什么？

宝马公司在N46TU2发动机中使用调控用传感器LSU4.9（N46：LSU4.2），每2个气缸有一个废气催化转换器前的氧传感器和一个废气催化转换器后的氧传感器（气缸1和4，气缸2和3）。N46发动机只有2个氧传感器。

氧传感器（图2-24）测量废气中的氧气含量，该信号可使发动机管理系统准确控制喷射量，从而实现$\lambda=1$。

由于该传感器仅在250～300℃时才进行工作，因此对其进行电动加热。在此使用两个氧传感器，在催化转换器前装有所谓的控制传感器，它负责进行过量空气系数调节，可以准确探测废气中的氧气浓度，从而计算出燃烧室内的燃油空气混合比。

第二个氧传感器安装在催化转换器后，它称为监控传感器，用于监控催化转换器的功能。该传感器并不提供废气中氧气含量的准确数值，而是识别与$\lambda=1$的偏差情况。

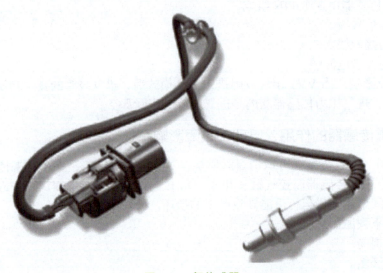

图2-24　氧传感器

### 36. 宽带氧传感器的结构特征和原理是什么？

（1）结构特征　用宽带氧传感器可以在0.8～2.5之间无级地测量燃油空气比（连续的特性线）。宽带氧传感器以比常规氧传感器更低的加热功率工作。此外，宽带氧传感器可更快达到准备就绪状态。

宽带氧传感器的传感器由二氧化锆陶瓷层（层压板）组成（图2-25）。嵌入层压板中的加热元件负责将工作温度快速提高到至少750℃的必要温度。宽带氧传感器有两个元件，即一个所谓的测量元件和一个参考元件，两个元件都涂有铂电极。

（2）原理　电流施加在测量元件上，于是许多氧离子被抽入参考元件中，直到在参考元件的电极之间形成一个450mV的电压为止。测量元件上施加的电流是燃油空气比的测量参数，这样空燃比控制可在每个燃烧室内建立所需的燃油空气比。

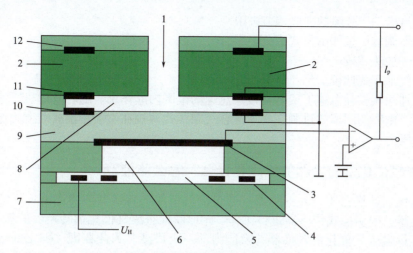

图 2-25 宽带氧传感器结构

1—废气；2—泵室（测量室）；3,10—参考室铂电极；4—加热电极；5—加热元件；6—参考空气间隙；
7—锆陶瓷层；8—测量间隙；9—参考室；11,12—泵室（测量室）铂电极

宽带氧传感器有 6 个 PIN。

❶ PIN1 为氧传感器产生的电压信号。
❷ PIN2 为氧传感器反馈给 DME 的正向或反向电流信号。
❸ PIN3 为氧传感器的加热电源线。
❹ PIN4 为氧传感器的加热接地信号。
❺ PIN5 为氧传感器的接地信号。
❻ PIN6 为氧传感器的反馈信号。

在正常怠速情况下，从诊断仪上测量得到氧传感器的电压为 2.0V，若大于 2.0V 说明混合气稀，小于 2.0V 说明混合气浓。

### 37. 后氧传感器的作用是什么？怎么调校？

（1）作用  后氧传感器（监控用传感器）用于监控调控用传感器，此外具有监控废气催化剂转换器的功能。

后氧传感器是普通的氧传感器，有 4 个 PIN。

❶ PIN1 为加热电源线。
❷ PIN2 为加热地线。
❸ PIN3 为传感器接地线。
❹ PIN4 为传感器信号线。

上述原理为通过比较废气和大气中的氧的浓度差，当废气中氧的含量高时，浓度差小，电压值就小，接近 0；当废气中氧的含量低时，浓度差大，电压值就高，接近 1V；当浓度差变化时，电压值会在 0～1V 之间变化。

为使废气催化剂转换器后的氧传感器达到运行准备状态，需要的温度约为 350℃。出于这个原因，对所有氧传感器进行加热。

（2）氧传感器调校值  氧传感器调校值（混合气调校）用于补偿混合气引起的部件公差和老化影响。例如过剩空气和燃油压力同样影响氧传感器调校值（部分补偿）。由于这些

原因，无法给出一个故障的准确调节极限。

氧传感器调校可按如下方式区分。

❶ 混合气加法调校。

❷ 混合气乘积式调校。

混合气加法调校在怠速下或者在接近怠速的范围内起作用。随着发动机转速的增大，影响越来越小，重要的因素如过剩空气。混合气乘积式调校在整个特性曲线上起作用，重要的因素如燃油压力。

### 38. 废气催化剂转换器的作用是什么？怎么监控？

废气催化剂转换器（三元催化器）通过废气催化剂转换器前的连续式氧传感器和废气催化剂转换器后的切换式传感器进行工作。此诊断检查废气催化剂转换器的氧气储存容量。氧气储存容量是废气催化剂转换器转换能力的一个尺度，为此在废气催化剂转换器诊断的第 1 阶段期间（约 3s）规定浓混合气，直至氧传感器电压达到某个规定值为止。因为浓废气氧含量低，所以废气催化剂转换器中存储的氧气减少。在第 2 个阶段中设定废气含氧量丰富的稀混合气。达到最大氧气储存容量之前的持续时间越长，废气催化剂转换器的转换能力就越高。

当前氧传感器出现故障时，发动机会在开环下工作，发动机的动力性、经济性及运转平稳性都会受到影响。

当后氧传感器出现故障时，车辆将无法监控三元催化器的工作是否正常，发动机的故障灯会点亮，排放会超标。

### 39. 温度油位传感器的作用、原理和故障影响是什么？

（1）作用

❶ 温度油位传感器向发动机控制单元提供 2 个信号：机油温度和油位，有些车辆也用于油位检查。

❷ 机油状态传感器（例如宝马 E60 车型）扩展了温度油位传感器的功能。机油状态传感器测量下列参数：机油温度、油位、机油品质。发动机控制系统分析这些测量参数。

（2）原理　机油状态传感器通过一个串行数据接口连接在发动机控制系统上。该传感器有 3 个 PIN。

❶ PIN1 为 BSD 信号线。

❷ PIN2 为电源线。

❸ PIN3 为接地线。

（3）故障影响　若该信号丢失，则启动发动机后仪表上会显示保养提醒，GT1 也会同时存储故障码。

### 40. 油压开关的作用原理和故障影响是什么？

油压开关信号通知 DME，发动机中是否存在足够的机油压力。油压开关直接与 DME 连接。

油压开关有 1 个 PIN，为传感器信号线，利用发动机壳体接地。

发动机启动后该开关应该断开，否则仪表会报警，但 GT1 中不存储故障码。如果该开关开路，则不能被识别。

## 41. 制动信号灯开关的作用原理和故障影响是什么？

制动信号灯开关设计成霍尔传感器，并安装在制动踏板上。从总线端 R 接通起，由 CAS 向该开关提供电压。

（1）制动信号灯开关传送两种信号

❶ S_BLS，制动信号灯开关。

❷ S_BLTS，制动信号灯测试开关。

通过作为直接连线信号和作为 CAN 信息的冗余信号"制动器已操纵"，在一个信道出现故障时也能保证传送。

在发动机控制中同时分析制动信号灯开关的两个信号。直接比较两个信号可以准确判断出是否真正操纵了制动踏板。接下来也可以对制动信号灯开关的功能故障进行诊断。

制动信号灯开关的两个信号相互间的关系见表 2-2。在制动信号灯开关的两个输出口可以测量信号电平，见表 2-3。

表 2-2 制动信号灯开关的两个信号相互间的关系

| 项目 | 踏板状态 | |
| --- | --- | --- |
| | 踩下制动踏板 | 不踩下制动踏板 |
| 制动信号灯开关状态 | 断开 | 接通 |
| 制动信号灯测试开关状态 | 接通 | 断开 |

表 2-3 在制动信号灯开关的两个输出口可以测量信号电平

| 项目 | 踏板状态 | |
| --- | --- | --- |
| | 踩下制动踏板 | 不踩下制动踏板 |
| 制动信号灯开关状态 | 蓄电池电压 | 0 |
| 制动信号灯测试开关状态 | 蓄电池电压 | 0 |

（2）故障影响 发动机控制对制动信号灯开关的信号不断进行可信度检查，出现故障时将向发动机控制的故障码存储器内输入一条故障记录，同时定速控制会关闭。

## 42. 电子节气门控制伺服电动机的作用原理是什么？

（1）控制方式 供给发动机的空气量在不节流运行时不是由节气门调节的，而是通过可调式节气门升程调节的。

通过一个电动机移动电子节气门控制系统。此电子节气门控制伺服电动机安装在气缸盖上。电子节气门控制伺服电动机（图 2-26）通过一个蜗杆传动装置驱动气缸盖油室中的偏心轴。偏心轴传感器用信号通知 DME 偏心轴的位置。

（2）控制内容 在电子节气门控制系统上为执行下列功能而控制节气门调节器。

❶ 发动机启动（暖机运行）。

❷ 怠速控制。

❸ 全负荷运行。

❹ 紧急运行。

在所有其他运行状态下，打开节气门到其刚好产生一个较小的真空，这个真空是燃油箱排气所必需的。DME 从加速踏板位置和其他参数计算出电子节气门控制系统的相应位置。

图 2-26　电子节气门控制伺服电动机

（3）控制过程　DME 持续检查偏心轴的实际位置是否与标准位置一致，因此能够识别不灵活的机械机构，出现故障时节气门被尽可能地打开。空气输送由节气门调节。当不能识别偏心轴的当前位置时，不调节节气门而将其以最大限度打开（受控紧急运行）。为了达到正确的节气门开启程度，必须通过调校补偿节气门机构的所有公差。在这个调校过程中将调整偏心轴的机械限位，存储与此相适应的位置，这些位置在每个工作点上都用作计算当前节气门升程的基础。

（4）调校过程　调校过程自动进行，每次重新启动时都将偏心轴位置与已适应的值相比较。如果在维修后识别到偏心轴的另一个位置，则执行调校过程。此外可通过宝马诊断系统调用调校。

## 43. 电子节气门调节器的作用原理是什么？

DME 从加速踏板位置和其他参数计算出节气门位置。由 2 个电位计监控节气门在电子节气门调节器中的位置（N45TU2/N46TU2：通过磁阻传感器无接触监控）。电子节气门调节器（图 2-27）由 DME 电动打开或关闭。

（1）在电子节气门控制系统上为执行下列功能而控制节气门调节器

❶ 发动机启动（暖机运行），用于 N45TU2。

❷ 怠速控制。

❸ 全负荷运行。

❹ 紧急运行。

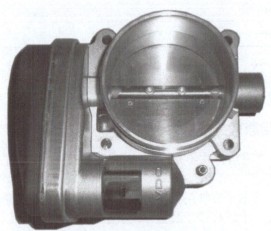

图 2-27　电子节气门调节器

（2）电子节气门调节器的自适应功能　为平衡部件公差，需要对发动机控制单元和节气门进行调校。这时要在一个规定的紧急空气点（节气门的中断位置）测试中在下部机械限位（节气门完全关闭）进行自学。

复位弹簧也会被检查，复位弹簧的任务是在故障情况下关闭节气门。

（3）执行条件　为进行调校，必须满足下列条件。

❶ 蓄电池电压 > 10V。

❷ 发动机转速 < 32r/min。

❸ 车辆行驶速度＜ 2km/h。
❹ 进气温度＞ -10℃。
❺ 发动机温度为 -10 ～ 142℃。
❻ 不允许节气门电位器有故障。

（4）调校步骤

❶ 在每次切换到点火开关位置 2 时，在通电的情况下检查节气门的位置，这时节气门必须在紧急空气点位置。在紧急空气点位置，节气门由于弹簧力仍打开一个缝隙，为的是在节气门关闭时仍能为发动机的紧急运行获得足够的空气。如果测得的紧急空气点位置在允许的范围之外，则会有一个故障存储。

❷ 打开节气门，紧接着关闭，可以检查复位弹簧所在的位置是否能使节气门重新回到紧急空气点位置。这里也存在一个自带的故障码。为了避免节气门在运行时碰到下部的机械限位，也要对这点识别学习。如果测得的下部机械限位在允许范围之外，同样会有一个故障存储。

❸ 如果进行调校的条件未满足，但已经成功地进行了一次调校，则调校会在无故障输入的情况下中断。这里，前一次进行调校的数值适用。

❹ 如果进行调校的条件未满足，且调校从未成功地进行（例如更换发动机控制单元或节气门），则调校会在有故障输入的情况下中断。

❺ 在所有的故障情况下只允许发动机进行一次紧急运行，因为不能确保节气门功能良好。

## 44. VANOS 电磁阀的作用功能是什么？是怎么调节和控制的？

（1）作用功能　可调式凸轮轴控制装置用于在低转速和中等转速范围内提高扭矩。

在进气侧和排气侧各有一个 VANOS 电磁阀（图 2-28）控制一个 VANOS 调整装置，这两个 VANOS 电磁阀由 DME 用 PWM 信号进行控制。

图 2-28　VANOS 电磁阀

VANOS 电磁阀由 DME 控制，该电磁阀通过两根导线与 DME 相连。DME 通过车载网络电压以脉冲宽度方式控制 VANOS 电磁阀，脉冲宽度控制方式可控制活塞运行到任何位置，因此 VANOS 电磁阀能够对 VANOS 单元准确定位。

可调式凸轮轴控制装置改善低速和中等转速范围内的扭矩。通过较大的气门重叠在怠速下产生较小的剩余气体量，通过部分负荷区的内部废气再循环降低氮氧化合物含量。此外还可达到如下三种效果。

❶ 废气催化剂转换器的加热更快。
❷ 冷机启动后有害物质的排放更少。
❸ 耗油量减少。

（2）调节和控制　在两根进气和排气凸轮轴上各安装了一个可调式 VANOS 调整装置，一个 VANOS 电磁阀用于控制此 VANOS 调整装置。从转速与负荷信号计算出所需要的进气和排气凸轮轴位置（与进气温度和发动机温度有关）。DME 相应地控制 VANOS 调整装置。

进气和排气凸轮轴在它们的最大调整范围之内可调节。如果已达到正确的凸轮轴位置，则 VANOS 电磁阀将调节缸内两个空腔中的油容积保持恒定，借此将凸轮轴保持在该位置上。

为了进行调节，可调式凸轮轴控制装置需要一个有关凸轮轴当前位置的反馈信号。进气侧和排气侧各有一个凸轮轴传感器探测凸轮轴位置。

在发动机启动时进气凸轮轴处在极限位置（在"滞后"位置）。在发动机启动时通过一个弹簧预紧排气凸轮轴，并将其保持在"提前"位置。

### 45. 全顺序喷射装置喷油阀有哪些优点？

对于全顺序喷射装置，每个喷油阀（图 2-29）都由 DME 通过一个专用的末级控制装置将相应气缸的喷射持续时间与运行状态进行匹配（转速、负荷和发动机温度）。

全顺序喷射装置具有下列优点。

❶ 改善的混合气适用于各个气缸。
❷ 依据发动机运行状态（转速、负荷、发动机温度）匹配喷射持续时间。
❸ 在交变负荷时可有选择地修正气缸喷射量。
❹ 可有选择地关闭气缸（例如点火线圈损坏时）。
❺ 能够诊断每个单独的喷油阀。

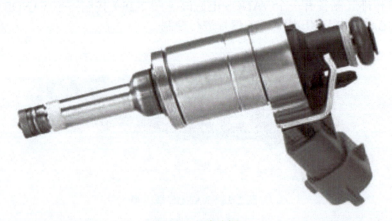

图 2-29　喷油阀

通过一个专用末级控制装置控制每个单独的喷油阀，可实现在所有气缸上燃油提前角相同，因此确保了始终相同的良好混合气。燃油提前时间可以改变，并与负荷、转速和发动机温度有关。因为凸轮轴每转一圈只喷油一次，由部件公差引起的供给燃油量的离散更小。此外改善了怠速质量，因为喷油阀的响应时间和释放时间减少。另外产生的耗油量更低，在行驶模式下能够在突然加速时或减速时校正喷射持续时间。当喷射阀尚开着时，可以在所有阀门上通过延长或缩短喷射持续时间来校正混合气，从而达到更好的发动机工作性能。

### 46. 高压泵的作用是什么？怎么工作？

燃油在持续运行的三活塞高压泵内加压，然后通过高压管路输送至共轨内。以这种方式存储在共轨内的加压燃油通过高压管路分配给高压喷射阀。

发动机管理系统根据发动机负荷和发动机转速确定所需燃油压力。共轨压力传感器测量实际达到的压力值并将其发送至发动机控制单元，对比共轨压力规定值和实际值后通过燃油量调节阀进行调节。系统按 N55 发动机最理想的耗油量和运行平稳性调节压力，只有在高负荷、低转速的情况下才需要 200bar（$1bar=10^5Pa$）的压力。

### 47. 燃油通风阀的作用是什么？怎么工作？

燃油通风阀借助吹洗空气使活性炭过滤器再生。通过活性炭过滤器吸入的吹洗空气与碳氢化合物（HC）一起浓缩，然后输送给发动机。燃油通风阀在断电状态下关闭，因此在发动机静止状态时燃油蒸气不会从活性炭过滤器到达进气管。

根据活性炭的负载情况将通过活性炭过滤器吸入的吹洗空气与碳氢化合物一起加浓，然后将吹洗空气供给发动机进行燃烧。

### 48. 点火线圈受什么控制？

宝马点火线圈（图 2-30）由 DME 控制。点火线圈从点火开关的过载保护继电器获得总线端 KL.30。在 N46TU2 上取消了用于发动机安全关闭的过载保护继电器。通过总线端 KL.87 为点火线圈供电。

DME 在内部通过一个附加的独立电流电路执行"发动机安全关闭"功能。CAS 控制单元提供输入信号。

图 2-30　宝马点火线圈

（1）点火电路监控　根据点火线圈初级线圈中的电流对点火电路进行监控，该电流在接通过程中，在一定的时间阈值内必须在规定的值内变动。在点火开关诊断时将监控以下内容。

❶点火线圈的初级电路。

❷点火开关的电线束。

❸点火线圈的次级电路及火花塞。

（2）通过点火电路监控能够识别下列故障

❶点火线圈初级侧短路。

❷点火线圈次级侧短路。

❸火花塞。

❹控制断路。

❺点火终极损坏。

（3）不能识别的故障
❶ 偶尔发生的故障，如控制导线略微接触不良。
❷ 高压电路中平行于火花间隙、未形成线圈匝间短路的火花放电。

### 49. 电子节温器有什么特点？怎么工作？

电子节温器（图 2-31）按特性曲线调节打开和关闭，在其调节范围内，在发动机入口处设定一个恒定的冷却液温度。在这个工作范围可以借助电子节温器有目的地影响冷却液温度，因此可以在发动机的部分负荷区内设定一个较高的冷却液温度以获得更好的燃烧效果。在全负荷工作时，较高的运行温度带来缺点（由于爆震点火提前角减小），因此在全负荷工作时借助电子节温器有目的地设定一个较低的冷却液温度。

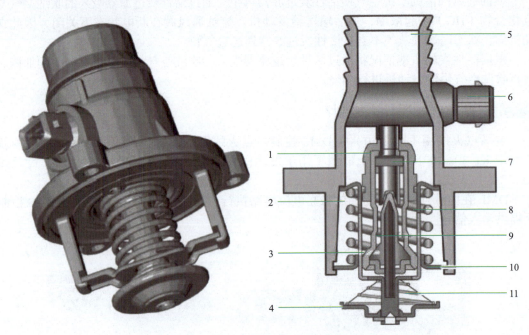

图 2-31 电子节温器（智能特性曲线式节温器）
1—加热电阻；2—主阀；3—橡胶嵌入件；4—旁通阀；5—壳体；6—插头；
7—工作元件壳体；8—主弹簧；9—工作活塞；10—横杆；11—旁通弹簧

调节可分成 3 个工作范围。
❶ 电子节温器关闭：冷却液只在发动机内流动，冷却循环关闭。
❷ 电子节温器开启：所有冷却液都流过水箱，因此可以使用可供使用的最大冷却功率。
❸ 电子节温器的调节范围：部分冷却液流过水箱。

### 50. 全变量进气系统的作用、原理和失效影响是什么？

（1）作用　宝马 N46B20 发动机有一个双级可变进气系统（DISA）（图 2-32），DISA 伺服电动机驱动每个气缸的一个滑动套筒，这些滑动套筒可延长或缩短进气管道。这样在低发动机转速下能达到丰富的扭矩变化，同时在高转速时不会丢失发动机功率。

通过活塞的进气行程，在进气管中生成周期性的压力波，这些压力波通过进气管扩散，压力波在关闭的进气门处反射。一个根据气门的配气相位精确调整的进气管长度具有下列作用：在进气门就要关闭前反射空气波的一个压力峰值到达进气门，因此实现一次后续扫气，这个后续扫气将较大的新鲜空气成分输入气缸中。

通过双级可变进气系统可以同时利用长进气管和短进气管的优点。

❶ 短进气管或具有大直径的进气管在高转速范围内产生的功率高（同时在中等转速范围内扭矩低）。

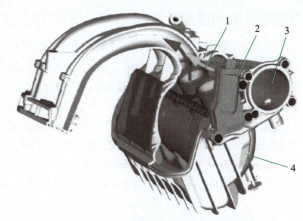

图 2-32　双级可变进气系统（DISA）

1—滑套；2—电动机；3—节气门接口；4—进气装置

❷ 长进气管或具有小直径的进气管在中等转速范围内能够获得高的扭矩。

（2）原理　DME 通过 DISA 伺服电动机（12V）与集成的传动机构调整滑动套筒。DME 存储是否已换高挡或已换低挡的信息。在低于 4400r/min 时，DME 借助 DISA 伺服电动机关闭滑动套筒。在超过 4500r/min 时，滑动套筒重新打开。这些切换转速已相互推迟（滞后），以防频繁地打开和关闭。

（3）失效影响　发生系统故障时滑动套筒保持在当时的位置上，驾驶员可通过功率损耗和最终速度减小识别系统故障。发动机关闭后，滑动套筒一次移动到极限位置，借此防止较长时间低转速行车时积炭和滑动套筒卡住。

### 51. 增压空气冷却系统的作用是什么？怎么工作？

宝马 N63 发动机第一次使用了间接增压空气冷却系统（图 2-33）。增压空气不直接进入空气/空气热交换器，而是通过一个空气/冷却液热交换器来冷却，为此 N63 发动机配备了一个独立的封闭式低温冷却循环回路。

增压空气冷却系统用于提高功率和降低耗油量。废气涡轮增压器内因其部件温度和压缩作用而受热的增压空气，在增压空气冷却器内可降至 80℃，这样可提高增压空气的密度，从而达到更好的燃烧室充气效率。由此可降低所需增压压力，此外还能降低爆震危险并提高发动机效率。

间接增压空气冷却系统的优点是可以减小安装空间，因为它可以直接安装在发动机上。此外由于安装位置靠近发动机，还有助于明显减小增压空气导管的长度，这样可以明显降低压力损失，从而改善输出功率和发动机响应速度。

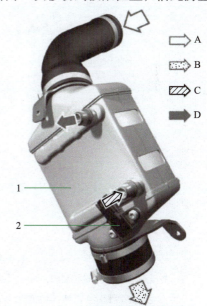

图 2-33　宝马 N63 发动机的间接增压空气冷却系统

1—增压空气冷却器；2—增压空气温度和压力传感器；A—热增压空气；B—冷却后的增压空气；C—冷却的冷却液；D—加热的冷却液

### 52. 高精度直喷系统（HPI）的作用是什么？怎么工作？

发动机管理系统根据发动机负荷和发动机转速确定所需燃油压力，通过共轨压力传感器测量实际达到的压力值并将其发送至发动机控制单元，对比共轨压力规定值和实际值后通过燃油量调节阀进行调节（图2-34）。

燃油从燃油箱处通过 EKP 经供给管路以 5bar（1bar=$10^5$Pa）预压输送至高压泵内，预压值通过低压传感器来监控，EKP 根据需要输送燃油。如果该传感器失灵，EKP 就会在总线端 15 接通时以 100% 的输送功率继续输送燃油。

燃油在持续运行的单活塞式高压泵内加压，然后通过高压管路输送至共轨内。以这种方式存储在共轨内的加压燃油通过高压管路分配给压电喷射器。

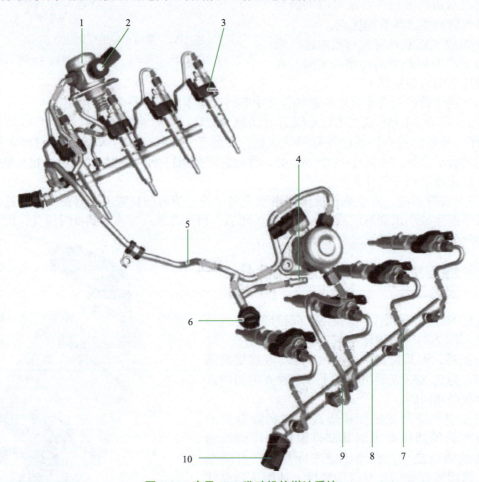

图 2-34　宝马 N63 发动机的燃油系统

1—高压泵；2—燃油量控制阀；3—压电喷射器；4—自 EKP 的燃油供给管路；5—供给管路；6—低压传感器；7—高压管路（共轨-燃油喷射器）；8—共轨；9—高压管路（泵-共轨）；10—共轨压力传感器

### 53. 双气流式进气管的作用是什么？怎么工作？

如图2-35所示，与发动机固定在一起的进气消声器和进气装置一起构成双气流式进气管。该布置的特点是可以将吸气和压力侧的压力损失降至最低。空气从肾形格栅后方两侧吸入，通过每侧一个未过滤空气消声器对系统噪声进行优化。

仅在美国规格和韩国规格的车型中使用热模式空气质量流量计,这里使用了数字式 HFM7,它安装在进气消声器的出口处,将节气门直接安装在增压空气冷却器的前部。

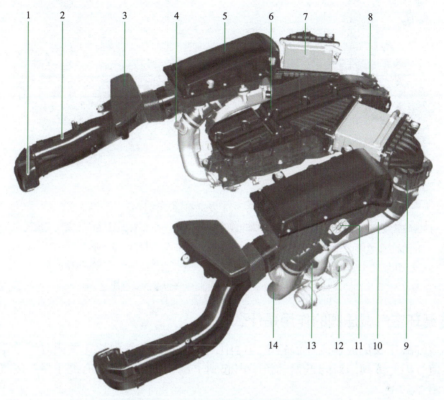

图 2-35 宝马 N73 发动机进排气系统

1—未过滤空气进气;2—未过滤空气管;3—未过滤空气消声器;4—接口,曲轴箱通风,增压运行模式;
5—进气消声器;6—进气装置;7—增压空气冷却器;8—增压压力传感器;9—节气门;
10—增压空气管;11—热模式空气质量流量计(仅限美国规格和韩国规格);
12—废气涡轮增压器;13—增压空气温度传感器;14—洁净空气管

### 54. 增压压力调节装置的作用是什么?怎么工作?

和 N63 发动机一样,宝马汽车为 N74 发动机也装备了一个间接增压空气冷却系统。废气涡轮增压器的增压压力与到达废气涡轮增压器涡轮处的废气气流以及因此而产生的废气涡轮增压器转速有直接关系,无论是废气气流的速度还是质量都直接取决于发动机转速和负荷(图 2-36)。

持续运行的发动机真空泵产生真空,并将其存储在两个真空蓄能器内,这样可以确保这些真空控制部件不会对制动助力功能产生不利影响。

通过废气旁通阀可影响输送至涡轮的废气气流流量。达到所需增压压力时,废气旁通阀就会打开并使部分废气气流通过涡轮,这样可防止通过增大废气气流继续提高压缩机转速。

在满负荷运行模式下,N74 发动机进气管内的最高压力为 0.7bar(1bar=$10^5$Pa)。

发动机管理系统通过废气旁通阀调节增压压力。通过真空罐操纵废气旁通阀,由发动机管理系统通过电子气动压力转换器(EPDW)来控制。

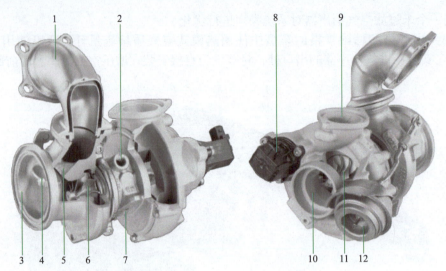

图 2-36　宝马 N74 发动机涡轮增压器

1—排气歧管接口（废气气流流入）；2—冷却液管路接口；3—催化转换器接口（废气气流流出）；4—废气旁通阀；5—废气旁通通道；6—涡轮；7—排油管路接口；8—循环空气减压阀；9—压缩空气冷却器接口（压缩气体排出）；10—进气消声器接口（压缩气体进入）；11—压缩机轮；12—用于控制废气旁通的真空罐

### 55. 循环空气减压阀的作用是什么？

循环空气减压阀集成在废气涡轮增压器中，用于降低节气门快速关闭时不希望出现的增压压力峰值，因此该阀门对降低发动机噪声起到了重要作用，并且有助于保护废气涡轮增压器部件（图 2-37）。

节气门关闭时，系统将增压压力（节气门前）及其提高值与存储的规定值进行比较。如果实际值超出规定值达到一定程度，循环空气减压阀就会打开，从而使增压压力转至压缩机的进气侧，这样可防止出现造成部件损坏的干扰性泵动作用。

图 2-37　宝马 N74 发动机循环空气减压阀

### 56. 增压空气冷却系统是怎么工作的？

例如宝马 N63 发动机的间接增压空气冷却系统，增压空气的热量不是直接通过空气热交换器释放到环境中的,而是释放到冷却液里,由一个独立的冷却液散热器将冷却液中的热能释放到环境空气中。通过该系统可以尽量缩短增压空气导管的导管长度,以达到降低压力损失的目的。使用螺栓将气缸盖罩上的增压空气冷却器固定在发动机上,并直接与进气装置相连接。

### 57. 二次空气系统的作用是什么?

例如宝马 N73 发动机二次空气系统,暖机阶段将附加空气(二次空气)吹入气缸盖内的排气通道中,实现高温废气再燃烧,这样即可减少废气中未燃烧的碳氢化合物(HC)和一氧化碳(CO)。此时产生的能量可以更快地加热处于暖机阶段的催化转换器并提高其转换率。催化转换器的启动温度(开始工作稳定)约为 300℃,发动机启动后几秒钟内即可达到。新特点是在每个二次空气阀前都安装了一个压力传感器,可以通过记录压力比例对二次空气系统的功能进行监控。

### 58. 二次空气泵是怎么工作的?

例如宝马 N73 发动机二次空气系统,电动二次空气泵安装在气缸列 1 的气缸盖上,该泵在暖机阶段将新鲜空气从发动机室内吸入。空气通过集成在该泵内的过滤器进行清洁,并通过压力管路输送至两个二次空气阀。

发动机启动后,二次空气泵由 DME 通过二次空气泵继电器供电(车载电压)。接通时间最多 20s,主要取决于发动机启动时的冷却液温度,当冷却液温度在 5～50℃ 之间时才会启用。

### 59. 二次空气阀是怎么工作的?

例如宝马 N73 发动机二次空气系统,每个气缸列都有一个用螺栓固定安装在气缸盖后端的二次空气阀,二次空气泵产生的系统压力大于阀门的开启压力时,二次空气阀打开。通过有利于空气流动的二次空气管路将空气送至气缸盖的纵向孔内,在纵向孔至 12 个排气通道的 24 个针孔内进行高温废气再燃烧。只要二次空气泵关闭,二次空气阀就会关闭,以避免废气回流至二次空气泵。

### 60. 什么是空燃比控制?

空燃比是发动机运转时的一个重要参数,是指发动机运行时的可燃混合气中空气质量与燃油(燃料)质量之比,即空气和燃料的混合比(A/F)。

空燃比控制是闭环控制,氧传感器将测得的废气中氧的浓度,转换成电信号后发送给发动机控制单元,使发动机的空燃比控制在接近理想的区域内(14.7∶1)。发动机控制单元利用空燃比反馈信号,将氧传感器信号电压与基准电压(0.45V)进行比较,来判定混合气的浓度,从而进行控制。如果比理想混合气浓,那么就缩短喷油时间;如果比理想混合气稀,那么就延长喷油时间,从而实现最佳的空燃比。

### 61. 计算机空燃比控制策略是怎样的?

在 EFI 系统中,计算机必须知道进入燃烧室中空气的数量(质量),以便确定维持化学计量空燃比所需要的燃油量。因为进入燃烧室中的空气数量是一个不断变化的量,需要使用快速在线响应系统。计算机使用氧传感器测量排气中的氧气含量,它能够提供有关计算机控制的实际空燃比的信息，计算机将空燃比尽可能精确地维持在 14.7 附近。

喷油脉宽确定喷入燃烧室中的燃油量，在大部分闭环控制工况下，计算机能提供合适的喷油脉宽维持正确的空燃比。例如，在怠速工况时喷油脉宽是 2ms，而在节气门部分开度时，维持化学计量空燃比的喷油脉宽是 7ms。制造厂有三种维持化学计量空燃比的基本策略或者说是方法：速度密度法、质量流量法和密度速度法。无论使用哪种方法，为了控制合适的喷油脉宽，计算机必须知道吸入发动机的空气量。

### 62. 怎样理解喷油脉宽？

喷油脉宽指的是发动机控制单元控制喷油器每次喷油的时间长度，是判断发动机喷油器工作是否正常的最主要的指标。

发动机喷油器每次喷油的时间长度都由发动机控制单元控制。发动机油路中的压力是一定的，喷油时的流动速度也是固定的，所以喷油量只能通过喷油时间长短来控制。

发动机电子喷油嘴是通过电磁阀来控制开闭的，而发动机转速较高时，喷油时间很短，因此 ECU 给出的喷油信号是一个很短暂的脉冲信号，这个信号的时间宽度就是喷油脉宽。

喷油脉宽单位是毫秒（ms），参数显示的数值越大，表示喷油器每次打开喷油的时间越长，发动机将获得较浓的混合气；参数显示的数值越小，表示喷油器每次打开喷油的时间越短，发动机将获得较稀的混合气。它随着发动机转速、负荷和进气量的不同而变化，ECU 根据这些指标来计算或查询数据库得出具体的喷油脉宽数值。有数据显示，一般脉宽范围在 1.5～3.0ms 之间，这个数据可作为参考数据，实际维修以诊断仪检测非故障车辆参数为准。

### 63. 什么是回油型燃油系统？

在大部分回油型燃油系统中，油轨中的压力是由安装在油轨上的压力调节器控制的。压力调节器是一个机械装置，不受动力控制模块（PCM）的控制。压力调节器由一个调压弹簧和作用在调节阀上的膜片所组成。燃油压力作用在膜片的一侧，而弹簧压力作用在另一侧，膜片能够在回油口一侧将阀打开，使燃料能够回到燃油箱中。系统中的油压反映的是打开端口所需要的压力。在膜片另一端作用的弹簧试图将阀关闭，引起系统油压的升高。

> **维修提示**
>
> ① 压力调节器在任何时候都能将系统的压力维持在一个合适的值上。
> ② 在回油型系统中，所有的燃料都进入油轨，不需要的那部分燃料又返回到燃油箱中。

### 64. 什么是无回油型燃油系统？

近些年来，很多制造厂开始使用无回油型燃油系统，与有回油型燃油系统相比，这种系统主要有三个优点。

❶ 降低了燃油温度，因为所有的燃油都不必经过热的发动机动力舱以后，再重新返回到燃油箱中。这样可以减少蒸发污染，从而减少蒸发活性炭罐的清污次数。

❷ 因为燃料在燃烧前只通过一次燃油滤清器，延长了燃油滤清器的寿命。

❸ 制造成本降低，因为减少了所使用的零部件。

> **维修提示**
>
> 无回油型燃油系统没有从油轨到燃油箱之间的回油管。

### 65. 冷却系统怎么实现冷却？电动冷却液泵是怎样工作的？

❶ 冷却循环回路的有效部件（例如泵、节温器和风扇）可通过电动方式进行调节。电动冷却液泵（图 2-38）可确保热量管理系统要求的冷却液流量不受当前发动机转速的影响。

❷ 电动冷却液泵带有 EC 电动机（电子整流）和集成式电子装置且根据湿转子原理工作。

❸ 电动冷却液泵不直接通过曲轴的动力进行工作。

❹ 发动机在长时间高速行驶后，如果直接熄火，独立的冷却液循环泵仍会自动继续工作一段时间，以消除涡轮增压器因过热产生的故障隐患。

❺ 在发动机没有大负荷运作时，冷却系统也会根据情况停止工作，达到节能的目的。

图 2-38　大众 TSI 发动机电动冷却液泵

## 第二节　故障诊断与维修操作

### 66. 机油损耗量大的故障原因有哪些？

（1）正常磨损　到达发动机正常寿命，即该大修发动机的时候，可能会出现机油损耗量大的故障。

（2）非正常磨损　造成非正常磨损的原因有产品质量问题和使用不当造成的早期磨损。

造成发动机早期磨损的原因有：使用不合格的机油、超期不更换机油和机油滤清器、冷车大油门启动、长时间在缺少机油的情况下运转、长时间在高温状态下运转、长期超负荷高转速下运转（发动机转速超过 4000r/min）、长期在空气质量（灰尘含量超标）不好和到期不更换空气滤清器的状态下运转、机油泵泵油力不足、油压过低、机油道堵塞等，这些都会造成发动机早期磨损，减少使用寿命。

### 67. 机油损耗量大的受损部件有哪些？

❶ 气缸套、活塞的磨损会使气缸壁的间隙变大而造成部分机油窜入燃烧室燃烧。

❷ 活塞环的磨损、活塞环弹性减弱或断裂、活塞环走对口（几个活塞环口成一条直线）造成密封不严而使部分机油窜入燃烧室燃烧。

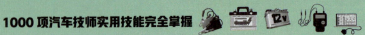

❸ 气门油封老化破损也会让部分机油进入燃烧室燃烧，特别是进气门油封老化破损更易让机油进入燃烧室燃烧。

❹ 发动机废气管（机油室通发动机进气管）堵塞造成机油室压力过高而导致部分机油窜入燃烧室燃烧。

❺ 气缸垫油道与气缸对冲也会使部分机油窜入燃烧室燃烧。

❻ 涡轮增压器在启动和关闭时也消耗部分机油。

由于废气涡轮增压器是依靠进排气的平衡压力密封润滑油的，因此，在启动和关闭时，总是要有少量的发动机机油漏出，这也是所有采用废气涡轮增压器的车辆所具有的特点。

## 68. 机油损耗量大的故障怎么排除？

❶ 检查废气管是否通畅。如果不通畅，则清洗或更换。再行驶一段时间后查看机油是否缺少，排气管是否还冒蓝烟。

❷ 测量气缸压力，若气缸压力正常，则应该是因气门油封老化破损导致的烧机油，更换气门油封。

❸ 如果单缸压力、多缸压力或都低于正常值，那么只有打开缸盖检查缸垫是否冲油道、缸径磨损程度、活塞磨损程度、活塞环的弹性等。如果只是冲油道，可更换缸垫进行排除。如果缸径、活塞磨损过大，应该修复缸套，更换活塞、活塞环。如果缸径磨损不大，可更换活塞、活塞环。如果是活塞环的原因，只能更换全部活塞环来排除故障。

## 69. 汽车发动机烧机油故障怎么判断和排除？

汽车发动机烧机油是较严重的故障现象，应早发现、早排除。

（1）判断方法　发动机各部件间隙过大、装配调整不当或长时间磨损等原因，都会使机油经不同渠道进入燃烧室而被烧掉。发动机烧机油现象的轻重，可通过观察排气管尾气的颜色加以判别和检视。当发动机怠速运转时，在尾气中有深蓝色的烟排出，若让发动机做短暂的加速运转，排气管中将会因深蓝色烟的过量排出，而出现较为明显的烟雾；有时，通过观察加机油口也可观察到大量的烟或有脉动的冒烟现象，这样便可判定发动机烧机油。

（2）原因和处理

❶ 发动机有关部件磨损过度，会导致配合间隙过大，从而使过量的机油溅到气缸壁上，远远超过了油环的刮油能力。

曲柄轴瓦间隙过大，机油便会从一个或多个压力润滑轴瓦处泄漏。

主要部件：活塞环、活塞、曲轴主轴颈瓦、连杆瓦、曲轴止推片。

最佳处理方式：更换这些主要部件。

❷ 发动机有关部件装配不当或失效而引起的烧机油。

主要部件：气门油封脱落或者老化。

最佳处理方式：更换气门油封。

❸ 汽车发动机修理质量低劣、配件选择不当，也是造成烧机油的一个原因。

例如活塞环，活塞环间隙大、张力不够，不能刮干净气缸壁上的机油，这些机油会进入气缸内燃烧掉，导致机油消耗。

劣质部件也极有可能导致发动机损坏。例如，连杆轴承瓦烧蚀导致发动机曲轴损坏，发动机严重磨损。

### 70. 机油泄漏主要原因有哪些？

❶ 机油外漏，必要时紧固螺栓和／或更换衬垫和油封。
❷ 机油油位不当或机油尺读数不正确，车辆停放在水平地面时，等待足够长的时间使机油回流并检查机油油位是否正确。
❸ 曲轴箱通风系统阻塞或零部件故障。
❹ 涡轮增压器故障。

### 71. 机油泄漏故障怎么排除？

❶ 密封垫老化，油底壳垫、气门室盖垫、曲轴前后油封、凸轮轴油封等部件出现问题只能更换。
在实际维修中多数需密封的部件表面需要涂抹密封胶，方法如下。
a. 清除密封胶应用表面和配合面上附着的旧密封胶。从密封胶应用表面、固定螺栓和螺栓孔上彻底清除附着的旧密封胶。
b. 擦拭干净密封胶应用表面和配合面，清除附着的水、润滑脂和异物。
❷ 每次加机油都应小心稳当，不要外溢和滴漏。
❸ 每次换完机油锁紧时要切记不能过度用力，尤其是铝制油底壳，这样几次后就会导致密封不严，渗漏机油。
❹ 机油滤清器座密封不严，渗漏机油，应更换密封垫圈。

### 72. 冷却液泄漏的主要原因是什么？

冷却液泄漏主要是部件损坏、部件密封垫损坏造成的直接泄漏，还有就是冷却液温度高造成的冷却液强制溢出。
如果在冷却系统中出现节温器损坏、电子扇损坏、水箱亏水等现象，就会使水箱内的冷却水无法降温，导致水温升高，当达到水的沸点时就会产生大量气泡，一部分面积被气泡所占据，就会使气缸壁周围严重亏水，虽然在水箱内还有冷却水，但是在气缸壁周围却没有足够的水来散热，大大降低了热交换效率，也就无法将气缸中的热量带到水箱散热。

### 73. 温度高对发动机有哪些损坏？

气缸内的温度会迅速上升，如果不及时将这些过多热量散发掉而仍然持续高负荷驾驶，就会使活塞、活塞环、连杆等部件的强度降低，甚至变形，承受不了正常的负荷，同时也会破坏各零件间的正常间隙，使零件间不能保持正常的油膜，轻则会使发动机拉缸、烧瓦，严重时会损坏发动机。
造成水箱开锅的原因很多也很复杂，当发现水温过高时应立即停车，并采用正确方法处理，否则过高的水温会加速发动机内部零件之间的磨损，对发动机造成极大的损伤。

### 74. 怎么判断和排除冷却液泄漏？

（1）判断方法
❶ 目测冷却液壶，低于下限位置，就需要补充冷却液。
❷ 仪表盘上的发动机温度指示灯点亮，报警温度升高。例如，捷达电子组合仪表温度指

1000项汽车技师实用技能完全掌握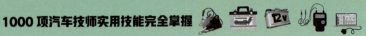

示针在 90℃以上，则需检查是否有冷却液泄漏。

（2）原因和处理

❶ 检查冷却液管路，尤其是散热器上下水管接口处、缸盖上出水法兰及水管接口处、暖风水箱接口处、水温传感器接口处及其他管路接口处。

主要部件：水管、水管卡箍。

最佳处理方式：一般在接口处涂抹密封胶，重新安装水管和更换卡箍即可解决。

❷ 冷却液系统部件损坏，造成冷却液泄漏和发动机温度高。

主要部件：散热器、暖风水箱、水泵、出水法兰、冷却液壶（盖）、水箱盖。

最佳处理方式：进行损坏部件的更换来解决此问题。散热器视情况可以加以焊补。

### 75. 怎样排放冷却液使冷却系统内不容易憋气？

❶ 安装散热器下部水管及机油冷却器上的冷却液软管。
❷ 缓慢添加冷却液至补偿罐上阴影区的上部标记。
❸ 密封补偿罐；关闭空调。
❹ 启动发动机，使发动机转速约为 2000r/min，并保持约 3min。
❺ 使发动机运转至风扇启动。
❻ 关闭点火开关。
❼ 检查冷却液液位并在必要时补充缺少的冷却液。
❽ 在暖机后的发动机上，冷却液液位必须在阴影区的上部标记处。
❾ 在冷的发动机上，冷却液液位应大约在阴影区的中部。

### 76. 怎样就车检查冷却液泵故障？

（1）故障影响　冷却液泵损坏，发动机温度会升高，应及时更换冷却液泵。

（2）具体检查　拔下通往冷却液壶的回水管，发动机运转时回水正常，表示冷却液泵正常工作；若这时无回水，表示冷却液泵损坏。

### 77. 怎样就车检查节温器故障？

（1）故障影响　发动机温度达到节温器开启温度（如捷达，103℃时节温器打开），但节温器无法打开，温度持续升高，表示节温器损坏，应更换节温器。

（2）具体检查　发动机温度达到节温器开启温度时，关闭发动机，用手摸冷却液散热器中的上下水管，温度一致，应该都很烫手。如果上下水管温差较大，上水管烫手，下水管温度极低，则可以判断是节温器故障。

### 78. 诊断发动机异响有什么技巧？

根据响声的大小、发出的部位、声响的特征、振动的程度、故障生成的环境和时间特征以及声响变化的规律等因素初步诊断。观察排气、发动机温度、机油压力的变化及使用中的其他相关情况等做全面分析与推断，在诊断中必要时可借助诊断仪器，使异响的诊断更准确。

### 79. 影响发动机异响的因素有哪些？

发动机的异响与配合间隙、润滑条件、温度、负荷、车速和转速等有关。

（1）配合间隙　当润滑、温度、负荷和速度等一定时，异响随配合间隙的增大而变得明显。如活塞与缸套的配合间隙越大，响声也越明显。

（2）润滑条件　品质好的润滑油和适宜的压力可产生较好的润滑油膜。润滑油膜越厚，机械冲击就越小，噪声也就越轻，异响就越不易发生。

（3）温度　金属零部件受到高温作用会引起几何形状变化，这种变化又影响到配合间隙变化，润滑油在高温下易变质和变稀（润滑油黏度下降），使润滑油膜厚变薄，润滑性能变差。

（4）负荷　负荷越大异响就越明显。根据异响随负荷变化的规律和特点就可判定故障的性质和位置。例如：发动机稳定在怠速运转，就可听到清晰的活塞敲缸响；而不严重的连杆轴承响则需要急抖节气门才能听到；活塞敲缸响和连杆轴承响都有在单缸断火后异响减弱或消失的特点，利用这一特点不仅能确定故障的性质，而且还能找出故障的位置。

（5）车速和转速　发动机出现异响，是因为每种异响都有其特定的振动频率，当运动速度的频率是异响频率的整数倍时，会产生共振现象，于是异响加剧。即每种异响在其响声最明显时都对应一个运动速度段（速度范围），如活塞敲缸响在发动机的低速段最明显；连杆轴承响在发动机的中速段最明显；传动轴不平衡响在汽车中速以上行驶时最突出，随着车速的升高，传动轴的振动也随之加剧。

（6）故障生成范围　异响部位一般离故障位置较近，据此可以判定是什么机构、总成或系统出现故障，从而缩小诊断故障的范围。如异响在气门室处明显，说明气门机构有故障；在曲轴箱内异响明显，说明活塞、活塞销、连杆或曲轴轴承有故障等。

## 80. 活塞要进行哪些检修和维护？

一台发动机上使用活塞的材质、性能、质量、尺寸应一致。同一组活塞的直径差不得大于 0.025mm。各个活塞的质量应基本一致，质量的差别不得超过 3%。

活塞的裂纹可以用听觉来判断。以金属物沿活塞周围轻轻敲击，若发出嘶哑的"嘎哒"声，则表示有裂纹。破碎、碰痕、凹陷、刮伤、疤痕、毛刺及尖角等可以用目力检视出来。成品不得有裂纹、蜂窝孔、夹渣及疏松等情况。

若发现活塞裙部与气缸配合间隙超过厂家规定要求，或者活塞环槽磨损严重、活塞销座孔呈椭圆形都应更换新品，否则，不仅维修费用高，而且也很难保证修复活塞的质量，影响发动机寿命。

清理活塞顶部及活塞环槽内的积炭，先用煤油浸透，顶部用软刷或钝的刮刀清理，不应留有刮痕。清理环槽内的积炭时，应将专用工具安装在活塞环槽内，夹紧手把，在槽的四周旋转清除。

## 81. 活塞环的端隙与气缸直径间有什么关系？

活塞环的端隙（开口间隙）与气缸直径两者之间成正比关系，即气缸直径增大，端隙也越大。其原因是：金属有热胀冷缩的物理性能，其膨胀量与温度、尺寸和材质有关。对同样材质，温度升高相同、尺寸不同时，实际伸长量也不同。气缸直径越大，周长越长，活塞环预留端隙也应按比例增大，这样可防止发动机工作时活塞环被卡死。活塞环端隙的简单计算方法是：铸铁活塞为 $0.003D$、铝合金活塞为 $(0.0025 \sim 0.0045)D$（$D$ 为气缸直径）。如东风 E96100 发动机的缸径为 100mm，环开口间隙为 $0.29 \sim 0.49$mm。

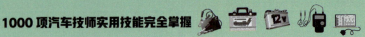

### 82. 活塞环都有哪些装配间隙要求？如何测量？

活塞环装配间隙包括端隙、背隙和边隙。

（1）端隙  先将活塞环平放在气缸内，并用活塞头部将活塞环推至气缸未磨损处（或气缸中的任何一处），然后用塞尺测量其开口处的间隙。如间隙过大，则不能使用；如间隙过小，可取出来用细锉刀锉环口一端，直到符合要求为止。

（2）背隙  是指活塞与活塞环装入气缸后，在活塞环背部与活塞环槽之间形成的间隙。为了测量方便，通常只测量槽深与环宽度之差加以推算。汽油机气环，背隙一般在 0～0.35mm，但不同的发动机，参数规格也有所不同。为防止活塞环在气缸内卡住，如背隙过小，可适当车深活塞环槽。

（3）边隙  是指活塞环与槽平面间形成的间隙。边隙过大，易漏气，影响密封作用；边隙过小，活塞环膨胀，易在槽内卡住或失去弹性。测量边隙时，把活塞环装在环槽内，围绕环槽滚动时不松不涩滞为宜，然后用塞尺测量环与槽间的间隙。活塞环边隙过小，可将活塞环平放研磨，使之达到规定边隙。

### 83. 活塞销与承孔的配合要求有哪些？

活塞销与活塞销座孔或与连杆小端衬套的配合要求是很高的，要求在常温下有微量的过盈，一般为 0.0025～0.0075mm。但当活塞处于 75～85℃时，又要求有微量的间隙，为 0.005～0.010mm，使活塞销在承孔内能够活动。这样高的配合要求是一般量具难以测量的。在修配中一般凭感觉来判断（实际上比规定的标准可能要大些）。它们的接触面积要求在 75% 以上。

配合时应注意以下几点。

❶ 承孔必须正圆，没有凸起点。
❷ 与活塞销配合的孔必须平直，两端不呈喇叭口形。
❸ 连杆小端的孔与活塞的活塞销座孔，其中心线必须准确吻合，不得偏斜。
❹ 须有合乎不同结构要求的油膜间隙。
❺ 表面粗糙度必须合适，以保持和支撑油膜。

### 84. 怎样检测和判断连杆的弯扭变形？

（1）检测  对连杆的弯曲、扭曲和弯扭组合变形，可用连杆检验仪进行检测，其方法如下。

❶ 检测前，先将连杆检验仪的可胀定位芯轴、检验平板和被检测连杆的大小端孔进行清洁。
❷ 将被检测的连杆大端孔套在可胀定位芯轴上，并将连杆放置垂直，使可胀定位芯轴张开，把连杆固定在定位芯轴上。
❸ 在连杆小端孔内插入检验芯轴，将带V形块的"三点规"的V形槽与检验芯轴接触，并轻轻移动"三点规"，使测点与检验平板接触。
❹ 用塞尺检验测点与检验平板之间的间隙值，即可检测连杆的弯曲、扭曲变形量。

（2）判断

❶ 若"三点规"的三个测点都与检验平板相接触，则说明连杆无弯曲、扭曲变形。
❷ 若上测点与检验平板接触，下面两个测点与平板不接触，且与平板的间隙相等；或下面的两点与平板接触，而上测点与平板不接触，则说明连杆产生了弯曲变形，用塞尺测得的

测点与平板间的间隙值,即为连杆在 100mm 长度上的弯曲变形值。

❸ 若只有一个下测点与平板接触,且上测点与平板的间隙等于另一个下测点与平板间隙的一半,则下测点与平板的间隙,即为连杆在 100mm 长度上的扭曲变形值。

❹ 若只有一个下测点与平板接触,但上测点与平板的间隙不等于另一个下测点与平板间隙的一半,说明此连杆同时存在弯曲和扭曲变形,则下测点与平板的间隙为连杆在 100mm 长度上的扭曲变形量,上测点与平板的间隙和下测点与平板的间隙的一半差值为连杆在 100mm 长度上的弯曲变形量。

❺ 进行连杆正反两面测量时发现,连杆小端与检验平板间的距离数值不等时,则说明连杆存在双重弯曲,两次测量值之差即为双重弯曲变形量。

## 85. 怎样检查分析活塞偏缸现象?

影响活塞偏缸的因素主要有:气缸中心线与曲轴主轴颈中心线的垂直度,连杆轴颈中心线与主轴颈中心线的平行度,连杆轴颈的圆柱度,连杆大、小头孔中心线的平行度,以及活塞销孔中心线与活塞中心线的垂直度等。

检查活塞偏缸时,将不装活塞环的活塞连杆组按各缸标记分别装入气缸,并按规定拧紧各道连杆轴承盖螺栓。首先检查连杆小头端面与活塞销座孔内端面之间的距离是否相等(如相差太大,多为气缸中心线偏移所致),然后转动曲轴,使活塞在气缸的上止点、中部及下止点时,分别检查各活塞头部前、后方向与气缸壁的配合间隙,视其是否相等来判断活塞是否偏缸。检查时,可能出现以下几种情况。

❶ 活塞在气缸上、中、下各部位的间隙均相等,即活塞无偏缸现象。

❷ 活塞在上、中、下各部位向同一方向偏缸(歪斜),即气缸中心线与曲轴中心线不垂直。

❸ 个别或几个活塞在上、中、下各部位向同一方向偏缸,其原因可能是连杆弯曲,使大、小头孔的中心线不平行,或活塞销座孔及小头衬套铰偏,使活塞销座孔中心线或连杆小头中心线与活塞中心线不垂直。

❹ 活塞在气缸的上、中、下部位有不同方向的偏缸,其偏缸情况又可能有两种:一是活塞在上、下止点改变偏缸方向,这可能是连杆轴颈圆柱度偏差过大所致;二是活塞在中部改变偏缸方向,这主要由于连杆因扭曲而使连杆小头孔与大头孔不在同一平面所造成。因为活塞在上止点或下止点时,虽然活塞销中心线已相对于曲轴中心线扭转了一个角度,但仍与曲轴中心线平行,所以活塞在上止点或下止点时不显示偏缸。当活塞由上止点往下或由下止点往上运动时,由于连杆的扭曲而使活塞销中心线向前或向后的倾斜角逐渐增大,直至活塞到达中部位置时,其倾斜角达到最大,因而活塞在气缸中部向前或向后的偏缸也最大。从中部继续运动时,倾斜角逐渐减小,故偏缸也逐渐减小,直到活塞到达下止点或上止点时又居中。若连杆无扭曲现象,则连杆无论运动到什么位置,活塞销中心线都平行于曲轴中心线,而且两中心线方向一致。

当发现活塞因连杆扭曲而偏缸时,应将连杆拆下,用连杆校正器检查校正,或夹在台虎钳上进行校正。当夹在台虎钳上校正时,应先判明连杆扭曲方向,方可校正。可用如下方法判断:面对发动机前端,顺时针转动曲轴,当活塞由上向下运动时,活塞向前偏缸,是连杆顺针扭曲,应逆时针校正;如活塞向后偏缸,是连杆逆时针扭曲,应顺时针校正。如活塞由下往上运动,其偏缸方向与上述相同时,连杆扭曲方向与上述方向相反,校正也应按上述校正方向的反方向进行。

### 86. 气缸垫有什么作用？对其有什么要求？

气缸垫用来保证气缸体与气缸盖接合面间的密封，防止漏气、漏水。它是汽车上较重要的一种垫片，也是较易损坏的垫片。

气缸垫接触高温、高压气体及冷却液，在使用中很容易被烧蚀，特别是缸口卷边周围。因此，气缸垫要耐热、耐蚀，具有足够的强度、一定的弹性和导热性，从而保证可靠的密封。另外，还应能重复使用、寿命长。

### 87. 气缸套有哪些形式？各有哪些特点？

根据是否与冷却液接触，气缸套分为干式和湿式两种。

❶ 干式气缸套的特点是气缸套外表面不与冷却液接触。为了获得与缸体间足够的实际接触面积，保证散热效果和缸套的定位，干式气缸套外表面和与其相配合的气缸体承孔内表面都有较高的加工精度，而且一般都采用过盈配合。另外，干式气缸套壁薄，有的只有1mm厚。干式气缸套外圆下端制有不大的锥角，以便压入气缸体。其顶部（或缸体承孔的底部）有带凸缘和不带凸缘两种。带凸缘的过盈配合量较小，因为凸缘可帮助其定位。

干式气缸套的优点是不易漏水、缸体结构刚度大、不存在穴蚀、缸心距小、机体重量轻，缺点是修理更换不便、散热效果差等。在缸径小于120mm的发动机中，由于其热负荷较小而得到广泛应用。值得一提的是，目前国外车用柴油机的干式气缸套发展很快，因为它的上述优点比较突出。

❷ 湿式气缸套的特点是其外表面直接与冷却液接触。另外，它较干式气缸套壁厚。湿式气缸套的径向定位一般靠上下两个凸出的与气缸体间为间隙配合的圆环带，轴向定位是利用上部凸缘的下平面。气缸套下部靠1～3个耐热、耐油橡胶密封圈密封，其密封形式有胀封式和压封式两种。随着柴油机强化程度的日益提高，湿式气缸套的穴蚀已成为一个突出的问题，所以某些柴油机气缸套有三道密封圈，最上一道上半部分与冷却液接触，既能防止配合面生锈，便于拆装，又能借其吸振，减轻穴蚀。有的上、中两道用乙丙合成橡胶，以密封冷却液；下面一道用硅酮（聚硅氧烷）材料制成，以密封机油，两者不可装错。有的还把密封圈装在气缸体上，以提高气缸套的刚度。气缸套上部通常靠凸缘的下平面垫金属片（铜或铝垫，对铝合金气缸体应用铝垫，不可垫铜垫，以防止电化学腐蚀）来密封。

大多数湿式气缸套装入后，其顶圈高出气缸体一定高度，一般为0.05～0.15mm，当气缸盖螺栓紧固后，该部分承受较大的压紧力，具有防止气缸漏气、水套漏水和保证缸套定位的作用。因此，不少发动机气缸套上部平面处没有密封垫，而是靠光洁平整的平面本身以及压紧的气缸垫来密封。

湿式气缸套的优点是缸体铸造较容易，便于修理更换，且散热效果较好。缺点是缸体刚度较差，易产生穴蚀，且易漏水。它主要用于大负荷的发动机（缸径在140mm以上的柴油机几乎全部采用）和铝合金缸体发动机。

### 88. 怎样检验气缸体与气缸盖是否有裂纹产生？

气缸体、气缸盖等零件的裂纹，通常采用水压试验进行检验。试验方法是：将气缸盖及衬垫装在气缸体上，将水压机出水管接头与气缸前端连接好，并封闭所有水道口，然后将水压入缸体水套中，要求压力为300～400kPa，保持5min，如气缸体、气缸盖由里向外有水珠渗出，即表明该处有裂纹。

镶换气缸套、气门座圈及气门导管后，应再进行一次水压检验。

在有水压机的情况下，可用气泵将自来水注入气缸体、气缸盖水套内，然后充入压缩空气，通过液体的渗透可以确定裂纹的部位。

## 89. 曲轴上为什么要设置平衡块？

连杆装在曲轴的连杆轴颈上，而连杆轴颈与主轴颈中心相距一定的距离。由于上述两个轴颈不同心，当曲轴旋转时，活塞和连杆的惯性质量使曲轴失去平衡，产生很大的不平衡力（离心力），这种不平衡力作用在主轴颈上，会加大负荷。为了消除这种不平衡，需要在曲轴上安装平衡块，其重量、形状和安装位置需进行合理设计，以克服曲轴旋转中产生的离心力，减轻主轴颈负荷。

## 90. 曲轴产生裂纹和断裂的原因有哪些？

曲轴由裂纹而折断是发动机严重的事故。当曲轴将断裂时，发动机震动极大，有沉重而粗闷的异常声响，下曲轴箱回响声很大，随之发动机停止运转，表明曲轴已完全折断，其原因如下：

❶ 曲轴折断主要是受弯曲和扭转作用而引起的，多发生在曲轴臂的中部、曲轴臂与连杆轴颈端部，或曲轴臂与曲轴轴颈的接合处。

❷ 曲轴受扭力、推力和冲击载荷的交变作用，在有缺陷的部位产生异常的应力，使曲轴折断。

❸ 连杆轴颈小于曲轴轴颈，因此，弯曲应力又以连杆轴颈侧面为最大，故裂纹和折断多发生在该处。

❹ 光磨轴颈时，没有使轴颈与曲轴臂连接处保持一定的过渡内圆角。当内圆角磨损时，引起应力集中，造成疲劳损伤而折断。

❺ 气缸体变形，曲轴轴承座孔不正、不圆，修配曲轴轴承时各轴承不在同一轴线上。

❻ 轴承径向间隙过小，轴瓦烧损，合金脱落，引起冲击载荷增大。轴瓦烧损后，车辆仍继续行驶，促使曲轴裂断。

❼ 机油道不通，曲轴处于干摩擦状态，温度过高，导致曲轴折断。

❽ 曲轴经常处在临界（危险）转速运转。

❾ 曲轴或飞轮的平衡遭到破坏，曲轴受很大的惯性力冲击，使曲轴疲劳而折断。

❿ 曲轴轴线不正，使飞轮偏摆，跳动量超过规定，在惯性力作用下，使曲轴产生疲劳而折断。

⓫ 曲轴后端与飞轮连接螺栓（母）松动，运转时曲轴发生抖动，使曲轴在尾端折断。

⓬ 曲轴材质不佳，或在制造时留有缺陷，或在曲轴轴颈修理时，超过缩小允许量。

⓭ 柴油机发生"飞车"捣缸事故引起曲轴折断。

## 91. 活塞敲缸有什么特征？是什么原因所致？

活塞敲缸指活塞上下运动时在气缸内摆动或窜动，其头部或裙部与气缸壁、气缸盖碰撞发出的响声。通常专指活塞与气缸壁间隙较大，活塞上下运动时撞击气缸壁发出的响声。

发动机冷态不响，热车后怠速发响，并伴有机体轻微抖动，且温度越高，响声越大，即为热态敲缸。热态敲缸要及时排除，否则转化成拉缸事故。

（1）故障特征　发动机怠速或低速运转时，在气缸的上部发出清晰而明显的、有节奏的、连续不断的"哒哒哒"金属敲击声，严重时响声变沉重，即为"当当当"声响。

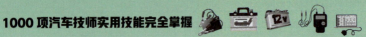

（2）故障原因

❶ 活塞与气缸壁配合间隙过大。

❷ 活塞裙部腐蚀，或气缸磨损过大。

❸ 油压过低，气缸壁润滑不良。

### 92. 怎么判断和排除活塞敲缸故障？

（1）判断方法

❶ 发动机怠速或低速运转时异响比较清晰，中速以上运转时，异响减弱或消失。

❷ 负荷加大，响声加大。

❸ 一般冷车时响声明显，热车后响声减弱或消失，即冷敲缸，严重时冷热均敲缸，并伴有振抖。

❹ 将发动机置于异响明显的转速下，进行单缸断火试验，响声明显减弱或消失。

❺ 曲轴转1圈，发响1次，且有节奏性，转速提高时响声加快。

❻ 润滑不良时响声加重。

❼ 将听诊器或听诊杆触在机体上部两侧进行听诊。若响声较强并稍有振动，再结合断火试验，即可确定出异响气缸。

❽ 伴随现象：排气管排蓝烟、缸压降低等。用手将螺丝刀或听诊器抵紧气缸侧部触试，有明显振动感。

（2）原因和处理　热车敲缸的故障原因为连杆轴颈与主轴颈不平行、连杆衬套轴向偏斜等造成的活塞偏缸，活塞配合间隙过小、椭圆度过小或反椭圆、活塞变形等造成的活塞过紧，活塞环端隙、背隙过小造成的活塞环卡滞等。

冷热均敲缸的故障原因为活塞销与连杆衬套或与连杆小头装配过紧，连杆轴承装配过紧，活塞裙部圆柱度过大等，冷敲缸或热敲缸较为严重时也会导致冷热均敲缸。

（3）主要损坏部件和处理方法

❶ 按照故障产生主要部件，依次为：活塞及活塞环、连杆轴承瓦、连杆、活塞销、气缸套（气缸壁）等。

❷ 最佳处理方式：拆检发动机，更换活塞、活塞环、活塞销；更换连杆轴承，视情况更换维修曲轴（磨轴）；视情况更换连杆；视情况维修气缸（镗缸）。

### 93. 活塞销异响有什么特征？是什么原因所致？

（1）故障特征　在怠速、低速和从怠速向低速抖动节气门时，发出响亮、尖脆而有节奏的"嘎嘎嘎"金属敲击声，类似两个钢球相碰的声音，呈上下双响。略将点火时间提前，声响加剧，在同样转速下比活塞敲缸响连续而尖锐。

（2）故障原因

❶ 活塞销与销孔、连杆衬套磨损严重，配合间隙过大。

❷ 卡环松旷、脱落。

❸ 润滑不良等。

❹ 活塞销断裂。

### 94. 怎么判断和排除活塞销异响故障？

（1）判断方法

❶ 转速变化时，响声也随之周期性变化，加速时声响更大，在发动机转速稍高于怠速时

比较明显，比轴承响清脆。抖动节气门，从怠速向低速加速时，响声能随转速的变化而变化，且在转速升高的瞬间，发出清脆、连续而有节奏的响声。

❷ 温度上升，响声没有减弱，甚至更明显。有时冷车时响声小，热车时响声大。

❸ 单缸断火时，响声减弱或消失。复火时响声会明显出现 1 响或连续 2 响。严重时，若在响声较大的转速下进行断火试验，往往响声不消失且变得杂乱。

❹ 用螺丝刀或听诊器抵触在发动机上侧部或气缸盖上察听，同时变换转速，在气缸壁上部听诊比在下部明显。若响声不明显，可略将点火时间提前，这时响声会较之前明显，特点是上下双响，声音较脆。

❺ 根据不同征兆具体诊断。

a. 若转速越高，响声越大，单缸断火时响声反而杂乱，则故障为活塞销与衬套间隙过大。

b. 怠速运转时，响声为有节奏而较沉重的响声，提高转速时声响不减，同时伴有机体轻微抖动，断火试验响声加重，则说明活塞销自由窜动。

c. 若急加速时声响尖锐而清晰，断火试验响声减轻或消失，则很可能是活塞销折断。

（2）主要损坏部件和处理

❶ 按照故障产生主要部件，依次为：活塞销、活塞及活塞环。严重的话可能会导致气缸内部其他部件损坏。

❷ 最佳处理方式：拆检发动机，更换活塞销、活塞及活塞环。

## 95. 活塞环的异响有什么特征？怎么排除？

（1）活塞环的金属敲击声

❶ 当活塞环折断，或者活塞环与活塞环槽间隙过大时会引起一定的敲击声。

❷ 气缸上部磨损后，活塞环与气缸上接触不到的地方几乎没有磨损形成台阶，如修理不当，使活塞环与气缸台阶相碰，会发出一种纯哑的"噗噗"的金属碰击声，随着转速的升高，声响也随之增大。

（2）活塞环漏气声响

❶ 原因与特征：活塞环弹力减弱使活塞环与气缸壁密封不严、活塞环的开口间隙过大或开口重叠、气缸壁划伤有沟槽等，都会造成活塞环漏气。活塞环漏气时会出现一种空洞的"吱吱"声响，严重时有较明显的"噗噗"声响。

❷ 判断方法：向气缸内注入一点润滑油，若声音降低或消失，但不久又出现，即说明活塞环漏气。

（3）活塞环积炭过多的异响

❶ 故障特征：积炭过多时的声响是一种尖锐的"喋喋"声，发动机有时还不容易熄火停车。

❷ 积炭的原因：活塞环与气缸壁密封不严，开口间隙大，活塞环装反，开口重叠，使润滑油窜入燃烧室引起，或者因汽油标号不符合要求，混合气过浓，空气滤清器过脏导致。

## 96. 气门漏气的原因有哪些？怎么排除？

（1）气门漏气的原因

❶ 气门与气门座圈工作斜面磨损、烧蚀、产生斑点或凹陷、有积炭。

❷ 气门杆与气门导管之间间隙过大，气门杆晃动，或气门杆弯曲，气门头部歪斜，导致气门关闭不严。

❸ 气门弹簧弹力减弱及失去弹性，或弹簧折断，也可造成气门与气门座之间不能严密配合。

❹气门间隙小，气门杆受热膨胀后，挺杆与摇臂顶开气门，使气门不能完全关闭而漏气。

（2）排除方法　在排气消声器部位，如听到"嘻嘻"的声音，此声响表示发动机排气门有漏气现象；而在进排气侧听到"嘘嘘"的声响，则表明发动机进气门有漏气现象。

❶按照故障产生主要部件，依次为：气门、气门导管、气缸盖。

❷最佳处理方式：拆检发动机气缸盖，根据实际情况，检查故障所在，加以修理调整或更换相关的磨损和损坏的配件。

### 97. 气门机械异响有什么特征？什么原因所致？

（1）故障特征　怠速时，在气门室处发出连续不断的、有节奏的"嗒嗒嗒"声，响声清脆，易区分。若有多个气门脚响，则声音杂乱，且断火试验响声无变化。

（2）故障原因

❶气门脚润滑不良，或因磨损、调整不当造成气门间隙过大。

❷气门间隙处两接触面不平。

❸气门杆与气门导管配合间隙过大。

❹摇臂轴配合松旷。

### 98. 怎么判断和排除气门机械异响？

（1）判断方法

❶转速增高，响声增大，节奏加快。怠速、低速时响声明显，中速以上变得模糊杂乱。

❷负荷、温度、缸位对气门脚响无影响，断火试验异响无变化。

❸怠速下在气门室或气门罩处听诊异响非常明显，气门脚响清脆、有节奏，在发动机周围就能听到较为清晰的响声。

❹将气门室盖拆下，在怠速时用适当厚度的厚薄规插入气门间隙处，若响声消失或减弱即可确诊为该气门间隙过大。也可用厚薄规检查或用手晃试气门间隙，间隙最大的往往是最响的气门。为进一步确诊是气门脚响还是气门落座响，可在气门间隙处滴入少许机油，如瞬间响声减弱或消失，说明是气门脚响；如响声无变化，说明是气门落座响。

（2）主要损坏部件和处理方法

❶按照故障产生主要部件，依次为：气门、气门导管、气缸盖、气门弹簧。

❷最佳处理方式：拆检发动机气缸盖，根据实际情况，检查故障所在，加以修理调整或更换相关的磨损和损坏的配件。

### 99. 气门弹簧异响是什么原因所致？有什么维修事项？

（1）原因　一般气门弹簧采用了防噪声结构，即采用非等距弹簧，也就是气门弹簧全长范围内不等距。非等距弹簧又具体分为对称型和非对称型。有些车型采用内外双弹簧结构，当车辆运行里程较长（15万千米以上）时，由于弹簧过度疲劳，会出现断裂现象，从而导致气门异响故障发生。

（2）维修事项　当发动机大修或进行气门研磨修理时，应特别注意非对称型不等距弹簧的安装方向。一旦非对称弹簧方向装反，发动机怠速运转时将会工作不稳，高速运转时噪声将会加大，并会伴随有很大的发动机振动异响。

## 100. 怎么判断和排除积炭造成发动机高速运转时气门异响故障？

（1）原因和判断方法　当发动机大量积炭时，尤其是进气门杆相对存在大量积炭时，对于多气门结构的发动机，因气门弹簧力有限，发动机在高速运转时，进气门杆积炭会导致气门导管与气门杆摩擦力过大，气门回位速度过迟。加之活塞顶积炭又会造成气门与活塞运动时间隙过小，最终使得活塞顶与气门头部形成撞击，发出活塞和气门异响声。但在发动机处于怠速工况时，由于活塞运动速度相对气门弹簧回位速度较慢，气门一般不会撞击活塞。而当气缸和进气门积炭较严重时，发动机高速运转，气门便会产生异响。

发动机异响除机械方面原因外，还应考虑电控点火、ECU 控制等方面也会引起异响，主要表现为"回火"和"放炮"两个方面。

（2）处理和措施　清洗进气道，清洗积炭；加注正规加油站汽油；定期更换燃油滤清器和空气滤清器。

## 101. 液压挺杆异响有什么特征？什么原因所致？

（1）故障特征　发动机怠速运转时发出有节奏的金属敲击声，中速以上时响声减弱或消失。

用听诊器察听，凸轮轴附近响声明显，断火试验，响声无变化。

（2）故障原因

❶ 挺杆与导孔配合面磨损严重。

❷ 挺杆液压偶件磨损。

❸ 润滑油供油不足。

## 102. 怎么判断和排除液压挺杆异响？

（1）判断方法　改变发动机转速并用听诊器察听响声的变化。怠速时发动机顶部响声明显，中速以上时响声减弱或消失，断火试验响声无变化，即为液压挺杆异响。

具体异响产生部位可用听诊器根据响声变化来判断。在启动时液压挺杆有不大的响声是正常的（润滑油未充分进入液压挺杆），发动机转速达到 2500r/min 后继续运转 2～3min，若挺杆仍有响声，应先检查调整机油压力。若机油压力正常，则应更换液压挺杆。

（2）主要损坏部件和处理方法

❶ 按照故障产生主要部件依次为：液压挺杆、液压挺杆调整垫片。

❷ 最佳处理方式：拆检发动机气缸盖，更换液压挺杆。

## 103. 怎么判断单一挺杆异响？

单一挺杆异响是单一液压挺杆工作不良或气门杆弯曲造成的，如果响声过大，还会造成发动机怠速工作时运转不平稳。在诊断这种故障时可采用真空表检查发动机怠速运转时进气系统的真空度和用气缸压力表检查发动机气缸压力的方法来诊断。当真空表摆幅大于 5kPa 或气缸单缸压力过低或过高时，说明该缸进气挺杆或排气挺杆存在故障。

## 104. 怎么判断所有挺杆异响？

所有挺杆异响的原因大多由于机油压力过低或液压提杆油路堵塞所造成。由于油压过低，不能及时向挺杆充油，挺杆内的油压就会逐渐下降，挺杆与气门间隙随之增大，形成异响。对于此类故障，应用机油压力表检查机油压力。一般发动机怠速运转时机油压力应大于150kPa，转速为2500r/min时应大于250kPa且小于600kPa（油压过高会造成发动机高速运转时气门关闭不严）。当然，除了检查发动机机油压力外，还应检查液压挺杆的上油情况，以防油路堵塞。

### 105. 曲轴主轴承异响有什么特征？什么原因所致？

（1）故障特征　在气缸体下部靠近曲轴箱分界面处听见曲轴轴承响声沉重发闷，发动机稳定运转时一般不响，突然改变转速时，发出沉重连续的"镗镗"的金属敲击声，严重时发动机发生振动；发动机转速越高，响声越大；发动机有负荷时，响声明显。

（2）故障原因

❶ 主轴承盖螺栓松动。

❷ 轴承径向间隙大。

❸ 曲轴润滑不良。

❹ 曲轴弯曲。

### 106. 怎样判断和排除曲轴主轴承异响？

（1）判断方法

❶ 初步确认故障：观察机油压力，发动机高速运转时机油压力下降更明显。在机油加注口察听，转速突然变化时，发出低沉的"镗镗"的响声，则为曲轴轴承响。

❷ 利用断火法确认故障：单缸断火，响声无变化，而相邻两缸断火时，响声会有明显减弱。

❸ 发动机在不同转速下的具体诊断如下。

a. 发动机在中速反复加速或减速，加速时异响明显增大，为主轴承松旷响。

b. 发动机高速运转时机体有较大的振动，汽车载重爬坡时，驾驶室里有振动感，此时机油压力明显下降，则为轴承间隙过大或合金脱落，应及时修复。

c. 发动机工作温度正常，当转速由低升高时，有"镗镗"的有节奏而沉重的响声，发动机温度越高，响声越明显，到高速时响声变为杂乱，则有可能是曲轴弯曲。

（2）主要损坏部件和处理方法

❶ 按照故障产生主要部件，依次为：曲轴主轴承（大瓦）、曲轴止推片、曲轴。

❷ 最佳处理方式：拆检发动机气缸体，更换曲轴主轴承（大瓦）、曲轴止推片；如果曲轴弯曲，视情况校正或更换曲轴。

### 107. 连杆轴承异响有什么特征？什么原因所致？

（1）故障特征　机油加注口处响声明显，比曲轴轴承响声强，有节奏短促的"当当"响；由怠速突然加速到中速时，有明显连续的"当当"响；当负荷和转速增加时，响声也随之增加，急加速时尤为明显。

（2）故障原因

❶ 连杆轴承盖螺栓松动。

❷ 轴承径向间隙过大。

❸ 轴承烧毁或合金脱落；润滑不良。

### 108. 怎样判断和排除连杆轴承异响？

（1）判断方法　检查机油压力是否下降，然后变换转速，由低速突然加速到中高速时，发出有节奏的"当当"响声，单缸断火时响声减弱或消失，复火时若响声恢复，则此现象为连杆轴承间隙过大故障所致。

低温启动发动机，由低速突然加速到中高速时，发出有节奏的"当当"响声，发动机温度升高，其响声增大；转速增高，其响声减弱而杂乱。单缸断火实验，响声消失，此种现象表明轴承损坏严重。

（2）主要损坏部件和处理方法

❶ 按照故障产生主要部件，依次为：连杆轴承（小瓦）、曲轴。

❷ 最佳处理方式：拆检发动机气缸体，更换连杆轴承（小瓦）；如果曲轴有损伤，应视情况维修曲轴（磨轴）或更换曲轴。

### 109. 正时带和正时链异响有什么特征？什么原因所致？

（1）正时带异响特征　当发动机低速运转时，在发动机上部偏前，有一种类似气门脚响的声音，随着转速提高响声减弱或杂乱；冷车、热车变化不大；通过调整气门间隙，响声仍不消失；当手触摸到正时齿轮盖时，有振动的感觉。正时皮带上淋一点水时，异响瞬间消失。

（2）正时带和正时链条异响的主要原因

❶ 张紧器失效导致正时带和正时链条抖动产生撞击异响。

❷ 张紧轮轴承异响。

❸ 张紧器过紧，造成正时带和正时链条异响。

❹ 正时链条磨损和正时带磨损造成响。

### 110. 进气正时自动控制机构异响是什么原因？

有些车辆采用了进气正时自动控制机构，如丰田、大众等车型。该系统在使用一段时间后极易产生异响，特别是低速时更易出现。在检查时，一般采用的方法是在发动机急速时，将控制电磁阀插头拔下，接入12V电压，令电磁阀工作。若响声消失，则可判定电磁阀本身正常，应该是调节机构的问题。当然也应检查机油压力，以排除机油压力过低的原因。

### 111. 机油滤网堵塞导致的液压挺杆异响怎么办？

❶ 检查发动机机油压力，发现过低。拆卸油底壳，滤网堵塞。

❷ 从机油泵出油口吹入压缩空气，滤清器座通风良好；由滤清器座中央吹入压缩空气，通过主油道从曲轴轴承油孔出气良好。

❸ 清洗后检查通风良好。清洗机油泵及滤网，更换机油及滤清器，故障即可排除。

### 112. 为什么通风管路堵塞会导致发动机异响？

❶ 发动机运转时能听到"哧哧"的非正常吸气声音。

❷ 认真检查，这种声音出自发动机机油加注口和油尺处，这时，断开进气歧管上的通风管，断开曲轴箱上的主通风管，就会发现"哧哧"声消失了。

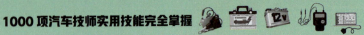

这就说明曲轴箱通风装置上的真空系统有问题，拆下主通风管会发现加热电阻堵塞。

❸ 通风管路堵塞导致发动机异响的主要原因是：主通风管堵塞会造成曲轴箱不能供给空气，曲轴箱内形成负压，这样就会造成机油加注口和油尺口会有空气吸入。

### 113. 发动机启动困难有哪些主要原因？

发动机启动困难一般表现在冷启动困难和热车启动困难，造成原因有以下几种。

❶ 混合气浓度。有混合气过稀和混合气过浓两种情况。

❷ 供油系统。供油的故障可能出现在燃油质量、燃油泵、燃油滤清器、燃油压力调节器、喷油器和冷却液温度传感器上。

❸ 进气系统。进空气滤清器堵塞、进气系统漏气和怠速控制故障。

❹ 机械系统，发动机正时。

❺ 启动和点火系统。

### 114. 发动机冷启动困难有哪些主要原因？

❶ 冷启动喷油器被胶质物堵塞，影响喷油雾化质量，导致冷启动困难，冷启动喷油器失效不能正常工作。

❷ 热敏温控开关短路（触点常闭）或断路（常开），如果触点常闭，则热车时仍控制冷启动喷油器喷入过多的燃油而导致热启动困难，如果温控开关发生断路，则冷启动喷油器将始终处于不能工作状态而造成冷启动困难。

❸ 冷却液温度传感器故障，导致信息传输错误。

❹ 进气道和燃烧室积炭严重。

### 115. 怎么检修燃油压力导致的发动机启动困难？

发动机燃油供给系统的油压对混合气成分有直接的影响。

❶ 检查燃油压力。先将燃油压力表接入燃油管路中，然后启动发动机，测量燃油压力。如果燃油压力过高，大多是压力调节器故障。如果燃油压力过低，可夹住回油软管，如果燃油压力上升到正常值，说明燃油压力调节器损坏；否则可检查燃油泵和燃油滤清器。发动机熄火后检查燃油压力，应保持在规定值 5min；否则说明喷油器渗漏，导致混合气过浓。

❷ 如果电动燃油泵能正常工作，其故障点火多是由于燃油泵滤网脏污而堵塞，致使燃油泵不能吸入足量的燃油或燃油滤清器不够畅通，进而引起供油系统压力不足。

❸ 喷油器故障。喷油器喷孔被胶质物体堵塞，积炭或密封不严造成滴漏，从而导致混合气浓度过小或过大。

喷油器故障的检测如下。

❶ 启动发动机，用听诊器在每个喷油器处诊听运作声音，如果听不到声音，应检查配线插接器、喷油器或来自发动机 ECU 的喷射信号。

❷ 用万用表测量喷油器端子间的电阻，如电阻值与规定值不符，则更换喷油器。

### 116. 怎么检修 ISC 故障导致的发动机启动困难？

ECU 根据发动机的工况，调节步进电动机，以调节旁通空气通道的开度，从而实现旁通进气量的调节。如果发动机出现启动困难，但稍踩加速踏板却可以启动，则表明怠速控制（ISC）阀有故障。拆解 ISC 阀会发现阀体锥面有较多积炭、胶质黏滞、油污堆积，这样就减小了锥形阀的可调范围，致使冷车启动时进气量减小、混合气过浓而出现启动困难。

### 117. 为什么冷却液温度传感器故障会导致发动机启动困难？

发动机冷却液温度传感器是用来检测冷却液温度的，并将转化为与温度有关的电压信号输入发动机 ECU，作为 ECU 修正喷油量的依据。如果冷却液温度传感器出现故障或失效，或与 ECU 间的连接电路短路、断路，或表面水垢严重，都会造成输出信号出现较大偏差，从而导致喷油器不能适时增大或减少喷油量，最终使电喷发动机启动困难故障发生。

### 118. 怎么检修转速信号系统故障导致的发动机启动困难或无着火征兆？

发动机转速和曲轴位置传感器在发动机工作时检测其转速信号、提供曲轴位置信号，并作为控制系统进行各项控制的主要依据和基础。

如果传感器或其线路出现故障，则 ECU 将不能接收到速度信号和曲轴位置信号，无法正确地控制燃油喷射和点火正时，就会出现喷油器不动作、火花塞不跳火的现象。用故障诊断仪可以检查其出现故障码。

### 119. 发动机不能启动故障有哪些原因？

（1）发动机能正常启动必须具备三大要素 即足够的气缸压力、火花和可燃混合气。如果其中某一要素出现异常，都会导致发动机不能启动或者启动困难。

（2）发动机不能启动主要表现

❶起动机不运转。

❷起动机运转无力。

❸起动机运转正常而发动机不能启动。

### 120. 发动机无着火征兆是什么原因？

如果正常启动发动机，不能启动且无着火征兆的故障，一般主要有以下原因。

❶发动机的点火系统出现故障。

❷燃油供给系统出现故障。

❸发动机电子控制系统出现故障。

以上 3 个系统某个部件损坏或失效就会出现不着车。

### 121. 怎么检修点火系统故障导致的发动机无着火征兆？

对于非独立点火系统，从缸体上拔下高压分缸线，将一个火花塞接在高压线上并将火花塞搭铁；接通启动开关，用起动机带动发动机转动，同时观察高压总线末端或火花塞电极处有无强烈的蓝色高压火花，如果没有蓝色高压火花或蓝色火花很弱，则说明点火系统有故障。在检查故障部位之前，可先进行发动机自诊断，检查有无故障码。

用故障诊断仪检测曲轴位置传感器及点火器的故障。如有故障码输出，可按显示的故障码查找到故障部位；如无故障码输出，则应分别检查点火系统中的高压线、点火线圈、火花塞等。

### 122. 怎么检修燃油控制系统故障导致的发动机无着火征兆？

发动机燃油泵或控制电路如果出现故障，也会造成供油系统没有系统压力。即使喷油器工作正常，燃油也不能正常喷射。

检查燃油泵，可用万用表测量端子4和5之间的电阻，如与规定值不符，则需更换燃油泵。如果燃油泵工作正常，则应检查其控制电路，主要包括熔断器、EFI主继电器、燃油泵继电器、电阻器以及各配线和插接器等的工作状况。

### 123. 发动机有着火征兆但发动机不能启动是什么原因？

发动机有着火征兆但不能启动，表明点火系统、燃油系统和控制系统虽然工作但性能在衰减，或存在非致命性故障。

这种不能启动的原因无外乎是高压火花太弱或点火时刻不准、混合气太浓或过稀、气缸密封性下降、压缩压力太低。诊断方法是应先检查点火系统、进气系统、燃油系统和控制系统，最后检查发动机气缸的密封性。

❶ 影响发动机启动性能的故障部位有：曲轴位置传感器、冷却液温度传感器、空气流量计等。

❷ 点火系统故障诊断如下。

a. 高压电火花检查。

b. 火花塞检查。

c. 点火正时检查。如果将点火提前角调大或调小后，试启动发动机着火，则表明原点火正时不准，应重新调整校正。

❸ 燃油与进气系统检查如下。

a. 进气系统检查。该项目主要检查空气滤清器是否有堵塞，各管道连接的可靠程度、有无脱落或接错的现象。

b. 进气系统密封程度检查。对于采用空气流量计测量进气量的汽油喷射系统，只要在空气流量计之后的进气管道有漏气，就会影响进气计量的准确性，从而使混合气变稀。严重的漏气会导致发动机不能启动。

### 124. 如何检测空气流量计？

空气流量计故障会导致发动机怠速不稳，加速不良。

❶ 发动机运转时，拔下空气流量计的插头，如果故障消失，说明此空气流量计信号有偏差，并没有损坏，电控单元一直按照有偏差的错误信号进行喷油控制。由于混合比失调，发动机燃烧不正常，将会出现发动机转速不稳或动力不良现象。当拔下空气流量计插头时，电控单元检测不到进气信号便会立即进入失效保护模式，以节气门位置传感器信号替代空气流量计信号，使发动机继续以替代值进行工作。拔下空气流量计插头，故障消失，正是说明了拔插头前信号不正确，拔插头后信号正确，因此故障消失。

❷ 在插头的信号端测量动态信号电压，怠速工况下，标准电压为0.8～1.4V；加速到全负荷时，电压信号可接近4V。如果不在该范围内，表明空气流量计本身损坏。个别也有脏污所导致，清洗即可。

❸ 发动机运转时，拔下空气流量计的插头，如果故障依旧，说明主要原因是该空气流量计损坏（相关线路也会导致该故障），造成发动机控制单元无法接收到空气流量计信号，电控单元确认空气流量计信号不良，进入失效保护功能，同时将故障码存入存储器。

❹ 发动机运转时，拔下空气流量计的插头，故障现象稍有变化，说明空气流量计是良好的。拔下空气流量计插头前，电控单元根据空气流量计信号进行控制，喷油量准确，发动机

各工况均好；当拔下空气流量计插头时，发动机控制单元根据节气门位置传感器信号进行控制，喷油量有微小差异，发动机工况相对稍差。

### 125. 如何检测第 6 代热膜式空气流量计？

大众直喷发动机使用的是第 6 代热膜式空气流量计（HFM6），用于测量发动机的进气量，如图 2-39 所示。其特点是带有回流识别的微型传感元件，具有温度补偿的信号处理功能，测量精度高，传感器稳定性好。

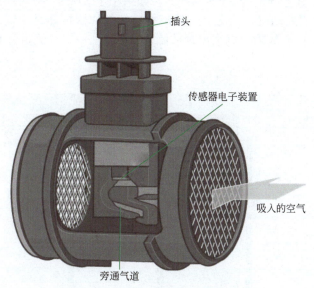

图 2-39　第 6 代热膜式空气流量计

HFM6 的检测方法如下。

❶ 热膜式空气流量计各插头端子的说明。

a. T5h/5 为空气流量计信号线，电压在 0～5V 之间变化。

b. T5h/4 为搭铁线，在车身线束 B702 中。

c. T5h/3 为电源线，打开点火开关时，由点火开关 15 号线 J527 向转向柱电子装置电控单元提供电源信号，再向 J519 提供电源号，J519 向 J329 提供电源使继电器吸合，并经熔丝 SC22（5A）向空气流量计提供蓄电池电压。

d. T5h/2 为进气温度传感器信号线，温度低时电压高，温度高时电压低，如在 201℃时电压在 0.5～3V 之间。

e. T5h/1 为电源信号线，由发动机电控单元 J623 提供 5V 参考电压。

❷ 检测电源电压。

a. 关闭点火开关，拆下空气滤清器，再打开点火开关，即置于 ON 位置，不启动发动机。

b. 用万用表的电压挡测量空气流量计插头中的 T5h/3 端子（正信号线）与 T5h/4 搭铁线端子（负信号线）之间的电压值，该电压值为蓄电池电压。

c. 用万用表测量插头 T5h/5 端子与 T5h/4 搭铁线端子间的电压值，该电压的标准值应为 5V。

❸ 检测信号电压（图 2-40）。

a. 关闭点火开关，拆下空气滤清器，再打开点火开关，即置于 ON 位置，不启动发动机。

b. 用万用表的电压挡测量空气流量计插头中的 T5h/1 端子（正信号线）与 T5h/5 端子（负信号线）之间的电压值；将"+"表笔插入空气流量计 5 号端子线束中，"-"表笔插入 3 号端子的线束中，然后用电吹风（冷风挡）向空气流量计入口处吹气，观察信号电压的变化情况。如果信号电压不发生变化，则说明空气流量计失效，应予以更换。信号电压的标准值为 2.0～4.0V。

❹ 用诊断仪检测数据流。用 VAS5052 诊断仪检测空气流量计信号，其操作步骤如下：输入 01 进入发动机测试状态，输入 08 读取测量数据组，输入 02 读取基本功能数据。显示区域 4 为进气流量，其标准值为 2.0～4.5g/s。如果小于 2.0g/s，则说明进气系统有泄漏；如果大于 4.5g/s，则说明发动机负荷太大。偏离标准值的原因可能是空气流量计或其线路发生故障。如果空气流量计有故障，则会出现故障码 00553——空气流量计 G70 线路搭铁断路或短路。

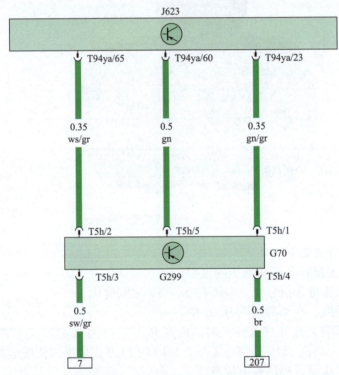

图 2-40　第 6 代热膜式空气流量计与发动机电控单元的连接电路
G70—空气流量计；G299—进气温度传感器；J623—发动机电控单元

### 126. 怎样检修凸轮轴位置传感器故障？

某桑塔纳 3000 轿车冷启动困难，加速较慢，油耗明显增加。

桑塔纳 3000 轿车凸轮轴位置传感器采用霍尔式传感器，用万用表电阻挡检测霍尔式传感器的阻值，可以通过霍尔式传感器阻值具有"单向导通性"原理去判断传感器好坏。用万用表电阻挡检测凸轮轴位置传感器，万用表正极连接凸轮轴位置传感器 1 号端子，负极连接凸轮轴位置传感器 3 号端子，测量阻值为 10MΩ，远高于标准值 1.4MΩ。万用表正极连接凸轮轴位置传感器 3 号端子，负极连接凸轮轴位置传感器 1 号端子，测量阻值为无穷大。万用表正极连接凸轮轴位置传感器 3 号端子，负极连接凸轮轴位置传感器 2 号端子，测量阻值为 5.31MΩ，高于标准值 1.0MΩ。通过测量凸轮轴位置传感器阻值，可以判断凸轮轴位置传感器损坏，更换一个新的凸轮轴位置传感器，清除故障码，启动发动机，发动机启动顺利。

凸轮轴位置传感器的功能是采集配气凸轮轴的位置信号并输入电控单元，以便电控单元识别 1 缸压缩上止点位置，从而进行顺序喷油控制、点火时刻控制和爆燃控制。凸轮轴位置信号还用于发动机启动时识别出第一次点火时刻。

### 127. 怎么检修凯美瑞轿车怠速抖动故障？

❶ 一辆 2010 年生产的凯美瑞轿车，怠速抖动、加速不良。

❷ 火花塞和气缸压力正常，这就不用考虑火花塞、点火线圈和气缸压力的问题。

❸ 用故障诊断仪检测发动机系统数据流，发动机怠速 650r/min 时喷油脉宽为 3.4ms，偏高，传感器参数数据正常，系统处于增油状态，无故障码。

❹ 对喷油器进一步检查。检测 4 个喷油器的电阻为 15Ω，说明喷油器正常工作。

❺ 启动车辆后，用听诊仪试听第 3 缸喷油器的工作状况，听不到任何电磁线圈的工作响声，为非工作状态。熄火将点火开关转到 ON 位置，将第 3 缸喷油器控制线搭铁，听到第 3 缸喷油器发出"嗒"的一声，说明喷油器动作。启动着车，用故障诊断仪检测喷油器控制线电压波形，第 3 缸电压波形为一条电源电压的直线。

这说明喷油器本身正常，第 3 缸不工作是发动机 ECU 对第 3 缸喷油器控制出现问题。对发动机控制系统线路进行彻底检查，测量其信号线与电脑的端子，将其导通，显示正常。初步判断发动机控制单元损坏导致故障。

❻ 替换发动机控制单元。解码处理，启动着车，发动机第 3 缸喷油器开始喷油。怠速比以前稳定了，发动机运转平稳，尾气、加速均正常。用故障诊断仪检测发动机系统数据流，怠速时，喷油器喷油脉宽降为 3.0ms。

如果针对凯美瑞 2.4 轿车，喷油器喷油脉宽降为 3.0ms 其实是略显高一些。

❼ 路试，测试发动机控制系统，在发动机故障灯不亮的情况下，仍然检测到故障码 P0504，该故障码含义是制动开关 A/B 关联。该故障码检测条件为点火开关打开，STP、STI 信号同时处于 OFF 状态超过 0.5s。检测制动开关线路，正常。如果要求怠速仍需更准确，只能更换制动开关。

更换制动开关后，清除发动机故障码，启动发动机。怠速时，喷油脉宽降为 2.4 ～ 2.5ms，此时怠速更加平稳，加油更加顺畅。在 700r/min 时，喷油脉宽为 2.4ms。

在喷油脉宽为 2.4ms 时，发动机控制系统依旧处于减油状态，说明发动机系统工作良好。

### 128. 怎么检修迈腾轿车启动故障？

❶ 迈腾 1.8L TSI 发动机，启动困难，启动时起动机要运转很长时间才能着车。

❷ 用故障诊断仪检测，发动机电控系统有多个表示失火的故障码，且为偶发性故障。但是故障码 P0016 为永久性故障，该故障码含义为"曲轴位置与凸轮轴位置相关性，气缸列 1 传感器 A"，故障码无法删除。

ECU 比较曲轴和凸轮轴信号，超过一定范围就会记录故障码，同时采用"回家模式"，有该故障码后发动机启动性能变差。

❸ 在带有可变气门正时的发动机系统中，ECU 控制进气和排气气门以便产生合适的打开及关闭正时。

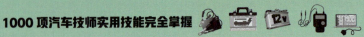

ECU通过执行下列操作来控制进气和排气气门。

a. 控制凸轮轴和凸轮轴正时机油控制阀,并使凸轮轴正时齿轮运行。

b. 改变凸轮轴和曲轴之间的相对位置。故障码的检测条件是曲轴和凸轮轴位置传感器信号有偏差,故障部位为机械系统(正时链条跳齿或链条变形)和ECU。

❹ 试断开凸轮轴和曲轴位置传感器,可产生相应的故障码,证明ECU对传感器的检测和执行器控制没有问题。于是重点检查该故障码相关性的部件,相关联的部件就是正时部分。

❺ 拆下正时链上部盖板,转动曲轴找到链条上的正时记号,凸轮轴记号中间链节为9个,接着转动曲轴到上止点,两凸轮轴记号点间的链节为10个,确定为正时链条出故障。拆下下部盖板,发现正时张紧器活塞已经到了最大行程,但链条还未压紧。拆下张紧器和正时链条,分解张紧器,发现内部齿轮已经损坏,对比新旧链条,旧链条已经变形。

❻ 更换损坏的零件,重新按正确的正时安装,清除故障码后试车,该车启动迅速,发动机工作平稳,故障排除。

### 129. 怎么检修别克新君越轿车挂挡熄火故障?

❶ 2011年款新别克君越轿车,装配LAF发动机和MH86速自动变速器,挂挡熄火。不开空调,但挂上D挡或R挡行车很快就会熄火,开空调时原地转向也熄火。

❷ 用故障诊断仪检测,有关于凸轮轴位置的故障码。设置故障码的条件是:发动机控制模块检测到期望的凸轮轴位置角度和实际的凸轮轴位置角度之间的差异大于5°。

对于LAF发动机,发动机运行时凸轮轴位置执行器系统启用发动机控制模块(ECM)以改变凸轮轴正时。来自发动机控制模块的凸轮轴位置执行器电磁阀信号是经过脉宽调制(PWM)的信号。发动机控制模块通过控制电磁阀的通电时间,以控制凸轮轴位置执行器电磁阀的占空比。凸轮轴位置执行器电磁阀调节机油流量以控制凸轮轴的提前或延迟。

❸ 先更换了进排气两个电磁阀,清除故障码试车,但故障依旧。对ECM进行维修编程,也不能解决问题。按照维修手册诊断步骤提示,检查机油液位,正常;测量机油压力,机油压力为450kPa,也在正常范围内(标准值为1000r/min时,压力为344~551kPa)。查看电磁阀插头到ECM之间的线路,也正常,无断裂和接触不良现象,插头无松动腐蚀。

❹ 启动车辆,在进气电磁阀插头处测量由ECM发出的控制信号,电压竟然是0。用GDS2指令进气凸轮轴位置执行器在0°~20°范围内变化,但无论怎么操作,进气凸轮轴位置执行器参数始终都为0,找同款车上的电脑进行互换,挂挡依然熄火。

❺ 拆掉进排气凸轮轴进行检查,当拆掉进气凸轮轴执行器时,发现上面有杂物吸附在上面。对两个凸轮轴进行清洗后,重新装配。路试,一切正常。

❻ 发动机运行时,ECU以脉宽调制(PWM)信号改变凸轮轴正时,当凸轮轴位置执行器系统里面有异物堵塞或发卡时,ECM不能通过控制电磁阀的通断时间,来控制进气凸轮轴的提前或延迟。

### 130. 怎么判断炭罐电磁阀损坏导致的故障?

❶ 2005年款1.8T帕萨特B5轿车,发动机在怠速状态有时抖动。

❷ 检查分析:用故障诊断仪检测,发动机有故障信息,故障码为16524,即氧传感器电路,气缸列1传感器2未检测到任何活动(间歇式)。该故障码不会影响到发动机怠速抖动,造成发动机怠速抖动的原因可能有其他故障。

清除故障码,再查看发动机的数据是否正常,发现发动机在转速710~750r/min之间抖动，喷油脉宽在 2.5～4.0ms 之间变化，空气流量在 2.6～4.9g/s 之间变化，节气门开度也变化频繁。

关闭点火开关 10min 后，重新启动发动机，启动发动机后发现怠速转速偏高，再次查看发动机的数据，发现短期燃油修正为 25.5%，空气流量为 2.2g/s，节气门开度为 0。这样的数流表明在节气门之后的进气歧管存在轻微漏气现象，有少量的空气泄漏到进气歧管内使混合气过稀，而氧传感器检测到废气中的氧含量过多，混合气过稀，并将混合气过稀的信号反映给发动机控制单元，发动机控制单元会采取短期燃油修正来增加喷油脉宽，使混合气达到理论空燃比。泄漏的空气量加上短期燃油修正增加的喷油量，就造成了发动机转速超过怠速时的规定转速，控制单元检测到转速超过怠速时的转速时，就采取关闭节气门的方法来减少进气量，尽量使发动机转速达到怠速时的转速；当节气门开度被关闭到最小时，发动机转速才能达到怠速时的转速。

❸ 检查漏气点，经检查，连接进气歧管的管路及单向阀都没有漏气现象。再次查看发动机的数据，发现节气门开度由之前的 0 增加到 0.8%，短期燃油修正也有所下降，这个数据客观讲比较正常。

❹ 活性炭罐电磁阀是间歇性工作，拔下活性炭罐电磁阀连接活性炭罐的软管，等待电磁阀工作的时候，用手堵住电磁阀的一部分，能感觉到电磁阀只有吸气，正常应该间歇吸气，这说明电磁阀损坏。

## 131. 怎么排除排气管"放炮"故障？

❶ 帕萨特领驭 2.0 轿车发动机，车行驶中排气管"放炮"，加速无力。

❷ 启动发动机，踩下加速踏板，发动机转速能随着加速踏板的位置上升，排气管没有出现"放炮"，说明故障是间歇性的。

❸ 接下来使用车辆诊断仪 VAS505113 检查发动机控制单元内的故障码，发现存在 9 个故障码。

故障码 16842 的含义：燃油蒸发排放系统净化控制阀电路电压低（间歇式）。

故障码 16420 的含义：氧传感器加热器控制电路故障，气缸列 1，氧传感器 2（间歇式）。

故障码 17843 的含义：二次空气喷射泵继电器 J299 对地短路（间歇式）。

故障码 H045 的含义：进气歧管调整控制电路电压低，气缸列 1（间歇式）。

故障码 16486 的含义：质量或容积空气流量电路低电平输入（间歇式）。

故障码 16585 的含义：1 缸喷射器电路故障（间歇式）。

故障码 16586 的含义：2 缸喷射器电路故障（间歇式）。

故障码 19711 的含义：气缸列 1，催化转化器之前的氧传感器，加热器电路上挡块处的调节异常（静态）。

故障码 16414 的含义：氧传感器加热器控制电路故障，气缸列 1，氧传感器 1（间歇式）。

❹ 电磁阀 N80、16420 中的氧传感器 2 G108、17843 中的继电器 J299、17045 中的进气歧管控制阀 N156、16486 中的空气流量计 G70 及 16414 中的氧传感器 1 G39 的供电是由燃油泵继电器 J17 经熔丝 S234（34 号）提供。如果继电器 J17 及熔丝 S234 或相关的线束出现故障，在发动机控制单元内会就出现以上故障码，不会出现关于喷射器的故障码。

❺ 拔掉熔丝 S234，启动发动机，发动机可以启动，关闭发动机再打开点火开关，检查故障码，没有出现关于喷射器的故障码。

1000项汽车技师实用技能完全掌握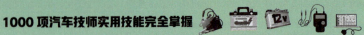

❻ 检查重点还是放在继电器 J17 及相关的线束上。拔下继电器 J17，将继电器外壳取下，没有发现继电器的触点有烧蚀现象，再将继电器装回，启动发动机，发动机出现怠速不稳现象，踩下加速踏板，发动机加速不畅而且有"突突"声。检查发动机控制单元中的故障码，发现存在与继电器 J17 相关的故障码，这表明故障是由于继电器 J17 导致的。更换燃油泵继电器 J17，启动发动机，故障排除。

### 132. 怎么排除加速踏板导致的故障？

❶ 帕萨特领驭轿车，行车 EPC 灯报警，而且加速无力。

❷ 用故障诊断仪检测，发现有 2 个故障码。故障码 18047，含义为节气门/踏板位置传感器不可靠信号（静态）；故障码 18042，含义为加速踏板位置传感器 G185 信号太高（静态）。

❸ 通过读取故障码，初步分析造成该故障的原因可能是加速踏板位置传感器 G185 损坏。通过读取控制单元的故障码得知传感器 G185 有故障，查看传感器 G185 的数值发现偏大，缓慢踩下加速踏板发现数值始终偏大，这说明 G185 确实不正常。更换加速踏板，故障排除。

### 133. 怎么检修节气门损坏导致的故障？

❶ 帕萨特领驭轿车发动机怠速运转不稳。行车中组合仪表上的 EPC 灯亮起，而且发动机还出现怠速不稳。

❷ 检查燃油压力，怠速时的燃油压力为 4.0bar（$1bar=10^5Pa$）；检查过进气软管，无漏气现象。

❸ 用故障诊断仪检测，发现存在一个故障码 17705，含义为增压器-节气门连接压力下降（静态）。

首先考虑可能是增压空气软管脱落，漏气。经检查增压器软管连接正常，没有出现脱开或磨破的现象。

观察数据流，发现空气流量计的数据与节气门的数据不匹配，怠速不稳时节气门开度为 2.0%～4.3%，而当时的空气流量为 8.3g/s。

如果空气流量计检测到的进气量增大时，而增压压力传感器检测到的压力没有随着进气量增加，控制单元就认为压力下降，存储了故障码 17705。

造成这种故障的原因可能是节气门损坏，使过多的增压空气进入进气歧管。将节气门上的进气歧管拆下后，用手推节气门，发现间隙过大。节气门内部因进机油而损坏。

❹ 更换节气门，重新匹配，启动发动机后怠速运转平稳。

### 134. 怎么检查机油灯报警？

❶ 先读取发动机电子设备的故障码及含义，根据故障码排除传感元件故障。

❷ 拔出机油尺检查机油液面，如果机油液面未达到规定，应添加机油再检查，必要时更换机油。

❸ 如果机油液面正常，应拆下棕色机油压力开关检查机油压力。如机油压力在正常范围内，应检查棕色机油压力开关及相关线束。

❹ 如机油压力没有达到规定值（过低），应拆下油底壳检查机油泵吸管滤网是否堵塞，以及机油泵限压阀是否泄压。

### 135. 怎么检修和排除帕萨特轿车机油灯报警？

❶ 故障现象：帕萨特轿车，装配 1.8TSI 发动机，行驶中机油灯报警。踩油门踏板后，再怠速状态运转，发现组合仪表上的机油亮起。

❷ 用故障诊断仪检测，发现存在一个故障码 05709，含义为用于降低机油压力的机油压力开关故障（静态）。初步分析造成该故障的原因可能是机油压力不足、机油压力开关损坏、开关连接发动机控制单元的线束存在断路等。

❸ 检查机油压力，拆下棕色开关并连接机油压力表，启动发动机，然后踩下油门踏板将转速提高到约 2000r/min 并保持住，观察表上指示的压力为 2.2bar（1bar=$10^5$Pa），维修手册中的技术参数为：1.6～2.1bar，在规定范围内。再将发动机转速提高到约 3700r/min，观察表上的机油压力为 3.2bar，维修手册中的规定值为 3.0～4.0bar，也在规定范围内。这样就基本可以排除由于机油压力不足造成的机油灯报警。

a. 检查棕色开关是否正常的步骤：拆下棕色开关连接压力表，将开关装到压力表上，使用专用连接线，将开关的针脚与试灯的一端连接，试灯的另一端与蓄电池正极连接。连接完成后试灯不能亮起，如果试灯亮起则更换开关；启动发动机后压力在 0.55～0.85bar 时试灯亮起，如果不亮则更换开关。连接后试灯没有亮起，启动发动机后缓慢踩下油门踏板，约 0.6bar 时试灯亮起，这说明棕色开关正常。

b. 检查蓝色开关是否正常的步骤：拆下蓝色开关连接压力表，将开关装到压力表上，使用专用连接线，将开关的针脚与试灯的一端连接，试灯的另一端与蓄电池正极连接。连接完成后试灯不能亮起，如果试灯亮起则更换开关；启动发动机后压力在 2.15～2.95bar 时试灯亮起，如果不亮则更换开关。连接后试灯没有亮起，启动发动机后缓慢踩下油门踏板，约 2.9bar 时试灯亮起，说明蓝色开关正常。

❹ 检查机油压力相关线路。发动机熄火，接通点火开关，清除发动机控制单元的故障码。

拔掉棕色开关插头，启动发动机怠速运转，发现组合仪表上的机油灯亮起，检查发现存在同样故障码 05709；将棕色开关插头插回并清除故障码，然后拔掉蓝色开关插头，将发动机转速提高到约 3000r/min，发现组合仪表上的 EPC 灯亮起，检查故障发现存在故障码 05707，表明机油压力开关故障。

将棕色开关插头拔下，经过检测机油压力开关得知，发动机运转时用于检测的试灯亮起，这说明机油压力开关与接地导通，发动机熄火后机油压力开关不亮，这说明机油压力开关与接地断开。接通点火开关后，拔下棕色开关的插头，测量该插头内的插脚对地的电压，测量电压约为蓄电池电压。启动发动机后仍然约为蓄电池电压，该插头的线束连接发动机控制单元 T60a/18 号针脚，这说明接通点火开关后发动机控制单元输出约 12V 电压。

发动机启动后建立机油压力，机油压力开关内部导通并接地，接地后棕色开关连接的线束的电压为 0，控制单元认为机油压力正常。启动发动机后拔下棕色开关的插头并将插头的插脚与蓄电池负极连接，经过长时间运转发动机，机油灯没有亮起，这说明线束及控制单元不存在故障。

将插头装回棕色开关，发动机运转后测量棕色开关连接的线束对地的电压，当机油灯亮起时，约为蓄电池电压，踩下油门踏板，提高发动机转速，电压为 0，此时机油灯没有亮起。

❺ 当发动机转速升高时，机油灯不亮，故障原因还是机油压力低。

❻ 检查相同车辆发动机的机油压力，怠速时约为 1.81bar，再次测量故障车辆发动机的机油压力，怠速测量结果为 0.5bar，这说明机油压力过低。

❼ 拆下机油泵后用手堵住机油泵出油口，转动机油泵链轮，发现限压阀处漏油，这说明

机油泵泄压。更换机油泵。

### 136. 怎么检修和排除喷油器泄漏导致缺缸？

2008 年款迈腾轿车，启动后怠速运转时发动机发抖，能够明显感觉到发动机缺缸。

❶ 用故障诊断仪检测：检测发动机控制单元，存储故障码 00772，含义为检测到偶然/多次气缸不发火，为永久故障。

❷ 通过数据流检测失火次数达到 160 次，而且还在不断增加，说明发动机控制单元检测到了发动机缺缸，经核实为 1 缸失火。

❸ 检查 1 缸气压压力，正常，与 2 缸对调火花塞、点火线圈，依然显示 1 缸断火，由此判断故障点是 1 缸喷油器泄漏。

❹ 更换 1 缸喷油器，故障排除。

造成 1 缸失火的原因主要是火花塞、点火线圈、喷油器、发动机控制单元及线路、气缸压力等故障。读取 032 数据组发现第 2 区为 -8.2%，说明混合气偏浓，系统做偏移调整。拆下 4 缸火花塞看到电极是黑色的，证明发动机混合气过浓。

发动机转速过高是由于发动机喷油量过多引起的。检查 1 缸火花塞发现其被汽油浸湿，并有积炭，说明问题出在 1 缸，对该缸进行执行元件诊断，无动作。根据无 1 缸喷油器故障记忆，以及测量 1 缸喷油器波形，可以判断喷油器线路及发动机控制单元正常。

### 137. 怎么检修和排除喷油器积炭导致发动机加速无力？

2008 年款迈腾轿车，喷油器积炭导致发动机加速无力。

❶ 检测发动机控制单元，存储故障码：00369——气缸列 1 系统过稀；08213——进气歧管风门位置传感器范围/性能异常，均为偶发故障。

❷ 读取数据流，喷油脉宽为 1.28ms，较正常值 1.02ms 偏大。数据流 32 组显示负荷状态 22.7%。

❸ 喷油压力正常，数据流说明发生该故障的可能原因是：燃油油质不良、喷油器堵塞。

❹ 检查该车故障为喷油器堵塞和积炭，清洗后故障排除。

喷油器是电控燃油喷射系统中一个重要的执行元件，在 ECU 的控制下，将汽油呈雾状喷入进气歧管内或气缸内。喷油器内部有一个电磁线圈，经线束与电脑连接。喷油器头部的针阀与衔铁连接为一体。当电磁线圈通电时，便产生吸力，将衔铁和针阀吸起，打开喷孔，燃油经针阀头部的轴针与喷孔之间的环形间隙高速喷出，并被粉碎成雾状。电磁线圈不通电时，磁力消失，弹簧将衔铁和针阀下压，关闭喷孔，停止喷油。一般喷油器针阀升程约为 0.1mm，喷油时间持续在 2～10ms 范围内。喷油器堵塞和积炭都会严重影响喷油器的性能。

### 138. 怎么检修和排除燃油滤清器堵塞导致发动机加速无力？

某捷达轿车，打开空调后加速无力，偶尔伴有放炮现象。

❶ 检测发动机控制单元，存储故障码，含义为气缸列 1 混合气稀（偶发）。实测空调快怠速提升性能，正常。不打开空调，负荷为 17.6%，喷油时间为 3.0ms，进气压力为 36mbar（1mbar=$10^2$Pa），节气门开度为 3.1%。

❷ 打开空调，负荷为 26.2%，喷油时间为 4.1ms，进气压力为 438～459mbar，节气门开度为 5.4%。结合混合气稀的故障码，实测怠速燃油压力为 220kPa，稍低于正常值。

❸ 根据检测数据，怀疑是汽油泵、燃油滤清器或压力调节器的故障。因为燃油滤清器很

长时间没换,所以首要是更换燃油滤清器。

❹更换燃油滤清器,这时车辆开空调行驶正常,故障排除。

开空调时发动机负荷较大,尤其是在炎热的夏天里,燃油蒸气相对增加,燃油系统内部的燃油压力相对减小,燃油滤清器堵塞后供油出现不足。

### 139. 怎么检修和排除压力调节器堵塞导致尾气冒黑烟?

某捷达轿车,燃油消耗增加,汽车急剧加速时尾气冒黑烟。

❶用故障诊断仪检测,存储故障码16556,含义为燃油系统太浓。读取01组3区λ调节值,在-28.1%~0之间变化不定,正常范围是-10%~+10%,负超差说明混合气过浓。

❷连接燃油压力表VAG1318,测量怠速喷油压力为4bar(1bar=$10^5$Pa),拆下燃油压力调节器,看到进油口滤网被厚厚一层油泥堵塞。

很长一段时间内该车辆使用了乙醇汽油,此后便出现该故障,其原因是乙醇分离了附在油箱、管路中的杂质使其流动,致使滤网堵塞。

❸更换燃油压力调节器,测量怠速喷油压力为2.5bar,故障排除。

捷达轿车的燃油压力调节器装在燃油分配管的出口处,根据进气歧管压力的变化来调节进入喷油器的燃油压力,使输油管内燃油压力与进气管内气体压力的差值保持恒定。

捷达轿车燃油压力调节器进油滤网极细,灰尘到达滤网后将其堵塞,喷油压力增高。同样脉宽会使喷油量增加,ECU努力将λ朝混合气稀的方向调整,但调到极限仍改变不了混合气过浓的状况,其结果轻则导致尾气排放超标,重则导致排气管冒黑烟,燃油消耗增加,发动机热车时易熄火。

### 140. 进气系统有问题会导致哪些故障?

发动机出现动力不足、加速不良等故障都有可能是进气系统的某个部件损坏导致的。例如,节气门故障、进气道积炭、真空管路破裂、空气流量计故障。

这些情况需要及时维修或者更换相关部件,需要遵照规范的程序执行拆解,进行各种参数的检查和测量,对不能维修的,只能更换。

### 141. 节气门有问题会导致哪些故障?

(1)节气门故障影响

❶发动机怠速不稳定,高怠速持续不降,发动机启动困难,尤其是冷启动困难。

❷发动机怠速不稳定或无怠速。

❸发动机启动困难。

❹发动机动力不足,加速性能差,运转不稳定。

(2)排除方式

❶用故障诊断仪执行节气门检查,观察数据流,节气门开度较大时进行清洗即可。在无永久性故障码时一般无须更换。

❷更换节气门,如果检测确定节气门故障为永久性,必须更换,节气门一般不可拆卸维修,应更换总成。

### 142. 怎么检查和排除离合器踏板开关导致的故障?

某宝来轿车,行驶中EPC灯报警,并且加速无力。

❶ 用故障诊断仪检测，发现故障代码 16955，含义为制动灯开关（A）电路故障。
❷ 更换制动组合开关无效，证明制动组合开关正常。
❸ 用故障诊断仪检测：查询 01-08-066 数据组，从后向前，第 1 组为制动灯开关信号，第 2 组为制动踏板信号，第 3 组为离合器踏板开关信号。
在踩下故障车制动踏板时为 111，抬起制动踏板时为 110。
正常数据：在踩下制动踏板时为 111，抬起制动踏板时为 000。
由于数据不正确，制动组合开关又正常，从而断定故障点应在给制动组合开关供电的线路上。
❹ 更换给离合器踏板开关 F36 和制动踏板开关 F47 供电的 S5 熔丝，故障排除。
从测量值和正常值的比较来看：由于 S5 熔丝给离合器踏板开关 F36 和制动踏板开关 F47 供电，所以当 S5 熔丝烧断时，发动机控制单元接收不到两开关的信号，从而使得测量值在抬起时为 110，由于发动机转矩控制出现匹配超差，从而使得 EPC 灯报警。

## 143. 机油尺未插到位会导致什么特殊故障？

某迈腾轿车，行驶中发动机排放警告灯报警。
❶ 用故障诊断仪检测，清除故障码，行驶一段时间后故障再现。
❷ 存储故障码 08583，含义为气缸列 1 怠速下系统过稀。读取 03 数据组第 2 区空气流量为 1.8g/s，对比其他车辆怠速不开空调的空气流量为 3.0g/s，属于偏低。
❸ 检查进气系统漏气情况，经检查发现机油尺未完全插入，将其插入后再读取 03 数据组第 2 区空气流量为 3.0g/s，恢复正常值。
❹ 完全插入机油尺，清除故障码，故障排除。
机油尺拔出一些的时候，空气由机油尺管进入曲轴箱，经曲轴箱强制通风阀（PCV）进入进气管，混合气变稀，所以控制单元存储故障码 08583，如果将机油尺完全拔出，发动机甚至会抖动。
PCV 系统要想正常工作，必须要求发动机密封性好。曲轴箱强制通风阀通过进气歧管真空度的变化来按比例地控制进入进气歧管的泄漏气量。

## 144. 怎么判断氧传感器故障？

氧传感器是提供混合气浓度信息，用于修正喷油量，实现对空燃比的闭环控制，保证发动机实际的空燃比接近理论空燃比的主要元件。
要准确地保持混合气浓度为理论空燃比是不可能的。实际上的反馈控制只能使混合气在理论空燃比附近一个狭小的范围内波动，所以氧传感器的输出电压在 0.1～0.9V 之间不断变化（通常每 10s 内变化 8 次以上）。如果氧传感器输出电压变化过缓（每 10s 少于 8 次，或者更少）或电压保持不变（无论保持在高电位或低电位），都表明氧传感器有故障，需检修。

## 145. 排放控制主要监控对象和项目是什么？

（1）监控对象　车载诊断系统（OBD）对排放及相关项目进行监控。车载 ECM/PCM 随时监视与排放相关部件的状态，检测导致排放恶化的部件及系统的故障和劣化情况。当检测到异常时，ECM/PCM 将点亮 MIL，或使其闪烁，向驾驶人报警。
（2）主要监控项目　在 OBD 法规中，要求通过监视下述项目来检测排放气体恶化状况。

❶ 发动机失火。
❷ 燃油供给系统。
❸ 三元催化器。
❹ 蒸发排放系统。
❺ 前氧传感器。
❻ 后氧传感器。
❼ EGR 系统。
❽ 其他对排放气体的恶化及检测的执行有影响的一般部件。

## 146. OBD 有哪几种形式?

OBD 主要有 4 种形式
❶ OBD-Ⅰ（未适用 OBD 限制的地区）。
❷ OBD-Ⅱ（美国、加拿大）。OBD-Ⅱ 是由美国加利福尼亚州颁布的，现在，已经用于美国全国和加拿大，限制非常严格。除了尾气排放限制外，还需限制蒸发排放。
❸ E-OBD（欧洲）。E-OBD 被全世界所广泛采用，检测尾气排放性能的劣化。
❹ J-OBD（日本）。J-OBD 是在 OBD-Ⅰ基础上加入失火和燃油系统监测等。

## 147. 什么是过量空气系数调节系统?

发动机废气含有的有害气体可以通过空气系数调节的化学转化过程调节，过量空气系数调节系统由以下部分组成。
❶ 汽油喷射系统。
❷ 废气催化转换器。
❸ 氧传感器。
❹ 集成在发动机控制单元内的过量空气系数调节器。
过量空气系数调节系统见图 2-41。

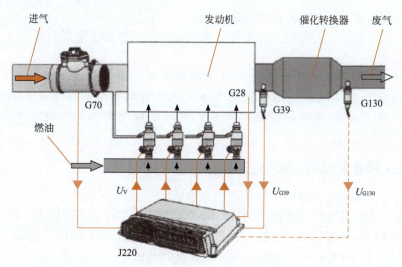

图 2-41　过量空气系数调节系统

G28—发动机转速传感器；G39—催化转换器前氧传感器；G130—催化转换器后氧传感器；G70—空气质量流量计；$U_{G39}$—催化转换器前氧传感器电压；$U_{G130}$—催化转换器后氧传感器电压；$U_V$—喷射阀控制电压

### 148. 怎么检查和排除燃油消耗大？

某宝来 1.6L 轿车，燃油消耗比一般车很多。

❶ 检测发动机控制单元，存储故障码 16518，含义为氧传感器不工作。读取数据块中氧传感器信号电压，急速时变化太慢。

❷ 使用尾气分析仪，测量急速尾气：HC 为 $248×10^{-6}$%，CO 为 2.8%。测量高急速尾气：HC 为 $150×10^{-6}$%，CO 为 0.58%。测量表明 CO、HC 都高于正常值。

❸ 读取数据块：喷油脉宽为 2.4～2.7ms，吸入空气量 2.4～2.7g/s，冷却液温度和进气温度正常。测量氧传感器信号线、加热线，正常，测量加热电压也正常。

❹ 当拆下氧传感器时发现，传感器半边为棕色，半边为黑色，判断氧传感器中毒。

更换氧传感器，启动发动机，此前的故障码排除。测量急速尾气：CO 为 0.1%，HC 为 $9×10^{-6}$%，$CO_2$ 为 14.8%，$O_2$ 为 0.02%，各项数据均合格。跟踪记录，燃油消耗正常。

从检测结果推断该车产生故障的原因是劣质汽油导致氧传感器损坏。

含有杂质的劣质汽油不能充分燃烧，直接造成排气不畅，尾气不达标，发动机工作不稳定，加速无力，油耗升高。如果加油后出现加速时挫车、急加速回火、爆震等现象，有时候发动机故障灯会点亮，就应考虑可能是劣质汽油的问题。

### 149. 怎么检查和排除发动机急速不稳？

某宝来 1.8L 轿车，发动机急速不稳，行驶时加速无力。

❶ 检测发动机控制单元，存储 1 个故障码 16514，含义为 λ 传感器 1 电路有故障。

❷ 清除故障码，当时发动机急速不抖动了。在试车过程中抖动现象重新出现，检测发动机控制单元，故障码"16514"又出现。

❸ 读取数据块 033 显示组，第 1 显示区催化器前 λ 传感器，显示为 0（规定值为 −10.0%～+10.0%）。第 2 显示区催化器前氧传感器电压，显示为 0.20V（规定值为 1.0～2.0V）。1 区在 0 不动，说明氧调节已从调节转为关闭，λ 调节有故障，2 区显示值如在 1.5V 以下表示混合气过浓。

通过读取数据流，可以判断前氧传感器不工作。

❹ 更换前氧传感器，发动机急速平稳，读取 033 组的数据正常。经试车发现加速动力充足，故障码消除。

前氧传感器（G39）的损坏多数与汽油质量有关。前氧传感器损坏后，发动机控制单元以前氧传感器传送的最后信号控制喷油，此时前氧传感器信号是一定值，λ 调节失常，控制单元无法得知当前的空燃比是否正常，导致空燃比不合适，从而影响发动机的运转。

### 150. 怎么检查和排除涡轮增压器漏气导致提速很慢？

某宝来轿车，加速时提速慢，发动机动力不足。

❶ 排除电控系统其他导致该故障的元件问题，也检查了燃油系统压力，符合标准。

❷ 挂 3 挡以发动机转速 2000r/min 全负荷加速，进入 01-08-115 读取 4 区数值，在 960～990mbar（1mbar=$10^2$Pa）之间，压力不在参数范围。

❸ 检查涡轮增压器时发现压气端在车热时候比较容易发现的损坏裂缝，直观地发现涡轮增压器漏气故障。

❹ 更换涡轮增压器，故障排除。

影响急加速车速提升的部件如下。

❶ 进气系统，涡轮增压器、可变进气相位装置等。
❷ 排气系统（三元催化转化器）。
❸ 燃油系统，燃油泵、燃油压力调节器。
❹ 电控系统中的空气流量计、节气门电位计、氧传感器等。

### 151. 怎么检查和排除 EGR 阀故障导致发动机加速缓慢？

某宝来 1.8T 轿车，汽车行驶过程中踩下加速踏板时加速缓慢，且发动机无力。

❶ 用故障诊断仪检测：发动机控制单元存储 1 个故障码 17608，含义为涡轮增压器空气再循环阀 N249 机械故障。清除故障码后试车，当发动机转速为 3000r/min 时，故障码"17608"重现，测量空气再循环阀 N249 电阻值，符合规定，再测量再循环阀的线路，也正常。

❷ 发动机控制单元存储该故障码，应与检测到涡轮增压系统的增压压力不正常有关。检查与 N249 真空管相连接的再循环机械阀，发现汽车急加速，发动机转速超过 3000r/min 时该机械阀有明显的"嘶嘶"漏气声音，这是漏气的再循环机械阀通入气压而发出的气流声音。拆下再循环机械阀，用口对准阀的进气口吹气，能比较明显地感觉漏气。

❸ 更换再循环机械阀，路试，提速正常，再次检测发动机，故障码消除，数据流正常。

废气再循环机械阀为真空膜片式 EGR 阀，由进气歧管真空度控制，真空膜片 EGR 阀由膜片、弹簧、排杆、锥形阀等组成，膜片上方是密闭的膜片室，进气歧管与膜片室的真空入口相连，膜片推杆下部安装有锥形阀，没有真空作用到膜片室时，膜片上方的弹簧向下压迫膜片，这时锥形阀位于阀座上，EGR 阀关闭。

当发动机启动后，进气歧管的真空作用到 EGR 阀上方的密闭膜片室，膜片推杆将克服弹簧的压力向上运动，带动锥形阀向上提起，EGR 阀关闭，这时废气就可以从排气管进入进气歧管。

### 152. 点火提前角对发动机性能有什么影响？

❶ 点火提前角是从火花塞发出电火花，到该缸活塞运行至压缩上止点时曲轴转过的角度。
❷ 当汽油机保持节气门开度、转速以及混合气浓度一定时，汽油机功率和耗油率随点火提前角的改变而变化。对应于发动机每一工况都存在一个最佳点火提前角。
❸ 适当的点火提前角，可使发动机每循环所做的机械功最多。
❹ 点火提前角过大，易爆燃。
❺ 点火提前角过小，排气温度升高，功率降低。

### 153. 哪些因素影响点火提前角？

（1）发动机转速　转速升高，点火提前角增大。采用电控点火系统，更接近理想的点火提前角。

（2）发动机负荷　发动机负荷低时，节气门开度小，气缸内残余废气相对新鲜混合气比例增加，混合气燃烧速度降低。因此，当低负荷时，最佳点火提前角要增大；反之，最佳点火提前角要减小。

（3）燃油品质　汽油辛烷值越高，抗爆性越好，点火提前角可增大。

（4）其他因素　燃烧室形状、燃烧室内温度、空燃比、大气压力、废气再循环、冷却水温度等。

### 154. 怎样判断火花塞损坏？

火花塞顶端有疤痕或是破坏、电极出现熔化、烧蚀现象时，都表明火花塞已经毁坏，此时就应该更换火花塞。

（1）电极熔化且绝缘体呈白色　这种现象表明燃烧室内温度过高，可能是燃烧室内积炭过多，从而造成气门间隙过小，进一步引发排气门过热或是冷却装置工作不良造成的。

（2）电极变圆且绝缘体结有疤痕　这种情况表明发动机早燃，可能是点火时间过早或者汽油辛烷值过低，火花塞热值过高等原因引起的。

（3）绝缘体顶端碎裂　一般来说，爆震燃烧是绝缘体破裂的主要原因。而点火时间过早、汽油辛烷值低、燃烧室内温度过高，都可能导致发动机爆震燃烧。

（4）绝缘体顶端有灰黑色条纹　这种情况的出现表明火花塞已经漏气，必须更换。

### 155. 怎样判断火花塞烧蚀？

（1）火花塞上有油性沉积物　当火花塞上出现油性沉积物时，就表明润滑油已进入燃烧室内。如果只是个别火花塞上有油性沉积物，则可能是气门杆油封损坏造成的。但如果是各个缸体的火花塞都粘有这种沉积物，则表明气缸出现蹿油气。

（2）火花塞上有黑色积炭　火花塞电极和内部有黑色沉积物，这种一般是积炭，一般是气缸内混合气体过浓所致。

火花塞绝缘体的顶端和电极间的积炭严重时可能造成发动机内部机械损坏。事实上，火花塞出现沉积物或者积炭只是一种直观的表面现象，这有可能是发动机相关电气或机械部件故障的信号，应及时维修。

### 156. 转速传感器会发生哪些故障？

发动机控制单元可以从电压变化频率来计算出发动机的转速。脉冲盘是一个齿盘，磁力环上的小齿以 6° 间隔排列，共有 58 个小齿，留下一个 2 齿的间隙。脉冲盘装在曲轴上，随曲轴旋转。当齿尖紧挨着传感器的端部经过时，铁磁材料制成的脉冲盘切割传感器中永久磁铁的磁力线，在线圈中产生感应电压，作为转速信号输出。

当发动机启动时，为了点火，需要正确识别 1 缸压缩行程上止点位置，控制单元要将发动机转速传感器信号与安装在凸轮轴上的霍尔传感器信号进行对比。如果发动机的控制单元没有接收到转速信号，那么将停止正常工作。

❶CKP 传感器或磁力环可能会由于下列情况出现故障，或提供不正确的信号。

a. CKP 传感器气隙不符合规格。
b. CKP 传感器被灰尘污染。
c. CKP 传感器霍尔效应半导体损坏。
d. CKP 传感器磁场太弱。
e. CKP 传感器线束断路。
f. CKP 传感器线束短路。
g. CKP 传感器线束电阻高。
h. 磁力环被灰尘污染。
i. 由于飞轮或驱动盘失圆导致 CKP 传感器信号失真。
j. 由于曲柄径向移动导致 CKP 传感器信号变化。

❷判断 ECU 是否接收到 CKP 传感器信号。在排除其他故障的情况下，发动机启动过程

中检查燃油泵运行,如果在启动过程中,当点火开启但发动机未运转时,油泵供油,则表示 ECM 未接收到 CKP 传感器信号。

### 157. 爆震传感器发生故障对发动机有什么影响?

爆震传感器是一种振动加速度传感器,产生一个与发动机机械振动相对应的输出电压。该传感器安装在发动机缸体感应较灵敏部位。

爆震传感器如果发生故障,当爆震将要发生前无法提供爆震信点,ECM/ECU 接收不到信号"峰值",不能减少点火提前角,而发生爆震。

如果发动机产生爆震,ECM/ECU 会接收到这个信号,滤去非爆震信号并进行计算,通过凸轮轴与曲轴位置传感器信号判断发动机在工作循环中所处的位置,ECM/ECU 据此计算出几缸发生爆震,将会推迟此缸的点火提前角直到爆震现象消失,然后再次提前点火提前角直到使点火提前角处于当时工况下的最佳位置。

### 158. 怎么检查和排除点火线圈故障?

某宝来 1.8T 轿车,怠速不稳,开空调时发动机抖动严重。

❶ 用故障诊断仪 VAS5051 执行检测,发现发动机控制单元存储故障码,内容为 1 缸、3 缸燃烧中断。发动机怠速时读取数据流,1 缸断火次数达到 70 次之多,3 缸没有燃烧中断现象。同时观察怠速转速和负荷均较大,且点火提前角波动较大。试车时发现若在低车速时挂高挡加速,1 缸的断火次数有 100 多次,此现象说明 1 缸点火线圈的确有问题。

❷ 更换 1 缸点火线圈,执行故障诊断仪检测,发动机正常,故障排除。

因为 1 缸点火组件存在故障,致使火花能量下降或失火,引起发动机各气缸工作不平衡,导致发动机怠速不稳。控制单元监视出缺缸,认为混合气过稀,λ 传感器进行加浓调整,当呈现混合气过浓状态时,λ 传感器又进行调整。打开空调后,控制单元为实现空调快怠速,进行节气门开度、点火提前角、喷油量的调整,当出现空气流量波动时,又介入调节,进而出现了不稳定的状态。

### 159. 怎么检查和排除火花塞导致的游车故障?

某宝来轿车,启动后发动机运转平稳,数分钟后,发动机开始怠速不稳,发动机转速在 500~960r/min 之间游动。

❶ 用故障诊断仪检测,发现发动机控制单元存储内容为氧传感器及曲轴箱通风阀故障的故障码,观察前 λ 调节值为 -25%,λ 电压在 1.25~1.35V 之间有微小变化。

❷ 清除故障码后发动机运转平稳,λ 调节正常。观察发动机运转情况,数分钟后 λ 调节值由 +10% 变化到 -15% 左右,汽车开始出现怠速不稳,发动机转速在 500~960r/min 之间游动。

❸ 关闭发动机重新启动,发动机运转平稳,5min 后怠速抖动现象重现。检查火花塞发现电极积炭较多,其中 1 缸最为明显。

❹ 更换火花塞,用故障诊断仪检测,发动机正常,故障排除。

如果火花塞或高压线存在故障,会造成点火不良,发动机怠速转速偏离目标值,这时发动机控制单元通过调整喷油量、增大节气门开度来提高转速。由于喷油量的增加而使混合气过浓,氧传感器感知氧含量减少,λ 调节值逐渐向 -25% 变动,发动机控制单元减少喷油量,使发动机转速调整得过低,所以发动机怠速在大范围内游动。

### 160. 火花塞热值不正确对发动机有什么影响？

某宝来轿车，发动机控制单元内没有存储故障码，火花塞侧电极烧蚀。

❶ 火花塞电极烧蚀原因如下。
a. 气缸压力超过标准值。
b. 火花塞型号不正确。
c. 火花塞本身故障。
d. 混合气不能充分燃烧。

❷ 拆卸火花塞，检查发现该车安装了副厂的热型火花塞。更换火花塞后，用故障诊断仪检测，发动机正常，故障排除。

热型火花塞，绝缘体裙部（瓷芯）较长，吸热面积大，传热距离长，因吸热量大、散热慢，火花塞裙部温度偏高，适用于低转速、低压缩比的小功率发动机。冷型火花塞，绝缘体裙部（瓷芯）较短，吸热面积小、传热距离短，因吸热量小、散热快，火花塞裙部温度偏低，适用于高转速、高压缩比的大功率发动机。

### 161. 曲轴轴向间隙大会导致发动机熄火吗？

某捷达轿车，一抬离合器踏板发动机就熄火，熄火后再次启动发动机也很顺利，偶尔着车发动机伴有异响。

❶ 用故障诊断仪检测：发现发动机控制单元存储内容为 G28 偶发故障的故障码，根据车辆故障表现，可判断应该是发动机机械故障所致。更换 G28，故障依旧。

❷ 用撬棍将曲轴向变速器方向撬，发现曲轴的轴向间隙很大，大概能达到 6mm 左右。拆检发动机，发现曲轴轴向止推垫掉入油底壳中，气缸体的轴向止推垫部位已经严重磨损。

可判断故障主要为气缸体或者曲轴损坏、移位，轴向止推垫等零部件严重损坏也会导致该车这样的故障表现。

由于曲轴轴向间隙过大，曲轴的轴向窜动使得 G28 远离靶轮，从而导致发动机转速信号中断，控制单元无喷油点火指令输出，造成发动机熄火。

### 162. 怎么检查和排除长时间停放后启动困难故障？

（1）故障概述　宝马 318i 轿车装配 N46 发动机，长时间停放车辆后，第一次打火不能启动发动机，但如果熄火后立即再次启动即可着车。

（2）故障诊断
❶ 用故障诊断仪检测，无故障码。检查燃油、点火、进气密封性和缸压，均正常。
❷ 观察数据流发现，进气门升程接近最大值。进气歧管压力为 54kPa，明显低。

（3）故障分析
❶ 进气歧管压力低于 100kPa 的大气压力，说明发动机系统启用应急模式，电子节气门已进行节流控制。
❷ 发动机系统启用应急模式，节气门开度则由 18% 降至 3%，进气门升程由原来的近 1.5mm 迅速下降至此时发动机剧烈抖动，导致熄火。

（4）故障点确定和排除　进气门积炭过多，气门运行就会受到影响，难以达到启动着车标准，进气门背部积炭过多，导致进气门升程受阻，发动机初次启动熄火。清洗进气系统，故障排除。

## 163. 怎么检查和排除低速熄火故障?

(1)故障概述　宝马523Li轿车配置N52发动机,低速行驶熄火,重新启动发动机,着车顺利。

(2)故障诊断

❶ 执行诊断仪检测,故障码为1F0525——发动机控制模块内部故障,相对燃油质量可信度监控错误。

❷ 清除故障码,故障依旧。

❸ 检查燃油箱及燃油供给系统部件,正常。

❹ 考虑故障发生在进气系统,检查空气滤清器,发现空气滤清器没安装合适,漏气。

(3)故障分析　空气滤清器没有装好,导致在车辆低速行驶时发动机控制模块对进气流量计算不准,发动机时常熄火。

(4)故障排除　装好空气滤清器,故障排除。

## 164. 怎么检查和排除无法启动故障?

(1)故障概述　宝马523Li轿车,底盘型号为F18,配置N52发动机,发动机无法转动。

(2)故障诊断

❶ 常规检查排除了的电器部件和控制电路发生故障。

❷ 检查发动机机油油质和油位,正常。

❸ 用故障诊断仪检测,有凸轮轴位置不可信故障信息。清除故障码,故障依旧。

(3)故障排除　更换进气凸轮调节装置,故障排除。

## 165. 怎么检查和排除氧传感器导致的故障?

(1)故障概述　宝马523Li轿车,底盘型号为E60,搭载N52发动机,怠速不稳且抖动明显。

(2)检查诊断　用故障诊断仪检测,没有故障码。从空燃比监控数据流可以看出,气缸列1前氧传感器前信号明显低于2V,(正常时应约为2.0V),后氧传感器信号为0.12V(正常时应约为0.7V),这就可判定气缸列1的混合气偏稀,导致故障的原因就是气缸列1三元催化转换器前氧传感器性能不良。

(3)故障分析　由于气缸列1三元催化转换器前氧传感器性能不良,导致信号过低,发动机控制模块认为混合气过稀,于是通过增加喷油量与进气量和提前点火时间等方式来调节混合气浓度,反复调节便出现怠速转速忽高忽低的现象,通常称为游车。

(4)故障排除　更换前氧传感器,删除调校值,故障排除。

## 166. 怎么检查和排除废气管漏气导致的故障?

(1)故障概述　宝马760Li轿车,底盘型号为E65,搭载N73发动机,怠速抖动,加速无力。

(2)诊断检查

❶ 用故障诊断仪检测,故障信息显示2缸工作不良。清除故障码,重新启动车辆,该故障码再次出现。

❷ 继续查询DME2控制模块的故障信息,内容为8缸工作不良,也存在缺火故障。

❸ 导致气缸工作不良的原因涉及多个系统,燃油压力正常,点火线圈和火花塞也正常。

（3）故障确定与排除　检查气缸压力和是否漏气。该发动机的结构非常复杂，必须拆卸进气歧管才能测量气缸压力。在检查过程中，发现有曲轴箱废气管没有插牢，有可能导致发动机怠速不稳。将其重新插牢，测量各缸压力，均正常，故障彻底排除。

带有电子气门装置的发动机对漏气是非常敏感的，这是因为进气量通过进气门直接控制，进气歧管内部接近真空，一旦漏气便会对混合气造成影响，影响气缸内部燃烧，导致发动机工作不良。发动机控制模块识别到此故障后，便会判断为失火故障。

### 167. 怠速电磁阀的结构是怎样的？有什么故障影响？

发动机配置旋转阀芯式怠速电磁阀，它由两个线圈组成，能够实现正、反方向转动。该电磁阀线束插头有三个端子，其中一个是供电端子，另外两个是控制端子，与发动机控制模块相连。

怠速电磁阀的阀芯卡滞，导致发动机进气量过少，怠速转速偏低，挂挡极易熄火。每次清洗节气门时最好对怠速电磁阀进行清洁。

### 168. 怎么检查和排除挂挡起步熄火故障？

（1）故障概述　宝马底盘型号为E39，配置M54发动机。发动机挂挡起步时，经常熄火。当发动机熄火后，重新进行启动，需要踩下加速踏板才能维持怠速。

车辆静止不动加速，性能基本正常，这样的情况，故障与燃油供给系统无关。根据这种故障表现，与进气系统有很大关系，因为怠速转速过低通常与怠速电磁阀工作不良有关。可以使用诊断仪对怠速电磁阀进行测试，判断其性能是否良好，也可采用晃动怠速电磁阀的简单方法来检查阀芯是否灵活。

（2）检查和排除

❶ 拆下空气滤清器的壳体，拆卸在进气歧管下方的怠速电磁阀，检查发现工作腔有很多油渍，阀芯被卡滞不动。

❷ 清洗怠速电磁阀和电子节气门。

❸ 装配完好后，启动发动机，故障消失。

### 169. 智能蓄电池传感器的作用是什么？

智能蓄电池传感器安装在蓄电池的负极接线柱上，具有自诊断功能。

智能蓄电池传感器记录蓄电池的电流、电压和电极温度，评估蓄电池的充电和健康状态指标，平衡蓄电池充电、放电电流，监控车辆休眠电流，监控充电状态并在电量不足时向发动机控制模块传输相关数据。若智能蓄电池传感器性能不良，则充电系统会受到影响，造成发动机怠速不稳。

### 170. 怎么检查和排除怠速游车？

（1）故障概述　宝马轿车，底盘型号为E60，配置N52发动机。启动发动机后，怠速开始来回游车，约几分钟后故障消失。

（2）检查和排除

❶ 用故障诊断仪检测，无故障码。

❷ 检查进气系统炭罐、管路及相关连接件，无异常。

❸ 用万用表测量故障状态下的充电电压，发现充电电压不稳定。当拔下发电机的线束插

头时,故障症状消失。

❹ 判断发电机系统存在问题,用示波器检测智能蓄电池传感器的 LIN 线信号,发现波形不正确。更换智能蓄电池传感器,故障消失。

### 171. 进气管真空度失常对发动机性能有哪些影响?

(1)进气管真空度失常会导致发动机运转无力　如果怠速时进气管的真空度很低,则说明有空气从旁路进入了进气管,由于这部分空气没有经过空气流量计的计量或未经节气门控制,空气流量计的测量值必然低于实际进气量,而电控单元(ECU)是根据空气流量计等信号决定基本喷油量的,这样就导致喷油量偏少,混合气过稀,因此发动机运转无力。

(2)进气管真空度失常会造成发动机启动困难　例如,某车型,进气歧管上部稳压箱末端的一个圆形闷盖已经脱落,由于空气量过多,造成混合气太稀,造成发动机启动困难。

(3)进气管真空度失常会导致怠速不稳　如果进气管漏气,空气流量计无法测出真实的进气量,造成 ECU 对进气量的控制不准确,导致发动机怠速不稳定。

(4)进气管真空度失常会影响排放　进气管真空度降低,发动机的负荷和燃烧室温度增加,从而提高每循环废气的最高温度,因而导致尾气中的 $NO_x$ 含量增加。

### 172. 怎么检查和排除怠速过高故障?

(1)故障概述　某朗逸轿车,启动发动机后,怠速在 950r/min 左右,重新启动车辆,怠速恢复正常。

(2)检查和排除　用故障诊断仪检测,发现发电机终端 DF 间歇性负载信号异常。

朗逸轿车装备中央控制单元(BCM),BCM 有一项重要的功能就是负载管理。负载管理是为了防止蓄电池过度放电造成损坏或无法启动车辆。当蓄电池电压低于 12.7V 时,中央控制单元要求提高怠速转速。当蓄电池电压低于 12.2V 时,依次关闭座椅加热、后风窗加热、车外后视镜加热、自动空调、信息娱乐系统。

该车的发电电压有时会低于 12.7V,显然这是 BCM 的负载管理功能启动了。接通大电流用电器时,发动机电控单元会相应提高发动机转速,在发电机异常或信号线异常的情况下,发动机电控单元会将怠速转速调整至 950r/min。

推断故障点应该在发电机的内部。更换电压调节器后,路试,故障排除。

### 173. 怎么检查和排除冷启动怠速不稳故障?

(1)故障概述　某雪铁龙世嘉 16V 手动挡轿车,冷启动时存在怠速转速不稳定和发动机抖动的现象,发动机故障灯点亮,发动机运转一段时间后故障灯自动熄灭。

(2)检查和排除　用故障诊断仪检测,发现 1 缸点火的临时故障,该故障码能删除。

检查火花塞,正常;测量火花塞各工作线路的电阻值和工作波形,没有发现异常,表明故障的产生与发动机的火花塞及其工作线路无关。

检查发动机转速位置传感器及其工作线路进行状态,无异常;对点火线圈进行检查,无异常。

检查两个氧传感器及其工作线路,先用诊断仪结合物理测量盒对两个氧传感器的工作波形进行读取,更换两个氧传感器总成后试车,发现故障现象还没有被排除,表明故障的产生与氧传感器及其工作线路无关。

对进气系统进行相关检查；检查节气门体电动机及传感器工作线路和状态，无异常，排除故障的产生与进气系统有关的可能性。

检测燃油压力，发动机转速保持在 3000r/min，测量结果都高于 3.3bar（1bar=10$^5$Pa），不正常。喷油器工作正常。

重点检测缸压：将测量结果与标准压力值进行对比，发现第一缸的气缸压力比标准值明显偏低，于是对第一缸进行拆检，发现其排气门存在严重积炭，排气门不能完全关闭。对第一缸排气门处的积炭进行处理，清洗进气系统，故障排除。

当积炭在排气门处产生后，排气门会关闭不严，混合气存在泄漏情况，同时废气存量多，尤其在冬季，汽油挥发性变差，混合气浓度变稀，在发动机点火时会出现点火失败的故障。

### 174. 怎样检查和排除发动机转速不稳、启动困难故障？

（1）故障概述　某 1.8L 福克斯轿车，启动困难，着车后发动机转速不稳、抖动，发动机故障灯常亮等故障现象。

（2）检查和排除　具体到本案例，EGR 阀常开造成此种故障的可能性应该是最大的，因为 EGR 阀卡在开的位置时，就会让废气直接进到进气管，再进入气缸内燃烧，但是废气含氧量极少，而电脑按照正常空燃比进行喷油，结果就会导致混合气过浓。

为了验证上述判断，进行 KOER 测试，结果显示 EGR 阀流量失调，基本验证了故障原因在废气再循环系统的判断。于是将故障车辆发动机上的 EGR 阀拆开进行检查，发现废气再循环 EGR 阀的确卡住，常开，一个陶瓷碎片夹在了阀门上，取出碎片，重新安装好 EGR 阀，清除故障码，试车，故障消失。

进气歧管压力偏高同时混合气偏浓的原因可能在以下几个方面：废气再循环系统（EGR）问题、三元催化器堵塞、气缸压缩压力偏低、燃油箱蒸气回收系统（EVAP）问题。这四个方面的原因都有可能造成进气歧管压力偏高而混合气偏浓故障，但出现的故障现象应说也是各有特点的。三元催化器堵塞会造成排气不畅、排气管背压过高，最主要的是发动机加速性能会很差，动力性下降较多。

启动困难，着车后发动机转速不稳、抖动，发动机故障灯常亮，在维修实践中两种原因最容易出现此类故障现象：一是缸内积炭，但是缸内积炭最典型的故障现象是冷车启动困难，一旦发动机启动后怠速不稳，发动机温度上来后怠速就会稳定；二是废气再循环系统卡滞在常开位置，EGR 阀卡滞在常开位置对于采用进气压力传感器的车型会导致混合气浓，对于采用流量式传感器的车型会导致混合气稀，严重时，发动机无法启动。

### 175. 什么是发动机大修？

发动机大修就是通过拆卸、分解发动机以及调整、修理或更换必要的零部件等工作来检测故障并进行修复。当发动机气缸磨损严重、气缸拉伤（拉缸）、连杆顶弯变形时都需要进行大修，规范化的大修可以较好地恢复发动机的动力性能。

### 176. 什么是发动机小修？

发动机小修一般指发动机的车上维修，即不用拆下发动机，就车进行局部的修理维护作业。例如，更换气缸盖垫、发动机传动带、机油滤清器，检查气门间隙，更换凸轮轴、气门挺柱等。

### 177. 什么是就车修理？

汽车修理的基本方法可分为就车修理和总成互换修理。就车修理是指在修理过程中，从汽车上拆下的零件、组合件及总成，除报废者更新换件外，修理后仍装回原车的修理方法。

### 178. 怎样使用螺栓黏合剂？

为防止松动，一些螺栓要涂抹黏合剂。螺栓再次使用时，要清洁螺栓并涂抹锁紧黏合剂。松动涂抹锁紧黏合剂的螺栓时，开始比较困难，但是一旦黏合剂失去功效，松动螺栓就很容易。螺栓黏合剂的使用方法如下。

（1）清洁
❶ 用钢丝刷清洁螺栓，然后用压缩空气吹去多余的黏合剂。
❷ 用洁净油除去黏附在螺栓孔内的锁紧黏合剂。如同清洁螺栓一样，最后用压缩空气吹去多余的锁紧黏合剂。

（2）重新涂抹锁紧黏合剂紧固　螺栓清洁后，给整个表面涂一层黏合剂。黏合剂的型号有多种，性质不同的螺栓紧固部位应使用不同型号的黏合剂。

### 179. 为什么发动机在重新装配后要进行磨合？

磨合是指发动机各摩擦副表面于工作初期在合适的条件下进行的摩擦加工过程。

重新装配后的发动机摩擦副表面在修理加工过程中存在加工痕迹，同时还存在表面形状和相互位置误差，使摩擦副表面的实际接触面积变得很小，如果直接将发动机投入使用，工作中实际接触点上承受的压力很大，局部温度很高，极易产生剧烈的磨损，甚至出现零件表面烧蚀或拉伤等破坏性磨损现象。

磨合是以最小的磨耗量，在较短的时间内降低零件表面粗糙度、强化零件工作表面并改善摩擦表面间的配合。此外，磨合也是全面检查修理和装配质量的过程，发现故障，及时排除，消除隐患，保证发动机工作的可靠性，提高其动力性和经济性，延长发动机的使用寿命。

## 第三节　柴油发动机维修

### 180. 什么是换气过程？

❶ 发动机从排气门开始打开到进气门完全关闭的整个过程称为柴油机的换气过程。
❷ 要使柴油机做功多、转矩大、功率大，就需要燃料在气缸内燃烧时放热多，这既有赖于气缸中所能充填进去的燃料量，也依赖于充填进去的空气量。对于用液体燃料的柴油机来说，燃料所占体积极小，而空气所占体积极大，所以在柴油机气缸中燃烧所能放出热量的多少，主要受限于能够充入气缸的空气量的多少。
❸ 换气过程分为自由排气、强制排气和进气三个阶段，从排气门开启到下止点这一段为自由排气，下止点以后为强制排气。

# 1000项汽车技师实用技能完全掌握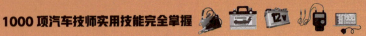

### 181. 什么是自由排气阶段？

由于气门开启只能逐渐增大其流通截面，如果排气门在活塞到达下止点才开启，则气缸内的压力（柴油机膨胀终了时的压力约为 0.3MPa）因气门流通截面增大过慢而下降迟缓，不能实现充分排气。而且在活塞向上止点运动时将会形成较大的反压力，增加排气行程中所消耗的功率。因此，有必要使排气门在膨胀行程接近终了，活塞尚未到达下止点前就开始打开，即排气提前，通常排气提前角是在下止点前 40°～80° 曲轴转角。利用燃气的压力向缸外排气，称为自由排气。

### 182. 什么是强制排气阶段？

在自由排气阶段，随着活塞向下止点移动，气缸内压力不断下降。当活塞到达下止点或稍后一些（全负荷运转时在下止点后 10°～30°），以后的排气主要靠活塞推出，所以称为强制排气。在强制排气阶段接近终了时，由于排气门开始关闭，产生较大的节流作用，在上止点附近，气缸压力又上升。该压力升高是由活塞接近上止点时，气门通道面积缩小而产生的，其结果是排气消耗功和残余废气量都增加了。因此，排气门的完全关闭不能恰恰在活塞到达上止点之时，而应在活塞过了上止点之后，这就是排气门迟闭，通常排气门迟闭角为上止点后 10°～30° 曲轴转角。此外，排气门的迟闭，还可能利用排气管中气体的流动惯性把气缸内的废气继续吸出，降低废气余量，增加新鲜充量，而又不致发生废气的倒流。

### 183. 什么是进气过程？

为了增加进入气缸内的新鲜空气量，在活塞到达上止点前，进气门提前开启，以便使活塞在开始回程时进气门提供一定大小的通道面积让新鲜空气流入。进进气一般在上止点前 10°～30° 曲轴转角时开启。尽管进气门提前开启，但开始吸入新鲜空气要等到气缸内剩余废气膨胀至低于进气管内进气压力之后。随着进气门开启面积的逐渐加大，新鲜空气进入气缸。同时气体受到气缸壁、高温零件和残余废气的加热，压力逐渐上升，到进气终了时，压力几乎回升到接近大气压。如果进气门关闭过早，如在活塞到达下止点时，则因进气通道处的严重节流作用而使进气量减少，而且还增加了吸气所需的消耗功。当活塞过了下止点后，新鲜空气由于流动惯性继续冲入气缸，利用进气惯性可达到增加气缸充气量的目的。进气门一定要在活塞过了下止点后 40°～80° 曲轴转角才能完全关闭。如进气门关闭过迟，在柴油机低速运转时进气会倒流，对充气不利，但在高速时，可利用进气惯性增加进气量。这样，在上止点附近就有一段时间进排气门同时开启，称为气门叠开，气门叠开角可达 20°～60° 曲轴转角。

### 184. 柴油发动机混合气形成有什么特点？

柴油发动机与汽油发动机相比，其混合气形成有如下特点：首先，柴油发动机的混合气只能在气缸内部形成；其次，混合气形成的时间短，通常占 15°～35° 曲轴转角。因而形成的混合气成分在燃烧室内很不均匀，而且随着燃油的不断喷入而不断地改变，属于非均质燃油混合气。混合气的形成质量对保证柴油发动机在尽可能小的平均过量空气系数下完全和及时燃烧有决定性的影响，所以对于混合气的形成有着特殊的要求，也就是说不仅对进气量（过量空气系数）、燃烧室形状等有要求，对燃油喷射也有要求。

## 185. 什么是小涡流和雾状喷射的喷射方式?

燃烧过程中,气缸内的空气涡流非常小(甚至没有),重要的是利用喷射油雾的能量完成混合气的形成。这种方式被用于中、低转速的大型柴油发动机,由于热力原因,这些柴油发动机必须用较高过量空气系数的混合气工作。

燃油通过正交的 5～8 孔的多孔喷油器喷入,四气门柴油机喷油器也位于燃烧室中心。

其一,持续提高的 $NO_x$ 和颗粒物排放标准,要求采用高过量空气系数的混合气和高油雾喷射能量(由高的喷射压力产生)。其二,从欧Ⅱ标准开始,所有 11 缸以下的商用汽车柴油发动机,由于燃油消耗的原因,对应的工作转速带的限制更严格,所以以上描述的方式在商用车柴油发动机上被广泛使用。特别是喷射起始时刻较迟,这样能进一步降低 $NO_x$ 排放,但也使得这些柴油发动机产生较大热应力。

## 186. 什么是辅助涡流喷射方式?

对于较高的额定转速、大工作转速范围的小型柴油机(主要是轿车、有篷货车的柴油机),仅仅通过喷射形成油雾能量不能有效、快速地形成混合气,必须借助燃烧室内部的空气流动。为此,要使用特别小的活塞凹坑,由此获得从活塞顶部到喷射油雾撞击点的剧烈的压缩进气流,并通过合适的进气元件(涡流进气道)进一步提升空气进给的旋转。为了达到此目的,利用空气使燃油完全扩散,下游的燃烧室部分决定了气缸空气的旋转。在喷射过程中,从喷油器喷射的油雾和垂直转动的空气漩涡有利于混合气的形成。

这种燃烧方式使用相对较少的 4～6 孔的喷油器,喷油器尽可能位于燃烧室的中心位置。

如果燃烧室部分不完整,空气的充入和动力将受到严重影响,由于局部燃油浓度过高,空气不足,会促使炭烟的生成。

## 187. 预燃室方式的工作原理是怎样的?有何特点?

(1)工作原理 预燃室方式的预燃室为狭长形,经单孔或多孔喷射道与主燃烧室相连。压缩行程终了时,燃油经轴针式喷油器喷入预燃室,喷射压力为 12～14MPa,预燃室内的空气只够部分燃油燃烧,未燃部分的燃油温度升高变为气态。由于预燃室内气压升高,气态燃油经喷射道喷入主燃烧室,并在主燃烧室内进行燃烧。

(2)特点 预燃室方式的优点是各种转速下混合气形成良好,柴油机运转柔和,转速高;缺点是启动时需用预热塞加热,燃油消耗大,预燃室方式适用于轿车和商用车。

## 188. 涡流室方式的工作原理是怎样的?有何特点?

(1)工作原理 涡流室方式是在气缸盖内部有一个球形燃烧室,它通过一条切线通道与主燃烧室相通,该通道具有较大的断面。压缩时大部分空气流入涡流室,涡流室内存在强大的涡流,燃油经轴针式喷油器喷入,喷射压力为 10～12.5MPa。燃油与旋转的高温空气充分混合,涡流室中先发生燃烧,并蔓延至主燃烧室。

(2)特点 涡流室方式的优点是柴油机运转柔和,混合气形成良好,利于柴油机高速化;其缺点是必须有辅助启动措施,燃油消耗大。

## 189. 什么是非均质混合气?有何特点?

❶ 由于柴油机的燃油混合气是在内部形成的,所以燃烧时的混合气是不均匀的,即非均质混合气。

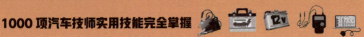

❷ 对于非均质混合气，空燃比的分布是，油雾边缘是纯净的空气（混合比 λ= 无穷大），油雾中心是纯的燃油（混合比 λ=0）。

### 190. 柴油机燃油混合气质量控制方式是怎样的？

对于非均质燃油混合气形成方式，柴油机负荷可以通过燃油喷射量来控制。因为对于喷射油雾的每一个雾滴通常会产生可燃区域，这就是所谓的"质量控制"。因为以非均质混合，燃烧发生在 $0.3 < λ < 1.5$ 相对较窄的范围内。为了获得这些易燃的混合气，要通过扩散和紊流以及燃油混合气生成所需的能量来实现，当然也通过燃烧本身获得。

### 191. 混合气形成受哪些因素影响？

由喷油器喷孔处的压力决定射程、由喷油器几何形状决定喷雾锥角、最终的燃油喷射速度决定空气燃油混合空间以及在此空间内的雾滴的范围。油雾的能量受喷孔处的压降和喷孔处油流形状的影响。

（1）热能　燃烧室壁和压缩空气的热能用于喷射燃油（在燃烧室壁的油膜和在高压气体内的油滴）的蒸发。

（2）燃烧室形状　燃烧室的合理设计非常重要，它配合活塞的运动可以获得涡流（压缩进气流），而且液态燃油和空气燃油混合油雾在燃烧室内可以得到合理的分配。

（3）有序的空气涡流　燃烧室内燃烧气体的运动，形成涡流，如果燃油方向与空气运动方向近似垂直，将大大改善燃油的蒸发。

燃烧室壁油膜蒸发后，蒸气层随空气的旋转而移动，燃烧气体的热量被新鲜的空气隔开。有条理的涡流使燃油与空气快速混合，有序的涡流通过特殊设计的进气道形状或者通过气缸到预燃室的移动部件（通过切线通道）来获得。

### 192. 发动机启动工况是怎样的？

启动包含从点火、加速到自行持续运转的过程，在压缩过程中经加热的空气必须点燃喷射出的柴油，柴油的着火温度为 250℃。

### 193. 影响启动性能的因素有哪些？

（1）启动温度　冷态柴油机必须在尽可能低的柴油机转速和低的环境温度下能够启动。

柴油机转速越低，最终的压缩压力越低，因而在气缸内最终产生的温度也越低。同时低温时蓄电池电压的降低也会使启动转速降低。

（2）热扩散和泄漏　工作温度未达到活塞环的工作要求，则会引起泄漏。冷态的柴油机在压缩循环存在热扩散，对带有分隔式燃烧室的柴油机，由于燃烧室的表面较大，热扩散比较严重。

（3）摩擦损失　柴油机机械元件的摩擦力在低温时比正常工作温度时高，随着温度的升高，柴油机机油的流动性增加，机械元件的配合间隙也会减小。

（4）燃油调节　通过滤清器加热或直接加热燃油的方法，可以避免低温时由于石蜡结晶引起的燃油问题，对于现代柴油机的燃油，这个问题仅仅发生在温度低于 -25℃ 时。

### 194. 哪些因素能改善柴油机启动性能？

改善柴油机启动性能的因素有辅助启动系统、喷油量调节和喷射起始时刻。

（1）辅助启动系统　对采用预燃室式的柴油机，启动辅助装置是笔形预热塞。在预燃室式柴油机上它位于预燃室内；对于直喷式柴油机，通常采用进气加热，有几秒预热时间的预热塞可以使柴油机快速启动。这两种方法都可用于改善燃油的蒸发和混合气的形成，并且使点火更可靠。

（2）喷油量调节　进一步改善柴油机启动性能的方法是，启动时喷射过量的燃油，用以补偿燃油的沉积和泄漏损失，并提升柴油机转矩以满足柴油机加速的要求。另外，也可以使喷射起始时刻提前，以补偿启动时的点火延迟，保证柴油机在上止点范围（压缩温度最高）点火。

（3）喷射起始时刻　必须保证理想的尽可能精确的喷射起始时刻，如果燃油喷射太早，燃油将沉积在气缸壁上，蒸发量少，此时压缩空气的温度也低；如果喷射太迟，点火将在膨胀行程发生，此时活塞正在下行，活塞受到的作用力就会减小。通过燃烧室内的燃油的分配和混合气的形成，喷射系统（燃油泵和喷油器）必须保证对空气、燃油的正确混合和对雾滴尺寸的要求，它们必须尽快在燃烧室内形成。

## 195. 低怠速工况对燃油喷射的要求是怎样的？

柴油机的低怠速和部分负荷工况非常关键。相对于汽油机而言，柴油机在此工作范围的优势是燃油消耗低。不足之处是噪声大和有爆震（特别是冷机状态），而着火延迟是低怠速时产生噪声的主要原因。

与启动工况一样，低转速和小负荷时，压缩终了气体温度较低，在怠速时更突出。

因为燃烧时气缸内气体温度上升比较缓慢，燃烧室温度较全负荷时低（即使柴油机处在工作温度）且不均匀。由于气缸内壁表面积较大，散热快，预燃室式和涡流室式柴油机的这个问题更显著。这可以通过提高压缩比补救，但会造成在全负荷时，燃油消耗较高且机械噪声变大，所以这种补救措施可行性较差。

低怠速、小负荷时，对喷射过程中的喷射起始时刻、喷油量和喷油特性要求很高。例如，怠速时最高的燃烧温度仅仅出现在上止点附近很小的活塞行程内，喷射起始时刻要求非常精确。

对于每行程 $5 \sim 7\text{mm}^3$ 的低怠速供油量来说，燃油计量精确度（误差 $0.5\text{mm}^3$ 相当于每行程供油量的10%）非常重要。由于在着火点集聚的燃油量对气缸压力的升高起决定性作用，所以在着火延迟期内只可以喷射少量的燃油。噪声取决于压力升高曲线的梯度，该梯度越陡，产生的"敲缸声"越大。另外还必须精确控制喷射起始时刻和喷油量，喷射系统必须确保喷油过程（每个行程的总供油量和每度曲轴转角供油量为 $0.25\text{mm}^3$）在 $15° \sim 20°$ 曲轴转角之间完成，各缸均一。目前降低噪声采用的更普遍的办法是预喷射，为此燃烧室要预处理，这在没有电磁阀控制的传统系统中无法应用。

## 196. 全负荷工况对燃油喷射的要求是怎样的？

❶ 柱塞泵供油量的理论计算是用柱塞的底面积乘以有效行程。实际供油过程是早开始、迟结束，所以实际的有效行程比其几何有效行程大，这种动态性能被称为预供油和后供油效应，这种性能适用于所有的柱塞式燃油泵。

❷ 通过改变横截面和流动速率，可以根据柴油机转速予以修正，从而改善供油量特性。

## 197. 影响燃油喷射计量有哪些因素？

对于柴油机，燃油被直接喷入高压、高温的空气中自动点燃，不像汽油机被强制点火。

所以对柴油机来说，进入气缸内的空气是常量，仅仅只是对燃油量进行调节，因此对燃油的计量非常关键。

燃油系统决定柴油机的性能，无论柴油机转速和负荷如何，燃油系统都要负责燃油的计量和整个过程中燃油的理想分配，另外进气压力和温度也是燃油计量要考虑的重要条件。

这样对燃油系统在进行喷射时就要考虑如下因素。
❶ 正确的燃油量。
❷ 精确的喷油时刻。
❸ 正确的喷油压力。
❹ 正确的喷射过程。
❺ 在燃烧室内正确的喷射位置。

### 198. 燃油喷射量计算时应考虑哪些因素？

在燃油计量时，除要求形成理想的混合气外，通常还要考虑柴油机或车辆的以下有关工作限制。
❶ 排烟限制。
❷ 燃烧压力限制。
❸ 排气温度限制。
❹ 柴油机转速限制。

### 199. 什么是排烟限制？

由于大部分烟气是通过燃烧过程产生的，即使在中等过量空气系数条件下，局部的富油仍会产生较高的黑烟排放。此处所谓的排烟限制用于全负荷油量限制。预燃室式柴油机的烟雾点的过量空气系数是 1.1～1.25，直喷柴油机是 1.40～1.50。

### 200. 什么是燃烧压力限制？

柴油机点火过程中，已蒸发并与空气混合的燃油，在高压条件下剧烈燃烧，被称为"爆燃"。较高的燃烧压力峰值在这个过程产生，这就是柴油机工作时相当粗暴的原因。由此会引起柴油机零件负荷周期性的变化，所以零件尺寸和零件的可靠性将会限制燃烧压力的提高。

### 201. 柴油机排气温度限制由哪些因素决定？

柴油机排气温度的限制由燃烧室周围零件的热应力、气门和排气系统的热稳定性、排气构件所需热量决定。

### 202. 柴油机的转速限制有什么作用？

过量空气以及燃油量控制的描述表明，在一定的转速的条件下，柴油机动力仅与喷油量有关。如果柴油机转矩减小，但燃油供给不改变，其转速将升高。如果柴油机在超过临界转速前不减少燃油供给量，其将会"飞车"，可能导致柴油机自行损坏。所以对柴油机来说，转速限制或转速控制是非常重要的。

对于柴油机而言，转速必须由驾驶员通过加速踏板自由控制，在负荷卸去时，转速不得低于低怠速极限而熄火。所以，控制系统被分成全程调速器和两级调速器。

喷射系统必须精确计量单一缸燃油，并将燃油均匀地分配到多缸柴油机的某一气缸，计算的喷油量作为喷射系统的喷射参考值。低转速、全负荷时，喷油量受柴油机的烟雾限值限制；高转速时，受排气构件温度限制。

### 203. 柴油机着火延迟是什么原因？

从燃料开始喷入气缸起到形成火焰中心为止的这一段时间称为着火延迟期。柴油机燃烧过程的着火延迟期，主要是形成点火源，以保证燃烧过程在整个燃烧室中的进行。柴油机的着火延迟期，除了需要对化学反应做准备工作以外，还需要进行燃料在燃烧室中的分布、受热、蒸发和扩散等一系列物理准备。在这些准备工作以后，可能在一处或几处形成火焰中心而燃烧。

着火延迟期时间虽然很短，但对燃烧过程有极大的影响。着火延迟期时间越长，在气缸中所聚集的燃料数量就越多，在着火前形成的可燃混合气也越多。燃烧开始，压力突然上升，使运动零件受到强烈的冲击负荷，柴油机运转粗暴，影响其使用寿命。因此，为了能控制燃烧过程，降低柴油机的机械负荷并使柴油机运转平稳，应该尽可能地缩短着火延迟期。

影响着火延迟期的因素很多，在正常运转情况下，压缩终了的温度和压力是影响着火延迟期的主要因素，此外，喷油提前角、转速及燃料性质等对着火延迟期也有较大影响。

### 204. 什么是速燃期？

从燃料点火开始到迅速燃烧出现最高压力为止的这一时期称为速燃期。最高压力点一般在上止点后 6°～10° 曲轴转角时出现。

速燃期的燃烧主要取决于着火延迟期和在着火延迟期内形成的可燃混合气数量。如果着火延迟期长，而且在此期间内喷入的燃料量很多，又都形成了可燃混合气，则一旦点火，火焰即迅速向各处传播，燃烧速率很高，于是压力升高，柴油机势必工作粗暴。因此，解决柴油机工作粗暴的主要途径是缩短着火延迟期。如选用十六烷值的燃料，减少着火延迟期内的喷油量和减少着火延迟期内形成的可燃混合气数量。

柴油机冷机启动或怠速运转时，气缸内温度较低，着火延迟期较长，而此时润滑油黏度较高，柴油机的摩擦损失较大，但每循环仍要求喷油量很大，因此压力升高率也较大，故产生较强的爆燃。这种爆燃是在低速运转的特殊条件下产生的，一般称为怠速爆燃。随着转速升高及负荷增加，柴油机热状态正常，怠速爆燃即自行减小或消失。

### 205. 什么是缓燃期？

从最高压力点开始到出现最高温度的这一段时间称为缓燃期。最高温度一般在上止点后 20°～35° 曲轴转角出现。

在由速燃期转到缓燃期时，燃料仍在继续喷射，燃烧以很快速度继续进行，温度升高到最高值（达 1700～2000℃），放热量达总放热量的 70%～80%。此时活塞已开始向下运动，压力也略有下降，由于气缸中温度很高，化学反应很快，着火延迟很短，喷入燃料便很快着火燃烧。燃烧室内氧气减少，废气增多，燃烧条件变得不利，燃烧可能不完全，于是产生炭烟随废气排出，影响了燃料的经济性和排放。因此，在缓燃期加强燃烧室内的气流运动，加速混合气形成，对保证在上止点附近迅速而完全燃烧有重要作用。

### 206. 什么是补燃期？

从最高温度点开始到燃料基本完全燃烧这一段时间称为补燃期。实际上补燃期的终点很难确定，往往到排气门打开时，气缸内仍有放热的化学反应，所以排气中也还含有未氧化完全的物质。一般认为放热量达到循环总放热量的95%～97%时就算补燃期结束。在补燃期内，由于气缸内压力、温度下降，气流运动减弱，废气量增多，燃烧条件变差，故形成炭烟的可能性更大。特别是在高速、高负荷时，由于充气量少，混合气形成的燃烧时间更短，补燃现象比较严重，有时甚至一直持续到排气过程中。在补燃期，因为气体在膨胀，气缸内的压力下降较快，补燃所放出的热量不能有效利用，并增加了散往冷却液的热损失，使柴油机的经济性和动力性下降。补燃还增加活塞组的热负荷以及使排气温度增高，所以总是希望补燃期尽可能地缩短。

### 207. 燃料性质对柴油机燃烧过程有什么影响？

对燃烧过程影响较大的柴油性质有发火性、黏度、凝点。燃料的自燃温度对燃烧过程的影响主要表现在对着火延迟期的影响上。降低自燃温度可使着火延迟期缩短，因而燃烧初期在燃烧室中的燃料量减少，速燃期中的压力升高率减小，使柴油机工作柔和。适当地提高燃料的十六烷值，会使着火延迟期缩短。黏度大的柴油不易雾化，蒸发性差。蒸发性影响油滴的蒸发速度，从而影响可燃混合气的形成速度。

### 208. 压缩比对柴油机燃烧过程有什么影响？

压缩比增加，压缩终了的温度和压力上升，易于燃料的蒸发，缩短了燃烧前的物理化学反应时间，着火延迟期缩短，使速燃期的压力升高率降低，工作比较柔和，使冷机启动迅速可靠。但是过高的压缩比会带来燃烧压力的增加，使柴油机的机械负荷增加，机械效率下降。

压缩比的选择要根据柴油机的具体使用情况而定。对于较高速的柴油机，由于冷机启动和混合气形成的要求，压缩比一般较高，使压缩终了时压力和温度增高，有利于启动和加速混合气形成与燃烧。对于增压柴油机，为了减轻机械负荷，需要降低压缩比，以限制燃烧的最高压力。

### 209. 喷油规律对柴油机燃烧过程有什么影响？

喷油规律是指喷入燃烧室的燃料总量与曲轴转角之间的变化关系。如果着火延迟期内喷入气缸的燃料量较少，那么速燃期内的压力升高率就会降低，从而使柴油机工作柔和，但燃烧时间延长，热效率降低。在其他条件都相同而循环供油量仍为燃料总量的情况下，如果着火延迟期内喷入气缸的燃料量增多，那么速燃期内的压力升高率增大，燃烧时间缩短，使柴油机的功率和热效率提高，但工作较粗暴。

喷油规律主要取决于高压油泵的凸轮外形，此外还与柱塞直径、喷油器的构造和调整，以及油管的尺寸等有关。

### 210. 喷油提前角对柴油机燃烧过程有什么影响？

喷油提前角是指喷油开始到活塞运行到上止点为止所对应的曲轴转角。喷油提前角的改变会导致柴油机性能指标的变化。增大喷油提前角，由于燃料是在空气密度和温度都较低的情况下喷入的，其物理化学反应条件较差，着火延迟期延长，导致速燃期的压力升高率增大，柴油机工作粗暴，同时也增加了柴油机压缩损失的功。但喷油过迟，燃烧会在膨胀过程中进行，因而使压力升高率降低，最高压力下降，排气温度增加，排气冒烟。冷却液的热损失增加，热效率下降。

最佳喷油提前角主要随柴油机的转速和负荷的变化而变化。当转速增加时，燃烧过程所占曲轴转角增大，如不适当增大喷油提前角，则会延续到膨胀过程中去。因此在转速变化较大的车用柴油机上，常装有喷油提前角自动调节装置，以适应随转速的变化而自动改变喷油提前角的要求。负荷（喷油量）不同，最佳喷油提前角也不同，负荷越大，最佳喷油提前角越大。

### 211. 转速与负荷对柴油机燃烧过程有什么影响？

当柴油机的转速增加时，燃烧室内的空气涡流运动加强，喷油压力也有所提高，使燃油雾化变好，促使着火准备过程加快，提高混合气形成速度，所以着火延迟期随转速的增加而缩短。这说明随转速的增加，要求将喷油提前角加大，使燃烧仍能在上止点附近完成。

柴油机的负荷增加时，喷油量加大，燃烧室的温度增高，改善了燃烧条件，因此着火延迟期缩短，柴油机工作稳定柔和。但是，由于循环喷油量加大以及喷油延续角增加，会使总的燃烧过程时间延长。

如果负荷减小，循环喷油量也随着减少，那么过量空气系数就会增加，使燃料燃烧迅速完全，热效率提高。但当负荷过低或急速运转时，燃烧室温度低，燃料着火延迟期较长，尽管负荷低或无负荷，每循环喷油量仍较大，因此压力升高率也较大，便会产生柴油机特有的急速敲缸现象，这是在使用中经常见到的正常现象。负荷上升时，该现象会立即减小或消失。

### 212. 什么是预喷射？有什么作用？

预喷射是以较大的喷油提前角控制气缸。它将为燃烧室提供预处理（最大到上止点前40°），将少量燃油喷入气缸。预喷射（PI）后接下来的是主喷射（MI）。

❶ 预喷射可以在主喷射前对燃烧室的压力和温度进行预处理。

❷ 发动机在部分负荷工况下可以降低燃烧噪声和炭烟的生成；发动机在全负荷工况下通过改善柴油的雾化质量来降低燃烧所产生的碳氢化合物，从而改善燃烧和降低噪声。

### 213. 什么是主喷射？

主喷射是燃烧过程中非常重要的一部分，其目标是实现高转矩、低燃油消耗、低废气排放和低噪声。为此，主喷射必须满足以下条件。

❶ 精确的喷射起始时刻。

❷ 精确的喷油量。

❸ 理想的喷射时期。

❹ 在燃烧室内良好的燃油分配和燃油雾化。

❺ 正确的喷射过程。

### 214. 什么是后喷射？

❶ 后喷射的目的主要是降低 $NO_x$ 排放。

❷ 后喷射应精确地确定必需的喷油量；必须计量最小的可实现的燃油量；必须确定喷射时刻，以便为催化转化装置做好准备，但不能在气缸内发生燃烧。

❸ 后喷射在主喷射之后，在排气上止点后最大可达 200° 的曲轴转角。后喷射可以向燃

烧室供给精确计量的燃油，通常在压缩上止点（TDC）后 120°～180° 曲轴转角内进行。后喷射在确定了催化剂要求后，将需求的喷射总量喷入排气循环中，这个喷入油量非常小，意味着后喷射不一定在同一气缸内进行。

如果后喷射较接近于主喷射，气缸温度较高，有利于后喷射燃油的雾化。

如果后喷射太接近于主喷射，燃油可能部分燃耗，从而引起排放值变差。

如果后喷射太远离主喷射，气缸温度太低，不利于后喷射燃油雾化，限制了催化转化装置的效率。

### 215. 柴油机燃油供给系统有什么功能？有哪些组成部分？

柴油机燃油供给系统的功用是根据柴油机工况要求，将精确计量的燃油在规定的时间以一定的压力喷入气缸中。

柴油机燃料供给系统由高压和低压两部分组成，柴油机燃油供给系统示意图见图 2-42。

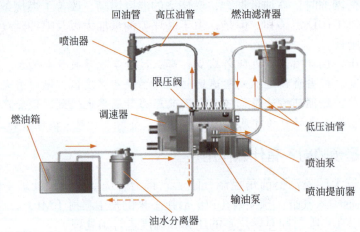

图 2-42　柴油机燃油供给系统示意图

输油泵从燃油箱吸取柴油并将其泵出，柴油经燃油滤清器滤除杂质后进入喷油泵，自喷油泵输出的高压油经高压油管和喷油器喷入气缸。由于输油泵的输油量远大于喷油泵的喷油量，多余的燃油经回油管回到油箱。

低压部分主要使喷油泵的低压腔充满燃油并建立起一定压力（0.15～0.3MPa）。高压部分对燃油进一步加压并使燃油呈良好的雾状喷入气缸，高压油路：喷油泵→喷油器（喷油泵压力为 10MPa）。

（1）柴油机燃油供给系统的低压部分　燃油系统低压部分包括油箱、低压油管、输油泵、燃油滤清器、溢流阀和回油管。

（2）柴油机燃油供给系统的高压部分　燃油系统高压部分包括喷油泵、高压油管、喷油器。

（3）喷油器的作用和组成

❶作用：将燃油雾化成细微的油滴，并将其喷射到燃烧室特定的部位。

❷要求：喷注有一定的贯穿距离和喷雾锥角；良好的雾化质量；在喷油结束时不发生滴漏。

❸组成：喷油器体、调压装置、喷油嘴。

❹分类：喷油器分为孔式和轴针式。

### 216. 轴针式喷油器有什么特点？结构原理是怎样的？

轴针式喷油器（图 2-43）的特点是通过针阀行程变化来改变供油形态，从而改变供油率。

不喷油时针阀关闭喷孔，使高压油腔与燃烧室隔开，燃烧气体不致冲入油腔内引起积炭堵塞。喷孔直径较大，便于加工且不易堵塞。

针阀在油压达到一定压力时开启，供油停止时，又在弹簧作用下立即关闭，因此，喷油开始和停止都干脆利落，没有滴油现象。

缺点是不能满足对喷油质量有特殊要求的燃烧室的需要。

轴针式喷油嘴结构形式见图 2-44。

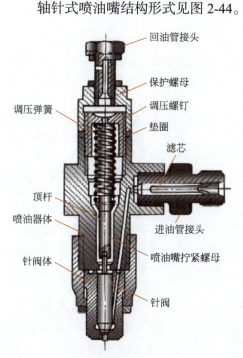

图 2-43 轴针式喷油器

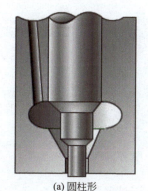

(a) 圆柱形

(b) 截锥形

图 2-44 轴针式喷油嘴结构形式

### 217. 孔式喷油器有什么用途？有何特点？

孔式喷油器（图 2-45）一般用于统一式燃烧室（直接喷射燃烧室），孔式喷油器所用的喷油器-喷油器体总成型号多样，主要用于直接喷射式柴油机。与轴针式喷油器不同，通常孔式喷油器必须要求有准确的安装方位，以保证不同角度的喷孔与柴油机燃烧室能有正确的相对位置。

### 218. 柱塞式喷油泵的作用是什么？

柱塞式喷油泵是柴油机燃料供给系统的重要组成部分。喷油泵按照柴油机的运行工况和气缸工作顺序，以一定的规律适时、定量地向喷油器输送高压燃油。

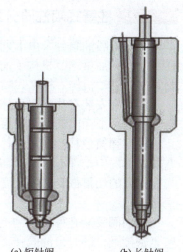

(a) 短针阀　　(b) 长针阀

图 2-45 孔式喷油器

根据柴油机可燃混合气形成的特点和燃烧过程的需要,喷油泵应满足如下要求。

❶ 供油次序与发火次序保持一致。
❷ 各缸供油量均匀(不均匀度不大于3%～4%)。
❸ 各缸供油提前角相同(相差不大于0.5°曲轴转角)。
❹ 供油延续时间相等。
❺ 油压的建立和供油的停止必须迅速,防止滴漏现象。

### 219. 喷油泵有哪些类型?

汽车常用的喷油泵分为直列柱塞式喷油泵和转子分配式喷油泵。

### 220. 柱塞式喷油泵由哪些组件组成?

柱塞式喷油泵相对于每一个气缸均有一个分泵组件,柱塞式喷油泵由驱动轴、分泵和泵体等组成,见图2-46。

图 2-46 柱塞式喷油泵组成

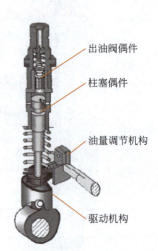

图 2-47 柱塞式喷油泵分泵

### 221. 柱塞式喷油泵分泵由哪些重要部件组成?

柱塞式喷油泵分泵由下列零件构成:柱塞偶件(柱塞和柱塞套)、柱塞弹簧、弹簧下座、弹簧上座、油量调节机构(油量控制套和齿圈)、出油阀偶件、出油阀弹簧、减容体、出油阀紧座、驱动机构。柱塞式喷油泵分泵示意图见图4-47。

柱塞套安装在喷油泵壳体的座孔中,柱塞套的轴向用定位销定位以防止柱塞套转动,柱塞套上的两个径向油孔与油泵泵体上的低压腔相通。

柱塞弹簧使柱塞与滚轮体部件始终与凸轮表面接触,以保证柱塞能及时可靠地下行。柱塞外圆面的中上部有一个斜切槽,并与从柱塞顶部下来轴向切槽相交。柱塞上的矩形控制臂与控制套的切槽嵌合,控制套上的齿圈与控制齿杆相啮合,这样控制齿杆通过控制套带动柱塞转动。

出油阀安装在柱塞套的上方,当出油阀紧座拧入紧座孔后,柱塞套、出油阀、出油阀紧座紧密接触,同时出油阀弹簧将出油阀压紧在阀座上。出油阀见图2-48。

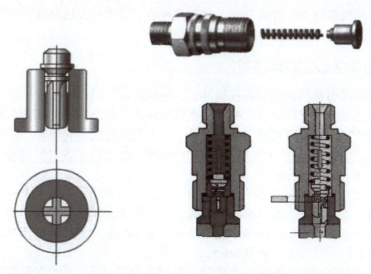

图 2-48　出油阀

柱塞偶件是由柱塞与柱塞套构成的一对精密配合偶件，两者配对使用，它们的配合间隙为 0.002～0.003mm。

## 222. 喷油泵油量调节机构是怎样的？

喷油泵油量调节机构如图 2-49 所示，控制齿条通过齿圈带动油量控制套使柱塞转动，改变柱塞的有效行程，从而调节每个循环的供油量。

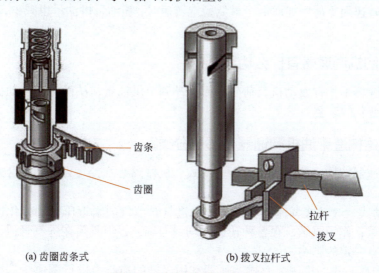

(a) 齿圈齿条式　　　　(b) 拨叉拉杆式

图 2-49　喷油泵油量调节机构

柱塞并不是在全行程内都供油，只在有效行程中才供油。一般喷油泵在标定供油时量，柱塞全行程等于 3～4.25 倍有效行程。柱塞的有效行程一般是在柱塞运动速度较大的中间一段，因为这样才能满足柴油机对供油规律的要求。

喷油泵柱塞每行程泵出的油量称为循环供油量。循环供油量与柱塞的有效行程有关，有效行程越大，循环供油量越多；反之，有效行程越小，循环供油量越少。当需要改变喷油泵供油量时，就必须改变柱塞的有效行程。改变柱塞有效行程的方法是转动柱塞，使柱塞的螺旋斜槽与柱塞套筒上的回油孔的相对位置发生变化。

### 223. 喷油泵驱动机构有哪些？

喷油泵驱动机构包括凸轮轴和挺柱组件。凸轮轴的前、后端通过滚动轴承支承在喷油泵体上。凸轮轴上凸轮的数目与喷油泵的柱塞偶件数相同，各凸轮间的夹角与配套柴油机的气缸数有关，并与气缸工作顺序相适应。凸轮轴一般由曲轴定时齿轮驱动，四冲程柴油机喷油泵凸轮轴的转速是曲轴转速的一半，以实现在凸轮轴一转之内向各气缸供油一次。挺柱体部件安装在喷油泵体上的挺柱孔内。

柱塞在供油时产生的高压对凸轮的作用力最大，应力最高。在一定负荷下，与滚轮相接触的凸轮表面曲率半径越小，其产生接触应力越大。为了防止凸轮顶部小圆接触应力过大而产生早期损坏，一般要求柱塞供油结束点要落在小圆弧之前，并保证供油终点时柱塞的升程与最大速度时柱塞的升程之差 $S > 0.3\text{mm}$。

因此，在油泵的调试中，如果不能保证规定的供油起始角，而把起始角调整得过小，就有可能使供油终点落到凸轮小圆弧段上，这样不但影响柴油机的性能，而且还会使凸轮的寿命降低。

### 224. 柴油机燃油系统为什么要设置调速器？

当发动机在高转速运转时若因负荷减少使转速升高，喷油泵供油量增大，更促使发动机转速进一步升高，极易导致发动机超速而出现排气管冒黑烟、发动机过热等不良现象，严重时出现飞轮飞脱等机件损坏、伤人事故。

当发动机转速因负荷增加而低于最低稳定转速时，喷油泵供油量也减少，转速继续下降，发动机熄火。

### 225. 柴油机调速器有什么功用？

柴油机调速器是根据发动机负荷变化而自动调节供油量，从而保证发动机的转速稳定在很小的范围内变化的装置。

### 226. 根据构造柴油机调速器有哪些分类？

柴油机调速器按构造的不同可分为气动式、机械离心式、气力离心复合式、液压式、电子式等。

（1）气动式　气动式调速器利用柴油机进气管节气门附近压力的变化进行调速。此种调速器构造简单，作用灵敏，在各种转速下均参与调速，但其需在进气管道设置节气门，对柴油机的进气有一定的影响。

（2）机械离心式　机械离心式调速器利用飞锤的离心力进行调速，其构造复杂，调速性能较好，同时无须在柴油机的进气管道中设置节气门。

（3）气力离心复合式　气力离心复合式调速器利用柴油机进气管节气门附近压力的变化和调速器飞锤的离心力进行调速。

### 227. 根据调速器作用范围有哪些分类？

按调速器作用范围分类，调速器可分为两极式、全程式、最高转速式、复合式等。

❶ 两极式调速器仅维持怠速稳定和限制最高转速,而在怠速和最高转速之间的转速范围内不参与动作。喷油泵的燃油量由加速踏板直接控制。

❷ 全程式调速器除维持怠速稳定和限制最高转速外,在怠速和最高转速之间的所有转速下都参与油量控制,维持工作转速稳定。

❸ 最高转速式调速器仅限制最高转速。

❹ 复合式调速器既可作为两极式调速器,又可作为全程式调速器。

### 228. 什么是单极式调速器?

如图 2-50 所示,调速器轴由曲轴驱动旋转,其轴端的十字架上由铰链连接着两个飞锤,飞锤和调速器轴一起旋转产生的离心力,通过推力杆作用在滑杆的右端面上,有使滑杆推向左端的趋势;另外,调速器弹簧在安装时有预加的压缩力,压缩力作用在滑杆的左端面上,将滑杆推向右端,滑杆的左端通过杆件与喷油泵的调节齿条相连,齿条向右移,增加供油量;齿条向左移,减少供油量。

离心单极式调速器只能限制柴油机的一种转速,因而调速器弹簧的预加压力是固定的,而限制的转速取决于弹簧力的大小。如果调速器中安装有预紧力的调速弹簧,或者调速弹簧的弹力可以由驾驶员在工作中进行操纵,则调速器就可以使柴油机在最高和最低转速之间的任一转速下稳定运转。全程式调速器就是根据这个原理制成的。

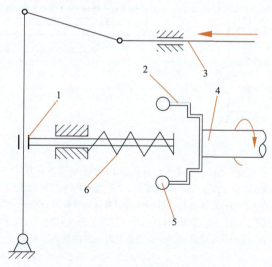

图 2-50 离心单极式调速器
1—滑杆;2—推力杆;3—喷油泵齿条;4—调速器轴;5—飞锤;6—调速弹簧

❶ 当外界负荷减少时,柴油机的转速升高,飞锤在离心力的作用下向外甩开,克服弹簧的压力,迫使飞锤推力杆推动滑杆向左移动,杠杆左摆,拉动油泵齿条向左,以减少供油量,使柴油机转速不能继续提高。

❷ 当外界负荷增大时,柴油机的转速降低,飞锤向里收拢,弹簧的作用力大于飞锤的离心力,滑杆向右移动,使杠杆右摆,拉动油泵齿条向右,以增加供油量。此时,柴油机转速上升,直到离心力和弹簧力再一次平衡,从而使柴油机保持在一定转速下工作。

### 229. 机械离心全程式调速器的结构是怎样的？

机械离心全程式调速器的结构形式很多，有与柱塞式喷油泵配套的，也有装在分配式喷油泵体内的，但原理基本相同。

机械离心全程式调速器的基本结构见图 2-51。

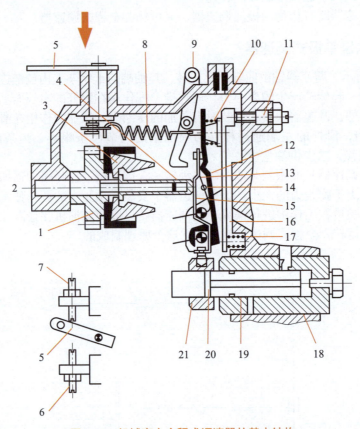

图 2-51 机械离心全程式调速器的基本结构

1—调速器传动齿轮；2—飞锤支架；3—飞锤；4—调速套筒；5—调速手柄；6—怠速调节螺钉；7—最高速限制螺钉；8—调速弹簧；9—停车手柄；10—怠速弹簧；11—最大供油量调节螺钉；12—张力杠杆；13—启动弹簧；14—张力杠杆挡销；15—启动杠杆；16—导杆；17—回位弹簧；18—柱塞套；19—分配柱塞；20—泄油孔；21—供油量调节套筒

机械离心全程式调速器在飞锤支架上装有 4 个飞锤，飞锤通过止推片推动调速套筒移动。张力杠杆、启动杠杆和导杆组成调速器杠杆系统。这 3 个杠杆通过销轴连在一起并可分别绕销轴摆动。导杆通过销轴固定在分配泵体上。启动杠杆的下端是球头销，嵌入供油量调节套筒的凹槽中。当启动杠杆摆动时，球头销将拨动供油量调节套筒，改变其与分配柱塞上的泄油孔的相对位置，从而改变分配柱塞的有效行程。张力杠杆上端通过怠速弹簧与调速弹簧连接，调速弹簧的另一端挂在调速手柄的销轴上。导杆的下端受回位弹簧的推压，使其上端靠在最大供油量调节螺钉上。

### 230. 两极式（RQ 型）调速器的结构是怎样的？

两极式（RQ 型）调速器示意图见图 2-52。RQ 调速器喷油泵的凸轮轴通过减振装置驱动调速器轴套，带有双臂杠杆的两飞锤支撑于调速器轴套的两侧。每个飞锤都有一组自己的弹簧组件。当飞锤在离心力作用下向外飞张时，双臂杠杆将飞锤的径向运动变成滑套的轴向运动。由于滑套安装在导向销上，所以其只能做直线运动。滑套将飞锤速度感应装置与齿杆连接起来，杠杆的底部与滑块连接。在杠杆的中部有一个滑动柱塞导向，滑动柱塞的运动直接由与负荷调节手柄同轴的曲柄控制。负荷调节手柄直接由手工或通过连杆由加速踏板控制。当负荷调节手柄位置改变时，滑动柱塞移动，调速杠杆绕滑块上的支点转动。当调速器起作用时，滑动柱塞变成了杠杆的转动支点。

滑动柱塞运动时，杠杆比可变，这样即使在低速范围内飞锤离心力较小的情况下，也有足够的作用力调节控制齿杆。

调速器的维修和喷油泵的维修都必须由专业人员在调试试验台上来完成。

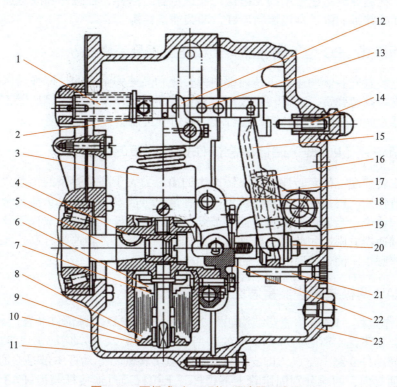

图2-52 两极式（RQ型）调速器示意图

1—控制杆；2—叉形连接杆；3—飞锤；4—键；5—凸轮轴；6—内弹簧座；7—内弹簧；8—中间弹簧；9—外弹簧；10—外弹簧座；11—调速器壳；12—停止杠杆；13—停止杠杆销；14—减振器弹簧总成；15—浮动杠杆；16—滑动块；17—滑动支承杠杆；18—角形杠杆；19—转矩校正器；20—移动销总成；21—导销；22—导套；23—调速器盖

### 231. 两极式（RQ型）调速器启动工况是怎样的？

启动柴油机时，加速踏板的位置在柴油机的说明书中有规定。在外界环境温度较低时，启动柴油机所需的油量可以通过将加速踏板踩到底来获得。通常，加速踏板在低速位置时的供油量足以启动已经暖机的柴油机，在此种情况下如将加速踏板踩到底反而会产生黑烟。

### 232. 两极式（RQ 型）调速器怠速工况是怎样的？

柴油机启动着车，放松加速踏板后，负荷调节手柄回到怠速位置。与此同时，调速器开始起作用，齿杆处于低怠速位置。在此工况下，喷油泵所供应的油量仅用于克服柴油机内部阻尼及驱动柴油机附属设备，柴油机处于某一稳定的怠速。

### 233. 两极式（RQ 型）调速器部分负荷工况是怎样的？

部分负荷工况（半负荷）是指柴油机处于空载和全负荷之间。驾驶员踩下加速踏板，油量加大，调速器飞锤向外甩开，这意味着调速器试图阻止柴油机转速升高。但当柴油机转速超过怠速少许时，飞锤已经抵靠内弹簧座。该弹簧座受到高速弹簧的作用，由于高速弹簧的预紧力很大，在调速器高速作用前飞锤保持在该位置。这样，在怠速和高怠速之间，调速器不起作用，加速踏板的位置直接控制齿杆，即柴油机转矩。

### 234. 两极式（RQ 型）调速器转矩校正工况是怎样的？

转矩校正装置安装于调速器飞锤内部内弹簧座和高速弹簧之间，即弹簧保持器内。该保持器的外部支撑高速弹簧，这样转矩校正装置在最高转速调节时参与调速器工作。内弹簧座和弹簧保持器之间的间隙代表转矩校正行程，该行程可用垫片进行调整。

### 235. 两极式（RQ 型）调速器高速作用工况是怎样的？

当柴油机转速超过额定转速后，飞锤产生的离心力大于高速弹簧的预紧力，调速器产生最高转速调节作用。根据加速踏板的位置，此种情况可能发生在部分负荷至全负荷之间的任意工况。换句话说，当调速器最高转速调节开始之后，齿杆位置不单取决于驾驶员的期望，同时也受到调速器的限制。此时，柴油机负荷如进一步减小，转速将升高，飞锤向外甩开使齿杆行程迅速减小，油量迅速减少，防止柴油机飞车。

### 236. RAD 两极式调速器是怎么工作的？

（1）工作过程　RAD 调速器结构如图 2-53 所示，RAD 飞锤部件装在凸轮轴 17 上，凸轮轴旋转时，在飞锤 1 离心力和弹簧力的作用下，滑动套 2、移动销 3 产生轴向位移，移动销的移动使导动杆 9 绕上支点（即支撑杆销为支点）转动，导动杆中部是空心轴套 8，连接轴 7 滑配在轴套内，两端分别固定着上下拉杆。上拉杆通过连接杆与齿杆 13 相连，下拉杆的下端装一个滑块 20，滑块可在拨叉 21 的下槽内滑动，当油门操纵杆 18 固定在某一位置时，导动杆的转动将通过上下拉杆等部件的运动使齿杆移动。压在支撑杆 12 内的拨叉销 6 装在拨叉 21 上槽内，拨叉除上下槽外中间还有一个孔，曲柄偏心轴 19 穿入孔内。当支撑杆移动时，拨叉销将带动拨叉，绕曲柄偏心轴旋转。支撑杆上部挂有调速弹簧 15，下部装有怠速及校正装置。调速弹簧的另一端挂在弹簧臂 14 上，调速螺钉 11 顶住弹簧臂 14，调整其位置，可改变调速弹簧预紧力。稳速装置 10 装在调速器后壳上，与齿杆为同一轴线，它有防止突然减速而引起熄火的作用。

（2）RAD 调速器控制齿杆行程种类

❶ 一种是怠速弹簧和高速弹簧作用下的自动控制。

❷ 另一种是在中速范围，通过油门操纵杆的人为控制。低速自动控制时支撑杆不动，高速自动控制时支撑杆移动并带动其他杠杆的变动。

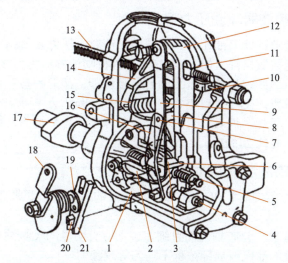

图 2-53 RAD 调速器结构

1—飞锤；2—滑动套；3—移动销；4—行程调节螺钉；5—怠速弹簧；6—拨叉销；7—连接轴；8—空心轴套；9—导动杆；10—稳速装置；11—调速螺钉；12—支撑杆；13—齿杆；14—弹簧臂；15—调速弹簧；16—拉杆；17—凸轮轴；18—油门操纵杆；19—曲柄偏心轴；20—滑块；21—拨叉

### 237. RFD 调速器是怎样工作的？

RFD 调速器是在 RAD 调速器的基础上发展起来的全速/两速调速器，既可作两速用，又可作全速用。

在工作时如作两速使用，将调速操纵手柄固定在全油门位置，通过怠速限位螺钉使调速操纵手柄紧靠高速限位螺钉，使调速弹簧预紧力最大，这时调速弹簧相当于 RAD 调速器中的高速弹簧，只有超过标定转速后才能克服高速弹簧预紧力而起作用。这时怠速限位螺钉只起顶紧并固定调速手柄作用，保证调速弹簧预紧力一直处于最大状态，无其他用途。怠速弹簧与 RAD 调速器一样，装在拉力杆下部，与校正弹簧串联，只对柴油机怠速时起控制作用。在整个宽阔的中速范围，由驾驶员直接操纵油门手柄进行控制，这与 RAD 调速器一样，操纵时是在无调速弹簧的作用下进行的，因此，操纵轻便省力，可以减轻驾驶员的疲劳。工程汽车行驶时，RFD 调速器具有与 RAD 调速器相同的附加杠杆比，可保证有较好的怠速稳定性。

在全速工作时，应将油门操纵手柄紧靠大油门挡钉并固定其位置，而后使怠速限位螺钉后退至调速手柄紧靠它时，正处于怠速位置后将其固定。这时相当于 RSV 调速器的油量调节螺钉固定在全油门位置，操纵调速手柄与 RSV 调速器一样，在不同的手柄位置时，调速弹簧倾角及拉伸量的改变使弹簧预紧力也相应变化，从而得到不同的调速器起作用转速。为获得全速调速的功能，用以进行工程作业，RFD 调速器采用了与 RSV 调速器相同的工作原理，但无 RSV 调速器那种可变调速率装置，工作时只要改变调速手柄位置就能起全程调速作用。

### 238. 怎么检验喷油器密封性？

❶ 拧动调整螺钉，使调压弹簧的压力略高于喷油器的起喷压力。

❷ 压动试验器手柄，测量油压升至 20MPa 再下降到 18MPa 所用的时间，应不少于 9~12s，表明针阀偶件密封性较好，否则，表明针阀偶件密封性变差。应注意这时的油管接头处不能有漏油现象。

❸ 喷孔周围若有油滴出现，则表明针阀锥面密封不良。

❹ 清洗后再进行试验，若仍达不到要求，应更换针阀和阀体。

### 239. 怎么检查喷油器喷油压力？

用手柄泵泵油检查喷油器喷油压力，当开始喷油时，压力表所指的数值即为喷油压力数值。压力应与原厂规定数值相符，如 CA6110A 柴油机喷油器压力为 22MPa。

如压力过高或过低，可拧松喷油器上端的锁紧螺母，然后拧动调整螺钉进行调整，以改变调压弹簧对顶杆的压力，使之达到正常的喷油压力。如压力不够，可旋入调整螺钉。如果压力过高，则旋出调整螺钉。调好后，应拧紧锁紧螺母。各缸喷油器的喷油压力数值应尽量调整一致，一般相差不超过 245kPa。

### 240. 怎么检验喷油器喷油质量？

喷油器在标准压力范围时，以 60～70 次/min 的速度压动试验器手柄，结果应符合下列要求。

❶ 喷出燃油应成雾状，分布均匀而且细密，不应有明显的飞溅油粒，没有肉眼可见的油流或油滴，不应有连续的油珠或局部浓稀不均匀等现象。

❷ 喷油开始和终了应明显，不应有滴油现象，喷油干脆并伴有清脆、连续的响声。

❸ 喷孔口不许有滴油现象，但允许有湿润。

### 241. 怎么就车检查喷油器？

就车检查喷油器从两个方面进行：一是就车检查喷油器开始压力；二是就车检查喷油器密封情况。

（1）就车检查喷油器开始压力

❶ 用压力校正计检查。将压力校正计安装在喷油泵上，先松开压力校正计转把，使喷油泵供油，逐渐拧紧转把，直到被检查的喷油器和压力校正计喷油嘴同时喷油为止。此时，压力校正计上的刻度读数就是被检查的喷油开始压力。

❷ 用一个三通管接头连接好。使喷油泵供油，观察比较两喷油器的喷油情况。

如果需要检验的喷油器的喷油压力低于标准喷油器时，必然是它喷油，而标准喷油器不喷油；如果需要检验的喷油器的压力高于标准喷油器时，必然是标准喷油器喷油而另一个不喷油。该喷油器的喷油压力过高或过低都应进行调整。调整待检验的喷油器的调压螺钉，改变喷油压力，使两个喷油器同时喷油，则表示两者喷油压力相同，从而得到了正确的调整。同时，还可观察两个喷油器所喷出的油束形状、角度大小、喷注雾化情况、喷射距离等以做比较，判断需要检验的喷油器工作情况。

采用此方法时使用的喷油器必须是同一形式才能用来比较。

（2）就车检查喷油器密封情况 检查喷油器密封的方法：拆下靠喷油泵一端的高压油管，插入盛有油的杯中，使柴油机空转，若油杯中有气泡冒出，说明针阀偶件不密封，如图 2-54 所示。

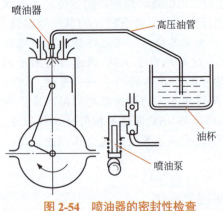

图 2-54　喷油器的密封性检查

### 242. 分配式喷油泵是怎样的？

分配式喷油泵的全称是机械控制轴向柱塞转子式分配泵，简称分配泵，又叫 VE 泵。装用分配泵的柴油机各缸共用一套高压柱塞偶件，采用柱塞往复运动供油，柱塞旋转运动配油。因此，不需要进行各缸供油量均匀性和供油间隔角的调整，便于维修。

### 243. PT 喷油泵供油系统是怎样的？

PT 喷油泵供油系统是康明斯柴油机公司研发并首次使用的，由于系统的调节要素是压力（Pressure）和时间（Time），故称为 PT 喷油泵供油系统。

该系统应用在康明斯 N、K 系列及其他型号的柴油机上。红岩 CQ30290 汽车装用的康明斯 NT855 型柴油机，柴油供给系统采用 PT 喷油泵。使用 PT 喷油泵的康明斯柴油机喷油压力高、排气烟色好，在重型工程车辆上应用相当广泛。

PT 喷油泵供油系统与一般柴油机的柴油供给系统相比，在组成、结构及工作原理上有很大不同。PT 喷油泵柴油供给系统的工作特点，是以压力和时间变化来调节供油量，以满足柴油机各工况的要求。

### 244. 增压补偿器有什么作用？结构是怎样的？

（1）作用

❶ 增压柴油机装有增压补偿器，进气压力升高时，能自动加大有效行程，使供油量得到一定的补偿。当转速降低，涡轮增压柴油机达到低速时，进气压力、进气量急剧下降，如不迅速减油，会因油量过大而冒黑烟。

❷ 在低速时能自动减小有效行程，使油泵快速减油，所以补偿器又具有负校正的功能，实质上又是一种负校正装置。它能协调涡轮增压柴油机高、低速油量要求相差过大的矛盾，满足不同工况的要求。

（2）结构　增压补偿器结构示意图见图 2-55。

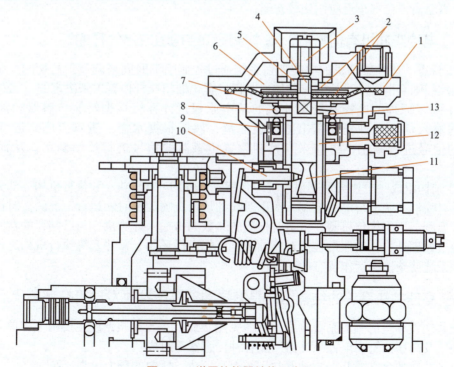

图 2-55　增压补偿器结构示意图

1—膜片；2—夹盘；3—调整螺钉；4—膜片螺钉；5—螺母；6—上腔；7—下腔；8—膜片弹簧；9—调整齿轮；10—传动销；11—膜片轴；12—轴套；13—调整垫片

膜片1是增压补偿器的感应元件，夹持在两块夹盘2中间，由螺母5紧固在膜片轴11上，并把整个增压补偿器分隔成上下两个空间，即上腔6和下腔7。其中，上腔与柴油机进气管相通，使膜片上部承受与进气相等的压力。顶部的调整螺钉3用以调整低速、小负荷时的供油量。下腔与大气相通，内有膜片弹簧8，弹簧力直接作用在膜气部件上。调整齿轮9既是弹簧下座，又能调节膜片弹簧的预紧力。膜片轴11由两部分组成，上部圆柱为导向部分，下部为偏心锥体部分。工作时膜片轴能在轴套12内上下移动，移动时由于传动销10与膜片轴的圆锥部分不同直径处接触，通过一组杠杆机构，可以改变工作中的动态供油量。当转动膜片轴时，由于偏心的影响，能改变静态的起始供油位置。

### 245. 油水分离器的作用是什么？

如果柴油中存在水和杂质，燃油系统的零件会因柴油内的水而腐蚀生锈，从柴油中除去水分对燃油系统无故障工作和延长使用寿命是相当重要的。在一些柴油机上，燃油箱和输油泵之间装设油水分离器。油水分离器的功用是滤掉柴油中部分杂质，除去柴油中的水分。油水分离器由手压膜片泵、液面传感器、浮子、壳体和盖等组成。

柴油经进油口进入分离器，并经出油口流出。柴油中的水分在分离器内从柴油中分离出来并沉积在壳体的底部，浮子随着积水的增多而上浮。当浮子达到规定的放水水位时，液面传感器将电路接通，仪表板上的警告灯发出放水信号，这时驾驶员应及时旋松放水塞放水。手压膜片泵供放水和排气时使用。

例如，解放系列柴油车用燃油粗滤清器就是一个起油水分离作用的滤清器。它是一个网式滤芯透明沉淀杯，连接在燃油箱和输油泵之间，可以滤去柴油中较大颗粒的杂质和起油水分离器的作用。该滤清器杯体透明，可以看清杯中的杂质和水分，便于保养更换。这种形式的油水分离滤清器在汽车上应用比较普遍。

### 246. 电控柴油机有何特点？基本原理和结构组成是怎样的？

（1）特点　该种柴油机的电控喷射系统通过控制喷油时间来调节出油量的大小，而柴油机喷油控制则是由发动机的转速和加速踏板位置（油门拉杆位置）来决定的。

（2）基本原理　电控系统柴油机的基本原理是计算机根据转速传感器和油门位置传感器的输入信号，首先计算出基本喷油量，然后根据水温、进气温度、进气压力等传感器的信号进行修正，再与来自控制位置传感器的信号进行反馈修正，从而确定最佳喷油量。

（3）结构组成　电控柴油喷射系统由传感器、ECU（计算机）和执行机构三部分组成。其任务是对喷油系统进行电子控制，实现对喷油量以及喷油定时随运行工况的实时控制。采用转速、温度、压力等传感器，将实时检测的参数同步输入计算机，与已储存的参数值进行比较，经过处理计算，按照最佳值对喷油泵、废气再循环阀、预热塞等执行机构进行控制，驱动喷油系统使柴油机运作状态达到最佳。

### 247. 高压共轨系统的结构组成是怎样的？高压共轨发动机有哪些优点？

高压共轨发动机的燃油系统构成示意图见图2-56。高压共轨系统主要由电控单元、高压油泵、油轨及高压油管、电控喷油器以及各种传感器等组成。

❶ 高压共轨的含义是几个喷油器共用一个高压轨，轨内的压力由高压泵建立。

❷ 在此喷油系统中，消除了传统供油系统中压力的产生与燃油喷射彼此间的相互影响，

喷油压力的产生不完全依赖于发动机转速与喷油量，燃油在压力下储存在高压油轨中随时准备喷油。

❸ 高压共轨电控柴油机的工作完全由 ECU 控制。ECU 根据当前发动机的转速、水温、大气压力及驾驶员要求油门位置等情况来确定发动机的运行工况。

❹ 由于高压共轨电控系统为发动机提供了理想的空气/燃油混合，因此更满足柴油机排放法规要求。与传统柴油机相比，它使得整车的噪声、驾乘舒适感受、动力性、排放等都得到大幅度的提高。

图 2-56　高压共轨发动机的燃油系统构成示意图

### 248. 高压共轨系统是怎样工作的？

燃油泵将燃油输入高压油泵，高压油泵将燃油加压送入高压油轨，高压油轨中的压力由电控单元根据油轨压力传感器测量的油轨压力以及需要进行调节，高压油轨内的燃油经过高压油管，根据机器的运行状态，由电控单元确定合适的喷油定时、喷油持续期，由电液控制的电子喷油器将燃油喷入气缸。

### 249. 高压共轨系统低压油路有什么作用？有哪些重要零部件？

低压油路为高压油路供给足够的油量，其中最重要的零部件有：油箱，低压回路的进、出油管，燃油滤清器，高压油泵中的输油泵，高压油泵的低压区。

### 250. 高压共轨系统高压油路有什么作用？有哪些重要零部件？

除了产生高压外，燃油分配和燃油计量也产生于高压部分。重要的零部件有：配有元件关闭阀和高压控制阀的高压油泵，油轨，油轨压力传感器，喷油器。

柴油发动机高压共轨系统组成见图 2-57。

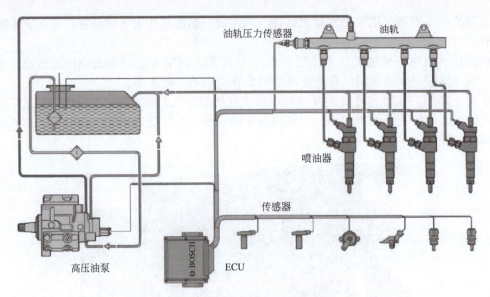

图 2-57 柴油发动机高压共轨系统组成

### 251. 高压油泵的结构组成是怎样的？是怎样工作的？

（1）组成　高压油泵集成低压齿轮式输油泵、三个带油泵柱塞的高压泵油组件和油量控制阀为一体。高压油泵见图 2-58。

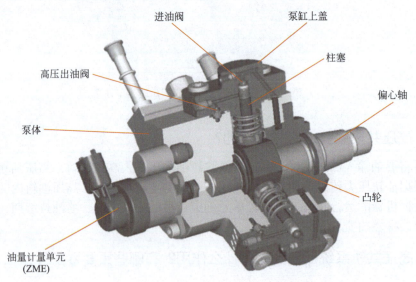

图 2-58 高压油泵

（2）工作原理　输油泵将燃油从油箱泵起，经过一个带有油水分离的滤清器，通过进油管进入高压泵。输油泵使燃油经泄压阀的节流孔，进入高压油泵的润滑和冷却回路。凸轮轴使三个泵的柱塞按照凸轮的外形上下运动。

❶ 供油油压超过泄压阀的开启压力，输油泵能使燃油经高压油泵进油阀进入柱塞腔，高压油泵的柱塞向下运动（吸油行程），当柱塞经过下止点时，进油阀关闭。这样，柱塞腔内

的燃油就不可能泄漏了，它将被以高于供油压力的油压压缩。油压的升高使出油阀打开。

❷ 达到共轨压力，被压缩的燃油进入高压循环（油路）。柱塞继续供给燃油，直至到达上止点（供油行程）后，压力减小，导致出油阀关闭，仍然在柱塞腔内的燃油压力也下降，柱塞（泵油塞）又向下运动。只要柱塞腔内的压力降至低于供油泵的供油压力时，进油阀又开启，泵油过程又开始。

### 252. 比例阀有什么重要作用？

高压油泵中有一个控制进入高压油轨油量的进油计量比例阀，见图 2-59。

进油计量比例阀（MPROP 或 ZME）与德尔福系统的燃油计量阀（IMV）作用相同。

进油计量比例阀安装在高压油泵的进油位置，用于调整燃油供给量和燃油压力值，而其调整要求受 ECU 控制。进油计量比例阀在控制线圈没有通电时是畅通的，可以提供最大流量的燃油。ECU 通过脉冲信号改变高压油泵进油截面积而增大或减小油量。

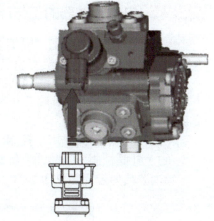

图 2-59　进油计量比例阀

### 253. 电控发动机油轨的结构是怎样的？

电控发动机油轨前端装有油轨压力传感器，油轨（图 2-60）上有一个管接头通过高压油管与高压油泵连接，四个管接头通过高压油管与喷油器连接。

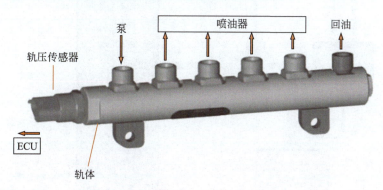

图 2-60　油轨

### 254. 电控喷油器的组成和工作过程是怎样的？

（1）组成　电控喷油器由孔式喷油嘴、液压伺服系统和电磁阀等一系列功能部件组成。

（2）工作过程　燃油来自高压油轨，经通道流向喷油嘴，同时经节流孔流向控制腔，控制腔与燃油回路相连，途经一个受电磁阀控制其开关的泄油孔。

泄油孔关闭时，作用于针阀控制活塞的液压力超过了它在喷油嘴针阀承压面的力，结果，针阀被迫进入阀座且将高压通道与燃烧室隔离和密封。当喷油器的电磁阀被触发时，泄油孔被打开，这引起控制腔的压力下降，结果，活塞上的液压力也随之下降，一旦液压力降至低于作用于喷油嘴针阀承压面上的力时，针阀被打开，燃油经喷孔喷入燃烧室。

这种对喷油嘴针阀的不直接控制采用了一套液压力放大系统，因为快速打开针阀所需的力不能直接由电磁阀产生，所谓的打开针阀所需的控制作用，是通过电磁阀打开泄油孔使得控制腔压力降低，从而打开针阀。

燃油还在针阀和控制柱塞处产生泄漏，控制和泄漏的燃油量，经连接回油管，会同高压泵和压力控制阀的回油流回油箱。

### 255. 电控喷油器的工作原理是怎样的？

（1）喷油器信号控制　喷油器根据 ECU 发出的信号，将共轨管中的加压燃油以最佳的喷射正时、喷射量、喷射率和喷射方式喷射到发动机燃烧室中。

如上柴发动机，使用双向阀（TWV）和量孔对喷射进行控制。TWV 对控制室中的压力进行控制，从而对喷射的开始和结束进行控制。量孔可通过限制喷嘴打开的速度来控制喷射率。

（2）控制活塞的作用　控制活塞通过将控制室压力传递到喷嘴针来将阀打开和关闭。

（3）针阀控制　当喷油嘴针阀打开时，喷油嘴将燃油雾化并进行喷射。

喷油器喷射示意图见图 2-61。

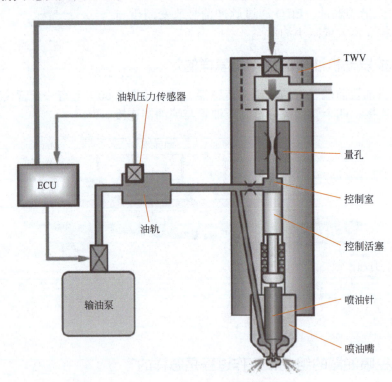

图 2-61　喷油器喷射示意图

### 256. 什么是无喷射（阶段）？

当 TWV 未通电时，它切断控制室的溢流通道，因此控制室中的燃油压力和施加到喷油针的燃油压力为同一油轨压力。从而，喷油嘴针阀由于控制活塞的承压面和喷嘴弹簧力之间的差别而关闭，燃油未喷射。

喷油器通过控制室中的燃油压力来控制喷射。TWV 通过对控制室中的燃油泄漏进行控制，从而对控制室的燃油压力进行控制。TWV 随喷油器类型的不同而改变。

### 257. 什么是喷射（阶段）？

当 TWV 通电开始时，TWV 阀被拉起，从而打开控制室的溢流通道。当溢流通道打开时，控制室中的燃油流出，压力下降。由于控制室中的压力下降，喷油针处的压力克服向下压的力，喷油针被向上推，喷射开始。当燃油从控制室泄漏时，流量受到量孔的限制，因此喷嘴逐渐打开。随着喷嘴打开，喷射率升高。随着电流被继续施加到 TWV，喷油针最终达到最大升程，从而实现最大喷射率。多余燃油通过回油的路径返回到燃油箱。

### 258. 什么是喷射结束（阶段）？

TWV 通电结束时，阀下降，从而关闭控制室的溢流通道。当溢流通道关闭时，控制室中的燃油压力立即返回油轨压力，喷嘴突然关闭，喷射结束（阶段）。

### 259. 喷油器驱动电路是怎样的？

为了改善喷油器的敏感度，将驱动电压变为高电压，从而加速电磁线圈磁化和 TWV 响应。ECU 中的 EDU 或充电电路将各自蓄电池电压提高到大约 100V，它通过 ECU 发出的驱动喷油器的信号而施加到喷油器上（图 2-62）。

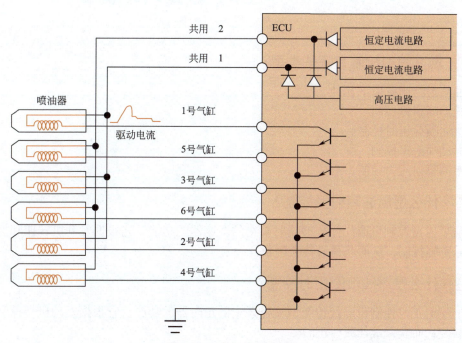

图 2-62　喷油器驱动电路

### 260. 电控柴油机燃油喷射是怎么控制的？

电控柴油机燃油喷射系统比传统型喷射泵上使用的机械式调速器或正时器能更好地控制燃油喷射量和喷射正时。发动机控制器根据位于发动机和车辆上的传感器发出的信号进行必要的计算。然后，ECU 控制施加到喷油器上电流的正时和持续时间，从而获得最佳喷射正时和喷射量。燃油喷射量控制示意图见图 2-63。

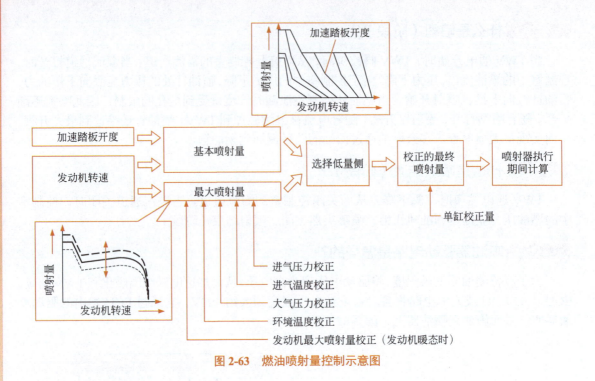

图 2-63 燃油喷射量控制示意图

### 261. 燃油喷射控制有哪些类型?

燃油喷射控制有以下几种。
❶ 燃油喷射量控制。
❷ 燃油喷射正时控制。
❸ 燃油喷射率控制。
❹ 燃油喷射压力控制。

### 262. 什么是燃油喷射量控制?

燃油喷射量控制可取代传统型喷射泵中的调速器的功能。它根据发动机转速和加速踏板开度信号实施控制,从而获得最佳喷射量。

### 263. 什么是燃油喷射正时控制?

燃油喷射正时控制可取代传统型喷射泵中的正时器的功能。它根据发动机转速和喷射量进行控制,从而获得最佳喷射正时。

### 264. 什么是燃油喷射率控制?

燃油喷射率控制用来控制一定单位时间内喷油器量孔喷射的燃油量的速度。

### 265. 什么是燃油喷射压力控制?

燃油喷射压力控制使用油轨压力传感器来测量燃油压力,并将数据提供给发动机控制器,从而实现对泵供油量的控制。

## 266. 喷射量是怎么计算的？

喷油量计算包括将以下两个值进行比较。
❶ 调速器模式下由加速器位置和发动机转速计算得出的基本喷射量。
❷ 通过向最大喷射量添加不同类型校正，由发动机转速得出的喷射量。
两个喷射量中较小的用作计算最终喷射量的基数。

## 267. 什么是基本喷油量？

基本喷油量由发动机转速和加速踏板开度决定。当发动机转速恒定时，如果加速踏板开度增加，则喷射量增加；加速踏板开度恒定时，如果发动机转速增加，则喷射量降低。

## 268. 什么是启动喷油量？

启动喷油量根据发动机启动时的基本喷射量和为起动机开关打开的时间、发动机转速和冷却液温度增加的校正来决定。如果冷却液温度低，则喷射量增加。当发动机完全启动时，启动喷油量模式被取消。

## 269. 什么是最高转速设定喷射量？

最高转速设定喷射量由发动机转速决定。限制喷射量，以便防止发动机转速过度增加（超速）。

## 270. 什么是最大喷射量？

最大喷射量根据发动机转速和为冷却液温度、燃油温度、进气温度、大气温度、进气压力、大气压力增加的校正所确定的基本喷射量来决定。

## 271. 如何校正基本喷油量？

校正基本喷油量见表 2-4。

表 2-4 校正基本喷油量

| 项目 | 说明 | 图示/示意图 |
|---|---|---|
| 发动机最大喷油量校正（发动机暖态时） | 当冷却液温度低时，不管是否在启动期间或正常工作期间，该校正将增加喷油量 | |
| 进气压力校正 | 当进气压力低时，最大喷油量得到限制，从而减少了黑烟的排放 | |

| 项目 | 说明 | 图示/示意图 |
|---|---|---|
| 大气压力校正 | 最大喷油量根据大气压力的不同而增加和降低。当大气压力高时,最大喷油量增加 | |
| 用于加速喷油量延迟校正 | 加速时,如果加速踏板开度有很大变化,则喷油量将延迟增加,以便防止黑烟排放 | |

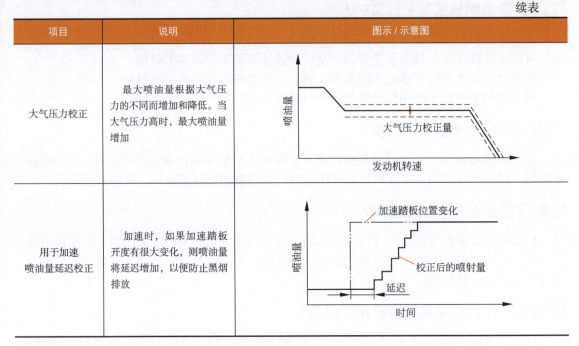

### 272. 什么是怠速控制?

柴油机怠速运转时,由于发电机、空调压缩机、动力转向油泵等装置的工作状态变化将引起发动机负荷的变化,从而导致发动机转速的变化,电子控制系统通过反馈信息(电负荷信号、空调请求信号、转速信号等)修正喷油量,把怠速控制在所设定的目标转速值上。

怠速控制下,燃油消耗大多随发动机效率及怠速而定。由于在拥挤的交通状况下,汽车的燃油消耗由其工况决定,很明显怠速应保持最小值。但是无论在什么工况下都必须设定怠速,这样转速在加载时不会下降太多,以致使发动机不停车,例如加载汽车电气系统时、当空调打开时、当挡位正在转换时或者当动力转向装置正在运转时。

为了达到所需的怠速,怠速控制器改变喷油量直至实际发动机速度与所需怠速相同。在这里,所需怠速和调速特性受特定挡位及发动机温度(冷却液温度传感器)的影响。另外除外部负载力矩外,内部摩擦力矩也必须考虑在内,并且通过怠速控制来补偿。这些变化很小并且在汽车使用寿命期间较稳定,同时与温度有紧密的联系。

### 273. 什么是平稳运转控制?

由于机械公差和老化会导致发动机气缸之间的扭矩出现偏差,这会使发动机在运行期间特别是怠速运行期间出现不平稳运转。平稳运转调速器可根据每次的燃烧计算转速变化,并进行相互比较。根据测量到的转速差别调节每个气缸的喷油量,使得每个气缸对发动机扭矩做出相同的贡献。平稳运转调速器在较低转速水平时才起作用。

在多缸柴油机工作时,即使喷油量控制指令值一致,但由于各缸力学性能的差异,从而引起发动机转速的波动。柴油机电子控制系统通过监控各缸在做功冲程中动力输出造成转速的变化,自动修正各缸喷油量指令控制值,降低发动机转速的波动,使发动机平稳运转。

### 274. 什么是巡航控制（汽车速度控制器）？

（1）开启巡航控制　巡航控制允许车辆以一个恒定车速被驱动。驾驶员可以通过操纵一个手柄或按压方向盘的按钮设定要求的车速，此时不需要驾驶员踏下加速踏板，ECU直接控制喷射的燃油量增加或减小直到达到希望的（设定的）速度。

（2）停止巡航控制　一旦松开加速踏板，巡航控制就会将速度调节回原来设定的速度。同样地，如果恒速装置关闭，驾驶员只需按复原键就可以再次选择最新设定速度。

### 275. 什么是主动喘振衰减？

突然的发动机扭矩变化激励车辆的驱动链，结果引起振动。这些振动被车辆驾驶员在加速时作为不满意的周期性变化感觉到，主动喘振衰减（AED）用于减小在加速过程中的这些变化。

急加速时，减缓传动扭矩输出，避免动力输出突然加大造成的振动及轮胎打滑。急减速时，引导功能用于避免燃油喷射的急剧减小，防止发动机转速突变造成的冲击。

### 276. 什么是海拔补偿？

随着海拔升高，大气压力下降，这样使得气缸被充填较少的空气，这意味着喷油量必须相应地减少，否则会有过量的碳烟生成。为了正确地修正高海拔地区的喷油量，ECU通过装在自身上的大气压力传感器测量大气压力的变化。根据这个测得的大气压力信号，ECU根据大气压力的变化因素对喷油量进行修正。大气压力对增压压力控制和扭矩限制也产生影响。

### 277. 什么是喷油器供油量补偿？

对喷油器供油量补偿（IMA）而言，在喷油器生产过程中，每一个喷油器大量的测量参数被监测，该数据以数据矩阵码（IQA码）的形式被粘贴或用激光刻制在喷油器上。对内嵌压电喷油器而言，升程响应的数据包括在这个矩阵码内。这个数据在车辆制造时被输入ECU，在发动机运行时这些值被用于补偿计量和开关响应的偏离。因小型车和轻型车对驾驶性及舒适性要求比较高，所以需要更精确地控制平衡的扭矩输出（即喷油量）和较低的噪声。博世公司的轻型车和小型车需要输入喷油器的IQA码到ECU，而重型车不用输入IQA码；但其他公司的轻型车和重型车都有要求输入IQA码的情况，这与喷油器的制造精度有关。

### 278. 什么是零供油量标定（ZFC）？

在车辆寿命周期内小的预喷射事件的可靠控制对于获得要求的舒适性（通过降低噪声）和尾气排放目标是极其重要的。零供油量标定是对于喷油器喷油量的漂移作一定形式的补偿。为了此目的，第二代、第三代共轨系统在低速条件下以非常少的燃油喷射量差异被喷射至某个缸，转速传感器监测由此产生作为发动机转速的微小的动态变化的扭矩升高。这个过程对于所有的缸在不同的工作点被重复监测，监测预喷射量的细小变化，并相应地修正对于所有的预喷射事件的喷油器触发时期。相关数据流：轨压标定点0的第 $N$ 缸ZFC加电时间修正量；轨压标定点1的第 $N$ 缸ZFC加电时间修正量。

### 279. 什么是发动机制动功能？

当汽车的发动机制动被应用时，喷射的燃油量被降为零或怠速喷油量，为了这个目的，ECU 拾取发动机制动开关位置信号。控制单元中具有节流阀自动控制功能，部分车型还设计了进排气门关闭功能。在一定车速，如果 ECU 收到制动信号，则控制可变凸轮机构把进排气门关闭，并停止喷油，使气缸成为一个空气压缩机的状态，增加发动机制动的效果。

### 280. 发动机 ECU 的重要策略有哪些？

❶ 喷油方式控制，每工作循环最多能够实现高达 4 次的喷射（目前国 3 柴油机每循环只用 2 次——预喷射及主喷射）。
❷ 喷油量控制，包括预喷油量自学习控制及减速断油控制。
❸ 喷油正时控制，包括主喷正时、预喷正时及正时补偿。
❹ 轨压控制，包括正常和快速轨压控制、轨压建立和超压保护、喷油泄压控制以及轨压（跛行回家）控制。
❺ 扭矩控制，包括瞬态扭矩控制、加速扭矩控制、低速扭矩补偿、最大扭矩控制、瞬态冒烟控制及增压器保护控制。
❻ 过热保护。当冷却液温度、机油温度、进气温度过高时，ECU 会进入过热保护功能，限制发动机功率。
❼ 各缸平衡控制。
❽ EGR 控制。
❾ 可变截面增压器 VGT 控制。
❿ 辅助启动控制（电动机和预热塞）。
⓫ 系统状态管理。
⓬ 电源管理。
⓭ 故障诊断。

### 281. 喷油器开始喷油时有哪些必要条件？

喷油器能够开始喷油，必须同时满足下列条件。
❶ 共轨压力超过最小设定值 [ > 200bar（1bar=$10^5$Pa），机型不同有所差异 ]。
❷ 同步信号正常。
a. 曲轴及凸轮轴位置传感器信号 ≥ 触发阈值（与空气间隙和转速有关）。
b. 相位正确。

### 282. 发动机启动时的判缸过程是怎样的？

发动机 ECU 根据电控柴油机曲轴位置传感器及凸轮轴位置传感器的信号，判断柴油机运行的角度相位（也称判缸）并计算柴油机转速。仅在判缸成功后，喷油器才能开始喷油。

（1）正常启动模式（曲轴及凸轮轴位置传感器均正常） 在启动过程中，曲轴信号与凸轮轴信号均正常时，ECU 结合曲轴位置传感器信号盘的缺齿信号与凸轮轴信号盘的多齿信号进行判缸。判缸过程迅速、可靠。

（2）后备模式 1 启动（仅有凸轮轴位置传感器） 启动过程中，若仅有凸轮轴位置传感器信号时，ECU 通过检测凸轮轴位置传感器的判缸齿（第一缸前的多余齿）信号，来确定当前柴油机的正确配气相位，从而可以按照正确的喷油时序喷射，启动过程所需的时间较长。

（3）后备模式 2 启动（仅有曲轴位置传感器） 启动过程中，若仅有曲轴位置传感器信号，当 ECU 检测到曲轴位置传感器的缺齿信号时，先假设柴油机此时处于第一缸压缩上止点前，然后按照此假定的角度相位，依做功顺序持续一定次数的燃油喷射，当发动机的转速超过一定的阈值时，可判定此相位正确，从而判缸成功；若没有转速升高的迹象，则重新假定一个相位（改变 360° 曲轴转角）喷油以判缸，启动过程所需的时间稍长。

## 283. 发动机启动时的喷油量控制是怎样的？

❶ 启动喷油量计算过程：启动喷油量 = 基本扭矩喷油量 + 补偿扭矩喷油量。
❷ 基本扭矩喷油量是柴油机转速与冷却水温度的函数，水温越低或转速越低，启动油量越大。

当水温传感器不良时，可能导致启动时下列故障现象：若水温高而传感器信号表现水温低时启动，由于喷油量过多，可能冒烟；若水温低而传感器信号表现水温高时启动，由于喷油量过少，可能启动困难。

❸ 补偿扭矩喷油量与车辆行驶所处的海拔有关，即进行高原补偿。
❹ 启动过程中，ECU 会逐渐增加喷油量，以促进柴油机顺利启动；为了迅速建立轨压，ECU 首先采用大脉宽的开环控制模式，等到轨压和转速达到某一设定值之后转为 PID 的闭环控制。

## 284. 什么是电控系统失效策略？

失效策略是指电控系统故障状态下的运行策略。它分为四级，一级为缺省值；二级为减扭矩；三级为跛行回家（Limp Home）；四级为停机。
当发动机处于以下几种情况时，控制策略将进入"跛行回家"状态。
❶ 曲轴传感器损坏或信号线路开路、短路。
❷ 凸轮相位传感器损坏或信号线路开路、短路。
❸ 共轨油压传感器损坏或信号线路开路、短路。
❹ 高压油泵燃油量计量阀损坏或驱动线路开路、短路。
❺ 电子油门传感器损坏或信号线路开路、短路。

## 285. 曲轴或凸轮轴位置传感器失效策略是怎样的？

（1）诊断依据 ECU 判断曲轴或凸轮轴传感器信号故障，如传感器损坏、信号线损坏（开路或短路）。
（2）ECU 处理措施
❶ 点亮故障灯。
❷ 产生故障码 P0008、P00016、P0340、P0341、P0335、P0336。
❸ 发动机依靠单传感器继续工作。
❹ 启动时间可能会较正常状况稍长。
❺ 油门感觉正常。
❻ 车辆运行没有明显影响，但油耗和排放可能会变差。

### 286. 共轨压力传感器失效策略是怎样的？

（1）诊断依据　ECU 判断轨压传感器信号失效、轨压传感器本身损坏、信号线损坏（开路或短路）。

（2）ECU 处理措施

❶ 点亮故障灯，产生故障码 P0193、P0192。

❷ 控制器将加大高压泵的供油量。

❸ 燃油压力超高、限压阀被冲开。

❹ 实际轨压维持在 700～760bar（1bar=$10^5$Pa）范围内（诊断仪读数 720bar 左右）。

❺ 限制发动机转速（小于 1700r/min 左右，通过控制喷油量实现），在限制范围内，油门仍然起作用。

❻ 关闭点火开关后，燃油压力泄放阀关闭，恢复正常。

❼ 如发动机启动过程中已进入此策略，仍能启动且没有明显感觉。

### 287. 进油计量阀驱动失效策略是怎样的？

（1）诊断依据　ECU 判断进油计量阀驱动失效，如进油计量阀损坏、驱动线路的开路及短路等引起。

（2）ECU 处理措施

❶ 点亮故障灯。

❷ 产生故障码 P0251、P0252、P0253、P0254、P025C、P025D。

❸ 燃油压力超高、泄压阀被冲开。

❹ 诊断仪显示轨压在 700～760bar 范围，随转速升高而增大。

❺ 限制发动机转速（1700r/min 左右，通过控制喷油量实现），在限制范围内，油门仍然起作用。

❻ 关闭点火开关后，燃油压力泄放阀关闭，恢复正常。

❼ 如发动机启动过程已进入此策略，仍能启动且没有明显感觉。

### 288. 电子油门失效策略是怎样的？

（1）诊断依据　ECU 判断电子油门信号错误；油门接插件脱落；两路油门信号中任一路出现故障；两路油门信号不一致；油门开度与制动踏板逻辑关系错误。

（2）ECU 处理措施

❶ 点亮故障灯。

❷ 产生故障码 P0123、P0122、P2135、P0222、P0223、P2299。

❸ 油门失效，发动机启动后（及随后的运行过程），维持转速（1100r/min 左右）。

### 289. 水温传感器失效策略是怎样的？

（1）诊断依据　ECU 判断水温信号错误，如水温传感器损坏、水温传感器信号线损坏（开路或短路）。

（2）ECU 处理措施

❶ 点亮故障灯。

❷ 产生故障码 P0116、P0117、P0118。

❸ 发动机采用缺省水温 90℃，外特性油量会减小 40%（依据不同机型略有区别），转

速限制在 1700r/min 左右，在限制转速范围内，油门仍然起作用。

### 290. 减扭矩失效策略是怎样的？

（1）诊断依据
❶ 环境空气压力传感器损坏或信号线路开路、短路。
❷ 增压压力/温度传感器损坏或信号线路开路、短路。
❸ 轨压传感器信号漂移。
❹ 油轨压力闭环控制故障。
❺ 传感器参考电压故障。

（2）ECU 处理措施
❶ 点亮故障灯，产生相应故障码。
❷ 在限制范围内，油门仍然起作用。
❸ 外特性油量会减小到一个固定百分比（目前标定值 ×80%），转速限制在 1700r/min 左右。

### 291. 停机保护失效策略是怎样的？

（1）诊断依据　ECU 判断出现下述故障。
❶ 控制器模数转换功能错误。
❷ 油轨压力持续超高［例如持续 2s 超过 600bar（$1bar=10^5Pa$）］。

（2）ECU 处理措施
❶ 点亮故障灯。
❷ 产生相关故障码。
❸ 发动机停机。
❹ 故障状态下无法再次启动。

### 292. 怠速控制策略是怎样的？

❶ 计算目标怠速，进行闭环控制以满足目标怠速。
❷ 影响目标怠速的因素如下。
a. 冷却水温。
b. 蓄电池电压。
c. 空调应用情况。
d. 车速的快慢（车辆起步的时候提升 50r/min，各挡怠速可能不同）。
❸ 影响怠速闭环参数的影响因素如下。
a. 冷却水温。
b. 负荷的大小。
c. 挡位信号。
d. 刹车信号（点动刹车）。

### 293. 冒烟限制控制是怎样的？

（1）冒烟限制的目的　对于增压中冷柴油机，由于增压器的迟滞效应或者进气系统存在故障和泄漏的情况下，在柴油机加速过程中易引起进气量不足，空燃比下降，燃油不能完全燃烧，从而产生冒黑烟的现象。因此，必须根据实际的进气量来对柴油机的喷油量进行限制，以满足空燃比的要求，从而防止在瞬态加速过程中冒黑烟。

（2）冒烟限制控制策略　限制最大喷油量。

（3）冒烟限制的油量计算　冒烟限制油量 = 实际进气量 ÷（基本空燃比 + 校正空燃比）÷14.5。

### 294. 柴油机传感器有哪些类型？

不同的发动机机型在传感器类型、规格型号和数量上会有所不同，但其结构原理及测试方法则是相同的。

电控柴油发动机通常使用的传感器有机油压力和温度传感器、进气温度和压力传感器、冷却液温度传感器、燃油压力和温度传感器、发动机转速传感器、发动机位置传感器、大气压力传感器等。这些传感器又可归类为温度传感器、压力传感器和速度位置传感器 3 类。

### 295. 柴油机二线式热敏式温度传感器的工作原理是怎样的？

电控柴油发动机上使用的温度传感器为二线式热敏式温度传感器。随着温度的升高，热敏电阻的阻值降低，正常情况下阻值在 500Ω ～ 40kΩ 之间变化，从而使信号电压降低。根据温度传感器的工作原理，可以用检查热敏电阻阻值的方法检查温度传感器，通过对比实际测量所得的电阻值和参数表中的电阻值，来判断温度传感器的工作情况。柴油机温度传感器工作原理示意图见图 2-64。

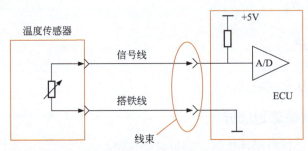

图 2-64　柴油机温度传感器工作原理示意图

### 296. 怎样检测柴油机温度传感器？

❶ 先把传感器从线路中断开（即拔下接线插头）。

❷ 用万用表测量传感器当前温度下的电阻值，这样把测得的电阻值与各发动机厂所给出的技术参数规范相比较，即可判断该温度传感器是否工作正常。

### 297. 轨道压力传感器起什么作用？

根据轨道内的燃油压力转换成电信号传递给 ECU，ECU 根据轨压控制进油油量阀的动作。

（1）轨道压力传感器结构　轨道压力传感器由如下部件构成。

❶ 焊接到压力装置上的集成传感元件。

❷ 具有电子求值电路的印制电路板（PCB）。

（2）轨道压力传感器工作过程　燃油经过共轨上的一个孔流到轨道压力传感器

（图2-65）内，在孔的端部由一个传感器皮膜密封。处在高压下的燃油通过一个盲孔抵达传感器皮膜。在这个皮膜上布置着传感器元件（半导体组件），由这个元件将压力转换成电信号。通过导线将产生的这个信号传送到求值电路，它将信号放大后输送到ECU。

安装在皮膜上的金属层随着形状的变化，其电阻也会相应发生变化。通过已建立的系统压力而产生的这种形状变化（1500bar压力下约为1mm，1bar=$10^5$Pa）会使电阻发生变化，并引起电阻元件组成的5V电桥两端的电压发生变化。该电压变化范围在0～70mV之间（取决于施加的压力），并由求值电路放大到0.5～4.5V。

图 2-65　轨道压力传感器

### 298. 油水分离器位置传感器起什么作用？

油水分离器位置传感器用于检测燃油滤清器内的含水量，当含水量达到一定程度时ECU将控制发动机工作。油水分离器位置传感器（图2-66）安装在燃油滤清器的底部。

图 2-66　油水分离器位置传感器

油水分离器位置传感器的主要作用就是将燃油中的水分和油分离，保证燃油燃烧的质量。当燃油经过油水分离器的时候，燃油中的油分和水分分离，由于水的密度大于油的密度，水就储存到滤芯下的"储水槽"中。燃油滤清下水位传感器检测"储水槽"中的水量，当水积到一定程度时，仪表板上的警告灯将被点亮，提示排水。如果没有及时排水，将有可能设置故障码。

### 299. 压电直接控制式喷油器有什么特点？

博世（Bosch）第三代共轨喷油系统中采用压电直接控制式喷油器，用压电执行元件直接控制喷油嘴针阀动作。

❶ 省掉了球阀和控制柱塞。
❷ 喷油嘴针阀能直接响应压电执行器的动作。
❸ 喷油嘴针阀的开闭速度更快,可以使两次喷油之间的间隔时间更短,提高控制柔性。
❹ 喷油量的控制精度更高。

### 300. 高压共轨柴油发动机的 SCR 系统的作用是什么?

SCR 系统的作用是去除柴油发动机排气中的 $NO_x$。系统采用尿素作还原剂(又名添蓝),在选择性催化剂的还原作用下,$NO_x$ 被还原成氮气和水。

SCR 系统包括:尿素水溶液储罐、输送装置、计量装置、喷射装置、催化器以及温度和排气传感器等。

### 301. 使用高压共轨柴油发动机的 SCR 系统时要注意哪些事项?

❶ SCR 系统是一个自动控制系统,当车辆的钥匙开关处于 ON 挡时,车辆电压正常,相关管路连接正确。系统将在控制器的指挥下自动排空、自动化冰、自动喷射等,不需人为干预。SCR 系统基本免维护,只要加注符合标准要求的尿素,系统内部便终身免维护。需要做的就是保持系统外表干净,电器接头干燥即可。

❷ 避免尿素储存罐中尿素溶液液位低于最低液位,因为喷嘴需要使用尿素溶液来冷却,所以储存罐中的尿素溶液过少的话会使喷嘴冷却不足,从而导致喷嘴损坏。

❸ SCR 系统在发动机停机后,计量喷射系统要抽干管道中的残液,以防结晶堵塞,所以点火开关关闭 1min 后再断开蓄电池总开关。

❹ SCR 系统的故障暂时不影响发动机的正常工作,但故障持续时间不能过长。因为 SCR 系统不正常工作或停止运行时,车辆排放将不能达到标准而污染环境。如果故障持续时间过长,电控系统将降低发动机的功率。SCR 系统出现故障时,SCR 故障指示灯会点亮。

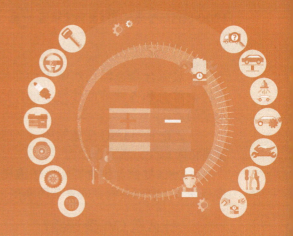

# 第三章

# 自动变速器维修

## 第一节 维修知识与通识技能

### 1. 什么是 AMT 变速器？

AMT 是英文 Automated Mechanical Transmission 的缩写，中文译为自动机械式变速器，即电控机械式自动变速器。AMT 变速器是在传统的手动齿轮式变速器基础上改进而来的，它是糅合了 AT 和 MT 两者优点的机电液一体化自动变速器。它将手动变速器的离合器分离及换挡拨叉等靠人力操纵的部件实现了自动操纵，即通过电动或液压动力实现。驾驶员操作起来和自动变速器是一样的，这样就实现了手动变速器的自动化。

AMT 变速器电控系统组成如下。

❶ 执行机构，包括电动机（步进电动机和直流电动机）、电磁阀（普通电磁阀和高速电磁阀）、液压缸（离合器动缸和选、换挡油缸）等。

❷ 传感器，包括速度传感器（发动机转速传感器、输入轴转速传感器、车速传感器）、油门开度传感器、挡位传感器等。

❸ 电控单元（ECU）。

### 2. 什么是 DCT 变速器？

DCT 变速器（Double Clutch Gearbox）即双离合变速器，在大众车系中也称直接换挡自动变速器（DSG）。

DSG 可以形象地设想为将两台变速器的功能合二为一，并建立在单一的系统内。DSG 内含两台自动控制的离合器，由电子控制及液压推动，能同时控制两组离合器的运作。当变速器运作时，一组齿轮啮合，而接近换挡之时，下一组挡段的齿轮已被预选，但离合器仍处于分离状态；当换挡时一个离合器将使用中的齿轮分离，同时另一个离合器啮合已被预选的齿轮，在整个换挡期间能确保最少有一组齿轮在输出动力，令动力不出现间断的状况。

❶ 双离合变速器仍然像手动变速器一样是由众多齿轮、同步器、液压控制单元、电子控制单元和各轴等部件组成的，速比变化靠计算机控制来实现，而且各挡速比是固定不变的。

❷ 无论 6 挡 DSG 变速器还是 7 挡 DSG 变速器，它们的基本原理是一致的，简单地说，就是将两套变速系统合二为一。

❸ DSG 变速器包含智能电子液压换挡控制系统、双离合器、双输入轴和三个驱动轴等核心环节，它们共同完成复杂的换挡过程。

### 3. 什么是 CVT 变速器？

无级自动（CVT）变速器是一种采用主动与从动带轮以及钢带的电控自动变速器，它具有无级前进挡变速和二级倒挡变速功能，装置总成与发动机直列布置。

无级自动变速器只需两组变速滑轮就能现实无数个前进挡位的速比变化，允许其在最大速比点到最小速比点之间做无级调节，它的速比变速是连续性的，不是固定不变的，只有倒挡的传动比是固定不变的。

CVT 变速器采用传动带和工作直径可变的主、从动轮相配合传递动力。没有传统变速器换挡时那种"停顿"的感觉，从而得到传动系统与发动机工况的最佳匹配。

奥迪 01J 无级变速器组成如图 3-1 所示。

为消除发动机与变速器之间的摩擦损耗，发动机与 CVT 变速器之间以飞轮减振装置代替一般液力自动变速器的液力变矩器，其动力输出采用行星齿轮系统及两组湿式可变压力油冷式离合器，压力可随发动机输出转矩大小而改变。可变压力油冷式离合器具有软连接的功能，能满足车辆起步、停车和换挡的需要。

当前进挡离合器结合时，行星齿轮系统太阳轮的钢片与行星架的摩擦片结合成一体，与发动机同步，由行星架将动力输出至辅助减速机构。

当倒车挡离合器结合时，齿圈的摩擦片与变速器壳体的钢片结合，齿圈被固定，太阳轮将动力传递给行星架。

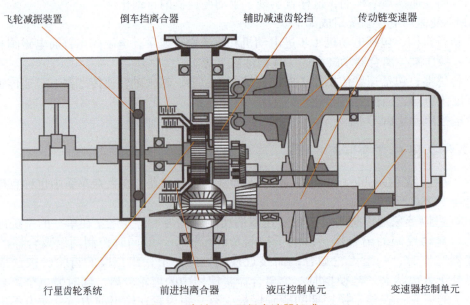

图 3-1 奥迪 01J 无级变速器组成

## 4. 什么是 AT 变速器？

电子液压式多挡位自动（AT）变速器是目前应用很广泛、技术成熟的自动变速器。按照控制方式的不同，液力自动变速器可以分为液控液力自动变速器和电控液力自动变速器，目前轿车上都采用电控液力自动变速器。

AT 变速器由复杂的行星齿轮组和诸多的换挡执行元件组成，自动变速器虽然速比变化是自动实现的，但各挡速比是固定不变的。

（1）自动变速器组成

❶ 动力传递系统：动力传递系统（液力变矩器）起到连接发动机与自动变速器的作用。

❷ 齿轮变速系统：齿轮变速系统（行星齿轮机构）主要用来改变汽车的行驶速度和行驶方向。

❸ 液压控制系统：液压控制系统则是把油泵输出的压力油调节出不同的压力并输送至不同的部位以达到不同的液压控制目的。

❹ 电子控制系统：电子控制系统通过监控汽车的整体运行工况实现自动变速器不同功能的控制。

❺ 冷却控制系统：冷却控制系统可使自动变速器始终保持在一个合理的工作温度。

（2）自动变速器控制

❶ 电子控制自动变速器是通过各种传感器和开关，将发动机转速、节气门开度、车速、发动机冷却液温度、自动变速器油温度等参数转变为电信号并传递给控制单元。

❷ 控制单元根据这些信号，按照设定好的换挡规律、锁止规律及其他控制规律等，向换挡电磁阀、TCC 电磁阀、油压电磁阀等发出电子指令信号。

❸ 换挡电磁阀、TCC 电磁阀、油压电磁阀再将控制单元的电子控制指令信号转变为液压控制信号，液压控制阀体中的各个控制阀根据这些液压控制信号，控制换挡执行机构、闭锁离合器执行机构的动作，从而实现自动换挡、自动闭锁和自动油压调节控制。

## 5. 自动变速器驻车制动装置的结构和作用是怎样的？如何操作？

（1）结构　驻车制动装置用于固定停泊的车辆，使车轮不再滚动行驶，是通过变速杆拉索、换挡轴、带销子的连杆机构和压缩弹簧的机械操作机构实现的。驻车制动轮与中间轴的从动轮连成一体，它同时也是变速器输出转速传感器 G195 的传感器轮。

（2）作用

❶ 锁止棘爪与驻车制动轮的齿结合，以便锁住主减速器。当车轮要调整，其轴部分抬高时，采用驻车制动，可防止局部抬高的前轴旋转。

❷ 当在陡峭的斜坡上停车时，变速杆换到 P 位之前，必须先拉起驻车制动，以保护变速杆拉索，并使变速杆易于操作。

（3）重要操作事项　锁止棘爪和驻车制动轮之间有张力，开始驾驶车辆以前，变速杆必须首先离合 P 位，然后松开驻车制动。

## 6. 液压控制阀体的作用是什么？包括哪些组件？

除了控制换挡元件之外，液压控制阀体还控制变矩器锁止离合器和自动变速器油（ATF）压力，例如主油压、控制油压、变矩器油压、润滑油压。

液压控制阀体包含以下组成元件。

❶ 机械操作的手动阀。

❷ 液压控制电磁阀。
❸ 六个电控压力控制阀。
❹ 变速器油温传感器 G93。

### 7. 电磁阀供油限压阀的作用是什么？故障影响是怎样的？

（1）作用　电磁阀供油限压阀的主要作用是对来自主调压阀的主油压进行调控，利用此受调制的油压控制电磁阀供油。在每个电磁阀控制的自动变速器内都有类似功能的滑阀，只是名称不同。该滑阀在通用系列产品中被称为 AFL 阀，而在如大众 01M/01N 变速器中被称为电磁阀调节阀。

（2）故障影响　AFL 阀的运动频率较高，在一定里程数后由于偏磨和润滑的问题，阀孔往往磨损导致漏油，使电磁阀不能正常工作。

### 8. 电磁阀供油限压阀容易出现哪些问题？

AFL 阀将调制主油压送到 EPC 油压电磁阀和 1～2 挡、3～4 挡信号油路中。在 4T65-E 中，当 AFL 阀孔出现磨损时，扭矩信号压会降低，或者 1～2 挡、3～4 挡换挡电磁阀和换挡信号油压会降低，并产生 1811 故障码、换挡时间过长、TCC 锁止打滑以及错误的挡位启动等问题。AFL 阀孔的磨损还会使 EPC 控制变差，导致主油压过高和 TCC 锁止活塞损坏，到一定时间就会使变扭器报废。

### 9. 大众车型 01M/01N 阀体中的电磁阀调节阀有什么作用？

大众车型 01M/01N 阀体中的电磁阀调节阀起着和 AFL 阀类似的作用。但在大众车型的阀体内，这个阀还有两个作用。

❶ 它控制着所有电磁阀的供油，如果该阀孔发生严重磨损而导致漏油，电磁阀的供油压力就会降低，还会影响到其他一些控制换挡时间的阀，从而产生一系列的换挡问题。

❷ 电磁阀调节阀对主油压的调节也起到一定作用。它控制的电磁阀调节信号直接作用在主调压阀上，如果电磁阀调节阀的孔出现漏油，增压信号和主油压会从这里泄漏，引起基线平衡油压的降低。此阀一般不会磨损，但是它的阀孔经常被磨损。

### 10. 主调压阀（阀体内部）有什么作用？

调节主油路的压力和变扭器及润滑油路的供油。

自动变速器内的基准油路压力是由主调压阀控制的。它的一端是一个弹簧，而另一端则与平衡油路相连，主调压阀的位置就是由弹簧力和平衡油路压力来平衡的。在弹簧的另一端是增压阀，增压阀受到 EPC 压力以及倒挡油路压力的作用，将增大的压力作用在弹簧上，从而推动及调节主调压阀的位置，以达到调节压力的作用。

当主油压阀处于正常的平衡位置时，弹簧力和主油压相平衡，油从油泵进入主调压阀，一部分用来供给变扭器和润滑油路，多余的油则从泄油孔排出，重新回到油泵。一旦由于某种操作而导致主油压突然下降，这时主调压阀就会被弹簧推动往右移动，主调压阀进入非平衡位置。变扭器/润滑油路这时被切断，泄油孔也会被主调压阀堵上，由于油泵的运转，主油压很快回升，于是主油压又将主调压阀朝弹簧方向顶回它的平衡位置。这样主调压阀就完成了主油压的调节工作，同时变扭器/润滑油路和泄油孔又重新打开；反之，如果主油压突然增大，主调压阀就会被推向弹簧一端，同时变扭器/润滑油路和泄油孔会打开得更大，更多的油被排出，以使主油压降低，这时主调压阀会重新回到其平衡位置。

主调压阀首先满足调压的功能，只有在调压功能满足后才开始对变扭器/润滑油路正常供油。

### 11. 增压阀的作用是什么？

阀体中主调压阀通过位置的变化来控制主油压，但是真正指导主调压阀运动进行油压调节的是增压阀。一般来说，增压阀都是和主调压阀处于同一阀孔中，并且由弹簧进行连接。增压阀与弹簧一起对主调压阀施加压力。

增压阀在压力调节上具有很重要的作用，它推动主调压阀进行主油压调节。如果增压阀运行不正常，主调压阀就不能及时对主油压进行调节，从而出现很多与主油压有关的故障。增压阀更多的和换挡故障有关系，比如倒挡冲击、换挡疲软、前进挡增压不足等，如果在每一个挡位上都发现有问题，那就需要查看一下这个增压阀。此外，在变扭器的锁止控制上，锁止油压是经调制的主油压，所以这个增压阀也会影响变扭器的锁止油压，导致 TCC 的打滑问题和变扭器锁止活塞的受损。

### 12. 扭矩信号阀有什么作用？影响因素有哪些？

（1）作用　扭矩信号阀位于 EPC 电磁阀的旁边，直接受这个电磁阀的控制。主油压经过扭矩信号阀的调节后就变成了扭矩信号压，扭矩信号压影响着换挡和锁止两个油路。

（2）影响扭矩信号阀的因素

❶ 主油压。

❷ 压力控制电磁阀。

❸ 扭矩信号阀。

（3）故障影响　扭矩信号压不足会导致主油压增压和蓄压器油压不足，使换挡时间延长，引起换挡疲软、离合器打滑等问题。同时，由于主油路增压还影响到 TCC 油路，因此扭矩信号压不正常还会导致 TCC 打滑，产生 P1811、P0741、P0742 等锁止故障码，并且伴有主油压不稳、发动机颤抖或锁止打滑等故障现象。

### 13. 换挡控制策略包括哪些方面？

为体现换挡时的响应速度、换挡舒适程度、安全性能以及更趋于人性化的控制等，电子控制系统从多个角度来改变其换挡策略。

换挡策略主要体现在自动变速器控制软件上。控制软件是自动变速器电子控制单元组成整个控制功能的核心，它在产品开发周期、产品控制的先进性、灵活性等方面都具有举足轻重的作用。控制软件一般包括信号输入的处理程序、换挡执行元件的控制程序、通信以及信息输出处理程序等模块。另外控制软件中一般还包括重要的控制参数表，控制参数表随换挡控制策略的不同而不同，有些则是作为系统监测用的。

计算机可识别不同类型人群的驾驶习惯来完成其最佳时刻的换挡过程，最重要的还在于"特殊行驶情况"的换挡控制策略方面。

### 14. 市区行驶换挡策略是什么？

主要考虑燃油经济性和换挡舒适性。由于城市道路交通拥挤，因此汽车只需发出很低的行驶功率，减少低速范围内的换挡次数以改善行驶舒适性并降低油耗。

### 15. 上坡路行驶换挡策略是什么?

主要考虑发动机的输出。提高低挡使用范围、避免使用高挡,在一般坡度下不会进入超速挡。当坡度较大时禁止使用直接挡,同时通过增大延迟换挡时间来避免频繁的换挡循环,目的是使发动机在较高转速下有较大功率用来克服坡路带来的阻力。

### 16. 下坡路行驶换挡策略是什么?

主要考虑安全性。下坡松油门行驶时,为了提高发动机的制动效果而禁止升挡,如果施加制动还会降挡。降挡时应注意不能使发动机超速,因此降挡应在发动机转速小于一定数值时进行。当驾驶员再次加大油门时终止此控制。

### 17. 弯路行驶换挡策略是什么?

主要考虑安全性。向心加速度超过一定数值时禁止升挡控制,向心加速度特别大时禁止降挡。

### 18. 冰雪路面行驶换挡策略是什么?

主要考虑安全和变速器使用性能。一般情况下自动变速器会以二挡起步来限制过大驱动转矩。通过提前升挡、延迟降挡来降低驱动转矩,同时禁止连续降挡,避免过大的转矩跳跃,增大换挡延迟来减少换挡次数。

### 19. 高原地区行驶换挡策略是什么?

主要考虑发动机输出。海拔高,空气稀薄,进气压力低,发动机转矩下降,此时通过改变换挡曲线(换挡车速高)的方式来维持发动机的转矩。

### 20. 换挡点力矩平衡(重叠换挡)控制策略是什么?

主要考虑动力中断情况。重叠换挡的目的是为了避免变速器打滑。力矩平衡方面,为避免重叠带来的干涉,升、降挡期间通过发动机来平衡力矩的输出。

### 21. 减扭矩控制策略是什么?

主要考虑换挡舒适性。为改善换挡品质,通过改变发动机输出力矩来维持换挡过渡的平顺性。

### 22. 后坐力控制(N-D 缓冲控制)策略是什么?

主要考虑挂挡舒适性。为改善挂挡接合感觉,防止后坐力过大,电脑通过改变不同挡位传动比来减小后坐力。

### 23. 停车回空挡控制策略是什么?

主要考虑发动机的燃油经济性。为降低发动机负荷,改善燃油经济性,同时考虑变速器的动力损失而采取的相关措施。

### 24. 自动变速器过热保护控制策略是什么?

主要考虑变速器的温度。当锁止离合器 TCC 完全接合后,变速器温度仍不能降低到其限制范围,变速器控制模块 TCM 便采取不换挡、限制发动机输出力矩或不能行驶的措施来保护变速器。

### 25. 直接换挡控制策略是什么？

主要考虑换挡响应速度和换挡舒适性。直接通过线性电磁阀控制离合器的油压，使变速时形成理想的离合器油压，从而在实现高品质的换挡同时也增进了换挡响应时间。

### 26. 双离合器扭矩传递路线是怎样的？

从动轴的扭矩传递路线和大众车系以往手动变速器的传递路线基本一致，但要注意的是，双离合器使得从动轴上的同步器可以实现提前挂挡。

❶ 双离合器安装在变速器壳体内，由两个传统离合器结合在一起，构成一个双离合器，称作 K1 和 K2。离合器 K1 通过花键将扭矩传递给输入轴 1，输入轴 1 将 1 挡和 3 挡的扭矩继续传递给输出轴 1，将 5 挡和 7 挡的扭矩传递给输出轴 2。离合器 K2 通过花键将扭矩传递给输入轴 2，后者将 2 挡和 4 挡的扭矩继续传递给输出轴 1；将 6 挡和倒挡的扭矩传递给输出轴 2。此后，扭矩通过倒挡中间齿轮 R1 继续传递给输出轴 3 的倒挡齿轮 R2。三个输出轴都与差速器的主减速器齿轮连接。

❷ 双离合器主动轮支撑环将扭矩传递给双离合器内的主动轮。支撑环与主动轮彼此固定连接在一起。主动轮以浮动轮方式支撑在输入轴 2 上。如果操纵了其中一个离合器，则扭矩会通过主动轮传递给相应的离合器从动盘，然后继续传递给相应的输出轴。

### 27. 双离合器（干式离合器）是怎样工作的？

双离合器中有两个独立的干式离合器，这两个离合器分别将扭矩传递给一个子变速器。离合器可以处于两个位置：发动机停机和怠速运转时，两个离合器分离；行驶状态时，两个离合器中始终只有一个离合器接合。

离合器 K1 将 1 挡、3 挡、5 挡和 7 挡的扭矩传递给输入轴 1，离合器 K2 未操纵。离合器 K1 操纵时，接合杆将接合轴承压向盘形弹簧，这种压力运动在多个转向点处转换为拉力运动。因此，将离合器压盘拉向离合器从动盘以及主动轮，扭矩传递给输入轴，如图 3-2 所示。离合器 K1 已操纵，离合器 K2 将 2 挡、4 挡、6 挡和 R 挡的扭矩传递给输入轴 2。离合器 K2 操纵接合杆时，接合轴承压向离合器压盘的盘形弹簧。由于盘形弹簧支撑在离合器壳体上，因此离合器压盘压向主动轮，扭矩传递给输入轴 2，如图 3-3 所示。离合器 K2 已操纵。

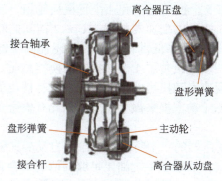

图 3-2 双离合器工作（一）

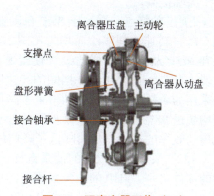

图 3-3 双离合器工作（二）

### 28. 双离合器（湿式离合器）是怎样工作的？

湿式离合器是将离合器片浸泡在机油之中来对其进行冷却。离合器可以将动力输送给 6 个挡位中的任何一个，由电脑控制的离合器根据汽车速度和转速对驾驶者的换挡意图做出判断，可以预选择下一挡位从而实现挡位的快速切换。变速器可以设定在电脑控制的"自动"模式之下，或者利用方向盘上的拨片来实现手动换挡。

### 29. 双离合器输入轴的结构是怎样的？

输入轴安装在变速器壳体内，每个输入轴都通过花键与一个离合器连接。输入轴根据当前所挂挡位将发动机扭矩传递给输出轴。输入轴 2 为中空轴，输入轴 1 穿过中空的输入轴 2。

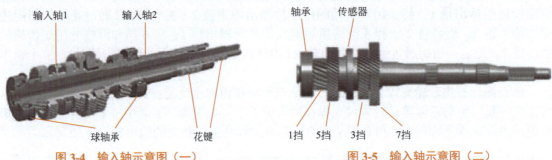

图 3-4　输入轴示意图（一）　　　　　图 3-5　输入轴示意图（二）

每个轴上都有一个将输入轴支撑在变速器壳体内的球轴承，如图 3-4 所示。输入轴 1 通过花键与离合器 K1 连接，通过输入轴 1 可换到 1 挡、3 挡、5 挡、7 挡（图 3-5）。电子控制器件（包括传感器、ECU、执行器）有时也会出现严重故障，但电控汽车具有比较完善的失效保护功能（又称为"安全策略"），当某控制系统出现故障，而且该故障对自动控制构成较大危害时，为了保护电控汽车不受进一步损害，电控单元（ECU）存储故障码的同时，自动进入失效保护状态，并且启用若干保护性措施，从而实现自动保护。

### 30. 常规 8 速自动变速器有什么特点？

（1）装配特点　德国采埃孚公司生产的 8 速自动变速器，根据发动机扭矩不同，配置了不同型号的自动变速器，有 8HP30、8HP45、8HP70 和 8HP90，使变速器的性能和节能特性有了大幅提高。

（2）齿轮特点　采埃孚 8HP 自动变速器配有 5 个换挡元件和 4 个行星齿轮组，转速比可达 7 级，转速比间隔小而均匀（图 3-6）。与 6 挡自动变速器相比，1～2 挡间的转速比由 1.78 减少为 1.5，这样的设计使得 8 速自动变速器在降低油耗的同时，还提高了起步加速性能。此外，减小 1～2 挡间的转速比，更进一步地改善了 1～2 挡间的换挡品质。

采用的单级行星齿轮传动带来了高传动效率及速度和扭矩的均匀分配。所有挡位的传动效率均超过 98%，仅有 2 个换挡元件处于分离状态（功率损失最小化），因此有效避免了各挡位传动效率的损失，从而降低了燃料的消耗。

（3）油泵特点　改进的油泵设计也是 8HP 变速器的一个特点。油泵是自动变速器内最耗能的部件之一，8HP 的油泵采用了链条驱动方式，油泵在系统油压足够的情况下会自动停止转动，而在系统油压不足时会自行转动以提高油压，这样的设计也就大大降低了油耗。

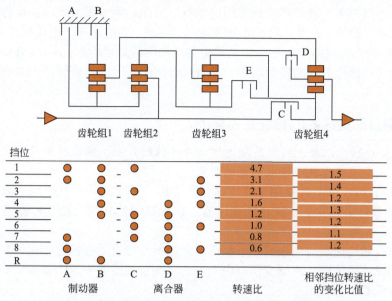

图 3-6　8HP 自动变速器的动力传递图和转速比

### 31. 混合动力版 8 速自动变速器的结构是怎样的？

混合动力版本 8P70H 变速器在常规液力变矩器的位置安装了一个电动机。作为强混合变速器，它同样可以依靠纯电力驱动。与常规 8 速自动变速器相比，混合动力版可额外节约燃油高达 25%。采埃孚公司生产的乘用车的混合动力版变速器也可匹配四轮驱动车。

采埃孚公司将 8P70H 变速器设计成一个并联混合动力的概念系统。在这个混合动力方案中，内燃机动力和电动机动力以并联的方式接入。既可单独传递内燃机动力或电动动力，又可同时传递内燃机动力和电动机动力。该自动变速器的内部在常规变速器液力变矩器的位置安装了紧凑型电动机、离合器、扭转减振器和液压元件，在两种动力之间用一个分离离合器隔断，通过这个离合器，内燃机可以完全与动力总成断开。它采用了一种称为集成启动元件（ILE）的设计，在启动时取代了变扭器，以达到最好的可操纵性和变扭器的启动舒适性。由此汽车不仅可以由纯电力驱动，而且可以通过再生能量（回收制动能量）避免内燃机的高拖曳扭矩来进行驱动，对减少能耗产生了积极的作用。

这款混合动力变速器的扭转减振器的设计也很新颖，它用于减弱各种高频率的振动（比如气体力和内燃机产生的集合力等）以及各种低频率的振动（比如载荷变化产生的冲击，或启动时产生的共振等），还用于补偿发动机与变速器之间的对准偏差。

它采用了双质量飞轮的设计，减振器的分离质量取决于弹性系数（扭矩与转角之间的关系），因此弹簧刚度的特性在这里至关重要。此减振器通过多个弹簧组以及随着速度增加的滑动摩擦对特征曲线进行调整优化。该款混合动力自动变速器的操作控制是通过功能网络化得到一个高效的全系统混合动力的管理来实现的，它可灵活调节智能双发动机的功率分配。电动机 Dynastart 模块可根据整车厂要求和混合规格来进行定型。采埃孚公司生产的混合动力自动变速器基于常规 8 速自动变速器（8HP），它模块化的构造已为混合动力版进行了预设，因此强混合动力版本仅需和常规 8 速自动变速器规格一样的安装空间。它优异的驾驶动力特性，如直接与发动机连接和敏捷性，精确的换挡质量和舒适的操控性，通过混合动力化还将得到更多提升。

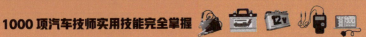

为了在行驶状态下，既能较少地使用内燃机，又能达到较高的效率，该自动变速器采用了被称为"载荷点提升"技术，只有部分转矩用于推进。与此同时，电动机作为发电机运行，给电池组充电，内燃机此时工作在一个显然更为经济的转矩范围内。而在"Boosting"模式下，两种动力集合可以进行并联的转矩输出，显著提升功率。因此，该驱动方式也适合于运动型车辆。

### 32. 9速自动变速器的特性是怎样的？

9速自动变速器，以求达到显著提高燃油经济性的效果，辅以特有的平顺换挡设计，此款变速器也能充分满足驾驶者追求舒适的要求。

全世界约有70%以上的乘用车使用横置发动机，针对此种广泛使用的乘用车发动机布置方式，采埃孚公司开发了9速自动变速器，这种新型的9速自动变速器已正式进入批量生产。

新型9速自动变速器与当今前驱车型广泛使用的6挡自动变速器相比，显著提升了车辆的行驶表现和燃油经济性。液压变扭器中先进的减振系统能够快速闭锁离合器，从而提升燃油经济性并降低$CO_2$排放。

新型9速自动变速器与后驱车型（纵置发动机）使用的8速自动变速器类似，所需的反应时间极短，在驾驶者毫无顿挫感的同时增加换挡次数。也就是说，这款变速器同时具备了双离合和多级变速的功能。

### 33. 变速器多功能挡位（TR）开关F125的作用是什么？

变速器多功能挡位开关把变速杆的机械运动转换为电信号，并把这些信号传送到变速器控制模块。

（1）信号控制　变速杆电缆把多功能挡位开关连接到变速杆上。多功能挡位开关把变速杆的机械运动转换为电信号，并把这些信号传送到变速器控制模块（TCM）J217。

（2）多功能挡位开关（有六个滑动触点的机械组合开关）

❶ 四个开关用于变速杆的滑动触点位置。

❷ 一个开关用于P挡或N挡，可以控制启动。

❸ 一个开关用于倒挡的倒车灯开关F41。

（3）控制功能　变速器控制模块（TCM）J217触发自动换挡程序，确认多功能开关的位置，控制以下功能。

❶ 起动机联锁。

❷ 倒车灯。

❸ 变速杆锁止P/N。

变速器控制模块（TCM）J217在控制器局域网（CAN）总线上储存目前变速杆的位置，以便其他控制模块使用。

### 34. 变速器多功能挡位（TR）开关F125出现故障怎么办？

如果故障影响能够判断前进挡和倒挡之间的差别，就不影响换挡程序。如果倒挡信号发生错误，变速器就进入紧急运行模式。

如果发生下列情况，必须调节多功能开关。

❶ 更换多功能开关。

❷ 安装新变速器。
❸ 仪表板上的挡位指示灯显示不正确。

### 35. 变速器输入转速传感器 G182 有什么作用？有什么故障影响？

（1）功能原理　变速器输入转速传感器 G182 记录位于多片式离合器 K2 外行星架处的变速器输入转速，它根据霍尔原理工作（图 3-7）。

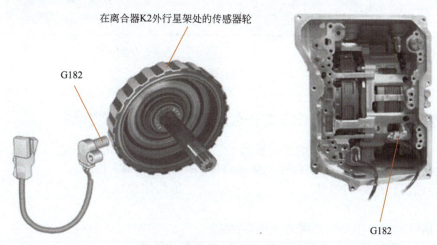

图 3-7　变速器输入转速传感器

（2）信号利用　对于下列功能，变速器控制模块（TCM）J217 需要变速器输入精确的转速。
❶ 换挡的控制、适应和监测。
❷ 变矩器锁止离合器调节和监测。
❸ 诊断换挡元件，检查发动机转速和变速器输出转速的可信度。
（3）信号故障的影响　变矩器锁止离合器闭合，发动机转速用来替换变速器输入转速。

### 36. 变速器输出转速传感器 G195 有什么作用？有什么故障影响？

（1）功能原理　变速器输出转速传感器 G195 记录驻车锁止轮处的变速器输出转速，它也是根据霍尔原理工作的。

驻车锁止轮与中间轴的从动轮制成一体。由于输出行星轮和中间轴之间的传动比，两轮分别按各自的转速比例旋转。变速器控制模块（TCM）J217 根据变速器的编程传动比，计算出实际变速器输出转速。

输出转速传感器 G195 见图 3-8。

（2）信号利用　对电子控制变速器而言，变速器输出转速是最重要的信号之一。下列功能需要这个参数。
❶ 选择换挡点。
❷ 驾驶工况评估等到动态换挡程序 DSP 功能。
❸ 诊断换挡元件，检查发动机转速和变速器输出转速的可信度。
（3）信号故障的影响　ABS 控制模块 J104 的转速信号替换变速器输出转速。

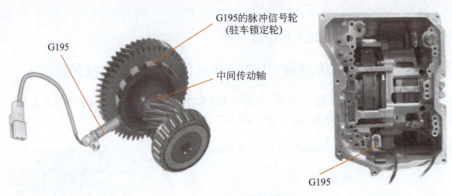

图 3-8 输出转速传感器 G195

### 37. 变速器油温传感器 G93 有什么作用？有什么故障影响？

（1）结构和功能　变速器油温传感器 G93 位于阀体内，浸没在变速器油中。它用来测量变速器油温，并把油温测量值传送到变速器控制模块（TCM）J217。

变速器油温传感器 G93 由一块安装板固定，它是阀体总成的一个部件，作为一个热敏电阻工作。

（2）信号利用　下列功能需要变速器油温。

❶ 适应系统换挡压力和换挡过程中建立压力及释放压力。

❷ 激活或解除暖机程序和变矩器锁止离合器等的温度依赖功能。

❸ 在热车模式，变速器油温高时，激活变速器的保护功能。

（3）信号故障的影响

❶ 变矩器锁止离合器没有调节操作，只能打开或闭合；没有适应的换挡压力，这通常会导致难以换挡。

❷ 与变速器油温传感器 G93 的负温度系数（NTC）热敏电阻的特性有关。

❸ 温度升高时，传感器阻力减小。

❹ 为了防止变速器过热，超出定义的变速器油温范围时，触发相应的对策。

a. 对策 1（约 127℃）：利用动态换挡程序（DSP）功能，根据换挡特性曲线，在更高转速下换挡。变矩器锁止离合器较早闭合，不再进行调整。

b. 对策 2（约 150℃）：发动机转矩减小。

### 38. 节气门位置传感器和加速踏板位置传感器对变速器有什么作用？

节气门位置（TP）传感器 G79 和加速踏板位置传感器 G185 都位于踏板总成的加速踏板模块内。

强制降挡信息如下。

❶ 单个开关不使用强制降挡信息。在加速踏板的压缩缓冲件上，有一个功率元件，功率元件产生一个机械压力点，告知驾驶员正处于强制降挡的阶段。

如果驾驶员主动激活强制降挡，通过强制降挡开关，就会发出一个超出节气门位置传感器 G79 和加速踏板位置传感器 G185 全开（WOT）位置的电压值给 ECM，使 ECM 控制强制降挡。

❷ 发动机控制模块（ECM）J220 收到这个电压值后，ECM 就认为是强制降挡，将通过

动力系统 CAN 总线给变速器控制模块（TCM）J217 传递信息。

### 39. 09G 型六挡自动变速器控制单元的安全功能是怎样的？

如果出现个别或者多个零件或传感器损坏，则控制单元 J217 会启动替代功能及应急工作程序，这样就能保证自动变速器仍能正常工作。

如果出现严重故障且控制单元 J217 有效时，则变速器保持当前挡位，只要变速器和行驶安全性允许，控制单元 J217 就激活"控制单元有效的机械应急工作状态"。

### 40. 09G 型六挡自动变速器控制单元有效的机械应急状态是怎样的？

如果控制单元 J217 中断（例如断电或者插头连接掉了），则变速器马上切换到"控制单元无效机械应急状态"工作。

❶ 变速器从所有前进挡位中脱离开，进入液压 4 挡，变矩器耦合器打开，所有电磁阀断电。
❷ 能量传递单元保持最大操作压力。
❸ 倒车挡能够挂上，变速杆锁死有效（在"P"和"N"位置）。
❹ 仪表板上的所有挡位显示都亮。

### 41. 09G 型六挡自动变速器控制单元无效的机械应急状态是怎样的？

❶ 变速器从所有前进挡中脱离开，进入液压 4 挡，变矩器耦合器打开，所有电磁阀断电。
❷ 能量传递单元上保持最大操作压力。
❸ 倒车挡能挂，变速杆锁死无效（在"P"和"N"位置）。
❹ 所有挡位显示都不亮。
❺ 整个控制单元 J217 停止工作，即不能进行自诊断。

### 42. 宝马 6HP-26 自动变速器电子控制装置主要包括哪些？

（1）电子装置模块
❶ 电子装置模块是液压换挡机构和电子变速器控制单元的组合（EGS），它安装在油底壳里。
❷ 电子装置模块包含了变速器控制系统的机械组件，如电磁阀和减振器，它们作为执行元件。
❸ 电子变速器控制系统包含了整个变速器电子控制单元，它采用了焊接密封。电子变速器控制系统的功能在 140℃以下可得到保证。

（2）行驶挡开关
❶ 行驶挡开关（P 挡、R 挡、N 挡和 D 挡）在机械电子模块里，它由选挡杆通过拉线动作。
❷ 行驶挡开关的滑块嵌入液压选择滑阀上。
❸ 行驶挡开关和液压选择滑阀一起由选挡杆通过拉线动作。行驶挡开关由 1 个带固定磁铁和 4 个用于 P 挡、R 挡、N 挡和 D 挡的霍尔传感器的滑块组成。行驶挡开关的电信号在机械电子装置模块里进行分析处理并用于控制电磁阀和燃油压力调节器。顺序换挡在电气上则通过选挡杆机构上的开关进行。

（3）变速箱控制单元 变速箱控制单元所需要的换挡数据，例如喷射时间、发动机转速、节气门角度、发动机温度和发动机干预，由 PT-CAN 总线传输到变速箱控制单元内。电磁阀和压力调节器的控制直接由机械电子装置模块完成。

### 43. 宝马 6HP-26 自动变速器驻车锁止装置是怎样的？

驻车锁止装置的操作在 E60 里通过中间托架上的选挡杆实现。通过拉线建立与变速箱的连接（如 E46 和 E39）。

（1）选挡杆锁（换挡自锁功能） 它防止在未踩下制动器时选挡杆在行驶挡、P 挡和 N 挡的动作，该功能通过选挡杆上的电磁锁实现。

（2）拔出锁定装置（互锁） 在选挡杆和点火开关之间有一根拉线，这里只有当选杆挡在 P 位置时才能拔出点火钥匙（功能如同 E38）。

（3）在手动换挡模式下选挡杆位置的选择 通过将选挡杆从位置 D 转到手动换挡槽手动切换到 S 程序，组合仪表上显示切换到 DS。通过向前或向后点动选挡杆，激活手动换挡模式并向高一挡或低一挡换挡。组合仪表上显示切换到 M1～M6。在手动换挡模式下，当时的挡位一直保持到快要到达限定转速，然后自动切换到高一挡。自动换低挡通过强制降挡加速开关或根据速度降到第 3 挡和第 2 挡。如果由于发动机转速和车速不允许换挡，则在组合仪表上首先显示想要换的挡位，然后显示实际挡位。想要换的挡位只有在达到了发动机允许的转速或车速后才能进行，由此可以防止发动机运转超速。通过多次点动选挡杆并保持在点动位置可储存所需的挡位，按顺序直至切换到组合仪表上显示的挡位，选挡杆必须保持住，直至到达所需挡位。

### 44. 4F27E 型自动变速器电子控制系统组成是什么？

（1）元件 福克斯 4F27E 型自动变速器电子控制系统主要由涡轮轴转速传感器、输出轴转速传感器、变速器油温传感器、挡位开关、制动开关、手动模式开关、增/减挡开关、换挡电磁阀、压力控制电磁阀和变速器控制模块等组成。

（2）信号 节气门位置信号、空气流量信号、发动机温度信号、发动机冷却液温度信号等都是通过网路线从发动机控制模块取得的。

### 45. 涡轮轴转速传感器（TSS）的作用是什么？有什么故障影响？

（1）作用 涡轮轴转速传感器位于变速器外壳上，用于感知变速器涡轮轴的转速。

（2）故障影响 涡轮轴转速传感器的类型是电磁感应式，其电阻为 330～390Ω（在 21℃时），如果它出现故障，变速器控制模块将用输出轴转速传感器的信号取代它，车载诊断系统会记录相应的故障码，并点亮故障指示灯。

### 46. 输出轴转速传感器（OSS）的作用是什么？有什么故障影响？

（1）作用 输出轴转速传感器位于差速器处的变速器壳体上，用于感知变速器的输出轴转速。此信号不作为车辆速度信号使用，车辆速度信号来自轮速传感器。

（2）故障影响 输出轴转速传感器的类型是电磁感应式，其电阻为 800～900Ω（在 21℃时），如果它出现故障，变速器控制模块将用涡轮轴转速传感器的信号取代它，车载诊断系统会记录相应的故障码，并点亮故障指示灯。

### 47. 变速器油温传感器（TFT）的作用是什么？

变速器油温传感器位于变速器内，用于感知变速器油温度。在极冷和极热的变速器油温下，变速器控制模块根据此信号控制管路压力、换挡和变矩器锁止离合器。

### 48. 挡位开关（TR）的作用是什么？

挡位开关位于变速器外壳的手动轴上，用于感知变速器的挡位。

### 49. 手动模式开关、增/减挡开关的作用是什么？

手动模式开关、增/减挡开关位于排挡杆处，变速器控制模块根据此信号和车速信号确定是否按操作者的意愿执行换挡。

### 50. 制动开关的作用是什么？

制动开关用于控制排挡杆从驻车挡位置的移出。

### 51. 换挡电磁阀的作用是什么？

换挡电磁阀分为开关型和占空比型，换挡电磁阀 SSA 和 SSB 为开关型电磁阀，通过电流的通断控制液压施加到不同的油道，从而控制离合器或制动器等执行部件的动作，在电磁阀关闭状态下无液压油流经。换挡电磁阀 SSC、SSD 和 SSE 为占空比型电磁阀，通过调整控制电磁阀的占空比来控制各执行器的油压，在电磁阀关闭状态下为最大液压油流经。电磁阀 SSA、SSB 和 SSC 的电阻为 1.0～4.2Ω，电磁阀 SSD 和 SSE 的电阻为 10.9～26.2Ω。

### 52. 压力控制电磁阀（EPC）的作用是什么？

压力控制电磁阀控制主油路压力，以确保在所有的操作状况下油路中都有合适的油压。在电磁阀关闭状态下油路油压最大，其电阻为 2.4～7.3Ω。

### 53. 0BK/0BL 自动变速器包括哪些元件？

0BK/0BL 自动变速器是德国 ZF 公司为奥迪 A8 研发的一款八速自动变速器，该自动变速器动力传递路线如图 3-9 所示，它采用 4 个行星齿轮组，5 个换挡元件（包括 2 个制动器 A、B 和 3 个多片式离合器 C、D、E），而且每次换挡时关闭 3 个执行元件，将动力损失降到最低。0BK/0BL 变速器实现了 8 个前进挡和倒车挡，驱动比范围达到 7，从而使换挡冲击很小，启动时驱动比较大，并且在车速较快时，发动机转速仍维持在较低水平。

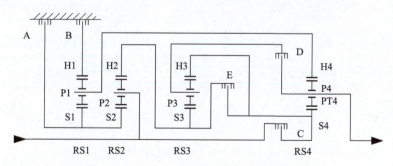

图 3-9　0BK/0BL 自动变速器动力传递路线

### 54. 0BK/0BL 自动变速器 1 挡是怎样传递动力的？

1 挡时，制动器 A、制动器 B 和离合器 C 接合，动力传递路线如图 3-10 所示。

（1）行星排1　1挡时，制动器A接合，固定行星排一半的共用太阳轮；制动器B接合，固定行星排1的内齿圈，此时行星排1被整体固定，不能转动。

（2）行星排4　离合器C接合，连接输入轴与行星排4的太阳轮，由于行星排4的内齿圈与行星排1的行星架是一体的，且行星排1被整体固定，所以行星排4的内齿圈被固定，同时行星排4的行星架同向减速旋转。

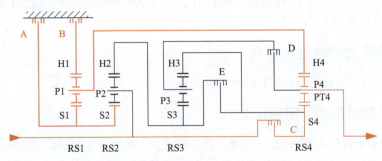

图3-10　1挡动力传递路线

### 55. 0BK/0BL自动变速器2挡是怎样传递动力的？

2挡时，制动器A、制动器B和离合器E接合，动力传递路线如图3-11所示。

（1）行星排1　2挡时，制动器A和制动器B仍然接合，接合情况与1挡相同，行星排1被整体固定，不能转动。

（2）行星排2　行星排2的行星架由输入轴直接驱动。因为行星排2的太阳轮与行星排1的太阳轮相连而被固定，所以行星排2的内齿圈同向增速旋转。

（3）行星排3　离合器E接合，行星排3的太阳轮和内齿圈连接，此时行星排3以一个整体旋转，转速与行星排2的内齿圈相同。

（4）行星排4　行星排4的太阳轮与行星排3的内齿圈相连，其转速与行星排2的内齿圈转速相同，并为同向增速旋转。行星排4的内齿圈与行星排1的行星架是一体的，因此行星排4的行星架同向减速旋转，且转速比1挡时要快。

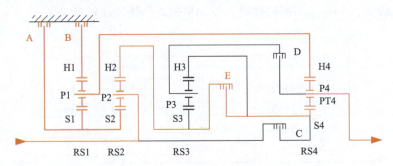

图3-11　2挡动力传递路线

### 56. 0BK/0BL自动变速器3挡是怎样传递动力的？

3挡时，制动器B和离合器C、离合器E接合，动力传递路线如图3-12所示。

（1）行星排3　3挡时，离合器C接合，行星排3的内齿圈由输入轴直接驱动，与离合器 E 接合，连接行星排 3 的太阳轮与内齿圈。此时行星排 3 以一个整体旋转，转速与输入轴相同。

（2）行星排 2　行星排 2 的行星架与输入轴直接相连，行星排 2 的内齿圈与行星排 3 的太阳轮为一体，其转速与输入轴的速度相同。此时行星排 2 也以一个整体旋转，且转速与输入轴相同。

（3）行星排 1　行星排 1 的太阳轮与行星排 2 的太阳轮是一体的，均以输入轴速度旋转，与制动器 B 接合，固定行星排 1 的内齿圈。此时行星排 1 的行星架同向减速旋转。

（4）行星排 4　行星排 4 的内齿圈与行星排 1 的行星架是一体的，为同向减速旋转。离合器 C 接合，行星排 4 的太阳轮和输入轴连接，此时行星排 4 的行星架同向减速旋转。因为内齿圈的齿数比太阳轮多，所以内齿圈旋转后，行星架的转速比 2 挡时要快。

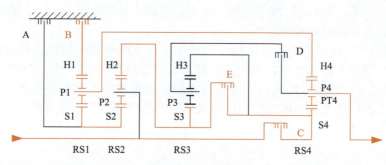

图 3-12　3 挡动力传递路线

### 57. 0BK/0BL 自动变速器 4 挡是怎样传递动力的？

4 挡时，制动器 B 和离合器 D、离合器 E 接合，动力传递路线如图 3-13 所示。

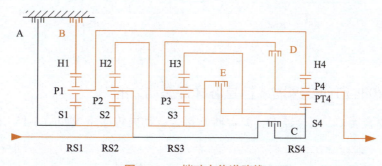

图 3-13　4 挡动力传递路线

（1）行星排 3　4 挡时，离合器 E 接合，连接行星排 3 的太阳轮与行星架。此时行星排 3 以一个整体旋转。

（2）行星排 4　离合器 D 接合，连接行星排 3 的行星架和行星排 4 的行星架，由于行星排 3 的内齿圈和行星排 4 的太阳轮是一体的，所以行星排 3 和行星排 4 作为一个整体旋转。

（3）行星排 2　行星排 2 的行星架与输入轴直接相连，由于行星排 2 的内齿圈与行星排 3 的太阳轮为一体，相当于输出轴，因而阻力较大，可以暂时视为不动。行星排 2 的太阳轮同向增速旋转。

（4）行星排 1　行星排 1 的太阳轮与行星排 2 的太阳轮是一体的，为同向增速旋转。

制动器 B 接合，固定行星排 1 的内齿圈，此时行星排 1 的行星架同向减速旋转。又由于行星排 1 的行星架与行星排 4 的内齿圈是一体的，因此，行星排 4 作为一个整体同向减速旋转。

### 58. 0BK/0BL 自动变速器 5 挡是怎样传递动力的？

5 挡时，制动器 B 和离合器 C、离合器 D 接合，动力传递路线如图 3-14 所示。

（1）行星排 3　离合器 C 接合，行星排 3 的内齿圈由输入轴直接驱动。离合器 D 接合，由于连接行星排 3 的行星架与行星排 4 的行星架相当于输出轴，因而阻力较大，可以暂时视为不动。此时行星排 3 的太阳轮反向减速旋转。

（2）行星排 2　行星排 2 的行星架与输入轴直接相连，由于行星排 2 的内齿圈与行星排 3 的太阳轮为一体，为逆时针减速旋转，因此行星排 2 是两个输入、一个输出的接合情况。此时行星排 2 的太阳轮同向增速输出。

（3）行星排 1　行星排 1 的太阳轮与行星排 2 的太阳轮是一体的，为同向增速旋转，制动器 B 接合，固定行星排 1 的内齿圈。此时行星排 1 的行星架同向减速旋转。

（4）行星排 4　离合器 C 接合，行星排 4 的太阳轮和输入轴相连，由于行星排 4 的内齿圈与行星排 1 的行星架是一体的，为同向减速旋转，因此，行星排 4 的行星架也为同向减速旋转。

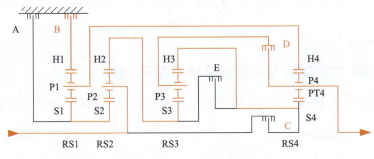

图 3-14　5 挡动力传递路线

### 59. 0BK/0BL 自动变速器 6 挡是怎样传递动力的？

6 挡时，离合器 C、离合器 D、离合器 E 接合，动力传递路线如图 3-15 所示。

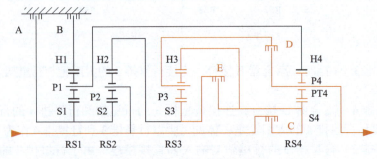

图 3-15　6 挡动力传递路线

（1）行星排 3　离合器 C 接合，行星排 3 的内齿圈由输入轴直接驱动。离合器 E 接合，由于行星排3的太阳轮和内齿圈相连，因此，行星排3以一个整体旋转，转速与输入轴相同。

（2）行星排4　离合器C接合，行星排4的太阳轮和输入轴相连。离合器D接合，由于行星排4的行星架与行星排3的行星架相连，且输入轴速度，因此，行星排4作为一个整体旋转，转速与输入轴速度相同，该挡位为直接驱动。

### 60. 0BK/0BL自动变速器7挡是怎样传递动力的？

7挡时，制动器A和离合器C、离合器D接合，动力传递路线如图3-16所示。

（1）行星排2　行星排2的行星架与输入轴直接相连，制动器A接合，行星排2的太阳轮被固定，内齿圈同向增速旋转。

（2）行星排3　离合器C接合，行星排3的内齿圈由输入轴直接驱动。由于行星排3的太阳轮和行星排2的内齿圈是一体的，且是同向增速旋转，所以，行星排3的行星架同向增速旋转。同时，离合器D接合，此时行星排4的行星架与行星排3的行星架相连，相当于输出轴，所以同向增速输出。

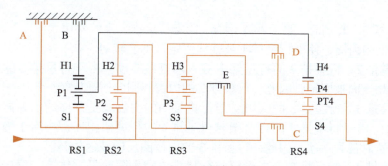

图3-16　7挡动力传递路线

### 61. 0BK/0BL自动变速器8挡是怎样传递动力的？

8挡时，制动器A和离合器D、离合器E接合，动力传递路线如图3-17所示。

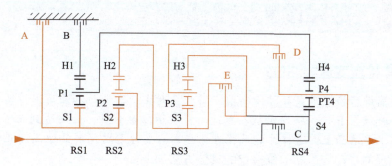

图3-17　8挡动力传递路线

（1）行星排2　行星排2的行星架与输入轴直接相连，制动器A接合，行星排2的太阳轮被固定，行星排2的内齿圈同向增速旋转。

（2）行星排3　行星排3的太阳轮和行星排2的内齿圈是一体的，离合器E接合，从而连接行星排3的太阳轮和内齿圈，使得行星排3以一个整体旋转，并同向增速输出。离合器D接合，由于行星排4的行星架与行星排3的行星架相连，相当于输出轴，因此同向增速输出。

### 62. 0BK/0BL自动变速器R挡是怎样传递动力的？

R挡时，制动器A、制动器B和离合器D接合，动力传递路线如图3-18所示。

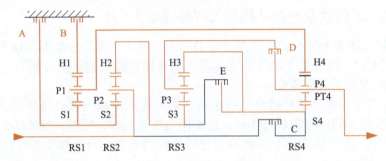

图3-18　R挡动力传递路线

（1）行星排1　R挡时，制动器A接合，固定行星排一半的共用太阳轮。制动器B接合，固定行星排1的内齿圈，使得行星排1被整体固定，不能转动。

（2）行星排2　行星排2的行星架由输入轴直接驱动。由于行星排2的太阳轮与行星排1的太阳轮相连而被固定，因此，行星排2的内齿圈同向增速旋转。

（3）行星排3　行星排3的太阳轮与行星排2的内齿圈是一体的，为同向增速旋转，离合器D接合，由于行星排3的行星架与行星排4的行星架相连，相当于输出轴，因而阻力较大，可以暂时视为不动，因此，行星排3的内齿圈反向减速旋转。

（4）行星排4　行星排3的内齿圈与行星排4的太阳轮是一体的，反向减速旋转。行星排4的内齿圈与行星排1的行星架是一体的，因为行星排1被整体固定，所以行星排4的内齿圈被固定，此时行星排4的行星架反向减速旋转。

## 第二节　故障诊断与维修操作

### 63. 怎样检查变速器油位？

在对变速器进行检查前或故障诊断前，首先要对变速器油位和油质进行检查。

把选挡手柄放在P位，将发动机在怠速时至少运转数分钟，油液达到正常工作温度，汽车必须停放在水平路面上，这样才能确保在差速器和变速器之间的油位高度正常、稳定。

带油位标尺的自动变速器油位检查的具体方法如下。

❶ 将汽车停放在水平地面上并拉紧手制动。

❷ 让发动机怠速运转数分钟以上。

❸ 踩住制动踏板，将操纵手柄拨至倒挡（R）、前进挡（D）等位置，并在每个挡位上停留几秒钟，使液力变矩器和所有换挡执行元件中都充满液压油。最后将操纵手柄拨至停车挡（P）位置。

❹ 从加油管内拔出自动变速器油尺，将擦干净的油尺全部插入加油管后再拔出，检查油

尺上的油位高度。油位高度应在油尺刻线的上限附近（图3-19）。

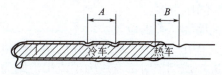

图 3-19　自动变速器油位高度的检查
A—低位；B—高位

## 64. 怎样检查变速器油质？

如变速器油呈棕色或有焦味，说明已变质。油质与故障原因见表3-1。

表 3-1　油质与故障原因

| 油液状态 | 变质原因 |
|---|---|
| 油液变为深褐色或深红色 | （1）没有及时更换油液<br>（2）长期重载荷运转，某些部件打滑或损坏引起变速器过热 |
| 油液中有金属屑 | 离合器盘、制动器盘或单向离合器严重磨损 |
| 油尺上黏附胶质油膏 | 变速器油温过高 |
| 油液有烧焦气味 | （1）油温过高、油位过低<br>（2）油冷却器或管路堵塞 |
| 油液从加油管溢出 | 油位过高或通气孔堵塞 |

## 65. 怎样检查和调整挡位开关？

将操纵手柄拨至各个挡位，检查挡位指示灯与操纵手柄位置是否一致，P挡和N挡时发动机能否启动，R挡时倒挡灯是否亮起。发动机应只能在空挡（N挡）和驻车挡（P挡）启动，其他挡位不能启动，若有异常，应调节空挡启动开关螺栓和开关电路。

❶ 松开挡位开关的固定螺钉，将操纵手柄放到N挡位。

❷ 将槽口对准空挡基准线。有些自动变速器的挡位开关外壳上刻有一条基准线，调整时应将基准线和手动阀摇臂轴上的槽口对齐，也有一些自动变速器的挡位开关上有一个定位孔，调整时应使摇臂上的定位孔和挡位开关上的定位孔对准。

❸ 挡位开关的位置调好后进行固定。

## 66. 变速器油压过高或过低有什么影响？测试油压的目的是什么？试验的准备有哪些？

（1）故障影响　油压过高，会造成自动变速器换挡时冲击过大，液压系统也容易损坏；油压过低，会使离合器、制动器等换挡执行元件打滑，影响自动变速器的正常工作，且加速离合器和制动器摩擦片的磨损，严重时会导致摩擦片烧坏。

（2）测试目的　目的是检测液压控制系统的故障。通过测试油压可以判断油泵、主调压阀、节气门阀、速控阀等工作是否正常。

（3）油压试验的准备　在做油压试验之前应做好以下准备工作。

❶ 行驶汽车，让发动机及自动变速器达到正常工作温度。

❷ 将车辆停放在水平地面上，检查发动机怠速和自动变速器液压油的油面高度。如不正

常，应予以调整。

❸准备一个量程为 2MPa 的压力表。
❹找出自动变速器各个油路测压孔的位置。

通常在自动变速器外壳上有几个用方头螺塞堵住的用于测量不同油路油压的测压孔。

❶无论操纵手柄位于前进挡或倒挡时都有压力油流出，则为主油路测压孔。
❷只有在操纵手柄位于前进挡时才有压力油流出，则为前进挡油路测压孔。
❸只有在操纵手柄位于倒挡时才有压力油流出，则为倒挡油路测压孔。
❹只有在操纵手柄位于前进挡，并且在驱动轮转动后才有压力油流出，则为调速器油路测压孔。

### 67. 挡位油压测试有什么条件？有什么故障影响？

大部分液力控制变速器都可以做这项测试，在进行挡位油压测试时，要升起车辆，视情况也可以接上压力表进行路试。

（1）挡位油压测试条件
❶挡位油压测试要求在变速器运转的条件下进行。
❷挡位油压和主油压的测试口位置不一样，通常主油压测试孔靠前或靠上。
❸挡位油压测试根据检测的对象不同需在不同车速下提取数值。

（2）测试结果的故障影响
❶检测执行器的安全缓冲系统。离合器、片式制动器的安全缓冲系统是蓄压器。
❷检测工作油路是否发生泄漏。汽车行驶中如发动机在某一速度区域内发生发动机空转和车速下降现象，则说明该速度区域内的施力装置有打滑现象。

### 68. 时间滞后测试的目的是什么？怎样进行测试？

（1）时间滞后测试的目的　时间滞后测试的目的是判断主油路油压和离合器、制动器等换挡执行元件的工作是否正常。利用升挡和降挡的时间差来分析故障。

（2）试验方法
❶将自动变速器油液温度升至 80℃。
❷拉紧驻车制动器。
❸使发动机保持标准怠速运转，将操纵手柄位置分别从 N 挡换入 D 挡和 R 挡，用秒表测量从 N 挡换入 D 挡或 R 挡后直至有振动感时所经历的时间。

每次试验间隔时间为 1min，取 3 次试验时间的平均值。标准值：N-D 挡时间滞后不大于 1.0 ~ 1.2s；N-R 挡时间滞后不大于 1.2 ~ 1.5s。
❹每次从 D 挡或 R 挡回到 N 挡时，要怠速运转 1 ~ 2min，再挂挡，以便使施力装置分离彻底，并使油液得到冷却。

### 69. 连续升挡试验的目的是什么？

如果自动变速器不能升入高挡或超速挡，表明电液控制系统或换挡执行元件的离合器或制动器有故障。

自动变速器升挡时发动机转速会瞬时下降，同时车身轻微冲动。试验者凭此现象可判定自动变速器是否升挡。试验时将变速杆置于 D 挡，打开 O/D 挡开关，踩下加速踏板使节气门开度保持在 50% 左右。试验自动变速器由汽车起步加速连续升挡情况。

自动变速器正常时，起步后随着车速的升高，试验者应能感觉到自动变速器顺利地逐级由1挡升2挡，2挡升3挡，3挡升4挡。

### 70. 怎么进行升挡车速试验？

升挡车速试验是指在汽车道路试验中，变速杆在D挡，节气门保持在某一固定开度时，测定各挡位的升挡和降挡时的车速是否正确。换挡点的试验是道路试验的重要内容。

（1）升挡车速的试验内容

❶ 升挡车速是否正常，是否出现提前换挡或换挡滞后。

❷ 换挡时是否平顺，是否出现冲击、打滑或异响。

（2）升挡车速试验的方法　将变速杆置于D挡，打开O/D挡开关，踩下加速踏板，将节气门稳定在某一开度，使汽车起步加速。当觉察到自动变速器换挡（车身有轻微的冲动感）时，记录下各升挡时的车速，然后与被测车自动变速器换挡图中的有关数据对照，看其是否在规定的范围之内。

（3）升挡试验测试结果的故障影响

❶ 一般4挡自动变速器在节气门开度保持50%时，由1挡升2挡的升挡车速为25～35km/h，2挡升3挡的升挡车速为55～70km/h，3挡升4挡（超速挡）的升挡车速为90～120km/h。只要升挡车速基本保持在上述范围内，而且试车行驶中加速良好，无明显的换挡冲击，就可认为其升挡车速基本正常，则可初步判定节气门位置传感器、节气门阀拉索、车速传感器及控制系统基本正常。

如果升挡车速过低，一般是控制系统的故障所致，而升挡车速过高，则可能是控制系统或换挡执行机构的故障所致，应重点检查节气门位置传感器、车速传感器、节气门阀拉索和控制阀中的节气门压阀、速控阀和主油路调压阀。

❷ 电控自动变速器的换挡冲击十分微弱，如果感觉换挡冲击过大，表明自动变速器的控制系统或换挡执行机构有故障，其原因可能是主油路油压过高或换挡执行机构打滑。

❸ 升、降挡点车速是不一样的，降挡点的车速比升挡点的车速低，但自动变速器发生故障时不易观察，所以在道路试验中无法检验降挡车速，一般只通过升挡车速判断自动变速器有无故障。

### 71. 怎么进行锁止离合器工作状况的试验？

道路试验中可以对液力变矩器的锁止离合器工作质量进行检查，将汽车加速至超速挡并以高于80km/h的速度行驶，节气门保持在低于50%开度的位置，使变矩器进入锁止状态。此时快速将加速踏板踩下，使节气门至2/3开度，同时检查发动机转速的变化情况。

如果发动机转速没有太大变化，表明锁止离合器处于接合状态；若发动机转速升高很多，则表明锁止离合器没有接合，其原因是锁止控制系统有故障。

### 72. 怎么进行发动机制动性能试验？

汽车在下坡时，因自身惯性而加快滑行速度，为稳定车速，需要长时间利用行车制动器制动减速，这样制动器容易发生热衰退，而使制动性能下降，利用发动机运转的惯性进行反拖制动，可以在汽车下长坡时减轻制动器负担。自动变速器的2挡和1挡设置有这种功能。试验时将车速提高，然后将变速换挡杆置于2挡或1挡位置，观察汽车的速度是否下降很快，如无发动机制动，则应检查单向离合器的作用是否正常。

### 73. 怎么进行强制降挡试验？

检查自动变速器强制降挡功能时，应将变速杆置于 D 挡，保持节气门开度为 30% 左右，在以 2 挡、3 挡或者超速挡行驶时突然将加速踏板完全踏到底，节气门全开，检查自动变速器是否被强制降低一个挡位。在强制降挡时，发动机转速突然会升到 4000r/min 左右，并随着加速升挡，转速逐渐下降。

如果踏下加速踏板后没有出现强制降挡，说明强制降挡功能失效。如果强制降挡时发动机转速升高异常，并在升挡时出现换挡冲击，说明换挡执行元件打滑，需要拆解变速器进行检修。

### 74. 怎样检测电磁阀供油限压阀阀孔？

（1）故障判断　AFL 油路主油压是经过 AFL 阀进行调控的，而平衡油路用于决定 AFL 阀位置（AFL 油路开口的大小）。如果 AFL 阀右端的阀孔部分磨损，从平衡油路来的油压就会从右边的泄油孔漏出。如果 AFL 阀中部的阀孔部分磨损，平衡油路的油就会从主油路孔漏出。

（2）检测方法　可以在 AFL 阀的平衡油路上进行"湿气测试"来对阀孔进行检测，具体操作如下。

先将 ATF 油注满油路的某个区域，然后用气压较低的压缩空气吹 ATF 油，保持阀在不被移动的情况下将 ATF 油挤出油路。如果液体无延迟地立即从阀孔和阀之间的间隙排出，则说明此处的阀孔与阀的间隙已出现问题。这里的关键点是：压缩空气的压力必须被调节至小于 $2.1kg/cm^2$（$1kg/cm^2=0.098MPa$），并且液体的渗漏量应该是最小的（这个测试需要利用经验进行判断）。

对于通用 4T65-E 变速器的 AFL 阀孔，将少量 AFL 油放入 ATF 平衡油路孔，然后使用低压力的压缩空气往阀里吹，同时保持阀的位置不被吹动。如果有过量的空气或油从阀漏出到泄油孔或主油压孔，说明这里的磨损已经超过正常范围，需要对这个阀孔进行修复。

### 75. 通用 4T65-E 变速器中增压阀的常见故障有哪些？

❶ 通用 4T65-E 变速器中增压阀套的内壁由于增压阀的偏磨而导致磨损，使增压阀被卡在阀套内，或者过度的磨损导致漏油。根据增压阀套内的磨损情况不同，既会产生主油压过低，也会产生主油压过高的现象。

❷ 当增压阀磨损时，有两种情况会导致主油压不足。

a. 由于增压阀磨损导致漏油，以致增压阀不能推动弹簧到正常位置。

b. 由于增压阀磨损或磨屑的因素，导致增压阀被卡在其低增压的位置。

这两种情况都会使主油压不足或增压不足。

❸ 增压阀的磨损也会导致另一种看似完全相反的现象——主油压过高。同样是增压阀的磨损，有两种情况会导致增压阀产生过高的主油压。

a. 增压阀被卡在其高增压的位置而不能恢复到正常位置。

b. 出现交叉渗漏。

ⓐ 增压阀的渗漏导致扭矩信号油漏到倒挡增压油路中，使压力同时作用在增压阀芯表面和倒挡增压阀芯表面，从而产生额外的推力推动主调压阀，导致过高的主油压。

ⓑ 如果在倒挡时产生交叉渗漏，主油压不仅会作用在倒挡增压阀的作用面上，而且会漏到另一端，作用在增压阀芯左边大的作用面上，较高的主油压作用在较大的作用面积上，

使之产生大的额外推力，主调压阀因此被推到极限，导致主油压升至油泵所能允许的极限，这就是所谓的"主油压增压失控"。

电控的自动变速器内，由于电磁阀产生的高频脉冲信号（PWM），增压阀在高频率的液压信号作用下运动频繁，容易在阀套和阀芯之间造成磨损。在通用4T65-E变速器中，这个增压阀也成为易损元件。

### 76. 大众01M/01N变速器增压阀的常见故障有哪些？

增压阀在压力调节上具有很重要的作用，它推动主调压阀进行主油压调节。

大众01M/01N变速器增压阀有一个弹簧，而一般的增压阀都是位于一个配套的增压阀套内而没有弹簧。由于弹簧的存在，使这个增压阀和一般的调压阀工作原理相似，因此它被叫作增压调节阀。它的一端是弹簧力，另一端是EPC电磁阀信号和一个来自主油压的压力来共同决定增压阀的平衡位置，而它的平衡位置则决定了输出的增压信号的大小。

由于增压阀上圆柱的作用面积不同，主油压作用在此阀上的两个作用力以及电磁阀信号都是向下推动弹簧的，这里真正与众不同的是这些作用力不是使主调压阀增压的，而是相反，起着降压作用。增压阀在没有油压作用时所处的位置位于阀孔的顶部，这是增压信号最大的位置。当油压开始作用时，它们推动增压阀往下运动，从而对增压信号进行调制。如果由于滑阀或阀孔磨损导致此处漏油，这些作用力在推动增压阀运动时的效果就会打折扣，这时就会使增压信号过大，导致主油压过高，在倒挡时会产生倒挡压力过高和倒挡冲击。

由于增压调节阀和主调压阀是一起工作的，因此它们中任一个阀出现问题，都会出现相同的症状：比如主油压变化异常、入挡接合延迟、怠速时发动机熄火、主油路无增压以及倒挡冲击等。

### 77. 大众09G型六挡自动变速器控制单元的故障识别是怎样的？

❶ 控制单元带有一个故障存储器，如果一个电气/电子部件损坏或者其电路断路或短路，系统能很快查出故障原因。

❷ 控制单元用电气信号来识别故障。如果受监控的传感器及部件有故障出现，则故障地点信息会存入故障存储器中。

❸ 一个故障出现后，首先它会作为稳定故障存储，如果此故障不再出现，则此故障会作为偶然故障存储。

作为偶然故障存储的故障，当进行故障查询时显示"偶然出现故障"，同时在屏幕右侧显示"/SP"，连上打印机将打出"偶然出现故障"。当发动机冷启动40次后，偶然故障自动清除（接着变速器预热）。

❹ 只有使用车辆诊断、测量和信息系统VAS5051或者用故障读取仪，在工作方式1"快速数据传输"状态才能进行自诊断。

### 78. 变速器机油（DSG油）的作用是什么？怎么维护DSG油变速器？

（1）变速器机油（DSG油）的作用　机油可以将非常细小的差速器粉末杂质输送到两个过滤器中，其目的是：差速器齿面上的润滑膜不会破裂，并在下一个时刻使其作为压力媒质实现挡位设定器的任务。

此外它还将闸门封闭并在换挡时辅助同步环。它保存并传输热量，减小噪声。机油的作用是多种多样的。无论是在炎热的赤道还是在寒冷的极地，气温高低对于机油的影响都是无足轻重的。

（2）维护　机油质量对于变速箱的功能具有决定性的意义。不要在机油里混入添加剂，也不要添加其他的机油。为了能够达到该性能，应在维修中将变速箱上的滤清器连同机油一起进行更换。

在下列情况下不必更换滤清器。

❶ 已经更换了机油冷却器。
❷ 已经更换了换挡轴的密封环。
❸ 已经更换了法兰轴或插接轴的密封环。
❹ 已经更换了直接换挡变速器控制单元、多片式离合器或机油泵。
❺ 已经更换了带机油温度传感器 G509 的变速器。
❻ 保养周期已达到 60000km。

### 79. 拆卸 DSG 变速器离合器有哪些重要步骤和要领？

❶ 为了拆装和安装离合器，必须将变速器牢固地垂直固定在装配台上。
❷ 拆下离合器盖的卡环。
❸ 取下离合器盖。
❹ 拆下卡环（安装时必须重新测量和更换该卡环）。
❺ 取出离合器。
❻ 取出泵轴。
❼ 在安装新的离合器后，才能安装泵轴，将轴放置在一边。

### 80. 安装 DSG 变速器离合器有哪些重要步骤和要领？

❶ 注意，四个活塞环的正确位置。活塞环切口不得处于重叠状态。
❷ 将环平稳旋转一周，它必须活动自如并且不允许卡死。
❸ 检查离合器上是否有标记（图 3-20 中箭头位置）。如果没有标记，维修中要自己设置一个彩色标记，之后应将盖子的凸缘重新安装在这个标记位置上。

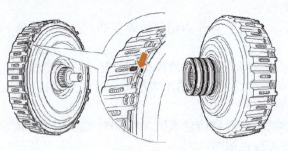

图 3-20　离合器上标记

### 81. 测量和调整离合器有哪些重要步骤及要领？

（1）第一次测量

❶ 将通用千分表支架拧到变速器法兰上。
❷ 将千分表按键放置在输入轴上。
❸ 用预紧力把千分表调到 0。

❹将离合器向上抬高至限位位置，然后记下测量结果。

（2）第二次测量

❶将千分表按键放置在大的膜片支架的球形毂上，不得将按键放在卡环上。

❷再次用预紧力把千分表调到 0。

❸再次将离合器向上抬高至限位位置，然后再次记下该结果。

❹现在可以计算剩余新卡环中的哪一个将被安装。计算公式：第二次测量结果－第一次测量结果 +1.85mm= 所要安装的卡环的厚度。

a. 剩余的新卡环厚度相差均为 0.1mm 的倍数。

b. 测量所有的卡环并找出最接近测量结果的卡环。

c. 将厚度为 2mm 的卡环拆下并用测量过的卡环替换。

d. 将所有剩余的 2mm 废卡环处理掉。

e. 卡环原则上只能被安装一次。

❺安装泵轴。

❻安装合适的离合器盖，以致凸缘被标记盖住。

❼取出固定销，安装合适的封盖，在变速器安装之后，对直接换挡变速箱控制单元 J743 进行基本检测。

### 82. 拆卸 DSG 变速器控制单元 J743 有哪些重要步骤和要领？

在变速器拆开的情况下不得有污物进入变速器内。特别是对于闲置的直接换挡变速器控制单元 J743 和或机油泵，污物的进入可能会导致变速器的故障。

（1）控制单元 J743 在变速器中的位置（图 3-21）

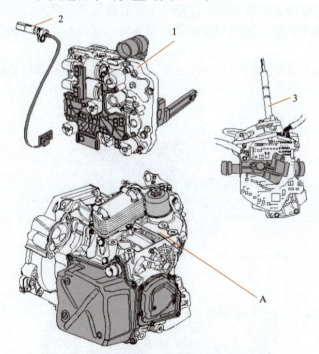

图 3-21　控制单元 J743

A—变速器总成；1—直接换挡变速器控制单元 J743；2—变速器输入转速传感器 G182 和机油温度传感器 G509；3—选挡杆 E313

（2）拆卸变速器控制单元 J743

❶ 选挡杆置于 P 挡位置。

❷ 在关闭点火开关时，断开和连接蓄电池。

❸ 拆下隔声垫。

❹ 拆卸增压空气冷却器和增压空气管之间的连接软管。

❺ 将变速器盖子的电缆夹拧下（2 个 M6 螺母）。

❻ 通过旋转将直接换挡变速器控制单元的插头锁止件解锁并拔下连接插头。

❼ 将盖子区域内的导线向上放置。

❽ 拧出摆动支承附近的螺栓。在该孔中是一个由塑料制成的溢流管（带有 8mm 内六角螺栓，拧紧力矩 3N·m）。其长度决定了变速器内的机油油位，拆下该油管。

❾ 用 3N·m 的力矩再次拧入溢流管。

❿ 以对角方式松开和旋出盖子的螺栓。

⓫ 盖子沿着起动机螺栓而过。

⓬ 取下盖子和密封件。

⓭ 拆卸机油泵盖，拆下后将会接触控制单元。

这时一定要注意：在日常维修过程中如果接触到金属电器部件，可能会受到电击。其原因是人体上产生的静电，接触变速器控制单元时，静电可能会导致功能故障。所以，在接触变速器控制单元之前，请先接触接地物体，例如支撑车辆的举升。

⓮ 用一把小螺丝刀小心松开带膜片式离合器的油温传感器 G509 及变速器输入转速传感器 G182 的插头，同时用第二把螺丝刀将其小心地撬出。拔下插头，从固定凸耳中取出导线。

⓯ 以规定的顺序松开并旋出紧固螺栓。为了方便拆卸，在取出直接换挡变速箱控制单元时获取活动空间，可以拆下摆动支承，接着将变速器稍微向后倾斜。

⓰ 从变速器壳体中拔出直接换挡变速器控制单元，直至背面的传感器臂不再处于变速器壳体内。

⓱ 小心地向下摇出直接换挡变速器控制单元 J743，并正确放置好直接换挡变速器控制单元（图 3-22）。

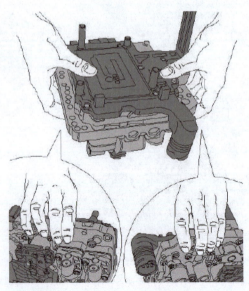

图 3-22　拆卸变速器控制单元 J743

## 83. 安装 DSG 变速器控制单元 J743 有哪些重要步骤和要领?

安装程序完毕后,更换直接换挡变速器的机油和滤清器,进行直接换挡变速器控制单元 J743 的基本检测。

❶ 要注意固定销在变速器壳体中的正确位置和传感器臂在变速器壳体上的导向件中的正确位置,不得夹住导线。

❷ 用手拧入新螺栓 1~10,以规定的顺序用 5N·m+90°(1/4 圈)拧紧螺栓(图 3-23)。

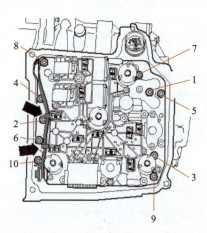

图 3-23 安装变速器控制单元 J743(一)

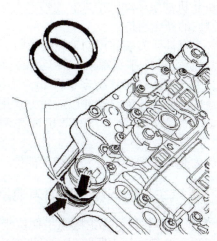

图 3-24 安装变速器控制单元 J743(二)

❸ 将导线 A 挂在上面的固定凸耳上,然后挂在下面的固定凸耳上(图 3-23 中箭头)。

❹ 插入并卡紧插头。

❺ 如果重新安装"旧的"直接换挡变速器控制单元,则应更换两个密封环(图 3-24)。

❻ 用直接换挡齿轮油浸润圆形密封圈(一个新的直接换挡变速器控制单元自然也已经包含了新的环)。

❼ 清洁盖子的密封件和变速器上的密封面,注意密封件的正确位置。

❽ 将盖子放在直接换挡变速器控制单元上,同时不要夹住导线。

❾ 旋入新螺栓并以对角方式用 10N·m 的力矩分多次拧紧。

❿ 装上新的机油泵盖并将螺栓以对角方式用 8N·m 的力矩分多次拧紧。

⓫ 将电缆夹装在大的盖子上并用 10N·m 的力矩拧紧螺母。

⓬ 插上直接换挡变速器控制单元 J743 的插头,并且通过转动来锁住锁止件。

⓭ 安装增压空气冷却器和增压空气管之间的连接软管。

⓮ 重新安装有可能被拆卸的汽车部件。

⓯ 连接蓄电池接地线。

## 84. 拆卸 DSG 变速器油泵有哪些重要步骤和要领?

可以尝试在无须拆卸变速器的情况下进行机油泵的更换。必须升起汽车并且拆卸前车下部可能配有的全部盖板,不必分开控制臂与减振支柱的连接。

❶ 拆下左车轮罩内板的下部件。

❷ 拧出摆动支承附近的螺栓。

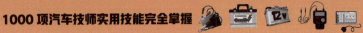

❸ 拆下溢流管，排放机油。
❹ 再次以 3N·m 的力矩用手拧入溢流管。
❺ 更换螺栓的密封件。
❻ 旋出螺栓，然后取下机油泵盖。
❼ 旋出螺栓，然后从固定销上拔出机油泵，并且拔出机油泵的传动轴。

### 85. 安装 DSG 变速器油泵有哪些重要步骤和要领？

❶ 将机油泵驱动轴推入变速器内直至限位位置，同时略微旋转传动轴。每次都应使用由金属制成的新密封件。
❷ 当机油泵安装在传动轴花键上时，请注意在固定销上的正确位置。
❸ 注意，3 个平头螺栓，最上面的为埋头螺栓。
注意力矩：埋头螺栓为 8N·m，无转角；平头螺栓为 8N·m+90°（1/4 圈）。
❹ 装上新的机油泵盖并以对角方式用 8N·m 的力矩分多次拧紧新螺栓。
❺ 此时必须加注"新的"机油并调整正确的油位，更换直接换挡变速器的机油和滤清器。
❻ 安装左轮罩内板及其他相关部件。

### 86. 汽车不能行驶的故障表现是什么？是什么原因导致的？

（1）故障表现　无论操纵手柄位于倒挡、前进挡或前进低挡，汽车都不能行驶；冷车启动后汽车能行驶一小段路程，但热车状态下汽车不能行驶。

（2）分析思路/可能的故障原因
❶ 自动变速器油渗漏。
❷ 油泵进油，滤网堵塞。
❸ 主油路严重泄漏。
❹ 油泵损坏。

（3）检查和排除
❶ 检查自动变速器内有无液压油。其方法是：拔出自动变速器的油尺，观察油尺上有无液压油。如有严重漏油处，应修复后重新加油。
❷ 拆下主油路测压孔上的螺塞，启动发动机，将操纵手柄拨至前进挡或倒挡位置，检查测压孔内有无液压油流出。
❸ 若主油路测压孔内没有液压油流出，应拆卸分解自动变速器，更换油泵。
❹ 若主油路测压孔内只有少量液压油流出，油压很低或基本上没有油压，应检查油泵进油滤网有无堵塞。如无堵塞，说明油泵损坏或主油路严重泄漏，应拆卸分解自动变速器。
❺ 若测压孔内有大量液压油喷出，说明主油路油压正常，故障出在自动变速器中的输入轴、行星排或输出轴。

### 87. 自动变速器打滑的故障表现是什么？是什么原因导致的？

（1）故障表现　起步时踩下油门踏板，发动机转速很快升高但车速提高缓慢；行驶中踩下油门踏板加速时，发动机转速升高但车速没有很快提高；平路行驶基本正常，但上坡无力，且发动机转速很高。

（2）分析思路/可能的故障原因
❶ 液压油油位太低；液压油油位太高，运转中被行星排剧烈搅动后产生大量气泡。
❷ 离合器或制动器摩擦片、制动带磨损过甚或烧焦。
❸ 油泵磨损过甚或主油路泄漏，造成油路油压过低。
❹ 单向超越离合器打滑。
❺ 离合器或制动器活塞密封圈损坏，导致漏油。
❻ 减振器活塞密封圈损坏，导致漏油。

（3）检查和排除
❶ 自动变速器在所有前进挡都有打滑现象，则为前进离合器打滑。
❷ 自动变速器在操纵手柄位于 D 位时的 1 挡有打滑，而在操纵手柄位于 L 位或 1 位时的 1 挡不打滑，则为前进单向超越离合器打滑。若无论操纵手柄位于 D 位或 L 位或 1 位时，1 挡都有打滑现象，则为低挡及倒挡制动器打滑。
❸ 自动变速器只在操纵手柄位于 D 位时的 2 挡有打滑，而在操纵手柄位于 S 位或 2 位时的 2 挡不打滑，则为 2 挡单向超越离合器打滑。若无论操纵手柄位于 D 位或 S 位或 2 位时，2 挡都有打滑现象，则为 2 挡制动器打滑。
❹ 在 3 挡时有打滑现象，则为倒挡及高挡离合器打滑。
❺ 在超速挡时有打滑现象，则为超速制动器打滑。
❻ 在倒挡和高挡都有打滑现象，则为倒挡及高挡离合器打滑。
❼ 在倒挡和 1 挡时都有打滑现象，则为低挡及倒挡制动器打滑。

## 88. 换挡冲击过大的故障表现是什么？是什么原因导致的？

（1）故障表现　在起步时，由停车挡或空挡挂入倒挡或前进挡时，汽车振动较严重；行驶中，在自动变速器升挡的瞬间汽车有较明显的闯动。

（2）分析思路/可能的故障原因
❶ 发动机怠速过高。节气门拉索或节气门位置传感器调整不当，使主油路油压过高。
❷ 升挡过迟。真空式节气门阀的真空软管破裂或松脱。
❸ 主油路调压阀有故障，使主油路油压过高。
❹ 单向阀钢球漏装，换挡执行元件（离合器或制动器）接合过快。
❺ 换挡执行元件打滑；油压电磁阀不工作；电子控制单元故障。

（3）检查和排除
❶ 检查发动机怠速。
❷ 检查真空式节气门阀的真空软管，如有破裂，应更换；如有松脱，应重新连接。
❸ 路试，如果有升挡过迟的现象，则说明换挡冲击大的故障是升挡过迟所致。如果在升挡之前发动机转速异常升高，导致在升挡的瞬间有较大的换挡冲击，则说明离合器或制动器打滑。

## 89. 升挡过迟的故障表现是什么？是什么原因导致的？

（1）故障表现　在汽车行驶中，升挡车速明显高，升挡前发动机转速偏高；必须采用松油门提前升挡的操作方法，才能使自动变速器升入高挡或超速挡。

（2）分析思路/可能的故障原因
❶ 节气门拉索或节气门位置传感器调整不当；节气门位置传感器损坏。

❷ 主油路油压或节气门油压太高。
❸ 强制降挡开关短路。
❹ 控制单元或传感器有故障。

### 90. 不能升挡的故障表现是什么？是什么原因导致的？

（1）故障表现　汽车行驶中自动变速器始终保持在 1 挡，不能升入 2 挡和高速挡；行驶中自动变速器可以升入 2 挡，但不能升入 3 挡和超速挡。

（2）分析思路/可能的故障原因
❶ 节气门拉索或节气门位置传感器调整不当；节气门位置传感器损坏。
❷ 调速器有故障。
❸ 车速传感器有故障。
❹ 2 挡制动器或高挡离合器有故障。
❺ 换挡阀卡滞。
❻ 挡位开关有故障。

（3）检查和排除
❶ 对于电子控制自动变速器，应先进行故障自诊断。影响换挡控制的传感器有：节气门位置传感器、车速传感器等。按所显示的故障码查找故障原因。
❷ 检查挡位开关的信号，如有异常，应予以调整或更换。

### 91. 无超速挡的故障表现是什么？是什么原因导致的？

（1）故障表现　在汽车行驶中，车速已升高至超速挡工作范围，但自动变速器不能从 3 挡换入超速挡；在车速已达到超速挡工作范围后，采用提前升挡（即松开油门踏板几秒后再踩下）的方法也不能使自动变速器升入超速挡。

（2）分析思路/可能的故障原因
❶ 超速挡开关或其他超速电子控制元件有故障。
❷ 超速行星排上的直接离合器或直接单向超越离合器卡死。
❸ 超速制动器打滑。
❹ 挡位开关有故障。
❺ 液压油温度传感器有故障。
❻ 节气门位置传感器有故障。
❼ 换挡阀卡滞。

（3）检查和排除
❶ 检查液压油温度传感器在不同温度下的电阻值，并与标准值进行比较。如有异常，应更换液压油温度传感器。
❷ 检查挡位开关和节气门位置传感器的信号，挡位开关的信号应和操纵手柄的位置相符。节气门位置传感器的电阻或输出电压应能随节气门的开大而上升，并与标准相符。如有异常，应予以调整。若调整无效，应更换挡位开关或节气位置传感器。
❸ 检查自动变速器的升挡情况。

如果不能正常升挡，可能为超速制动器打滑，不能实现超速挡。如果能升入超速挡，但升挡后车速不能提高，发动机转速下降，说明超速行星排中的直接离合器或直接单向超越离合器卡死，使超速行星排在超速挡状态下出现运动干涉，加大了发动机运转阻力。如果在无负荷状态下仍不能升入超速挡,则检查控制系统故障。

### 92. 无前进挡的故障表现是什么？是什么原因导致的？

（1）故障表现　汽车在前进挡时不能行驶；操纵手柄在 D 位时不能起步，在 S 位、L 位（或 2 位、1 位）时可以起步。

（2）分析思路 / 可能的故障原因

❶ 前进离合器严重打滑。

❷ 前进单向超越离合器打滑或装反。

❸ 前进离合器油路严重泄漏。

❹ 操纵手柄调整不当。

（3）检查和排除

❶ 检查操纵手柄（档位操纵机构）的调整情况。如果异常，应按规定程序重新调整。

❷ 测量前进挡主油路油压。若油压过低，说明主油路严重泄漏，应拆检自动变速器，更换前进挡油路上各处的密封圈和密封环。

❸ 若前进挡的主油路油压正常，应拆检前进离合器。如摩擦片表面粉末冶金有烧焦或磨损过甚，则更换摩擦片。

### 93. 无倒挡的故障表现是什么？是什么原因导致的？

（1）故障表现　汽车在前进挡能正常行驶，但在倒挡时不能行驶。

（2）分析思路 / 可能的故障原因

❶ 操纵手柄调整不当。

❷ 倒挡油路泄漏。

❸ 倒挡及高挡离合器或低挡及倒挡制动器打滑。

（3）检查和排除

❶ 检查操纵手柄的位置。如有异常，应按规定程序重新调整。

❷ 检查倒挡油路油压。若油压过低，则说明倒挡油路泄漏，拆检自动变速器。

❸ 若倒挡油路油压正常，应拆检自动变速器，更换损坏的离合器片或制动器片。

### 94. 跳挡的故障表现是什么？是什么原因导致的？

（1）故障表现　汽车以前进挡行驶时，即使油门踏板保持不动，自动变速器仍会经常出现突然降挡现象；降挡后发动机转速异常升高，并产生换挡冲击。

（2）分析思路 / 可能的故障原因

❶ 节气门位置传感器有故障。

❷ 车速传感器有故障。

❸ 控制系统电路接地不良。

❹ 换挡电磁阀接触不良。

❺ 控制单元故障。

（3）检查和排除

❶ 对于电子控制自动变速器，应先进行故障自诊断。如有故障码出现，应按所显示的故障码查找故障原因。

❷ 测量节气门位置传感器。如有异常，应更换。

❸ 测量车速传感器。如有异常，应更换。
❹ 阀板或控制单元故障。
❺ 检修控制系统相关线束。

### 95. 挂挡后发动机怠速易熄火是什么原因？

（1）故障表现　发动机怠速运转时将操纵手柄由 P 位或 N 位换入 R 位、D 位、S 位、L 位（或 2 位、1 位）时发动机熄火；在前进挡或倒挡行驶中，踩下制动踏板停车时发动机熄火。

（2）分析思路 / 可能的故障原因
❶ 发动机怠速过低。
❷ 阀板中的锁止控制阀卡滞。
❸ 挡位开关有故障。
❹ 输入轴转速传感器有故障。

### 96. 无发动机制动是什么原因导致的？

（1）故障表现　在行驶中，当操纵手柄位于前进低挡（S、L 或 2、1）位置时，松开油门踏板，发动机转速降至怠速，但汽车没有明显减速；下坡时，操纵手柄位于前进低挡，但不能产生发动机制动作用。

（2）分析思路 / 可能的故障原因
❶ 挡位开关调整不当。
❷ 操纵手柄调整不当。
❸ 2 挡强制制动器打滑或低挡及倒挡制动器打滑。
❹ 控制发动机制动的电磁阀有故障，阀板有故障。
❺ 自动变速器打滑。
❻ 控制单元故障。

### 97. 不能强制降挡是什么原因导致的？

（1）故障表现　当车辆以 3 挡或超速挡行驶时，突然将油门踏板踩到底，自动变速器不能立即降低一个挡位，致使汽车加速无力。

（2）分析思路 / 可能的故障原因
❶ 节气门拉索或节气门位置传感器调整不当。
❷ 强制降挡开关损坏或安装不当。
❸ 强制降挡电磁阀损坏或线路短路、断路。
❹ 阀板中的强制降挡控制阀卡滞。

### 98. 无锁止故障是什么原因导致的？

（1）故障表现　汽车行驶中，车速、挡位已满足锁止离合器起作用的条件，但锁止离合器仍没有产生锁止作用；汽车油耗比较明显。

（2）分析思路 / 可能的故障原因
❶ 液压油温度传感器有故障。
❷ 节气门故障。

❸ 锁止电磁阀有故障或线路短路、断路。
❹ 锁止控制阀有故障。
❺ 变矩器中的锁止离合器损坏。
（3）检查和排除
❶ 对于电子控制自动变速器，应先进行故障自诊断，检查与锁止控制有关的部件，包括液压油温度传感器、节气门位置传感器、锁止电磁阀等。
❷ 如果控制系统无故障，则应更换变矩器。

## 99. 自动变速器异响故障表现是什么？是什么原因导致的？

（1）故障表现　在汽车运转过程中，自动变速器内始终有异常响声；汽车行驶中自动变速器有异响，停车挂空挡后异响消失。
（2）分析思路/可能的故障原因
❶ 油泵因磨损过甚或液压油油面高度过低、过高而产生异响。
❷ 变矩器因锁止离合器、导轮单向超越离合器等损坏而产生异响。
❸ 行星齿轮机构异响及换挡执行元件异响。

## 100. 造成摩擦片烧损的具体故障表现是什么？是什么原因导致的？

（1）故障表现
❶ 发动机转速在 2000r/min 以下倒车不能行驶，必须转速在 2000r/min 以上。
❷ 传动比数据错误，通常有故障码出现。
（2）针对故障表现检查故障产生的位置或部件　拆下并分解自动变速器，发现内部有多组摩擦片被烧损，离合器 B（倒挡传动）损坏最为严重。制动器 C（2 挡、3 挡、5 挡传动）、离合器 A（1 挡、4 挡传动）、离合器 E（4 挡、5 挡传动）有损坏。
传动比数据错误的源头是机械部件打滑，应重点检查离合器、制动器以及液压部件。
（3）针对故障表现分析问题
❶ 摩擦片间隙过大导致离合器 B 活塞的工作行程过大，造成泄漏，导致离合器 B 烧损。
❷ 油道泄漏，最终造成摩擦片烧损。

## 101. 制动器活塞发生故障的表现是什么？是什么原因导致的？

（1）故障表现　发动机转速在 2000r/min 以下倒车不能行驶，必须加速在 2000r/min 以上。
（2）针对故障表现检查故障产生的位置或部件
❶ 拆下并分解变速器总成，彻底检查制动器 B2，发现制动器 B2 的摩擦片有轻微的烧蚀迹象。
❷ 拆下制动器 B2 的活塞，发现该活塞很硬，与液压缸的配合很松旷。
❸ 检查其他离合器和制动器，没有问题。更换制动器 B2 活塞，故障彻底排除。
因为 2 挡和 4 挡共同的执行元件是制动器 B2，根据本实例故障表现，重点检查该执行元件。
（3）针对故障表现分析问题　制动器 B2 的活塞是胶质活塞，在冷车状态时没有弹性，出现泄压。此时若缓慢加速，则制动器 B2 的工作油压较低，泄压会更为明显，造成制动器 B2 接合时打滑，入挡时冲击较大，出现闯车现象。热车后活塞恢复弹性，因此故障现象有所减弱，甚至消失。

（4）维修总结　行星齿轮机构维修中，本实例表现了制动器活塞的特性，这种特性与温度有直接关系。

### 102. 01M 自动变速器换挡电磁阀的作用是什么？怎么进入应急状态？

❶ 电磁阀 N88、N89、N90、N92、N94 是开关阀，作用是打开或关闭某一油道；其中 N88、N89、N90 是换挡电磁阀，受控于控制单元，然后再控制液压开关阀而换入某个挡位；N92、N94 是换挡平顺阀，作用是保证换挡过程平顺。

电磁阀 N91、N93 是油压调节阀，作用是调节油液的压力；N91 是锁止离合器油压调节阀，控制单元通过 N91 来调节锁止离合器压力大小；N93 是离合器和制动器油压调节阀，控制单元通过 N93 调节离合器和制动器油压大小。

❷ 电磁阀中任何一个出现故障，控制单元都没有替代功能，但是变速器在机械设计上具有"回家"功能，当控制单元不工作、拔开电磁阀插头或多功能（挡位）开关插头、元件故障等，均进入应急运行，即变速杆置于"D、3、2"位置，无论起步、行驶均为 3 挡；变速杆置于"1"位置，以 1 挡行驶；变速杆置于"R"位置，以倒挡行驶。

### 103. 怎么检查和排除 01M 自动变速器换挡电磁阀故障？

（1）故障表现　宝来轿车，配置 01M 四速自动变速器，该车最高时速不能超 100km/h，行驶中无升挡和降挡。

（2）检查与排除　首先读取故障码，连接故障诊断仪，进入自动变速器控制单元查询故障码，储存一个故障码。宝来轿车自动变速器控制单元 J217 的管理策略是如果产生可造成自动变速器控制单元无法识别换挡时刻的传感器信号丢失现象或换挡电磁阀存储故障码时，自动变速器进入应急状态，将变速器固定在 3 挡行驶。

对连接各电磁阀的排线进行测量，拆下电磁阀，按照电路图将欧姆表红笔分别触 T10 各针脚，黑笔分别触各电磁阀插座相应插孔进行测量。对电磁阀排线做导通性检测，发现插接器到 N89 间导线断路。摇动导线时，产生时通时断现象。

自动变速器进入 3 挡应急运行，确定故障原因是电磁阀 N89 的正极与控制单元之间导线断路。阀体上的 7 个电磁阀与箱体插头采用印制电路（软塑料片上压入铜箔），由于振动、腐蚀、老化、过电流等原因，印制电路的铜箔会出现断裂。

更换自动变速器电磁阀排线总成，进行路试验收测试，清除故障码，行车正常，故障排除。

### 104. 怎么检查和排除 01M 自动变速器变扭器锁止离合器控制故障？

（1）故障表现　车辆在静止时刹车后挂入动力挡发动机有时熄火或挂入动力挡时发动机抖动严重，同时还表现出换挡冲击、自动变速器温度高、低速快停车时感觉车前行力量大，踩制动踏板车停不住，刹车制动力差等。

（2）分析和排除　更换 TCC 控制阀（阀体修理包）解决该问题。这一般都是由于 ATF 过脏或操作时部件的清洗不够干净，从而导致液压控制阀阀体里的 TCC 锁止控制阀出现卡滞现象形成的，这是大众 AG401 系列自动变速器最常见的问题之一，主要原因是 TCC 锁止增压阀阀套是铝制的，特别容易磨损，磨损后会造成增压阀运动干涉或出现卡滞现象，从而出现刹车后挂入动力挡发动机熄火或挂入动力挡时发动机抖动的现象。

## 105. 怎么检查和排除 01M 自动变速器 2 挡升 3 挡打滑故障？

❶ 如果为单纯打滑问题是比较容易解决的，它无非在于系统提供低油压、2 挡换 3 挡元件交替转换时出现了时间差（B2 制动器释放压力，K3 离合器建立压力）、K3 离合器本身以及摩擦材料的质量等问题。

❷ 单纯打滑问题看似简单，但实际它综合了自动变速器的电子控制、液压控制和机械传动控制。

a. 电子控制问题：输入信息比较重要，执行器也比较重要，这是因为电脑只有接收到准确的输入信息才能计算出合适的工作压力，调节出的工作压力正常与否又取决于执行器主油压调节电磁阀的工作性能。

如果输入信息无误、控制单元本身没有问题，执行器工作性能变差也会导致出现低油压形成打滑现象。

b. 液压控制问题：如果负责换挡控制的电磁阀 N89 和 N90 在 2 挡换 3 挡时，阀芯动作迟缓会使 B2 换挡阀、B2 协调阀和 K3 换挡阀动作不协调，从而出现 2 挡升 3 挡打滑。

c. 机械传动控制：2~3 挡的形成主要靠 K3 离合器工作来完成，因此如果在 K3 离合器本身存在问题的情况下，也会造成变速器在执行 2 挡换 3 挡时出现打滑现象。在宝来 01M 变速器 2 挡升 3 挡打滑故障中，故障经常出在液压和机械方面，只有个别问题出在控制单元、主油压调节电磁阀和节气门位置传感器等。

## 106. 怎么检查和排除 01M 自动变速器 2 挡升 3 挡冲击故障？

2 挡升 3 挡冲击是个比较复杂的故障，分析这样的问题一定要综合全面，然后逐一排查。01M 自动变速器控制单元具有自适应学习功能，因此在大修或者更换电子元件时必须长时间试车。2~3 挡冲击的问题同样要多行驶一段时间来完成自适应学习功能。

（1）控制信息故障　当节气门位置传感器（TPS）或空气流量传感器（MAF）提供给控制单元错误信息时，例如节气门体过脏或空气流量传感器故障等，控制单元便调节出错误压力，特别是由低速挡转换直接挡时（2~3 挡）便出现 2 挡升 3 挡打滑或冲击的问题。所以有时候换了一个空气流量传感器或者将节气门体清洗并匹配一下，或许问题就解决了。

（2）液压控制系统　如果液压控制系统提供换挡油压过高（主油压调节电磁阀），影响换挡品质的 N92（其所控制的平顺阀）和 N94 电磁阀不能在 2~3 挡换挡点上瞬间延缓油压建立的速度而实现减扭控制，或者 B2 和 K3 协调阀工作不稳定等都会导致变速器在执行 2~3 挡时出现冲击感。

（3）维修工艺　在大修自动变速器时，由于 1~3 挡离合器 K1 和 3/4 挡离合器 K3 之间为花键紧配合连接，因此在分解时如果没有利用专用工具，很容易导致 K1 或 K3 鼓变形，如果 K3 鼓变形，也会导致自动变速器在 2~3 挡时出现冲击现象。

## 107. 怎么检查和排除 01M 自动变速器超速挡打滑故障？

（1）故障表现　某帕萨特 B4 轿车 01M 自动变速器，在正常高速行驶时，出现发动机空转现象，3 挡升 4 挡打滑严重。

（2）检查与分析

❶ 用故障诊断仪检测，发现只有故障码 01192，其含义是变矩器机械故障，并同时进行动态数据流测试。清除故障码后再次进行路试，结果故障码 01192 再次重现。

❷ 设置故障码 01192 的条件是变矩器锁止离合器滑差转速超出 ECU 内部设置的极限值。

根据变矩器锁止离合器的工作过程，车辆出现故障码 01192 时，不能单一去考虑变矩器锁止控制问题。

❸ 3 挡升 4 挡打滑应该是超速挡 4 挡执行元件工作不正常，或者是电控系统指令错误、液压控制系统故障、换挡电磁阀故障以及控制油路存在泄漏现象。超速挡执行元件为 K3（3/4 挡离合器）和 B2（2/4 挡制动器）。而换挡电磁阀 N90 控制 K3 离合器，N89 控制 B2 制动器，B2 制动器为 2 挡与 4 挡公用元件，而变速器在执行 1 挡升 2 挡时没有打滑现象，应该说明 B2 制动器不会有问题，那么极有可能就是 K3 离合器本身或控制系统有问题，由于 K3 离合器是 3 挡与 4 挡的共用元件，3 挡升 4 挡打滑严重，而 2 挡升 3 挡轻微打滑的原因是因为 3 挡为直接挡 K1（1/3 挡离合器）离合器和 K3 离合器同时工作，而 4 挡为超速挡，K3 离合器这时必须作为主动元件出现。

（3）故障排除　分解变速器，发现 K3 离合器的确烧损严重，烧损 K3 离合器的原因应该在于液压控制阀体的供油压力上。清洗变矩器，更换 K3 总成，清洗液压控制阀体，更换换挡电磁阀 N90 及所有密封元件，故障排除。

## 108. 怎么检查和排除 01M 自动变速器没有超速挡故障？

（1）故障表现　某帕萨特轿车，搭载 01M 型 4 速电控自动变速器，有时候没有超速挡。当节气门开度比较大时，3 挡无法换入超速挡，但 1 挡升 2 挡和 2 挡升 3 挡正常；在正常行驶情况下，当变速器进入超速挡后，这时突然深踩加速踏板变速器降至 3 挡（强迫降挡开关接通），然后再平稳运行变速器就无法换入超速挡。该车发生事故被撞伤过变速器，之前更换过阀体总成。

（2）检查与分析　用故障诊断仪检测和进行数据流分析，发现只有故障码 00652，含义为挡位开关监控信号不正常。这表明该变速器的机械或者电控系统均存在问题。因为只有在各输入信号都正常的情况下，ECU 才能对电磁阀发出相应的各挡换挡指令信号。如果换挡指令信号正常，而变速器运行异常，说明问题存在机械方面故障。几次路试发现故障码 00652 只有在 D 位才会出现，而在其他挡位均不会出现。

排除变速器车速传感器及其线路故障，由于阀体总成是不久前更换过新的，所以暂时不考虑阀体问题。

离合器和制动器可以通过变速器在没有装阀体的前提下，对其进行空气压力试验来确定它们的密封性能。

4 挡运行时总出现打滑现象、问题很可能是由于机械原因引起的。

（3）故障排除　解体变速器进行彻底检查。拆卸阀体总成时，发现维修工不是将手动阀操纵杆脱开，而是将一般情况下不用拆的手动阀操纵杆固定螺栓拆下了。由于手动阀装配位置不正确，造成变速器 4 挡执行元件的工作油压偏低，而引起 4 挡工作不正常的现象，最终致使 K3 离合器片烧损。

更换 K3 离合器组件，重新调整手动阀位置，故障彻底排除。在维修大众系列变速器时最好不要拆手动阀连动杆螺栓，在拆卸阀体时慢慢地将手动阀连动杆脱开即可。如果拆手动阀连动杆螺栓，应按规定调整好其位置。01M 自动变速器手动阀位置调整如图 3-25 所示。

图 3-25　01M 自动变速器手动阀位置调整

### 109. 什么情况下自动变速器执行升降挡位？

当汽车需要加速的时候，变速器必须执行换高挡，这时变速器 ECU 会根据车速的加快以及节气门开度的变化指令换挡电磁阀执行高挡状态；而通常变速器的降挡是在汽车滑行时，由于地面阻力而车速下降时实现的，或者是通过施加制动使车速下降实现的，还有就是当汽车行驶阻力特别大，发动机动力不足时（爬坡），变速器会降低一个挡位。

因此，对于任何一款正常的变速器，无论是 ECU 控制换挡，还是全液压控制换挡，它的升降挡曲线都不会重叠。

### 110. 怎么检查帕萨特 01M 自动变速器升降挡重叠故障？

（1）故障表现　某帕萨特 B4 轿车，装配 AG4 型 01M 自动变速器，大修后出现 3 挡升 4 挡和 4 挡降 3 挡点重叠现象，也就是说变速器在 60km/h 从 3 挡换入 4 挡，同时在 4 挡降至 3 挡也是 60km/h 的车速。

（2）检查与分析　该变速器 3～4 挡和 4～3 挡的油路转换主要是靠 ECU 通过接收两个主要信号实现的，即反映发动机负荷的节气门开度信号和反映实际车速的变速器输出转速信号。ECU 通过数据分析、计算以及和内部换挡程序的对比，最终指令换挡电磁阀工作，电磁阀通断工作就会改变 3～4 挡和 4～3 挡的油路转换，这样就实现了 3～4 挡的切换。

就该变速器故障现象，首先要考虑 TPS 信号和 VSS 信号。可以通过读取数据流的方式来进行故障检测，看 TPS 是否在 0.4～4.5V 范围变化以及 VSS 的电压信号变化。

### 111. 怎么检查帕萨特 01M 自动变速器挡位不正确故障？

（1）故障表现　某帕萨特轿车装配 01M 自动变速器，挂手动 2 挡却出现 3 挡的车速。该车只要在手动 2 挡上稍微加速，车速就能超过 90km/h。

（2）检查与分析　正常情况下变速器在手动 2 挡时最高车速不会超过 80km/h，大众系列变速器挂手动 2 挡却出现 3 挡的车速说明变速器控制单元进入失效保护。变速器在进入失效保护后，电控系统退出控制，除手动 1 挡和倒挡正常外，"D" 位和其他手动挡均为所有换挡电磁阀都不工作的挡。如奔驰系列为 2 挡，大众系列为 3 挡。即大众系列变速器控制单元进入失效保护后,手动2挡和"D"位上只有1个3挡,所以挂手动2挡出现3挡的车速。

(3)故障排除　检修时应围绕电控部分进行检查。因为该变速器之前进行过大修,经检查发现控制阀上电磁阀印制导线的压板装反,导致换挡电磁阀端子出现接触不良。重新安装印制导线的压板后,变速器挡位恢复正常,故障排除。

### 112. 怎么检查不能自动换挡故障?

(1)故障表现　某现代途胜越野车使用的是和三菱帕杰罗越野车一样的V4A51自动变速器(辛普森式),对于新车就发现在"D"位只有1个挡,无法换挡。

(2)检查与分析　新车变速器进入失效保护后,在"D"位只有1个挡,无法换挡,通常应是电气方面故障,调取故障码,含义为输入轴转速传感器信号丢失。汽车行驶中变速器控制单元根据输入轴转速传感器和车速传感器信号,再参照挡位信号和其他传感器信号,监测变速器内离合器和制动器是否打滑,如发生打滑就会进入失效保护,留下"某挡位传动比不对"的故障信息。

分解变速器,发现输入轴转速传感器的转子安装在前进挡离合器鼓上,该离合器鼓轴向位移量为1.3mm,该离合器鼓允许位移量为0.70~1.20mm。分解其他同类自动变速器,离合器鼓轴向位移量都在0.70mm之内,可能是因为气隙过大,导致霍尔式输入轴转速传感器信号丢失。

(3)故障排除　更换一个新的离合器鼓,轴向位移量为0.70mm,消除故障码后重新试车,"D"位上换挡恢复正常,故障排除。

### 113. 怎么检查和排除突然没有倒挡?

(1)故障表现　某凯迪拉克轿车使用5L40E自动变速器,突然没有倒挡,随后前进挡1挡升2挡时又出现换挡冲击。

(2)检查与分析　经检查发现该变速器由于真空调节器膜片破裂,导致自动变速器油被发动机进气管吸入,并进入燃烧室燃烧,使油液液面过低,造成油泵油压过低。虽然基本可保证前进挡的主油压,但却无法保证倒挡油压的需要,使倒挡油压过低,所以前进挡基本正常,没有倒挡。

油液液面过低造成油泵油压和主油压过低,而润滑油压是由主油压派生出来的,所以又导致润滑油压过低,使行星齿轮机构因润滑不良而磨损。而行星齿轮机构磨损掉下来的金属削又造成控制阀内1~2换挡阀卡滞,导致1挡升2挡时有换挡冲击。

(3)故障排除　更换1~2换挡阀,清洗变速器,更换新的行星齿轮机构。

### 114. 变速器油温高会导致什么故障?

(1)故障表现　某宝马740轿车自动变速器油温上升很快,正常的自动变速器油温应低于100℃,但该车在路上行驶时间不长油温就超过130℃。用手摸变速器散热器,十分烫手,说明因变速器油温过高,自动变速器控制单元进入失效保护,退出了最高的5挡和变矩器锁止工况。

(2)检查与排除　检查发现散热器冷却水管堵塞、气胀,拆下变速器散热器冷却水管,水管口已经被白色沉淀物堵塞。彻底清洗了发动机和变速器的冷却系统,更换新的冷却液后重新试车,变速器油温恢复正常,变速器也能正常升入5挡,故障排除。

## 115. 什么原因导致变速器在"P"位和"N"位有异常响?

装有传动链的横置式变速器(包括自动变速器和无级变速器)在"P"位和"N"位(空挡)时能听到"嗡嗡"的异常响声,而挂入前进挡或倒挡后异常响声立即消失。这通常是传动链磨损造成的,更换传动链、主动链轮、从动链轮大多可排除故障。

## 116. 自动变速器内印制导线损坏会导致什么故障?

用故障诊断仪检测,读取数据流,显示变速器油温达到150℃,用万用表在变速器壳上的油温传感器端子针头上检查电阻值,如果变速器油温上升时传感器电阻值保持不动,则表明印制导线故障。需要更换印制导线。

❶ 拆卸大众变速器控制阀上的电磁阀和油温传感器的印制导线时必须使用专用工具,而且必须严格按照厂家规定,只能往上撬动,否则很容易损坏。

❷ 印制导线出问题最常见的是变速器油温传感器的导线短路,短路后即使刚打开点火开关,读取数据流也会显示变速器油温特别高,超过正常100℃以上。

❸ 当变速器控制单元收到变速器油温过高的信号,会进入失效保护,变速器1挡升2挡时间严重滞后,发动机转速达到4000r/min时才升入2挡,由于升挡点严重滞后,所以在升挡瞬间有明显的换挡冲击。

有些自动变速器油温超过150℃,变矩器就无法进入锁止工况,没有超速挡,大众变速器除这些外还会自动降一个挡。

## 117. 自动变速器油压不足会导致什么故障?

(1)故障表现 某别克轿车使用4T60E自动变速器,突然发现没有倒挡,变速器油没有达到液面高度。

(2)检查与排除 认真路试发现自动变速器不仅没有倒挡,而且低速加速不良。这是因为变速器油液液面进一步降低后,使油泵油压低于前进挡正常时的主油压,除了没有倒挡外,还会出现汽车低速加速不良。不仅会造成负责低速挡的离合器和制动器烧蚀,而且会造成由主油压派生出来的润滑油压过低,最终导致行星齿轮机构烧蚀。

主油压检测,如倒挡怠速主油压过低,2000r/min或失速时主油压正常,说明油泵早期磨损,应更换油泵。

## 118. 为什么换挡手柄不能从"P"位移出?

驾驶员离开车时必须挂"P"位,否则无法拔下钥匙。而重新起步时须打开点火开关,先踩下制动踏板,然后换挡手柄才能从"P"位移出。

换挡手柄下端有一个锁止电磁阀,该电磁阀由控制单元根据制动灯开关的信号进行控制。制动灯开关、制动灯开关继电器和换挡手柄锁止电磁阀中有一项发生故障就会导致换挡手柄不能从"P"位移出。

## 119. 怎么检修和排除1挡到4挡时加速不良?

(1)故障表现 凯美瑞轿车使用5速自动变速器,前进时1挡到4挡加速不良,上坡时尤其明显。

(2)检查与排除 凯美瑞轿车的U250变速器超速挡行星排中的超速挡制动器为过渡

挡。在复合行星排分别变出 1 挡、2 挡、3 挡、4 挡和倒挡时超速挡制动器负责将超速挡行星排以直接挡形式输出，以保证动力的传递。而超速挡单向离合器只是在 1 挡、2 挡、3 挡、4 挡时辅助超速挡制动器工作，辛普森式变速器超速挡单向离合器打滑后不会造成缺挡，但会造成所负责的挡动力传递不足。

检查变速器油，正常，基本可以确定变速器内没有出现制动器和离合器打滑。

单向离合器打滑后变速器不会造成缺挡，在急加速、大负荷时会感觉动力不足，故障原因可以判定应为超速挡单向离合器打滑。

### 120. 怎么检修和排除升挡不顺畅故障？

（1）故障表现　某帕萨特 B5 1.8L 轿车，配用大众公司生产的型号为 AG4 01N 4 速电子控制自动变速器，升挡不顺畅，有轻微冲击感。D 位升挡有时有时无的冲击现象，全部升挡后一切正常。之前，变速器因烧摩擦片而进行大修过。

（2）检查与分析　试车时发现，在节气门开度小、经济模式行驶时故障现象时有时无，但在深踩加速踏板、动力模式情况下，故障现象明显且经常出现，无故障码。

在 01M 自动变速器中，2 挡执行元件是 N88 电磁阀断电控制 K1 机械阀，使 1～3 挡离合器 K1 进油，N89 电磁阀通电控制 B2 机械阀，使 2～4 挡制动器 B2 进油；3 挡执行元件是 N88 电磁阀断电及 1～3 挡离合器 K1 继续进油，N90 电磁阀断电控制 K3 机械阀，使 3～4 挡离合器 K3 进油。

2～3 挡切换的元件是 N89、N90 两个电磁阀，机械阀 K1 和 K3 动作后改变油路上的切换，即用油元件的切换就是 B2 与 K3 之间的切换。

（3）故障排除　在保证变速器内部机械元件没有问题的前提下，重点还是检查电控和阀体。01N 阀体不容易出现问题，但电磁阀却很容易出现问题。在 7 个电磁阀中 N91、N93 两个线性电磁阀以及 5 个开关电磁阀中有 2 个是新的，另外 3 个是原车使用时间很长的，大修时候没有更换。更换电磁阀后，路试升降挡一切顺畅，故障排除。

# 第四章
# 空调系统维修

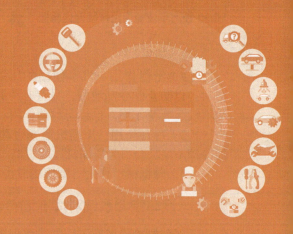

## 第一节　维修知识与通识技能

### 1. 汽车空调系统由哪些部分组成？

汽车空调系统由制冷系统、供暖系统、通风和空气净化装置及控制系统组成。

### 2. 汽车空调制冷系统由哪些部分组成？

汽车空调制冷系统由压缩机、冷凝器、储液干燥器、膨胀阀、蒸发器和鼓风机等组成。各部件之间采用铜管（或铝管）和高压橡胶管连接成一个密闭系统。

### 3. 制冷的基本原理是什么？汽车空调制冷系统的工作原理是什么？

汽车空调系统采用的是压缩式制冷循环方式。

（1）制冷的基本原理　如果出了汗的身体暴露在风中或手上沾了液态酒精，身体或手就会感觉冷，其原因是汗或液态酒精带走了皮肤上的热量，蒸发成了气体。简而言之，液体在变成气体时具有冷却周围环境的性质，这就是制冷原理。

（2）汽车空调制冷系统的工作原理　压缩机由发动机直接驱动，由压缩机排出的高温、高压制冷气体，通过高压管进入冷凝器，利用温差散热，形成高温、高压的液体，经过储液干燥器进入膨胀阀，经过节流、膨胀，通过蒸发器换热，成为低温、低压的气体，同时使室内空气降温。循环进行，使车内温度能维持在较舒适的状态。

### 4. 冷冻油有什么作用？

冷冻油是汽车空调制冷系统中的专用机油，具有润滑、密封、冷却、降低噪声和清洁等作用。

（1）润滑作用　压缩机是高速运转的机器，轴承、活塞、活塞环、连杆和曲轴等零件表面都需要润滑，以减少阻力和磨损，延长使用寿命，降低功耗和提高制冷系数。

（2）密封作用　汽车使用的压缩机都是半封闭式的，压缩机的输入轴承需用油封来密封，以防止制冷剂泄漏，只有有冷冻油，油封才能起到密封作用。同时，活塞环上的冷冻油不仅起减摩作用，也起密封的作用。

（3）冷却作用　压缩机活塞运动的摩擦表面会产生高温，需要用冷冻油来冷却。冷冻油冷却不足，会引起压缩机温度过高、排气压力过高、制冷系数降低，甚至可能烧坏压缩机。

（4）降低噪声作用　摩擦的减少，可降低噪声。

### 5. 汽车空调系统对冷冻油有什么要求？

不同的制冷设备有不同的排气温度和压力，对冷冻油的性能要求也不尽相同，正确选用冷冻油是非常重要的。

制冷剂可以溶解冷冻油，小型制冷设备的冷冻油和制冷剂一起进行循环。在选择冷冻油时，必须注意空调压缩机内部冷冻油所处的状态，如排气温度、排气压力及吸气温度等。

❶ 冷冻油与制冷剂、有机材料和金属等接触时不应起任何反应，其热力及化学性能应十分稳定。

❷ 在制冷循环的最低温度部位也不应有结晶状的石蜡分离、析出或凝固，以保持较低的流动点。

❸ 即使溶于制冷剂时，也能保持一定的油膜黏度。黏度是用来衡量冷冻油黏性大小的物理量。黏度随着温度的上升而减小，而随着温度的下降而增大，冷冻油的黏度常用运动黏度来表示。运动黏度用于度量润滑油在重力作用下流动时摩擦力的大小。

❹ 在压缩机排气阀附近的高温部位不应产生积炭、氧化，具有较高的热稳定性。

❺ 冷冻油中不允许有水分，如水分太多，会对空调系统造成一定的损坏或可能形成冰封。

### 6. 加注冷冻油要注意哪些事项？

❶ 不同规格的冷冻油不能混合使用，否则会引起变质，甚至会造成严重后果，如膨胀阀堵塞、空调压缩机损坏等。

如果不同牌号的冷冻油一起混合，也会变质。变质油的简单检查方法是将冷冻油滴一点到吸水性好的白纸上，过一段时间后，若油滴中央部分有黑色斑点，则说明这种油已经变质，不能使用。

❷ 不能使用变质的冷冻油，如果冷冻油中混入水分，在氧气的作用下会产生一种油酸性质的酸性物质，腐蚀金属零部件。

❸ 冷冻油极易吸水，因此在加注或更换冷冻油时，操作要迅速，如没有准备好，不能立刻加油时，不能打开油罐，在加注完后应立即将冷冻油罐的盖子密封好。

❹ 只允许加适量的制冷剂，不允许过量使用，以免降低制冷效果。

### 7. 制冷剂 R134a 的特点是什么？

目前的车辆空调系统中只使用制冷剂 R134a。

❶ R134a（四氟乙烷）的化学成分与 R12（二氯二氟甲烷）不同，不再含有氯原子。

❷ R12 无色无味，R134a 有轻微的乙醚味道。

❸ R134a 比 R12 易吸收水分（由于氢原子非对称分布而造成吸湿性较强）。

❹ R134a 会腐蚀铜和 R12 系统内的各种密封及部件材料，因此绝不允许在 R12 系统内使用 R134a，否则会造成该系统很快毁坏。

## 8. 制冷剂循环是怎么工作的?

制冷剂循环回路分为低压气态形式、高压气态形式、高压液态形式、低压液态形式四个部分。

空调系统不产生冷气（制冷），而是将热量从车内排到车外。制冷剂在封闭的循环回路中循环并不断在液态与气态之间转换，其结果是从车内吸收热量并排到车外。

制冷剂循环回路分为高压部分（压力侧）和低压部分（抽吸侧），其分界点是压缩机上的阀盘和膨胀阀。

如果使制冷剂循环回路进入运行状态，即发动机运转时打开空调系统，那么压缩机将从蒸发器抽吸低温气态制冷剂进行压缩，以使其加热（最高120℃）并将其压入冷凝器内。压缩后的热气体在冷凝器内由流过的外部空气（行驶风或辅助风扇）冷却。

达到对应压力下的露点时制冷剂开始凝结并变成液态。完全变成液态的制冷剂从冷凝器进入储液罐内并聚集在此处。制冷剂流过干燥器时，会过滤掉可能存在的水分和混杂物。

制冷剂从储液罐继续流向膨胀阀，处于高压状态下的液态制冷剂在此喷入蒸发器（低压侧）内，液态制冷剂在蒸发器内降低压力并蒸发。此时从经过蒸发器鳍片的空气中吸收为此所需要的蒸发热量，从而使空气冷却下来。压缩机吸入已完全处于气态的制冷剂并再次进行压缩，从而结束制冷剂循环。制冷循环过程如图 4-1 所示。

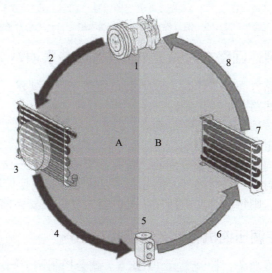

图 4-1 制冷循环过程
A—高压侧；B—低压侧

1—压缩机提高气态制冷剂的压力并由此提高其温度；2—高温和高压下的气态制冷剂；3—冷凝器起散热器或热交换器的作用（流过的空气吸收热量，热制冷剂气体冷却下来并凝结，制冷剂变为液态）；4—中温和高压下的液态制冷剂；5—膨胀阀降低制冷剂压力，同时制冷剂温度急剧下降；6—低温和低压下蒸气形式的制冷剂；7—蒸发器使流过的空气冷却下来并除湿，制冷剂吸收热量；8—低温和低压下的气态制冷剂

## 9. 制冷剂循环回路（汽车空调制冷系统）有哪些组件?

制冷剂循环回路主要由压缩机、冷凝器、干燥器/集气室、膨胀阀、蒸发器、软管和管路、调节和控制装置 7 个组件构成。

这些组件连接在一起形成封闭的制冷剂循环回路，制冷剂在该回路中循环。循环中的制冷剂在气态下压缩，以散热方式冷凝，在吸收热量的同时通过降低压力重新蒸发。

制冷剂循环回路及其组件见图4-2。

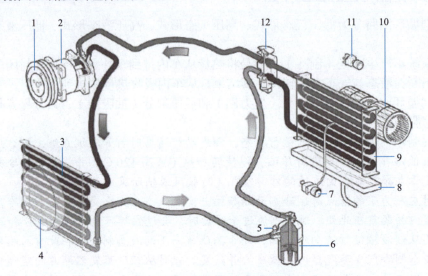

图4-2 制冷剂循环回路及其组件

1—电磁离合；2—压缩机；3—冷凝器；4—辅助风扇；5—压力传感器A（高压气态形式）；6—储液罐B（高压液态形式）；7—蒸发器温度传感器C（低压液态形式）；8—冷凝水排水槽D（低压气态形式）；9—蒸发器；10—蒸发器风扇；11—风扇开关；12—膨胀阀

### 10. 进行制冷剂循环回路方面的工作要注意哪些事项？

进行制冷剂循环回路方面的工作时，原则上必须遵守以下要求。

❶打开制冷剂循环回路前抽吸出制冷剂。
❷抽吸制冷剂后，按抽吸量更新制冷剂。
❸更换部件时按规定量添加制冷剂。
❹每次在循环回路内重新加注制冷剂前，首先抽真空至少30min。
❺只要该系统不密封或维修时敞开时间超过了24h，就要更换储液罐（干燥器）。
❻如果打开了接头，则每次都要更新接头处的密封件并在安装前涂油。

### 11. 外部调节式空调压缩机有什么特点和功用？

如果需要较高的制冷功率，控制单元（IHKA）就会控制调节阀。
脉冲宽度调制电压信号使调节阀内的柱塞移动。电压供给的持续时间确定了调节行程。通过调节可以改变高压与曲柄箱内压力之间的调节阀开启截面面积（图4-3）。

（1）特点
❶采用可变排量以适应制冷功率需求。
❷无电磁离合器和集成式卡止保护功能的皮带轮传动机构。
❸用于调节压缩机内压力比例的调节阀。

（2）功用
❶控制单元（IHKA）无级控制压缩机内的调节阀。
❷系统根据通风温度、车外温度、车内温度以及蒸发器规定温度和实际温度，通过脉冲宽度调制电压信号改变压缩机曲柄箱内的压力比例。
❸斜盘的倾斜位置随之改变，因此确定了排量和制冷功率。即使空调系统已关闭，多楔

带也会带动压缩机继续转动。

图 4-3 外部调节式空调压缩机

## 12. 储液罐和干燥器的作用和工作过程是怎样的？

储液罐作为制冷剂的膨胀容器和储罐使用。外部储液罐和干燥器如图 4-4 所示。

（1）作用 由于运行条件不同，例如蒸发器和冷凝器上的热负荷以及压缩机转速等，因此泵入循环回路内的制冷剂量也不同。

为了补偿这种波动，在空调系统中安装了一个储液罐。来自冷凝器的液态制冷剂收集在储液罐内，蒸发器内冷却空气所需要的制冷剂继续流动。

干燥剂与少量的水发生化学反应并借此将水从循环回路中清除。根据具体型号，干燥剂可以吸收 6～12g 水，吸收量取决于温度。温度降低时吸收量提高，例如，如果温度为 40℃时干燥器饱和，那么 60℃时水会再次析出。干燥器还可以过滤掉压缩机磨损产生的颗粒、安装时的污物或类似物质。

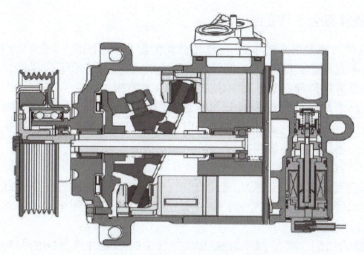

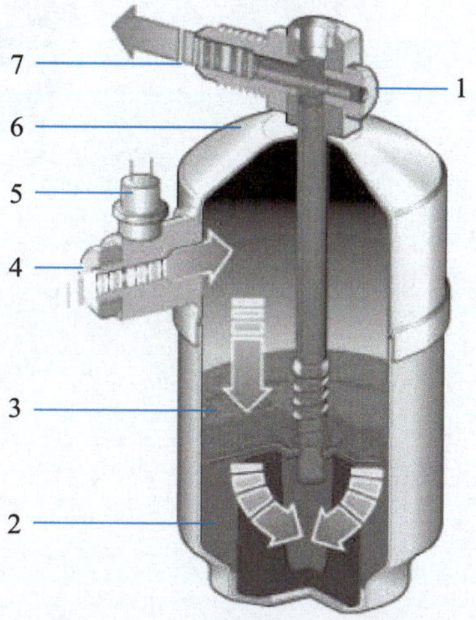

图 4-4 外部储液罐和干燥器
1—安全阀；2—过滤干燥器；3—滤网；
4—接口（自冷凝器）；5—压力传感器；
6—壳体；7—连接膨胀阀的输出接口

（2）工作过程 制冷剂从上面进入储液罐内并沿着壳体内侧向下流动，然后必须经过过滤干燥器以清除水分。干燥器上方有一个滤网，借此可以过滤可能存在的污物。

滤芯与能够吸水的海绵相似。分子滤网和硅胶吸附水分，除了水分外，活性氧化铝还可以吸附酸。

在较新的空调系统中，例如 E53、E65、E66、E60、E61、E63、E64、E87 和 E90 的空调系统中，干燥器集成在冷凝器内，因此不再是独立的部件。

压力传感器安装在储液罐上，该传感器根据空调系统内的高压压力输出一个电压信号。信号以电码形式传输给数字式发动机/柴油机电子系统（DME/DDE）。此后 DME/DDE 输出用于辅助风扇输出级的控制电压，从而控制相应的风扇挡。

冷却液温度过高时也会影响辅助风扇的控制。在带有冷凝器模块（过滤干燥器集成在冷凝器内）的车辆上，压力传感器安装在冷凝器与膨胀阀之间的高压管路内。

### 13. 蒸发器是怎么工作的？

（1）工作原理　蒸发器（图4-5）安装在自动恒温空调（IHKA）或手动恒温空调（IHKR）的壳体内。它由带有压上式鳍片的蛇形管组成，制冷剂流过蛇形管，风扇将待冷却的空气吹过这些鳍片。为改善热传导效果，鳍片具有较大的表面积。

为了使液态制冷剂尽可能均匀地分布在蒸发器的整个面积上，制冷剂喷入蒸发器后分为多个大小相同的支流。采用这种结构方式可以提高蒸发器的效率。各制冷剂支流在蛇形管端部处汇集在一起，然后由压缩机再次吸入。

（2）蒸发器的任务　与冷凝器一样，蒸发器也是一个热交换器。它完成空调系统的主要任务，即冷却空气，因此它必须从流过的空气中吸收热量。此外蒸发器还有另一项任务，它从空气中吸收水分，从而使空气变干燥。水分经过冷凝后排到车外，以这种方式干燥过的空气可防止车窗玻璃起雾。

（3）蒸发器的功能　蒸发器从外侧吸收空气中的热能并将其向内侧传至制冷剂，因此蒸发器以热交换器方式工作。在此最重要的因素是制冷剂从液态变成气态时通过其吸收能量。这个过程需要较多的热能，热能从有空气流过的鳍片中吸收过来。

在低压下以及在鼓风机输送车内热量的情况下，制冷剂蒸发，在此制冷剂变得很冷。在喷入过程中压力从以前的 10～20bar（1bar=$10^5$Pa）降低到约2bar。

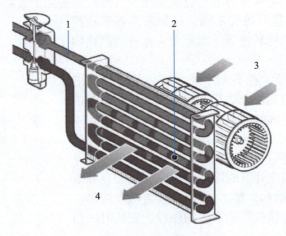

图 4-5　蒸发器

1—低压约2bar；2—沸点-10℃；3—进气30℃；4—出气12℃

### 14. 蒸发器温度传感器（温度调节器）是怎么工作的？

温度调节器可在需要时接通和关闭压缩机的电磁离合器，因此可防止因冷凝水凝结而造成蒸发器鳍片结冰。

根据具体车型，该传感器插在蒸发器鳍片之间或安装在蒸发器后的冷空气气流中。

该传感器通常情况下通过 IHKA/IHKR 控制单元，在约1℃时关闭压缩机，在约3℃时再次接通压缩机。

安装带有电磁离合器的功率调节式压缩机时该传感器只执行保护功能，因为仅在个别情况下蒸发器上的温度才会降低到3℃以下，因此压缩机几乎一直保持接通状态。

车内温度调节到舒适温度时,通常情况下只有车外温度低于约6℃时电磁离合器才会关闭压缩机。

从蒸发器中流出的冷空气可通过两种温度调节方式加热,或在处于舒适温度时吹入乘员区内,这些调节方式是以水为基础和以空气为基础进行的温度调节,见表4-1。

表4-1 温度调节

| 调节方式 | 内容/说明 | 图示/示意图 |
| --- | --- | --- |
| 以水为基础进行温度调节 | 在利用一个水阀以水为基础进行温度调节时,或者利用两个水阀分别针对驾驶员和前乘客进行调节时,IHKA控制单元产生一个脉冲宽度调制信号并借此控制水阀<br>通过一个主控控制器进行调节,该控制器以微处理器控制的数字电子装置为基础,因此可以调节操作面板上的设定温度调节器来预选温度 | A—冷空气;B—热空气 |
| 以空气为基础进行温度调节 | 在以空气为基础进行温度调节时,不使用调节后置热交换器水流量的水阀,而是通过集成在冷暖空调器内的温度混合风门来调节车内温度<br>这个温度混合风门使新鲜空气或冷空气全部通过热交换器,这相当于最大加热功率<br>如果不需要加热空气,就会通过温度混合风门盖住热交换器或使空气改变方向。该风门处于中间位置时,相应比例的冷空气与热空气混合,从而使车内达到所需要的加热功率。温度混合风门通过一个步进电动机调节,由IHKA/IHKR控制单元来控制 | A—未加热;B—加热;1—热交换器;2—温度混合风门 |

## 15. 膨胀阀的类型是什么?有什么作用?

膨胀阀用于控制进入蒸发器的液态制冷剂流量。

(1)膨胀阀类型 膨胀阀也称节流阀,是组成汽车空调制冷系统的主要部件,安装在蒸发器入口处,是汽车空调制冷系统的高压与低压的分界点。膨胀阀的结构形式有三种,分别为外平衡式膨胀阀、内平衡式膨胀阀和H形膨胀阀。膨胀阀实物(捷达车)见图4-6。

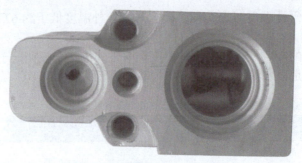

图4-6 膨胀阀实物（捷达车）

（2）膨胀阀作用　膨胀阀利用装在蒸发器出口处的感温包来感知制冷剂蒸气的过热度（过热度是指蒸气实际温度高于蒸发温度的数值），由此来调节膨胀阀开度的大小，从而控制进入蒸发器的液态制冷剂流量。感温包与蒸发器出口管接触，蒸发器出口温度降低时，感温包、毛细管和薄膜上腔内的液体体积收缩，膨胀阀阀口将闭合，借以限制制冷剂进入蒸发器；相反，如果蒸发器出口温度升高，膨胀阀阀口将开启，借以增加制冷剂流量。

## 16. 热力膨胀阀有哪些指标？

热力膨胀阀的指标包括容量、静止过热度、最大工作压力等。

（1）容量　汽车空调热力膨胀阀的制冷能力用容量表达，有公称容量和额定容量两种。公称容量为制造厂在标准条件下实验名义点的容量，额定容量为在额定条件下试验额定点的容量。额定条件和额定点都与特定汽车空调系统有关，一般汽车空调热力膨胀阀所给出的都是公称容量。

（2）静止过热度　过热度是指热力膨胀阀的感温包温度与出口压力或外平衡管连接处压力相对应的制冷剂饱和温度之差。静止过热度是指热力膨胀阀刚开始打开时的过热度，对每一个汽车空调热力膨胀阀，静止过热度由制造厂已调整好，一般不允许用户再调整。

（3）最大工作压力　热力膨胀阀若是气充型，则有最大工作压力要求，最大工作压力是最大允许的平衡压力。对于气充型热力膨胀阀，热力膨胀阀的过热度增加到一程度时，开启度不再随过热度增加而增加。

（4）膨胀时间迟滞　热力膨胀阀时间迟滞是其开度特性，指过热度增加与减少时的开度差。迟滞大则在热力膨胀阀打开或关闭时，在同一过热度下，其流量相差较大，因此希望热力膨胀阀迟滞不超过某允许值。

（5）灵敏度　指热力膨胀阀灵敏度的好坏。

（6）可靠性　热力膨胀阀在耐震、耐久性、耐热、耐寒、耐压、气密、耐腐蚀等方面有可靠性的要求，由于汽车空调工作环境非常恶劣，因此汽车空调热力膨胀阀可靠性要求非常高。

## 17. 内平衡膨胀阀的结构和工作原理是什么？

内平衡膨胀阀主要由膜片、顶杆、阀芯、节流孔、弹簧、滤网、毛细管和感温包等组成。

（1）内平衡膨胀阀的结构　内平衡膨胀阀的结构如图4-7所示，感温包安装在蒸发器的出口，在其内部装有惰性液体或制冷剂液体。

（2）工作原理　内平衡膨胀阀的工作原理如图4-8所示，由感温包产生的内部液体的压力$P_f$会作用在膜片的上面，在膜片的下面作用着弹簧的弹力$P_s$和蒸发器进口处的压力

$P_e$，在工作过程中阀芯会处于某一位置。此时由于膨胀阀的节流作用，会把高温高压的制冷剂变成低温低压的制冷剂。当由于某种原因造成蒸发器出口温度较高时，感温包内的液体会随着温度的升高而膨胀，从而使其内部的压力升高，作用在膜片上的压力也升高，从而会打破原有的平衡。此时阀芯会向下移动，通过膨胀阀节流的制冷剂的流量会增大，流入蒸发器的制冷剂量会增多，使制冷强度增强；反之，流入蒸发器的制冷剂量减小，制冷强度降低。

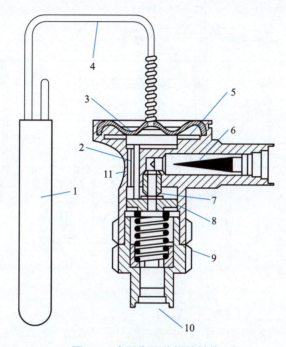

图 4-7　内平衡膨胀阀的结构

1—感温包；2—顶杆；3—支撑片；4—毛细管；5—膜片；6—滤网；
7—节流孔；8—阀芯；9—弹簧；10—出口；11—内平衡孔

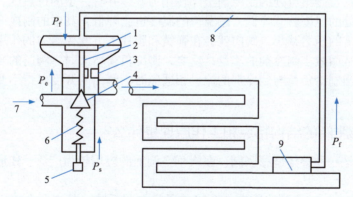

图 4-8　内平衡膨胀阀的工作原理

1—膜片；2—推杆；3—节流孔；4—阀芯；5—调整螺钉；6—弹簧；7—进口；8—毛细管；9—感温包

**18. 外平衡膨胀阀的结构特点和工作原理是什么？**

（1）结构特点　外平衡膨胀阀的入口接储液干燥器，出口接蒸发器，上部有一个膜片。

膜片共受到三个力的作用，一个是感温包中制冷剂气体向下的压力，一个是弹簧向上的推力，还有一个是蒸发器出口制冷剂的压力，作用在膜片的下方，阀的开度取决于这三个力综合作用的结果。外平衡膨胀阀的结构见图4-9。

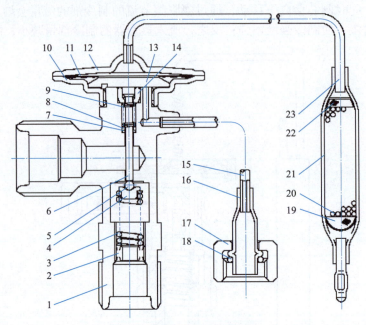

图4-9　外平衡膨胀阀的结构

1—阀体；2—调节螺栓；3—调节弹簧；4—阀芯架；5—钢球；6—传动杆；7，18—"O"形圈；8—压片；9—压紧弹簧；10—气箱座；11—膜片；12—气箱盖；13—传动片；14—固定圈；15—外平衡管；16—接管；17—接管螺母；19—塞网；20—吸附材料；21—感温包；22—塞网；23—毛细管

（2）工作原理　当制冷负荷发生变化时，膨胀阀可根据制冷负荷的变化自动调节制冷剂的流量，确保蒸发器出口处的制冷剂全部转化为气体并有一定的过热度。当制冷负荷减小时，蒸发器出口处的温度就会降低，感温包的温度也会降低，其中的制冷剂气体便会收缩，使膨胀阀膜片上方的压力减小，阀门就会在弹簧和膜片下方气体压力的作用下向上移动，减小阀门的开度，从而减小制冷剂的流量；反之，制冷负荷增大时，阀门的开度会增大，增加制冷剂的流量。当制冷负荷与制冷剂的流量相适应时，阀门的开度保持不变，维持一定的制冷强度。

## 19. H形膨胀阀的结构特点和工作原理是什么？

H形膨胀阀是一种整体型膨胀阀，在汽车空调上的应用较为广泛。H形膨胀阀的结构见图4-10。

（1）结构特点　H形膨胀阀有4个接口通往空调系统，其中两个接口和普通膨胀阀一样，一个接干燥器出口，另一个接蒸发器进口；另外两个接口，一个接蒸发器出口，另一个接压缩机进口。感温包和毛细管均由膜片下面的感温器所取代，感温器处在进入压缩机的制冷剂气流中。

由于内平衡膨胀阀的制冷系统需要用毛细管来感测蒸发器出口温度高低的方法调节供应蒸发器的制冷剂流量，实际应用不太方便。特别是当毛细管比较长时，以及毛细管是间接感测蒸发器出口的温度,所以内平衡膨胀阀控制精度受环境温度以及其他许多因素的影响,而采用H形膨胀阀的制冷系统便解决了这一问题。

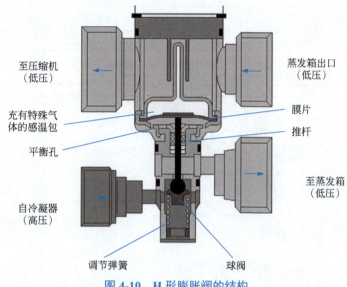

图 4-10　H形膨胀阀的结构

（2）工作原理　压缩机首先将制冷剂压缩后输送到冷凝器冷却液化,经过储液干燥器后再进入H形膨胀阀,先进行节流减压,然后进入蒸发器蒸发吸热。制冷剂蒸发成气体后再次进入H形膨胀阀,从阀中出来后回到压缩机再循环。当蒸发器的温度过低时,感温器感测到后,恒温器切断离合器的电磁线圈电路,压缩机停止运行。温度升高后,恒温器又自动接通离合器电路,压缩机又开始运行。由此可见,H形膨胀阀与内平衡膨胀阀一样,能够根据蒸发气体的温度来自动调节供给蒸发器的制冷剂量。

## 20. 暖风是怎样产生的?

在发动机水套中循环流动被加热的热水,被输送到加热器芯,加热鼓风机送出的冷风,以产生暖风。

暖风装置用于加热乘客舱内的空气,也用于防止车窗起雾或去除车窗玻璃上的雾气。为了进行这些操作,使用热水型暖风装置,利用热的发动机冷却液进行工作。

## 21. 空调通风方式有哪几种?

将新鲜空气送进车内的过程称为通风。汽车空调的通风方式一般有动压通风、强制通风和综合通风三种。手动空调通风调节见图4-11。

（1）动压通风　动压通风也称自然通风,它利用汽车行驶时对车身外部所产生的风压为动力,在适当的地方开设进风口和排风口,以达到车内的通风换气目的。

轿车的进风口设在车窗的下部正风压区,而且此处都设有进气阀门和内循环空气阀门,用来控制新鲜空气的流量。

（2）强制通风　强制通风是利用鼓风机强制将车外空气送入车厢内进行通风换气的通风方式。

在冷暖一体化的汽车空调上，基本都采用通风、供暖和制冷的联合装置，将外部空气与空调冷暖空气混合后送入车内。

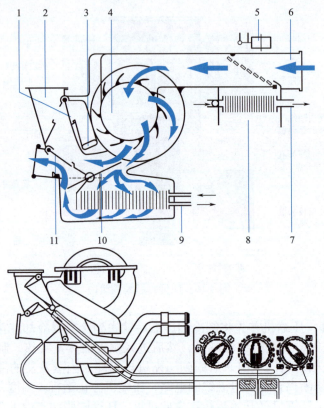

图 4-11 手动空调通风调节

1—除霜风门；2—除霜风口；3—脚向出风口；4—风机；5—真空管；6—新鲜空气进气口；7—蒸发器高低压管；8—蒸发器芯；9—热交换器水管；10—暖风风门；11—中央出风口风门

（3）综合通风 综合通风是指一辆汽车上同时采用动压通风（自然通风）和强制通风两种通风方式。最简单的综合通风系统是在自然通风的车身基础上，安装强制通风扇，根据需要可分别使用和同时使用。

## 22. 空气净化装置有什么作用？

汽车空调系统采用的空气净化装置通常有空气过滤式和静电集尘式两种。

（1）空气过滤式空气净化装置 空气过滤式空气净化装置在空调系统的送风和回风口处设置空气滤清装置，它仅能滤除空气中的灰尘和杂物。其结构简单，只需定期清理过滤网上的灰尘和杂物即可，故广泛用于各种汽车空调系统中。

（2）静电集尘式空气净化装置 静电集尘式空气净化装置则是在空气进口的过滤器后再设置一套静电集尘装置或单独安装一套用于净化车内空气的静电除尘装置。它除具有过滤和吸附烟尘等微小颗粒的杂质作用外，还具有除臭、杀菌、产生负氧离子以使车内空气更为新鲜洁净的作用。静电集尘式空气净化装置原理示意图见图 4-12。

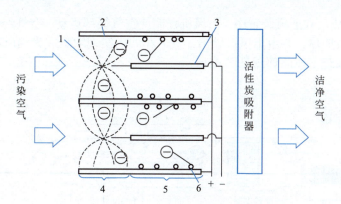

图 4-12 静电集尘式空气净化装置原理示意图

1—放电极；2—正电极（接地电极）；3—负电极；4—电离部；5—集尘部；6—微粉尘

## 23. 水暖式供暖系统工作原理是怎样的？

（1）热水循环回路　热水循环回路与发动机的冷却系统连通，借助于发动机的水泵实现热水循环。来自发动机冷却系统的热水从进水管流经热交换器控制阀进入散热器，然后经由出水管回到发动机的冷却系统，实现回路的循环。

水暖式供暖系统及组成部件见图 4-13，水暖式供暖系统工作原理图见图 4-14。

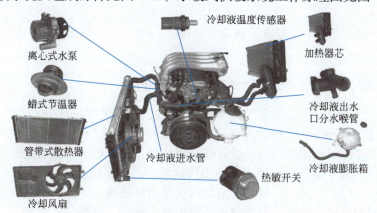

图 4-13　水暖式供暖系统及组成部件（捷达）

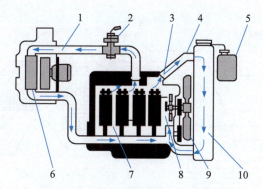

图 4-14　水暖式供暖系统工作原理图

1—热交换器软管；2—热水阀；3—节温器；4—散热器软管；5—膨胀水箱；
6—热交换器芯；7—发动机；8—水泵；9—风扇；10—散热器

（2）暖风形成　在通风装置中，由风机强制使空气循环运动。空气经由进风口被吸入，流经热交换器时被加热，并由出风口导出，进入车厢内实现取暖或为挡风玻璃除霜。
水暖式供暖系统工作原理图见图4-15。

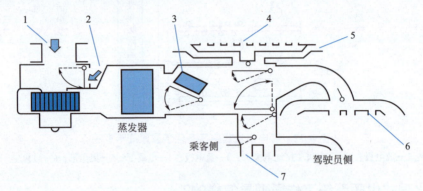

图4-15　水暖式供暖系统工作原理图
1—新鲜空气进口；2—再循环空气进口；3—热交换器芯；4—除霜空气出口；
5—侧除霜空气出口；6—通风口；7—地板暖风出口

（3）供暖加热装置　水暖式加热装置有两种，一种是单独的暖风机，另一种是整体空调器。

（4）冷却液控制阀　冷却液控制阀有两种，一种是拉绳钢索式控制阀，另一种是真空控制阀。

## 24. 汽车空调配气系统的工作过程是怎样的？

汽车空调配气系统一般分为空气进入段、空气混合段和空气分配段。

当调温门处于全开位置状态时冷空气经过加热器，当调温门处于全闭位置状态时冷空气不经过加热器。这样只要调温门处于全开或全闭位置，就可得到最高或最低温度空气。

❶ 调节调温门处于全开或全闭之间的不同位置，得到不同温度和湿度的空气。通过分配段的除霜门、中风门、下风门，可调节空调风吹向挡风玻璃、乘员的中上部或脚部。

❷ 控制空调器内风机转速，调节空调风的流量，改变人体感觉的温度。

汽车空调配气系统工作示意图见图4-16。

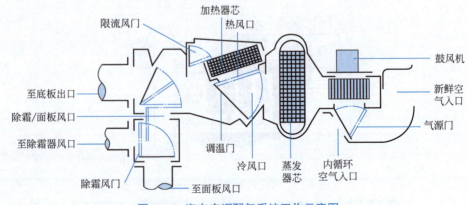

图4-16　汽车空调配气系统工作示意图

## 25. 自动空调的特点及主要组成部件有哪些？有何类型？工作原理是怎样的？

（1）自动空调的特点及组成部件　自动空调系统采用一般空调系统的基础部件，主要差别在于自动空调系统能保持预先设置室内的温度。它利用传感器确定当前温度，然后系统能够按需要调节暖风和冷风。系统用执行机构的开闭调整混合气流以达到适宜的车内温度，使温度符合驾驶员的要求。

自动空调控制系统可分为传感器、控制面板、空调 ECU 和执行器 4 部分。

❶ 传感器。自动空调系统的传感器一般有驾驶员设定和功能选择信号、环境状态信号、空调风门位置信号、空调保护装置信号 4 种类型。

❷ 控制面板。控制面板是驾驶员向自动空调 ECU 读入的设备。

❸ 空调 ECU。空调 ECU（空调控制单元或者电脑）与控制面板制成一体，对输入的各种传感器信号和功能选择键的输入指令进行计算、分析、比较后，发出指令，控制各个执行元件（进气伺服电动机、空气混合伺服电动机和气流方式伺服电动机）动作，从而控制压缩机的电磁离合器工作，暖风加热器热水阀工作，将模式门放到适当位置等。

如图 4-17 所示为宝马 E60 空调 ECU，空调控制面板背面就是该 ECU 插接口。

如图 4-18 所示为宝马 E60 空调控制面板。

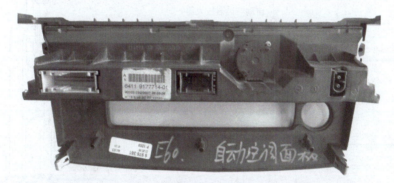

图 4-17　宝马 E60 空调 ECU

图 4-18　宝马 E60 空调控制面板

❹ 执行器。自动空调系统的执行器主要有鼓风机、电磁离合器、空气混合门、真空执行机构等。

自动空调系统一般采用控制配气风门、控制鼓风机转速、控制压缩机开停及信号显示 4 种执行器。

（2）自动空调类型　自动空调系统分为半自动空调系统和全自动空调系统，两者的主要差别在于是否有自诊断功能。半自动空调系统没有提供故障码存储器,全自动空调系统具有监控系统,监控系统的随机存储器存储故障码。

（3）自动空调系统的工作原理　自动空调系统工作时,根据驾驶员的预设温度,自动开启空调压缩机或暖风装置,调整鼓风机的风速、空气的内外循环,以达到室内舒适的温度。自动空调系统的核心部件是空调ECU（控制器总成）,它接收空调系统的相关信息（如室内外温度、蒸发箱温度、系统压力）,根据这些信息来控制空调执行器的动作以满足车内的设定温度。

## 26. 什么是有效出气温度？

有效出气温度（TAO）是使车内温度保持在设定温度所必要的鼓风机内空气的温度。

（1）有效出气温度计算　这是通过空调ECU根据温度控制开关或控制杆的状态,以及来自传感器（即车内温度传感器、车外温度传感器、光照传感器）的信号计算出来的。

空调ECU根据这个TAO,使自动空调器放大器输出驱动信号至伺服电动机和鼓风机电动机,实现自动控制系统（除压缩机控制外）运行。有效出气温度控制见图4-19。

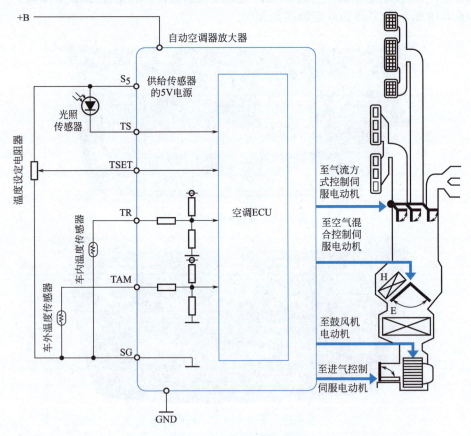

图4-19　有效出气温度控制

E—蒸发器；H—暖风芯

（2）温度控制　温度控制系统包括车内温度传感器、车外温度传感器、光照传感器、蒸发器传感器、温度设定电阻器、空气混合控制伺服电动机、空气混合控制伺服电动机放大器等部件。温度控制运行示意图见图 4-20。出风气流控制电路见图 4-21。

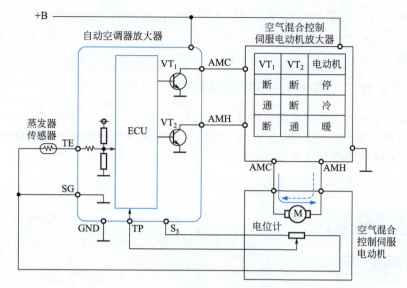

图 4-20 温度控制运行示意图

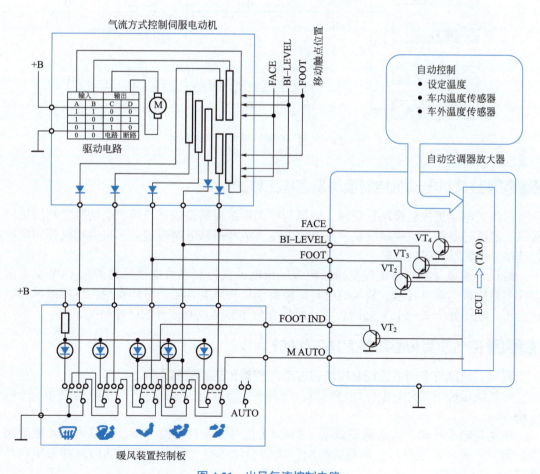

图 4-21 出风气流控制电路

### 27. 出风气流是怎么控制的？

ECU 控制自动空调器的气流方式与放大器控制自动空调器的方式基本一样，是由自动空调器放大器传送信号至伺服电动机，伺服电动机正向或反向转动，经连杆使气流方式控制风挡位置改变。

### 28. 内循环模式（进气）是怎么控制的？

内循环模式（进气）控制电路见图 4-22。

进气模式控制系统包括空调 ECU、进气模式控制伺服电动机、温度选择键、车内温度传感器、车外温度传感器、光照传感器等。

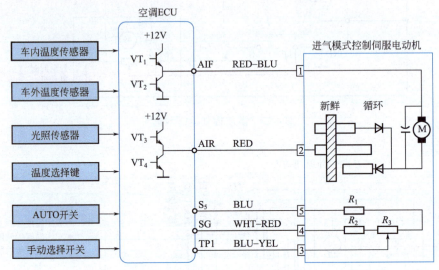

图 4-22　内循环模式（进气）控制电路

### 29. 鼓风机电动机控制模块是怎样工作的？

鼓风机电动机控制模块是暖风、通风与空调系统控制模块和鼓风机电动机之间的接口。暖风、通风与空调系统控制模块，以及蓄电池正极和搭铁电路通过鼓风机电动机控制模块的转速信号控制鼓风机电动机。

暖风、通风与空调系统控制模块向鼓风机电动机控制模块提供脉宽调制（PWM）信号以控制鼓风机电动机转速。鼓风机电动机控制模块将脉宽调制信号转换成相应的鼓风机电动机电压。电压处于 2～13V 之间，并且线性变化至脉宽调制信号的脉冲高度。

### 30. 空气质量传感器是怎样工作的？

暖风、通风与空调系统控制模块通过空气质量传感器检测废气。

空气质量传感器是一个三线传感器，带有一个点火电压电路、一个搭铁电路和一个信号电路。

信息是输出针脚产生的脉宽调制（PWM）信号。在自动模式下，一旦污染物浓度超过预设值时，暖风、通风与空调系统控制模块便会评估空气质量传感器的信息并关闭内循环风门。

## 31. 自动空调系统控制特点是怎样的？

（1）结构特点　大众宝来双区自动空调除了具有一个空气循环翻板之外，还有一个单独的新鲜空气翻板，当车速超过 100km/h 时，此翻板将关闭，这样可以保证在不同的车速时有相对稳定的气流进入车内（图4-23）。

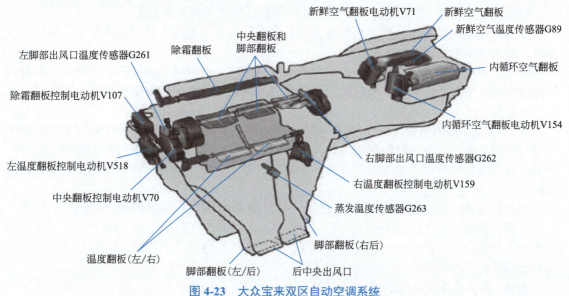

图 4-23　大众宝来双区自动空调系统

（2）气流分配　例如宝来车型，所有气流通道的横截面积都扩大了；A 柱设有专门的出风口以防止前挡风玻璃结霜；后排乘客设立了专门的出风口；仪表板上部中央配有间接出风口。

（3）控制系统　双区空调控制系统如图 4-24 所示。

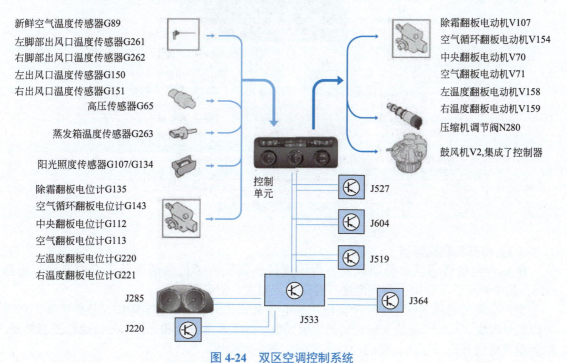

图 4-24　双区空调控制系统

## 32. 自动空调系统暖风和冷气的调节及控制是怎样的?

（1）自动调节

❶ 左右两侧可以通过两个温度翻板分别调节。

❷ 温度可在 16～29.5℃之间任意调节，具有六个控制电动机，并都带有电位计。

❸ 按压"AUTO"按键超过 2s，则左右两侧将由驾驶员侧同时控制。

❹ 如果压缩机被关闭，同时雨刮被激活，自动空调会自动加大除霜翻板角度，以增加气流量，防止前挡风玻璃结霜（雾）。

❺ 当车速增加时，自动空调会自动降低鼓风机风速，以降低气流噪声。此时为了能够依然保持车内温度舒适，当设定制冷时，则降低出风口空气温度；当设定制热时，则提高出风口空气温度。

（2）加热/通风系统　对于加热/通风系统，温度不能自动控制，两个旋转把手机械地连接到空调：温度调整的旋转把手由拉丝连接，而空气分配的旋转把手由软轴连接。新鲜空气循环翻板由一个按键手动地选择并由一个电动机驱动。所有的输入和输出信号都被转换成模拟信号。

后挡风玻璃加热的命令被传递到 J519，由 J519 根据用电负荷来控制后挡风玻璃加热，工作的同时按键上的 LED 指示灯点亮（图 4-25）。辅助水加热的工作过程也类似于此，辅助水加热系统由一个直接的加热键直接激活，当辅助水加热系统工作时，LED 指示灯点亮以用来反馈系统工作与否。

加热/通风系统有单独的地址码：7D。

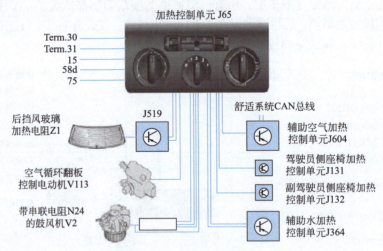

图 4-25　加热/通风系统

（3）传感器和执行器

❶ 室内温度传感器。免通风式室内温度传感器代替了过去的通风式室内温度传感器 G56，用来测量以下数据：表面温度、控制单元温度、阳光强度。

室内温度传感器实际上是一个集成了光电二极管和负温度系数电阻的光热传感器，它既可以测量温度，又可以测量太阳光的热辐射强度。传感器将温度和光强信号传递给控制单元，控制单元对信号进行评估，准确计算出驾驶室的实际温度。

❷ 执行元件。J255 通过一个脉宽调制信号来控制鼓风机，而鼓风机则将一个自诊断信号反馈给 J255。

脉宽调制信号控制鼓风机见图 4-26，当反馈信号中有一个脉冲时，表明没有故障；当有两个脉冲时，表明电流被限制；当有三个脉冲时，表明温度太高，可能导致输出效率降低甚至鼓风机不工作。

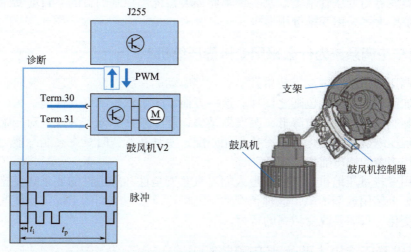

图 4-26　脉宽调制信号控制鼓风机

❸ 蒸发器温度传感器 G308。蒸发器下游通风口温度由蒸发器温度传感 G308 进行检测。它确保在 0℃时关闭制冷功能，并与外部调节式压缩机一起，使蒸发器下游通风口温度在 0～12℃之间进行自适应控制。

## 33. 什么是定排量空调系统？

定排量空调系统也称循环离合器系统，当蒸发器温度下降到一定水平时，该系统切断离合器电路，使压缩机停转即停止制冷。当蒸发器温度上升到一定值时再接通离合器，使压缩机运转，开始制冷，如此往复循环。也就是说，定排量空调系统是通过离合器的循环工作来调节温度的。定排量空调系统中因为压缩机排量是固定的，所以在制冷系统中加了许多保护装置，尤其是减压安全阀和易熔塞。

定排量空调系统有两种温度控制方法，即使用恒温控制器或者压力控制器进行控制。恒温控制器用温控开关使压缩机离合器在预定的温度水平开或关。压力控制器用对系统压力敏感的压力开关在预定的压力水平使压缩机离合器开或关。

## 34. 什么是变排量空调系统？

变排量空调系统也称非循环离合器系统，该系统采用的是可变排量压缩机，它依靠可变排量（VD）压缩机的自身调节来控制温度。当系统的环境温度（蒸发器温度）高时，压缩机增加活塞行程来增加制冷剂量，以起到增加吸热和降温的作用；反之，当蒸发器温度低时，压缩机则减小活塞行程从而减少通过蒸发器的制冷剂量，由于制冷剂量少，吸收的热量也少，使蒸发器的温度得到回升。离合器的作用就是当不需要空调时脱离压缩机，当需要空调时连上压缩机。

变排量压缩机虽然按其控制排量的方式有机械式变排量压缩机和电子式变排量压缩机之

分，但是变排量空调压缩机对制冷系统没有特殊要求，即用什么制冷剂和节流装置都可以。变排量空调压缩机由于能够在每次工作循环过程中根据吸入制冷剂和压缩后从排气阀排出制冷剂的压力变化（由发动机转速、运行状况、日照条件和环境温度等决定）而自行优化调节压缩气体的容积，即排出制冷剂的量，所以，它可实现取消压缩机间歇式的工作方式，避免对发动机的冲击，并保持温度与压力的稳定性，提高压缩机使用寿命。因此，它能达到节能、降噪、防止蒸发器与低压管结霜以及实现车厢环境最优化控制的目的。目前新生产的乘用车汽车空调系统中大多采用变排量压缩机。

### 35. 汽车空调系统为什么采用变排量压缩机？

汽车空调压缩机是通过皮带轮由发动机直接驱动的，所以汽车高速行驶时，排量随发动机转速的增加而增加，功耗也随之增加。这一方面影响了汽车的驾驶性能；另一方面使压缩机制冷量过剩，造成蒸发压力降低，蒸发器结霜，制冷系数降低。为此，对压缩机容量进行控制，可实现压缩机容量变化与制冷负荷相匹配，使其在低速时具有高制冷能力和高效率，高速时能节约多余的制冷能力，降低功耗。

因此采用变排量压缩机，更能满足人们对汽车安全性和舒适性的要求。变排量空调压缩机目前在汽车上使用逐渐增多，这种类型的压缩机可以根据空调的工况需要使其排量在一定范围内无级变化，只需要改变活塞的行程。

### 36. 变排量压缩机主要优点有哪些？

❶ 消除了由于电磁离合器吸合、脱开动作而引起的发动机转速的波动。
❷ 在某些工况下（如低速、爬坡）可防止发动机熄火。
❸ 减少了空调系统制冷温度的波动。
❹ 功率消耗减少，最大可减少 25%。
❺ 大大改善低温环境中的舒适性。

### 37. 压力调节式变排量压缩机的工作原理是怎样的？

压力调节式变排量压缩机是大众系列轿车采用的一种连续变排量空调压缩机，它通过改变单向工作斜盘的倾斜度（活塞的工作行程）来改变排量，调节范围为 5%～100%。斜盘的倾斜度取决于每个活塞两侧的压力差，活塞右侧的压力受压力箱内压力的影响，压力箱内压力由调节阀和节流管道控制，压缩机的调节阀通过波纹管的伸缩具有输出稳压作用。压力调节式变排量压缩机的旋转运动由输入轴传递给驱动连杆机构，驱动连杆机构通过斜盘将旋转运动转换成 5 个连杆的轴向运动。滑轨保证斜盘沿轴向运动。

这种压缩机活塞的工作行程可以根据高低压压力比率而改变。活塞行程的改变直接影响压缩机的压缩比，从而调节制冷剂的输出功率，改变制冷效率。在正常工作情况下，压缩机是持续运转的，不发生离合动作。

旋转斜盘的倾斜度决定了活塞的行程。旋转斜盘的倾斜度取决于腔内压力、活塞顶部和底部的压力以及斜盘前后的弹簧力。腔内压力取决于调节阀两侧的高低压力和节流管道的大小。

### 38. 压力调节式变排量压缩机的工作过程是怎样的？

（1）汽车空调接通  刚接通汽车空调时，高低压及腔内的压力是相等的，旋转斜盘前后弹簧对斜盘的调节范围为 0～40%。此时压缩机开始的输出功率为 40%，即以较小的输出功率工作，以减小对发动机的冲击负荷。

（2）高制冷率　高低压管的相对压力较高时，调节阀打开，从节流管流入的高压经调节阀流回低压端，腔内的压力下降。活塞顶部的压力与弹簧 1 压力的和大于活塞底部的压力（腔内压力）与弹簧 2 压力的和，旋转斜盘的倾斜角度增大，活塞的行程增大，输出功率提高。

（3）低制冷率　高低压管的相对压力较低时，调节阀关闭，从节流管流入的高压无法经调节阀流回低压端，腔内的压力上升。活塞顶部的压力与弹簧 1 压力的和小于活塞底部的压力（腔内压力）与弹簧 2 压力的和，旋转斜盘的倾斜角度减小，活塞的行程减小，输出功率降低。

## 39. 什么是斜盘式压缩机？

斜盘式压缩机是目前汽车空调的主要机型，经过不断的技术改进，该压缩机已具有尺寸小、重量轻和功耗小等优点。斜盘式压缩机是轴向往复活塞式，活塞的往复直线运动是依靠主轴带动斜盘或楔块转动时产生位置变化而产生的，它的活塞作用是双向作用，因此斜盘式压缩机的往复惯性力能完全自然地得到平衡，往复惯性力矩也能得到平衡。

## 40. 斜盘式压缩机的工作原理是什么？

当主动轴转动时，斜盘便随着旋转，通过滑板推动双活塞往复运动，活塞一次往复运动就完成了压缩机吸气 - 压缩 - 排气过程（图 4-27）。若斜盘转动一周，前后两个活塞各完成吸气、压缩、排气、膨胀过程，相当于两个气缸作用。如缸体截面均布三个气缸和三个双向作用的活塞，主轴旋转一周，相当于六个气缸作用，因此，称这种压缩机为六缸斜盘式压缩机。同理，缸体截面若均布五个气缸和五个双向作用的活塞，则称这种压缩机为十缸斜盘式压缩机。

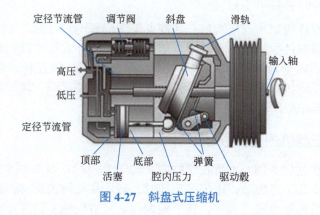

图 4-27　斜盘式压缩机

## 41. 摇板式压缩机的工作原理是什么？

摇板式压缩机（图 4-28）也是一种轴向运动的往复活塞式压缩机，它的工作原理与斜盘式压缩机有一定的相似性。

摇板式压缩机的工作原理如下。

❶ 主轴旋转时，带动楔形块随之旋转，摇板受楔块旋转而推着摆动，摇板的摆动牵连活

塞做往复运动，完成吸气-压缩-排气工作过程。

❷ 由于摇板式压缩机像曲轴连杆式一样，装有吸、排气阀片，其工作循环也具有压缩、排气、膨胀、吸气四个过程。当活塞向左运动时，处于压缩、排气阶段；当活塞向右运动时，处于膨胀、吸气阶段。主轴转动一周，一个气缸就完成膨胀、吸气、压缩、排气一个循环。如果一个摇板上装有五个活塞，对应的五个气缸在主轴转动一周就有五次吸、排气过程。

❸ 摇板式压缩机是可变容积式的，它的容积的改变是通过控制阀改变斜板的角度，来改变每个活塞的有效行程，进而改进压缩机输出压力与流量。

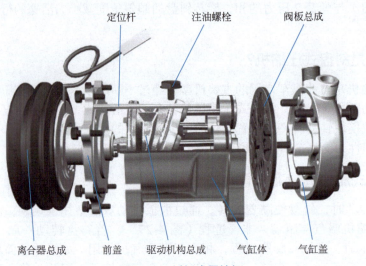

图 4-28　摇板式压缩机

### 42. 什么是旋叶式压缩机？

旋叶式压缩机也称为刮片式压缩机，其特点是结构紧凑、外形尺寸小、重量轻、容积效率高、平衡性好、易损件少，汽车空调中也使用较多。旋叶式压缩机由缸体、转子、滑片和泵室组成。其缸体有圆形与椭圆形之分，叶片数有2、3、4、5几种。旋叶式压缩机是回转式压缩机、容积式压缩机，其主要零件转子在气缸内做旋转运动，转子每旋转一周，分别有若干个相同的工作容积依次进行相同的工作过程。

### 43. 旋叶式压缩机的工作原理是什么？

❶ 旋叶式压缩机的转子偏心安置在气缸内，转子上一般开有2～5个纵向开口槽，槽内装有能径向滑动的滑片。当旋叶式压缩机工作时，转子在缸体内旋转，滑片在离心力或油压的作用下滑出，并紧贴缸内壁。这样，转子外表面、气缸内壁、滑片及压缩机两端盖共同形成一个封闭的月牙形容积。另外，在压缩机缸体适当位置上设置吸气口及排气口。随着转子的旋转，月牙容积不断由大到小、由小到大地变化，实现旋叶式压缩机的吸气-压缩-排气的工作过程。

❷ 一般情况下，转子槽中的滑片不是通过转子中心的径向运动，而是斜置叶片自由滑动。转子槽不沿径向开设，而是按一定方向偏离某一角度设槽，叶片在槽中斜置。斜置的目的是尽量减少叶片式顶部摩擦力对叶片沿转子槽运动的阻碍，从而改善叶片在转子槽中

的运动状况。

### 44. 涡旋式压缩机是怎样工作的？

　　涡旋式压缩机由涡旋定子、涡旋转子、曲轴、机座及防自转机构组成。压缩机的一个涡旋定子和涡旋转子的涡卷之间及涡卷的端板之间组成了气缸的工作容积。转子和定子的涡卷呈渐开线，两线基本相同。涡旋转子和涡旋定子两者的旋转半径保持相位差180°，也相切。相对运动时，形成了由外围向动定涡旋转子中心移动的空间，以压缩排气，在端板的中心部位分开有排气孔，并被固定在机架上。工作时，气体制冷剂从涡旋定子涡卷的外部被吸入，在涡旋定子与转子涡卷所形成的空间中被压缩，压缩后的高压气体制冷剂从涡旋定子端板中心排出。涡旋转子随偏心轴进行公转动。

　　由于涡卷的加工精度，特别是涡旋的形位公差有很高的要求，这是制约它广泛应用的因素。

### 45. 汽车空调系统中常用的压力开关有哪些类型？

　　压力开关也称为压力继电器或压力控制器，分为高压开关、低压开关和高低压双向复合开关（三位压力开关）三种，安装在制冷系统高压管路或低压管路上。高压开关又分为触点常闭型和触点常开型两种。高低压开关的结构与外形大同小异。当制冷系统由于某种原因而导致管路内制冷剂压力出现异常时，压力开关便会自动切断压缩机电磁离合器电路而使压缩机停止工作，或控制冷凝器风扇的高速挡运转，使冷凝器强制散热，保护制冷系统不损坏。

### 46. 高压开关是怎样工作的？

　　高压开关又称为制冷系统的压力继电器，一般安装在制冷系统的高压管路或储液干燥器上。高压开关的作用是当制冷系统工作压力异常（过高）时，自动切断电磁离合器线圈电路，使压缩机停止运转或接通冷凝风扇高速挡使冷凝风扇高速运转，从而防止制冷系统压力过高或过低而损坏压缩机和制冷部件。

### 47. 触点常开型压力开关是怎么工作的？

　　触点常开（动合）型压力开关在制冷系统压力升高到一定值时，接通冷凝风扇高速挡电路，增强冷凝器的散热效果，降低制冷剂温度与压力。

### 48. 触点常闭型压力开关是怎么工作的？

　　触点常闭（动断）型压力开关其常闭触点串联在空调压缩机电磁离合器线圈电路中，当制冷系统压力升高到一定值时，作用在膜片上的制冷剂压力推动推杆使触点断开，切断电磁离合器线圈电路，从而使压缩机停止运转，避免制冷剂压力进一步升高而损坏压缩机或制冷部件。

　　当高压管路的压力恢复正常值时，触点在复位弹簧作用下恢复闭合状态，压缩机又可正常工作。

### 49. 低压开关是怎么工作的？

　　低压开关又称为制冷剂泄漏检测开关，其触点为常闭触点，并与空调压缩机电磁离合器线圈电路串联。低压开关的作用是在制冷系统严重缺少制冷剂时,导致高压侧压力低于一定值,触点断开,切断电磁离合器线圈电路使压缩机无法运转,防止压缩机在没有润滑保障的情况下运转而损坏。

低压开关有两种,一种设在高压回路中,其主要目的是保护压缩机在缺少制冷剂的情况下不空转,以免压缩机因缺乏润滑油而磨损。同时,也起到低温环境保护作用,以免在过低温度的环境下使制冷系统工作而造成蒸发器表面结冰,增加功耗。

还有一种低压开关设在低压回路中,通过感受吸气压力,来控制高压旁通阀的除霜作用。即当低压压力低到某一规定值时,接通高压旁通阀(电磁阀),让部分高压蒸气直接进入蒸发器,以达到除霜的目的。这种低压开关一般用于大客车汽车空调。

### 50. 三位压力开关的作用是什么?是怎么工作的?

三位压力开关一般安装在储液干燥器上,感受制冷剂高压回路的压力信号。很多汽车空调倾向于采用设在高压回路中的三位压力开关。

三位压力开关内部由隔膜、碟形弹簧、轴和接点组成。接点可分为低压及高压异常时会动作的接点和用于控制冷凝器风扇或发动机散热器风扇的接点。

三位压力开关的作用如下。

❶ 防止因制冷剂泄漏而损坏压缩机。

❷ 当系统内制冷剂高压异常时,保护系统不受损坏。

❸ 在正常工作状况下,冷凝器风扇低速运转,实现低噪声,节省动力;当系统内高压升高时,风扇高速运转,以改善冷凝器的散热条件,实现风扇的两级变速。

### 51. 自动空调系统有哪些常用传感器?

自动空调系统由制冷、暖风、送风、操纵控制等分系统组成。自动空调电子控制系统主要由传感器、执行元件和空调电控单元(ECU)三部分构成。自动空调系统的传感器有如下几种。

(1)温度传感器 车内外温度传感器都是负温度系数热敏电阻传感器,分别用来感受车内及车外温度。当温度发生变化时,热敏电阻的阻值改变,从而向空调电控单元(ECU)输送温度信号。

(2)蒸发器温度传感器 这种传感器用来检测通过蒸发器的空气温度或者蒸发器表面的温度变化,并依此来控制压缩机电磁离合器的接合或断开。

(3)冷却液温度传感器 冷却液温度传感器直接安装在热交换器底部的水道上,用来检测冷却液温度,产生的冷却液温度信号输送给电控单元(ECU),控制低温时鼓风机的转速。

(4)日照传感器 日照传感器是一个光敏二极管,利用光电效应,把阳光照射量的变化转换为电流值的变化并输送给空调电控单元,用来调整空调吹出的风量与温度。

### 52. 自动空调系统有哪些执行元件?

❶ 汽车空调送风系统的执行器包括空气循环风门伺服电动机、混合风门伺服电动机、出风模式伺服电动机、除霜风门伺服电动机。这些电动机均为永磁直流电动机,工作电压为12V,功率为3W左右。

❷ 空调系统的执行器包括压缩机电磁离合器、送风鼓风机、冷凝风扇。其中鼓风机功率

较大，约为 200W 左右，冷凝风扇功率约为 60W。

各个风门执行电动机接收空调控制器的输出信号，实现汽车空调风量配送控制、出风模式控制、出风温度控制、进气模式控制以及风量控制。

### 53. 自动空调电控单元（ECU）的作用是怎样的？

自动空调电控单元又称空调控制器。控制器总成上的键是控制器的输入装置。控制器首先接收来自车内温度和车外温度传感器的输入信号，然后根据来自传感器和控制器总成上各键的输入，输出用于控制压缩机、电磁离合器、暖风加热器、热水阀以及模式门等的工作信号。

### 54. 自动空调电控单元（ECU）怎么控制空调系统？

自动空调电控单元（ECU）根据设定温度和车内温度传感器、车外温度传感器及阳光传感器等信号，自动调节混合风门的位置。车内温度越高、车外温度越高、阳光越强，车内温度调节就越至最大的冷风。ECU 根据车内温度和车外温度控制空气混合风门的位置，例如，如果车内温度为 35℃，则混合风门处于最冷位置；若车内温度为 25℃，则混合风门处于 50% 的位置。

### 55. 自动空调中为什么要设置鼓风机转速控制？

自动空调的鼓风机转速控制的目的是为了调节降温或升温速度，稳定车内温度。鼓风机转速控制系统主要由冷却液温度传感器、蒸发器温度传感器、鼓风机电阻器、功率晶体管、ECU、鼓风机电动机和控制面板等组成。其中功率晶体管的作用是根据 ECU 输出的鼓风机驱动信号，改变流至鼓风机电动机的电流，从而改变鼓风机的转速。

### 56. 空调的电气控制系统起什么作用？怎么执行工作？

空调的电气控制系统的组成主要分为三个部分，分别为空调控制器、传感器单元（包括开关）和执行单元。

当空调开关、暖风开关同时开启时，控制系统收到空调请求的信号。而空调系统的电气控制，实际上是指 ECU 通过所检测的各种信息数据，按设定的程序进行计算、处理，并输出相应的控制信号使压缩机的电磁离合器接通或断开（压缩机工作或停止）。

空调开启后，ECU 自动将发动机怠速提高。在急加速时系统能自动切断压缩机并延时接通，出现某种故障时自动保护电路会切断压缩机电磁离合器线圈的电流，压缩机停止工作。

### 57. 空调压力传感器的作用是什么？怎么执行工作？

空调压力传感器的作用是防止制冷系统在极限制冷剂管路压力下工作，并帮助控制发动机冷却风扇的转速。

空调压力传感器安装在发动机舱内空调高压管路上，向发动机 ECM 或空调控制单元输出压力信号，当检测到空调制冷管路压力过低或过高时，控制系统停止对空调压缩机离合器供电，压缩机停止运转，以免对空调系统造成损坏。当制冷剂压力达到中等压力值时，散热器风扇高速运转，降低空调制冷剂压力。

### 58. 车外温度传感器的作用是什么？怎么执行工作？

车外温度传感器也叫环境温度传感器，一般安装在前保险杠安装支架上，也是一个热敏电阻。其作用是检测车外环境温度的高低，控制系统将根据车外温度与车内温度的差值来决定控制方式。例如，当环境温度低于5℃时，空调控制系统将断开压缩机离合器电源，使空调制冷系统停止工作。

### 59. 车内温度传感器的作用是什么？怎么执行工作？

车内温度传感器一般安装在仪表板下端，是一个具有负温度系数的热敏电阻，热敏电阻的阻值会随温度值升高而逐渐减小。它的作用是检测车内温度是否达到设定值，以控制空调系统的工作。

### 60. 蒸发器温度传感器的作用是什么？怎么执行工作？

蒸发器温度传感器安装在空调总成中的蒸发器金属翅片上。它的作用是检测蒸发器表面的温度，将检测结果输入给自动空调控制单元。该传感器是一个负温度系数传感器，其阻值随着温度的升高而变小，随着温度的降低而增大，是空调电气控制系统的一个保护性传感组件。

当蒸发器温度低于2℃时，空调停止运转，防止蒸发器结霜、结冰。

当蒸发器温度高于5℃时，空调系统才能重新接通。

### 61. 日照传感器的作用是什么？怎么执行工作？

日照传感器又叫阳光传感器，一般安装在汽车前挡风玻璃下面，位于乘客侧除霜器格栅上，利用光电二极管来探测通过挡风玻璃进入的日光量。日照传感器将日光量转换成电流值，然后输入自动空调控制单元中。

日光照进汽车驾驶室时，将会使车内温度比平常高，空调系统需要增加制冷量来调节到设定的室内温度。

### 62. 什么是空调温度保护？

空调温度保护是为了保护空调的制冷循环系统，使空调系统正常工作。为防止蒸发器表面结霜，空调控制系统使用具负温度特性的蒸发器温度传感器检测蒸发器表面温度。当蒸发器的温度低于2℃时，空调控制系统自动切断压缩机；当蒸发器的温度高于5℃时，又自动启动压缩机。

### 63. 什么是空调压缩机过热保护？

空调压缩机过热保护是为了保护空调的制冷循环系统，使空调系统正常工作。当压缩机外壳的温度异常高，例如在150℃时，压缩机上的热保护开关断开，使压缩机停止工作；当压缩机外壳的温度降至130℃时，热保护开关闭合，压缩机又开始工作。

## 第二节　故障诊断与维修操作

### 64. 怎样检测膨胀阀？

通过蒸发器出口处的温度高低来判断膨胀阀工作情况。

膨胀阀作为制冷剂循环回路中高压和低压部分的一个分隔点安装在蒸发器前。为了使蒸发器达到最佳制冷能力，系统根据温度和压力调节经过膨胀阀的制冷剂流量。

如果蒸发器出口处的温度降低，隔膜腔内的探测气体收缩，阀针向上移动并减少至蒸发器的制冷剂流量。

如果蒸发器出口处的温度升高，则这个流量增加。蒸发器出口处压力升高时将为关闭阀门提供支持。压力降低时将为打开阀门提供支持。只要空调系统处于运行状态，这个调节过程就会不断进行。

膨胀阀检测见图4-29。

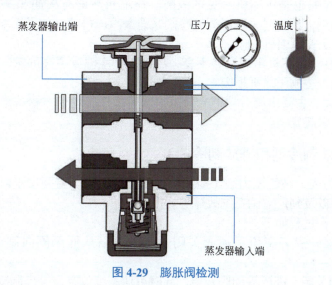

图4-29　膨胀阀检测

## 65. 怎样检修冷凝器？

❶ 目视检查冷凝器是否泄漏；目视检查冷凝器接口处是否有油腻，如果有说明泄漏。视情况维修或更换。

❷ 要定期清洗冷凝器。拆卸冷凝器后用压缩气体和低压水进行清洗，除去冷凝器上的污垢和堵塞的杂质，保证冷凝器的正常工作。冷凝器见图4-30。

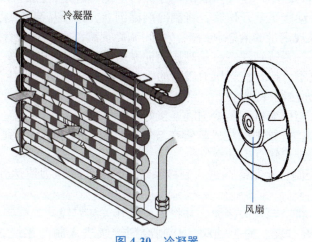

图4-30　冷凝器

### 66. 汽车空调压缩机常见故障有哪些？

汽车空调系统的大多数运动部件都在压缩机上，因此压缩机的检修量最大。一般压缩机常见的故障有卡住、泄漏、运转不良和异响过大四种。

（1）卡住　　卡住是指压缩机卡住时不能转动。卡住的原因通常是润滑不良或者没有润滑。

如果发现离合器或传动带打滑，在排除不是离合器和传动带的故障后，一般都是由压缩机卡住所致。

（2）泄漏　　泄漏也是压缩机常见的故障。压缩机泄漏有漏油和漏气两种情况，泄漏轻微，只泄漏制冷剂，严重时，既泄漏制冷剂又泄漏冷冻机油。如果压缩机的缸体上出现裂纹产生泄漏，则应更换压缩机。

（3）运转不良　　压缩机出现运转不良，压缩时产生温度更高的蒸气，这样来回循环，会把冷冻机油烧焦，造成压缩机报废。

（4）异响过大　　主要由离合器结合时打滑或者由于传动带过松或磨损引起，传动带轮轴承润滑不良也会引起异响。

### 67. 怎样加注制冷剂和排放制冷剂？

（1）歧管压力表　　歧管压力表（空调制冷回路压力表）主要用于对空调系统抽真空、充入或放出制冷剂以及判定空调系统故障等。

歧管压力表工作过程如下。

❶ 低压手动阀开启，高压手动阀关闭，此时可以从低压侧向制冷系统充注气态制冷剂。

❷ 低压手动阀关闭，高压手动阀开启，此时可使系统放空，排出制冷剂，也可从高压侧向制冷系统充注液态制冷剂。

❸ 两个手动阀均关闭，可用于检测高压侧和低压侧的压力。

❹ 两个手动阀均开启，内部通道全部相通。如果接上真空泵，就可以对系统抽真空。

（2）从高压端充注制冷剂

❶ 当系统抽真空后，关闭歧管压力表上的高、低压手动阀。

❷ 将中间软管的一端与制冷剂罐注入阀的接头连接起来，打开制冷剂罐开启阀，再拧开歧管压力表软管一端的螺母，让气体溢出几分钟，把空气赶走，然后拧紧螺母。

❸ 打开高压侧手动阀至全开位置，将制冷剂罐倒立，以便从高压侧充注液态制冷剂。

❹ 从高压侧注入规定量的液态制冷剂。关闭制冷剂罐注入阀及歧管压力表上的手动高压阀，然后将仪表卸下。要特别注意，从高压侧向系统充注制冷剂时，发动机处于不启动状态（压缩机停转），更不可拧开歧管压力表上的手动低压阀，以防止产生液压冲击。

（3）从低压端充注制冷剂

❶ 将歧管压力表与压缩机和制冷剂罐连接好。

❷ 打开制冷剂罐，拧松中间注入软管在歧管压力表上的螺母，听到气体流动的声音，然后拧紧螺母，目的是排出软管中的空气。

❸ 打开手动低压阀，让制冷剂进入制冷系统。当系统的压力值达到 0.4MPa 时，关闭手动低压阀。

❹ 启动发动机，将空调开关接通，并将鼓风机开关和温控开关都调至最大。

❺ 再打开歧管压力表上的手动阀，让制冷剂继续进入制冷系统，直至充注量达到规

定值。

❻ 在向系统中充注规定量制冷剂之后，确定加注制冷剂正常，无过量。随后将发动机转速调至 2000r/min，冷风机风量开到最高挡，若气温为 30～35℃，系统内低压侧压力为 0.15～0.20MPa，高压侧压力为 1.40～1.6MPa。

❼ 充注完毕后，关闭歧管压力表上的手动低压阀，关闭装在制冷剂罐上的注入阀，使发动机停止运转，将歧管压力表从压缩机上卸下，卸下时动作要迅速，以免过多的制冷剂排出。

（4）排放制冷剂　慢慢打开高压阀进行降压，高压表显示 0.35MPa 以下时再打开低压阀，至无压力为止。

## 68. 空调制冷系统怎么抽真空？

维修或者更换空调制冷回路中部件时系统内会进入空气，空调制冷回路中是不能有空气的，因此必须将空气彻底抽出。

抽真空时，由于压力越来越低，水逐渐汽化成蒸气而被抽出，这个过程比较慢，因而抽真空最少需 30min 以上。

❶ 将歧管压力表的高、低压软管分别接在高、低压侧气门阀上，将中间软管与真空泵相连接。

❷ 打开歧管压力表上的高、低压手动阀，启动真空泵，观察低压表（过程表）的指针，应该有真空显示。

❸ 连续抽 5min 后，低压应达到 0.03MPa（真空度），高压略低于零，如果高压表不显示低于零的刻度，表明系统内有堵塞，应停止抽真空，修复后，再抽真空。

❹ 真空泵工作 15min 后，低压表指针应在 0.001～0.02MPa 之间。如果达不到此数值，应关闭高、低压手动阀，观察低压表的指针，如果指针上升，说明真空有损失，系统有漏点，应停止抽真空，修复后才能继续抽真空。

❺ 系统压力接近真空时，关闭高、低压手动阀，保压 5～10min。如低压表指针不动，则打开高、低压手动阀，开启真空泵，继续抽真空，抽真空的时间不得少于 30min。

❻ 抽真空结束时，先关闭高、低压手动阀，再关闭真空阀系统，这样就可以向系统中加注冷冻油或充注制冷剂。

## 69. 怎么诊断和排除日照传感器故障？

（1）诊断依据　日照传感器通过暖风、通风与空调系统控制模块连接到搭铁和一个 12V 的计时电源。计时电源向传感器电子装置供电，用作日照传感器微型控制器的时钟发生器。传感器使用脉冲信号识别数据，并传输日照强度的测量值。每次遇到计时电源输入的上升沿时，日照传感器微型控制器都将改变通道，使信号上新的强度测量值输出到暖风、通风与空调系统控制模块。信号电压在 0～4V 之间变动。

乘客舱温度传感器为负温度系数热敏电阻。传感器依靠信号和低电平参考电压电路进行工作。当空气温度增加时，传感器电阻减小。传感器信号电压在 0～5V 之间变动。

明亮或高强度的光照导致车内空气温度升高。暖风、通风与空调系统通过将额外的冷气送入车内来补偿所升高的温度。

（2）诊断程序　日照传感器故障诊断见表 4-2。

表 4-2 日照传感器故障诊断

| 项目 | 内容 / 诊断技能 | |
|---|---|---|
| 故障信息 | 故障码 | 故障说明 |
| | B016305 | 乘客舱温度传感器电路对蓄电池短路或开路 |
| | B018302 | 日照传感器电路对搭铁短路 |
| | B018305 | 日照传感器电路对蓄电池短路或开路 |
| | B140502 | 控制模块参考电压输出 2 电路对搭铁短路 |
| | B140505 | 控制模块参考电压输出 2 电路对蓄电池短路或开路 |
| | 步骤 | 诊断程序 / 排除方法 |
| 电路系统检验 | 1 | 检查并确认故障码 B140502 或 B140505 没有出现<br>如果出现故障码,则执行"环境光照 / 日照传感器电源故障"诊断 |
| | 2 | 检查并确认故障码 B016302 或 B016305 没有出现<br>如果出现故障码,则执行"乘客舱温度传感器电路故障"诊断 |
| | 3 | 检查并确认故障码 B018302 或 B018305 没有出现<br>如果出现故障码,则执行"日照传感器电路故障"诊断 |
| | 4 | 用温度计测量实际车内空气温度。将这一数值与故障诊断仪"乘客舱空气温度"参数进行比较。测量温度与参数值的差应不超过 5℃<br>如果不在规定的范围内,则更换 B10B 环境光照 / 日照传感器 |
| 环境光照 / 日照传感器电源故障 | 1 | 将点火开关置于 OFF 位置,断开 B10B 环境光照 / 日照传感器的线束连接器和 K33 暖风、通风与空调系统控制模块的 X1 线束连接器 |
| | 2 | 测试 B10B 环境光照 / 日照传感器搭铁电路端子 6 和搭铁之间的电阻是否小于 5Ω<br>如果大于规定范围,则测试搭铁电路是否开路 / 电阻过大 |
| | 3 | 点火开关置于 ON 位置,测试参考电压电路端子 2 和搭铁之间的电压是否低于 0.3V<br>如果高于规定范围,则测试参考电压电路是否对电压短路 |
| | 4 | 将点火开关置于 OFF 位置,测试参考电压电路端子 2 和搭铁之间的电阻是否为无穷大<br>如果小于规定值,则测试参考电压电路是否对搭铁短路 |
| | 5 | 测试 K33 暖风、通风与空调系统控制模块线束连接器上的 B10B 环境光照 / 日照传感器参考电压电路端子 2 和控制电路端子 20(X1)之间的电阻是否小于 5Ω<br>如果大于规定值,则测试参考电压电路是否开路 / 电阻过大 |
| | 6 | 如果所有电路测试都正常,则更换 B10B 环境光照 / 日照传感器并确认故障码没有再次设置<br>如果再次设置了故障码,则更换 K33 暖风、通风与空调系统控制模块 |
| 乘客舱温度传感器电路故障 | 1 | 将点火开关置于 OFF 位置,断开 B10B 环境光照 / 日照传感器上的线束连接器 |
| | 2 | 将点火开关置于 ON 位置,测试信号电路端子 3 和搭铁之间的电压是否为 4.8 ～ 5.2V<br>如果低于规定范围,则测试信号电路端子是否对搭铁短路或开路 / 电阻过大。如果电路测试正常,则更换 K33 暖风、通风与空调系统控制模块<br>如果高于规定范围,则测试信号电路端子是否对蓄电池短路;如果电路测试正常,则更换 K33 暖风、通风与空调系统控制模块 |
| | 3 | 如果所有电路测试都正常,则更换 B10B 环境光照 / 日照传感器并确认故障码没有再次设置<br>如果再次设置了故障码,则更换 K33 暖风、通风与空调系统控制模块 |

续表

| 项目 | 内容 / 诊断技能 ||
|---|---|---|
| | 步骤 | 诊断程序 / 排除方法 |
| 日照传感器电路故障 | 1 | 将点火开关置于 OFF 位置，断开 B10B 环境光照 / 日照传感器上的线束连接器 |
| | 2 | 断开 K33 暖风、通风与空调系统控制模块上的线束连接器 |
| | 3 | 点火开关置于 ON 位置，测试信号电路端子 4 和搭铁之间的电压是否低于 0.3V<br>如果高于规定范围，则测试信号电路是否对电压短路 |
| | 4 | 点火开关置于 OFF 位置，测试信号电路端子 4 和搭铁之间的电阻是否为无穷大<br>如果小于规定值，则测试信号电路是否对搭铁短路 |
| | 5 | 测试 K33 暖风、通风与空调系统控制模块线束连接器上的 B10B 环境光照 / 日照传感器信号电路端子 4 和控制电路端子 13（X1）之间的电阻是否小于 5Ω<br>如果高于规定值，则测试信号电路是否开路 / 电阻过大 |
| | 6 | 如果所有电路测试都正常，则更换 B10B 环境光照 / 日照传感器并确认故障码没有再次设置<br>如果再次设置了故障码，则更换 K33 暖风、通风与空调系统控制模块 |

## 70. 怎么诊断和排除空气温度传感器故障？

（1）诊断依据　空气温度传感器为两线负温度系数热敏电阻。车辆使用以下空气温度传感器：左上空气温度传感器、左下空气温度传感器、右上空气温度传感器、右下空气温度传感器、蒸发器温度传感器。

传感器依靠信号和低电平参考电压电路进行工作。当传感器周围的空气温度升高时，传感器电阻降低。传感器信号电压随电阻值下降而下降。传感器在 -40～85℃ 的温度范围内工作。传感器信号在 0～5V 之间变动。暖风、通风与空调系统控制模块将信号转换成 0～255 范围内的计数。随着空气温度的升高，计数值将减小。如果暖风、通风与空调系统控制模块检测到传感器故障，那么控制模块软件将使用默认的空气温度值。默认操作确保暖风、通风与空调系统能够调整车内空气温度接近期望的温度值，直到故障已被排除。

（2）诊断程序　空气温度传感器故障诊断程序见表 4-3。

表 4-3　空气温度传感器故障诊断程序

| 项目 | 内容 / 诊断技能 ||
|---|---|---|
| | 故障码 | 故障说明 |
| 故障信息 | B017302 | 左上出风口空气温度传感器电路对搭铁短路 |
| | B017305 | 左上出风口空气温度传感器电路对蓄电池短路或开路 |
| | B017802 | 左下出风口空气温度传感器电路对搭铁短路 |
| | B017805 | 左下出风口空气温度传感器电路对蓄电池短路或开路 |
| | B050902 | 右上出风口空气温度传感器电路对搭铁短路 |
| | B050905 | 右上出风口空气温度传感器电路对蓄电池短路或开路 |
| | B051402 | 右下出风口空气温度传感器电路对搭铁短路 |
| | B051405 | 右下出风口空气温度传感器电路对蓄电池短路或开路 |
| | B393302 | 空调蒸发器温度传感器电路对搭铁短路 |
| | B393305 | 空调蒸发器温度传感器电路对蓄电池短路或开路 |

续表

| 项目 | 步骤 | 内容 / 诊断技能 |
|---|---|---|
| | | 诊断程序 / 排除方法 |
| 电路系 / 统检验 | 1 | 检查并确认故障码不存在<br>如果存在故障码，则见本表"电路 / 系统测试" |
| | 2 | 使用温度计在每个管道温度传感器上测量实际的温度。比较该值和相应的故障诊断仪管道实际的参数。测量温度与相应的风管实际参数值的差应该不超过 5℃<br>如果不在规定范围内，则更换相应的风管温度传感器 |
| | 3 | 用温度计测量实际蒸发器温度，将该值与故障诊断仪的"空调蒸发器温度传感器"参数进行比较，测量温度与参数值的差应该不超过 5℃<br>如果不在规定范围内，则更换 B39 蒸发器温度传感器 |
| 电路 / 系统测试 | 1 | 将点火开关置于 OFF 位置，断开相应温度传感器的线束连接器 |
| | 2 | 测试温度传感器搭铁电路端子 1 和搭铁之间的电阻是否小于 5Ω<br>如果大于规定值，则测试搭铁电路是否开路 / 电阻过大 |
| | 3 | 将点火开关置于 ON 位置，测试信号电路端子 2 和搭铁之间的电压是否为 4.8～5.2V<br>如果低于规定范围，则测试信号电路是否对搭铁短路或开路 / 电阻过大；如果电路测试正常，则更换 K33 暖风、通风与空调系统控制模块<br>如果高于规定范围，则测试信号电路是否对电压短路；如果电路测试正常，则更换 K33 暖风、通风与空调系统控制模块 |
| | 4 | 如果所有电路测试都正常，则更换温度传感器并确认故障码没有再次设置<br>如果再次设置了故障码，则更换 K33 暖风、通风与空调系统控制模块 |

## 71. 怎么检修压缩机不工作？

制冷系统不能产生压力和使制冷剂运动的动力；在低压管侧不能产生背压，在高压侧也不能产生高压；当发动机加速时，高压侧的压力是否会上升，对压缩机加入一定的压缩机机油再看高压侧压力有否会上升，如没有则问题在压缩机，对压缩机进行维修或更换。

## 72. 怎么检修压缩机产生噪声？

压缩机的噪声可能有：皮带轮打滑、压缩机叶轮产生的噪声，压缩机电磁离合器产生的噪声等。皮带轮打滑产生的噪声是"嘎嘎"或"嗡嗡"声；压缩机叶轮的产生的噪声是"吱吱、嘭嘭、乒乓"等声音；压缩机电磁离合器产生的噪声是"咔嗒"声。对压缩机进行进一步检查，如确实是压缩机所产生的噪声，则对压缩机进行维修或更换。

## 73. 怎么检修压缩机机油不够？

压缩机机油具有润滑、密封、冷却和降低噪声等作用。压缩机机油不够时，会产生压缩机噪声，压缩机的功效下降，压缩机的寿命也缩短。若添加压缩机机油，情况有明显改进，则是由于缺乏机油导致的，则可进行相应的维修。

## 74. 怎么检修压缩机内部泄漏？

压缩机内部泄漏主要由于压缩机一些密封部件出现的磨损或破坏。压缩机的内部泄漏测试：在压缩机的吸、排气检修阀上装上歧管压力计，并关闭手动高、低压阀，再用手转动压缩机主轴，每秒转动1圈，共转10圈，高压表的压力应大于一定值，低压表的压力应低于一定值。如不满足要求，则说明压缩机有内部泄漏。当制冷系统运转时，若低压端压力太高，而高压端压力过低，也表明压缩机内部有泄漏，应对压缩机进行更换。

### 75. 怎么检修压缩机外部泄漏?

压缩机外部泄漏检修主要是指检查制冷剂从轴封、端盖、吸排气阀口等处有无泄漏，如果有对压缩机进行维修或更换。

### 76. 怎么检测蒸发器?

蒸发器直接与车厢内的空气进行热交换，它传热能量的强弱对制冷有很大的影响，必须对蒸发器进行严格的检测。蒸发器的检测有如下内容。
❶ 检查蒸发器是否损坏。
❷ 用检测仪检查其是否泄漏。
❸ 观察排泄管道是否通畅。
❹ 观察蒸发器外表是否有积垢、异物等。
❺ 检查肋片有无弯曲，如有则用平口螺丝刀将弯曲部位弄平。
蒸发器如有损坏、裂纹和漏油，应对其进行更换。

### 77. 怎么更换蒸发器?

蒸发器的拆卸与安装是一个逆过程，拆卸如下程序。
❶ 断开蓄电池上负极电缆的连接。
❷ 将制冷剂从系统中排出。
❸ 拆下杂物箱和盖。
❹ 将进气拉线断开。
❺ 断开鼓风机电动机插头和电阻插头的连接。
❻ 按顺序进行拆卸，不要让压缩机机油流出。
❼ 按与拆卸相反的顺序进行安装。
❽ 调整进气拉线。
❾ 进行制冷系统的相关检测。

### 78. 怎么使用电子检漏仪对空调系统进行检漏?

电子检漏仪是应用比较多的一种设备，其工作原理是：在它的内部有一对电极，阳极由白金做成，当制冷剂流过两极之间时，两极之间的电流会增大，以此为信号就可检测出制冷系统的泄漏情况。

### 79. 怎么运用压力对空调系统检漏?

采用的方法是向制冷系统充入空气（最好为氮气，因为氮气不含水分），然后用肥皂水检漏，如果有泄漏，泄漏处会出现肥皂泡，这也是一种传统、比较有效的检测方法。

加压测试泄漏时，应正确连接歧管压力计。在正确地把软管接到压缩机的高、低压检修阀之后，打开高、低压检修阀，向系统中充入干燥氮气，其压力在1.5MPa左右。当系统达到规定压力后，用肥皂液涂抹在系统各个连接处和焊接处，仔细观察有无泄漏，泄漏大的地方有微小的声音，并出现大的泡沫，泄漏小的地方，则间断出现小的泡沫，所以检漏必须仔细，并反复检查几次。发现渗漏处应做出记号并及时加以修复，然后再去试其他接头处，直至渗漏彻底消除。

### 80. 怎么检修压缩机反复吸合故障？

❶ 故障现象：开空调后空调压缩机反复吸合，没有制冷效果。

❷ 故障检查：连接压力表，打开空调开关，高压压力急剧升高，空调压缩机被切断，当压力下降后空调压缩机又被吸合。

❸ 通过现象分析故障的根本原因是空调压力开关起保护造成的。一种是冷凝器堵塞，不能正常散热就会导致该故障；另一种是风扇故障导致冷凝器散热出问题。

### 81. 怎么检修空调制冷效果差？

（1）故障现象　帕萨特 B5 轿车怠速时空调制冷效果很差，正常行驶中制冷效果比怠速时明显改善。

（2）故障检查　连接压力表检查高、低压侧管路内的压力，发现低压和高压侧的压力都高，造成压力高的原因可能是制冷剂过多或散热不好。

❶ 该车冷凝器为新换的，没有问题。

❷ 检查发现电子小风扇在高速运转，而且是向后抽风，这表明电子风扇运转正常。

❸ 检查大风扇时发现大风扇运转时往后抽的风很少，说明大风扇存在问题。

（3）故障排除　更换大风扇，检查空调系统的压力，低压为 2.1bar（1bar=$10^5$Pa），高压为 13.5bar，空调工作正常。

### 82. 怎么检修空调系统不制冷？

（1）故障现象　一辆雪佛兰科鲁兹轿车没有冷风。

（2）故障检查　造成空调压缩机离合器不工作有以下原因。

❶ 环境温度低于 1℃。

❷ 发动机温度高于 124℃。

❸ 空调高压侧压力超出安全范围。

❹ 蒸发器温度低于 3℃。

❺ 发动机怠速时，发动机控制单元检测到节气门位置信号超出设定范围。

❻ 发动机控制单元检测到怠速转速超出设定范围。

用诊断仪进入该车系统查看相关数据，发现蒸发器温度传感器显示温度为 106℃，不在正常范围内，其他相关数据都正常。故障为蒸发器温度传感器回路，故障码为 B3933，说明蒸发器温度传感器已经损坏。

（3）故障排除　更换蒸发器温度传感器后，清除故障码。启动发动机，打开空调开关，压缩机离合器正常工作。用温度计测试出风口温度为 6℃，在正常范围内。

### 83. 空调系统高、低压均低是什么问题？

空调系统高、低压表的指示都比正常值低，这可能是因为制冷剂不足导致的。检查时，可发现高压管微热，低压管微冷，但温差不大，从视镜中可以观察到每隔 1～2s 就有气泡出现。这时应先检查有无泄漏点，补漏后再补足制冷剂。如果低压表指示比正常值低很多，这时视镜内可见模糊雾流，高、低压管无温差，冷气不冷，说明制冷剂严重泄漏。

### 84. 空调系统低压表指示接近零、高压表指示低是什么问题？

低压表指示接近零，高压表指示比正常值低。这时，空调系统常表现为出风不冷、膨胀阀前后的管路上结霜。其原因，一方面可能是膨胀阀结霜堵塞，使得制冷剂在系统中无法循环，此时应反复抽真空，重新添加制冷剂；另一方面可能是膨胀阀感温包损坏，造成膨胀阀未开启，此时应检查感温包。高、低压表指示都过低，可能是压缩机的内部故障，如阀板垫、阀片损坏，需要更换压缩机。

### 85. 空调系统高、低压表指示均比正常值高是什么问题？

空调系统高、低压表指示都比正常值要高，压缩机吸气管表面温度比正常情况下低，出现潮湿冰冷现象。由于空调系统膨胀阀开度过大，蒸发器内制冷剂已经剩余，这样就严重影响蒸发，相应地就会吸热量减少，造成空调凉度不够，这种情况更换膨胀阀即可排除。

### 86. 空调系统高、低压两侧的压力均过高是什么问题？

空调系统高、低压两侧的压力均过高，这种情况一般是制冷剂过多导致的。关闭空调系统压缩机后，车辆怠速运转，20min 后，如果视液镜内仍然清晰，无气泡流过，可以断定为制冷剂过多，应排出多余的制冷剂。

### 87. 空调系统低压过高、高压稍高是什么问题？

空调系统低压表指示过高，高压表指示稍高，这种情况一般是冷凝器冷却不足，可以用自来水给冷凝器冷却，冷却后如果压力逐渐正常，就可以判定是冷凝器冷却不足。清洗冷凝器外表，必要时更换冷凝器。

### 88. 空调系统低压负压、高压异常是什么问题？

空调系统低压表指示为零或负压，高压表指示正常或偏高。冷风效果很差，但有时候又正常，这种情况一般是制冷系统中有水分，水分进入制冷循环系统，在膨胀阀小孔处冻结，融化后恢复正常状态，更换干燥管即可解决问题。

空调系统低压表指示较低，高压表指示过高，这种情况一般是制冷系统堵塞，堵塞的部件一般在制冷系统的高压侧，例如干燥过滤器、膨胀阀，同样堵塞现象一般是由制冷剂所含有的水分、尘杂等导致。

### 89. 空调系统低压过高、高压过低是什么问题？

空调系统低压表指示过高，高压表的压力过低，这种情况一般是压缩机内部有泄漏，一般只能更换压缩机来解决。

### 90. 怎么检修制冷剂或冷冻油导致的空调制冷效果差？

❶ 维修时过多地加入冷却润滑油，也会使制冷系统的散热量下降。如果是加注的冷却润滑油量过多，那么当空调系统正常运转时，能从视液镜中看到较为浑浊的气泡。

❷ 制冷剂注入是否过多，可以从干燥罐上方的视液镜中观察到，如果汽车空调在运转时，

从视液镜中看不到一点气泡，压缩机停转后也无气泡，那么肯定是制冷剂过多。

### 91. 怎么检修制冷剂与冷冻润滑油内有杂质导致的制冷效果差？

❶ 如果制冷剂和冷冻润滑油内脏物过多，必然会使系统内部部件出现堵塞，导致制冷剂通过能力下降，阻力加大，流向膨胀阀的制冷剂也会相对减少，导致制冷效果差。

❷ 在相邻制冷管道及部件中如果有非常明显的热冷情况，很可能是堵塞导致的。

### 92. 怎么检查冷凝器散热问题导致的空调制冷效果差？

❶ 行车中，汽车发动机前方的冷凝器表面上会覆盖有油污、泥土或杂物，从而使其散热能力下降。

❷ 冷却风扇的故障，如驱动带过松、冷却风扇转速下降或冷却风扇高转速等问题，都会导致冷凝器的散热能力下降，要经常清洗散热器。

### 93. 怎么检修压缩机皮带过松导致空调系统效果有所下降？

❶ 如果压缩机皮带过松，压缩机工作时会打滑，这样就导致传动效率下降，使压缩机转速下降，压缩制冷剂的输送量下降，从而直接使空调系统制的冷能力下降。

❷ 空调压缩机驱动带的检查方法是：在发动机停转时，在驱动带中间位置用手拨动、翻动驱动带，以能转90°为宜，如果转动角度过多，则为驱动带松弛，应该调整；如果用手翻转不动，说明驱动带过紧，这样也有损于压缩机轴承，应该调整。

### 94. 怎么检查和排除压缩机故障导致的空调不工作？

（1）故障信息　空调不工作，副厂空调压缩机过载导致驱动盘故障。

（2）检查和分析

❶ 连接空调系统压力表，测量高、低压管路压力，发现制冷剂的压力已经符合压力标准。

❷ 连接故障诊断仪，发现故障码01232，含义为空调压缩机调节阀（N280）开路或对正极短路，为永久性故障，无法清除。

❸ 读取测量数据块，从显示的数据来看，空调压缩机上的调节阀上已经有电流流过，从数据流看出调节压缩机调节阀的脉冲占空比为70%。根据数据流的数值，可以判断空调压缩机已经工作，但貌似空调压缩机功率不足。因为该车之前为此更换过压缩机，所以此时怀疑压缩机质量不过关。

（3）故障排除　检查空调压缩机带轮，发现在启动的时候，空调压缩机带轮运转，但空调压缩机的轴不转。将其拆下后发现，空调压缩机驱动轮与空调压缩机轴所连接的驱动盘发生断裂。

更换新的原厂压缩机驱动盘，重新灌注制冷剂，试机发现空调制冷效果非常好，故障彻底排除。

### 95. 为什么压缩机驱动盘因过载而导致内部故障？

奥迪A6轿车的空调压缩机采用变排量压缩机，功率可以实现无级调节，该压缩机具有2种保护装置：过载保护装置和制冷剂泄漏保护装置。

空调压缩机带轮内部置有过载保护装置，它与驱动盘之间靠橡胶块连接，橡胶块具有缓冲效应。一旦发生过载，橡胶缓冲块先损坏，从而切断空调压缩机带轮与驱动盘的连接，带轮将会无阻碍地运转，避免了传动带及发动机部件的损坏。

空调控制单元 J255 根据制冷剂压力和温度传感器 G395 的信号来检测可能会发生的制冷剂泄漏现象，如果发生泄漏，制冷功能将被关闭，避免因无制冷剂而造成压缩机损坏。副厂压缩机会导致空调压缩机驱动盘因过载而出现内部故障（发生断裂）。

### 96. 怎么检修温度传感器故障导致的空调制冷效果差？

（1）故障信息　奥迪 A6 轿车，空调系统运行时，压缩机工作数秒后电磁离合器就分离，再过几秒，电磁离合器又接合，制冷效果极差。

（2）检查和分析

❶ 首先进行常规检测，用万用表测量电磁离合器线圈电阻，正常。

❷ 用外接 12V 电源强行使压缩机工作，同时用歧管压力计测量高、低压侧的压力，测量结果：高压侧压力为 1520kPa，低压侧压力为 189kPa，均正常。

❸ 检查恒温器，正常。

❹ 检测冷却液温度传感器。压缩机运行过程中测量离合器刚分离时发动机冷却液的温度，测量结果为 110℃，发现冷却液温度传感器失灵。

（3）故障排除　更换新的冷却液温度传感器后，故障排除。

### 97. 怎么检修和排除空调压缩机反复断开和吸合故障？

（1）故障信息　开空调后空调压缩机反复吸合/断开，几乎没有制冷效果。

（2）检查和分析

❶ 连接空调压力表，静态时空调高、低压压力都正常。

❷ 启动发动机后打开空调开关，可以看见高压压力急剧升高，瞬间升高到 4000kPa，空调压缩机被切断；当压力降到 3000kPa 左右时，空调压缩机又被吸合。这样可以初步判断故障的原因是空调压力开关起保护造成。

❸ 当用自来水冲洗冷凝器时，高压压力恢复正常，出风口效果相对好了许多，空调压缩机也不断开了。

❹ 经检查空调内循环正常，因此断定是冷凝器不好导致散热不良。

（3）排除过程　经检查，散热电子风扇的风向是从发动机吹向冷凝器，这样一定是在维修过程中维修工将风扇电动机两根线接反，散热风扇将发动机的热量传给冷凝器，高温高压的制冷剂不能得到有效冷却，反而被升温，导致高压开关处压力过高，空调压缩机就被反复断开和吸合。

### 98. 怎么检修空调冷风出风口温度过高故障？

蒸发器内部堵塞会导致通过蒸发器的空气不能被充分冷却，同时送风系统的冷热风门也存在关闭不严现象，造成本来就温度偏高的空气再与热空气混合后送出，使得出风口送风温度过高。

对于空调系统的故障，在诊断时最好根据空调系统的组成，按照制冷系统、供暖系统、送风系统、电子控制系统，采用分系统诊断，这样可以大大简化诊断流程和提高诊断效率。

### 99. 怎么检修冷却液温度传感器导致的空调故障？

（1）故障现象　某奥迪 A6 轿车，压缩机工作时，电磁离合器时而啮合时而分离，制冷效果很差。

（2）检查和排除　用故障诊断仪检测数据流，冷却液温度为110℃。更换新的冷却液温度传感器后，故障现象消失。

奥迪A6轿车发动机冷却液温度超过120℃或冷却液温度传感器失灵报警时，空调电控单元会使空调自动停止工作，待冷却液温度为115℃时，压缩机又会重新恢复工作，从而造成该车空调制冷效果差的故障现象。

### 100. 怎么检修和排除空调出风口吹热风故障？

（1）故障信息　某奥迪A8轿车，打开空调不一会儿，左前出风口会吹出热风。

（2）检查和分析　该车空调系统采用4区控制，车内驾乘人员均可以将车内的温度调节到各自需要的温度，这项功能的实现与各区出风口作为反馈信号的温度传感器和各区的作为执行元件的空调翻板伺服电动机有关。

本故障为左前单一出热风故障，这样就很可能是以下两个原因造成：一是左侧伺服电动机（V158）有时调节失灵；二是左侧出风口温度传感器（G150）信号有时错误。

检查左侧伺服电动机V158，排除了其出现故障的可能。接着检测左侧出风口的温度传感器的信号值，把4个区的空调温度设为22℃，并将空调设在AUTO挡，用VAS5051读数据流，结果发现017数据块中温度传感器的信号值有差别，左侧出风口温度传感器（G150）的显示值在13℃不变，右侧出风口温度传感器（G151）的显示值是21℃，中间出风口温度传感器（G191）的显示值是23℃。

根据数据块的显示，2区和3区的温度传感器的信号值显示属于正常，都接近空调开关的设定值。1区显示的左侧出风口温度值是13℃，明显偏低。该信号传给空调控制单元后，空调控制单元认为该出风口的温度调节过低，就会调节V158，让左侧的出风口温度升高，于是左侧出风口便吹出热风，而实际上左侧出风口的温度并不高。

（3）故障排除　更换左侧出风口温度传感器（G150），试车，空调出风口出风正常，故障排除。

### 101. 怎么检修和排除低压管导致的空调不制冷故障？

（1）故障信息　某宝马745Li轿车，前后独立空调系统出现不制冷的现象。

（2）检查和分析　执行故障诊断仪检测，无故障码。

一般通过高低压压力就可以基本上判断故障所在，接上制冷剂加注机，查看高低压管路的压力。启动发动机，将空调调至制冷量最大，出风量最低，观察高低压压力，发现高压正常，为1350kPa；低压从200kPa慢慢降低到0，而且一直保持在0的位置。正常的压力应该是，低压应在100～200kPa之间，高压应在1000～1500kPa之间。读取空调系统的数据流，发现蒸发器温度为30℃，而正常的温度在2～8℃之间；读取空调压缩机功率，为100%，而正常的功率一般在84%左右，种种现象都类似冰堵。于是将发动机熄火，将空调系统重新按标准抽空，加注制冷剂，启动，故障依旧。

在发动机关闭的瞬间，低压压力又回到了正常的位置，如果是空调系统里有水造成冰堵的话，不可能在瞬间压力又恢复正常。根据经验，可能是由于前后电磁阀堵塞造成的，对于很多宝马轿车，如果低压为零，高压正常，很多都是由于电磁阀的原因造成的，将前后电磁阀阀芯取掉，并对空调系统重新抽空，加注制冷剂，故障现象不变。

根据前后独立空调系统的结构，制冷剂循环如图4-31所示。

因为前后独立，可以独立关闭前后空调来判断是前空调或者后空调出问题，结果无论单独开前空调还是后空调，故障现象都出现，这样就说明问题出在空调系统的公共部分，即至少是冷凝器、高压管路、低压管路和压缩机其中之一出问题。

高压正常表明从压缩机出来一直到进入电磁阀这些部件都正常。而低压不正常，有可能是低压管或者压缩机出了问题，也就是说，要么是压缩机坏了，要么是低压管堵了。着重检查低压管，将低压管从防火墙处断开，用压缩空气吹，没有从里面吹出什么来，很顺畅。

（3）故障排除　用替换法将低压管换到该辆车上，制冷正常。读取蒸发器温度，为5℃，说明故障是低压管路造成的。为了彻底找到原因，将低压管路划开，发现有一段内部弹性体与尼龙套脱开了，挡住了一半的低压管路通道。更换低压管后，故障排除。

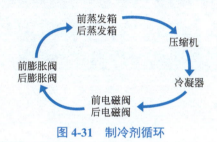

图 4-31　制冷剂循环

# 第五章
# 电气系统维修

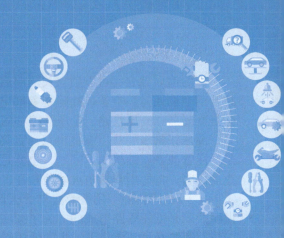

## 第一节　维修知识与通识技能

### 1. 怎样测量电压？

用电压表测量电压。测量电学参数（电压、电流、电阻）时通常使用数字式万用表。电压表始终与用电器、元件或电压电源并联在一起。

为了不影响待测电路，电压表内阻应尽可能大。在电源上测量时测量瞬时电压。用电压表测量时要注意以下几点。

❶ 必须设置电压类型，即交流电压或直流电压（AC/DC）。
❷ 开始时应选择较大的测量范围（量程）。
❸ 测量直流电压时注意极性。
❹ 测量后要将电压表调到最大的交流电压量程。

### 2. 什么是直流电压？

电压值和极性保持不变的电压称为恒定（理想）直流电压。电压值变化和极性保持不变的电压称为直流电压。

最常用的直流电压电源包括原电池（蓄电池）、相应的发电机（部分接有整流器）、光电池（太阳能系统）和开关模式电源。在技术领域还通常组合使用变压器和整流器。

### 3. 什么是交流电压？

数值大小和极性不断变化的电压及电流称为交流电压和交流电流。交流电压的典型代表是家庭常用的插座。

## 4. 什么是电荷载体？

电荷载体可以是电子（金属电荷载体）或离子（液态和气态电荷载体）。由于外侧电子（价电子）与原子核的距离相对较远，因此这些电子与原子核的连接较弱。原子吸收能量（例如热、光和化学过程）后，价电子从原子外侧壳体上脱离，形成所谓的自由电子。

自由电子从一个原子移动到另一个原子时称为电子流动或电流。

## 5. 什么是电路？

电路由电源（例如电池）、用电器（例如灯泡）和导线组成。通过开关可使电路闭合或断开。

每个电导体都带有自由电子。电路闭合时，所施加的电压使导体和用电器的所有自由电子同时朝一个方向移动。

## 6. 电流是怎样产生的？

电流是指电荷载体（例如物质或真空中的自由电子或离子）的定向移动。

每个时间单位内流动的电子（电荷载体）数量就是电流强度，俗称电流。每秒钟内流经导体的电子越多，电流强度就越大。电流强度用电流表测量。

电压是产生电流的原因。只有在闭合的电路内才有电流流动。

## 7. 什么是直流电流？

最简单的情况是，电流流动不随时间而改变，这种电流称为直流电流（DC）。电流方向是从正极流向负极。

## 8. 什么是交流电流？

除直流电流外还有交流电流（AC）。交流电流是指以周期方式改变其极性（方向）和电流值（强度）的电流，该定义也适用于交流电压。交流电流的特点是其电流方向呈周期性变化。电流变化频率（通常也称为电源频率）表示每秒钟内电流朝相同方向流动的次数。

## 9. 什么是脉动电流？

如果在一个电路中直流电源和交流电源可同时起作用，就会产生脉动电流。因此，脉动电流是直流电流与交流电流叠加的结果。

## 10. 怎样测量电流？

（1）电流表测量电流　电流表始终与用电器串联在一起。为此必须断开电路导线，以将电流表加入电路中。测量时电流必须流经电流表。

电流表内阻应尽可能低，以免影响电路。

用电流表测量时要注意以下几点。

❶注意电流类型，即电路中流过的是交流电流还是直流电流（AC/DC）。

❷开始时应选择尽可能大的量程。

❸注意直流电流的极性。

❹测量后要将电流表调到最大交流电压量程。

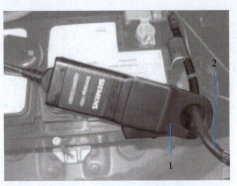

图 5-1　使用电流钳测量电流

1—电流钳；2—蓄电池负极单线

（2）电流钳测量电流　如图 5-1 所示为使用电流钳测量电流。如果待测电流强度＞10A，那么用电流夹钳测量电流的优势非常突出。另一个优点是测量电流强度时无须打开电路。

### 11. 电阻有什么作用？

简单地说，干扰电子流动的效应称作电阻，即电阻具有限制电路内电流的特点。在电子系统中，电阻的作用非常重要。除作为元件的标准电阻外，其他各部件都有一个可影响电路电压和电流的电阻值。

固定电阻器和可变电阻器在机动车电子系统内使用。固定电阻器分为线绕电阻器和金属膜电阻器。

### 12. 什么是导体的电阻？

导体的电阻取决于导体的尺寸、比电阻和温度。导体越长，电阻值越大；导体横截面越大，电阻值越小。相同尺寸的不同材料，其电阻值不同。

### 13. 什么是作为元件使用的电阻？

由于在大多数情况下导线的电阻都会带来不利影响，电子系统通常需要将电路电流限制在一个特定限值内，因此根据具体用途将相应类型的电阻作为元件使用。由于电阻尺寸通常很小且不印出，或很难看清电阻值，因此通常用色环来表示电阻值。

每种颜色都代表一个特定的电阻值，因此可以通过计算色环数值总和得到电阻值。电阻上注明的电阻值仅适用于温度为 20℃ 的条件，之所以有这种限制是因为所有材料的电阻值都会随温度变化而变化。

### 14. 什么是机械可变电阻？

机械可变电阻分为电位器和微调电位器。

电位器的电阻值可随时改变，而微调电位器的电阻值只能在进行调节时偶尔改变。电位器装在防尘套内，有一个轴。

电位器用于进行长度测量。电位器活动触头与待测长度有关，通过电阻内的变化可以量度长度变化，因此可用来测量可变电阻器的电压降。电位器也可以作为角度传感器使用，在这种情况下，旋转角度与电位器电阻上的电压降之间具有一种固定的相互关系。用于测量电压的电位器电路见图 5-2。

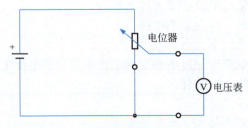

图 5-2　用于测量电压的电位器电路

### 15. 什么是 NTC 热敏电阻器?

（1）NTC 热敏电阻器特性　非金属物质具有热敏电阻特性。NTC 表示"负温度系数"，NTC 热敏电阻器的电阻值随温度升高而降低。电阻器可通过电流固有的加热特性直接加热，也可通过外部热源间接加热。

（2）NTC 热敏电阻器在车辆上的应用　在车辆内，NTC 热敏电阻器用于测量温度，例如冷却液、进气、车内和车外的温度（图 5-3）。

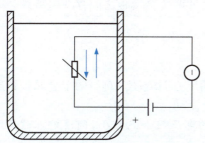

图 5-3　NTC 热敏电阻器用作温度传感器示意图

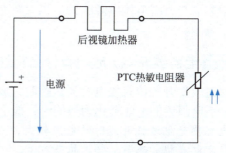

图 5-4　车外后视镜内加热控制电路

### 16. 什么是 PTC 热敏电阻器?

（1）PTC 热敏电阻器特性　PTC 热敏电阻器的电阻值随温度升高而增加，因此，这种热敏电阻器的温度系数称为正温度系数。这表示，该电阻器在低温条件下比高温条件下能够更有效地导电。

（2）PTC 热敏电阻器在汽车中的应用　PTC 热敏电阻器用作空调系统内风扇电动机的过载保护装置，也用于控制车外后视镜内的加热电流。例如，PTC 热敏电阻器用来监控燃油箱储备量。车外后视镜内加热控制电路见图 5-4。

### 17. 什么是光敏电阻器（LDR）?

（1）光敏电阻器（LDR）　光敏电阻器是可以在光线影响下改变自身电阻的光敏半导体组件。

（2）光敏电阻器（LDR）在汽车中的应用　例如，在自动防眩车内后视镜中，两个 LDR 分别测量行驶方向和其他方向的入射光线并将它们进行比较。

### 18. 怎样测量电阻值?

电阻值用欧姆表测量（万用表的测量电阻挡）。在大多数情况下使用多量程测量仪（万用表），以免出现读数错误和不准确。测量电阻时要注意以下几点。

❶ 测量期间不得将待测部件连接在电源上，因为欧姆表使用本身的电源并通过电压或电流确定电阻值。

❷ 待测部件必须至少有一侧与电路分离，否则并联的部件会影响测量结果。

❸ 极性无关紧要。

### 19. 电容器是怎样工作的?

电容器和电阻在汽车中大量使用，汽车上的控制模块都离不开电容器。

电容器是一个能够存储电荷或电能的元件。最简单的电容器由两个对置的金属板和金属板之间的一个绝缘体组成。

通过开关闭合将一个直流电压电源连到电容器上时,其内就会进行电荷转移。电容器中一个金属板上电子过剩(负电荷),另一个金属板上的电子不足(正电荷)。

短时间内流过一股充电电流,直至电容器充满电,该电流可用电流表测量。

电容器充满电时不再有电流流过(电流表显示0),即使之后电源仍保持连接状态也是如此。随后电容器阻断直流电流,即电容器电阻变为无限大。

电容器与直流电压电源断开后仍保持充电状态,即两个金属板之间存在电势差,电容器存储了电能。

### 20. 电容器充电/放电有什么特性?

通过改变开关位置使电容器短路时,放电电流朝反方向流动。直至两个金属板重新为电中性,或电阻内的电能转化为热能时,放电电流停止流动。

电容器充电过程开始时的电流较大,而开始时的电压较小或为0。随着电容器充电过程的进行,电流越来越小,电压越来越大。

电容器充满电时不再有电流经过。电压达到电源电压值。

电容器开始放电时电流较大,但与充电时的流动方向相反。电压开始时为最大值,然后随电容器放电而不断降低。电容器完全放电后不再有电流经过,电容器金属板之间没有电势差。如果单位时间内充电和放电过程的数量增加(例如通过施加交流电压),则单位时间内的充电和放电电流数值就会增大,因此单位时间内的电流平均值也会增大。所以电容器内的电流变大,即电容器电阻明显减小(电容性电抗)。电容器在车辆上作为短时电荷存储器使用,用于电压滤波和减小过压峰值。

### 21. 电容器有哪几种类型?

(1)非极化电容器 非极化电容器的两个接头相同,即可以相互调换。非极化电容器可用直流和交流电压驱动。

(2)极化电容器 极化电容器有一个正极接头和一个负极接头,这两个接头不能互换。极化电容器不能用交流电压驱动。

(3)纸质或包层电容器 将一层或多层石蜡或油纸放在两个金属膜之间(几微米厚),用复合密封剂或填充剂将包层密封起来,以防造成机械损伤。

(4)陶瓷电容器 这些电容器使用陶瓷作为电介质,陶瓷上烧结有金属银作为电极。钛电容是这类电容器的代表,并且通过与其他电容器和线圈组合使用,即使温度发生变化,这种电容器也可以达到一个恒定的谐振频率。

(5)电解电容器 在这些电容器中,通过电解作用在铝片上形成一层极薄的氧化膜。浸有电解液的纸或纸网夹在这些薄膜之间,形成正电极,铝片形成负电极。由于电解电容器使用极薄的氧化膜作为电介质,因此具有较大的电容。

### 22. 什么是电容?

电容器的存储能力称为电容。电容的单位是法拉(F)。

计算充电和放电时间时,需要电容器充电电流经过的电阻阻值和电容器的电容值。施加的电压大小对充电时间没有影响。电容器的电容越小、电阻值越小,充电过程越快。

### 23. 电容器串联是怎样的？

电容器与电阻相似，也可并联和串联。

电容器串联：将电容器依次连接在一起且相同电流经过所有电容器时，电容器为串联形式。

总电压分布在串联电容器上，局部电压之和等于总电压。最小电容器上的电压降最大，最大电容器上的电压降最小。

串联电路的总电容小于最小的单个电容。每增加一个串联电容器，总电容就会随之减小。

### 24. 电容器并联是怎样的？

电容器通常采用并联方式，以增大电容。电容器并联时，施加在所有电容器上的电压都相同。

因为通过电流为电容器充电，所以所有电容器的总电容大于所有单个电容器的电容。总电容等于单个电容之和。

### 25. 电容器在汽车上是怎样运用的？

如图 5-5 所示为车内照明灯关闭延迟电路。电容器 C 与继电器的线圈并联在一起，因此，释放开关后仍有电流通过继电器，从而通过照明灯。通过继电器的励磁线圈使电容器放电后，继电器就会关闭照明灯电路，照明灯电流在开关释放后延迟一小段时间才中断。

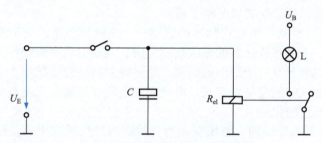

图 5-5　车内照明灯关闭延迟电路

### 26. 汽车上有哪些利用线圈的电感元件和零部件？

在车辆电气系统上线圈有多种用途，例如点火线圈、继电器用线圈等。在车辆电子系统上，线圈用于感应式传感器内，例如曲轴和凸轮轴传感器。但线圈也可以用于输送能量（变压器）或进行过滤（例如分频器）。在继电器内利用线圈的磁力切换开关。

### 27. 什么是导电体的磁场？

在每个载流导体周围都有一个磁场。磁力线的形状为闭合的圆圈。

载流导体周围磁力线的方向可通过螺旋定则确定。设想将一个右旋螺纹螺栓沿电流方向（技术方向）拧入一个导体内，则其旋转方向就是磁力线方向。

### 28. 什么是磁力线圈？

磁力线圈是指缠绕在一个固体上的导线，但不一定要有这个固体（它主要用于固定较细的导线）。线圈用在变压器、继电器和电动机内。

有电流经过线圈时，就会产生磁场，线圈将电能存储在磁场中。切断电流时，磁能重新转化为电能，产生感应电压。线圈最重要的物理特性是其电感。

除了电感外，实际线圈还具有其他一些（通常是不希望出现的）特性，例如电阻或电容。通过在线圈中放入一个铁芯可使磁场强度增大很多倍。铁芯不是电路的一部分，带有铁芯的线圈称为"电磁铁"。

### 29. 什么是电磁感应？

电导体或线圈在磁场中移动时，导体或线圈内就会产生电压。磁场强度改变时，导体或线圈内也会产生电压。该过程称为电磁感应，产生的电压称为感应电压。

感应电压的大小取决于磁场强度（绕组数量、电流强度和线圈结构）。

电导体或线圈在磁场中移动时，当移动速度不断变化的电流经过线圈时，线圈周围就会产生不断变化的磁场。电流每变化一次，线圈内都会产生自感应电压，产生该电压的目的在于抵消电流变化。

简单地说，电磁感应对磁场变化（建立和消失）的反作用与物理学中的惯性原理相似。

### 30. 电磁感应在汽车上是怎样运用的？

感应式脉冲传感器根据感应原理工作，为此主要需要一个线圈（绕组）、一个磁场和"移动"。通过这种测量原理能够以非接触（因此也不产生磨损）方式测量角度、距离和速度。发动机转速是计算空燃混合气和进行点火调节的主要控制参数。目前用霍尔传感器取代感应式脉冲传感器作为曲轴传感器的情况越来越多。

（1）曲轴传感器控制　感应式脉冲传感器——曲轴传感器，用于测量发动机转速，它由一个永久磁体和一个带有软铁芯的感应线圈构成。飞轮上装有齿圈作为脉冲传感器，在感应式传感器与齿圈之间只有一个很小的间隙。经过线圈的磁流情况取决于传感器对面是间隙还是轮齿，轮齿将散乱的磁流集中起来，而间隙则会削弱磁流。飞轮及齿圈转动时，就会通过各个轮齿使磁场产生变化。

（2）曲轴传感器基准识别　磁场变化时在线圈内产生感应电压。每个单位时间内的脉冲数量是衡量飞轮转速的标准，控制单元也可以通过已知的齿圈齿隙确定发动机的当前位置。通常使用60齿距的脉冲信号轮，缺少一个或两个轮齿的部位定为基准标记。

### 31. 什么是半导体技术？

半导体是指电导率处于强导电性金属与绝缘体之间的材料。为了有目的地影响或控制半导体的电导率，将杂质加入半导体内，专业术语叫作掺杂。掺杂时加入具有特定晶格结构的不同化合价外部原子。

在室温条件下半导体的导电性很低。半导体受到热、光、电压形式的能量或磁能影响时，其电导率就会发生变化。由于半导体对压力、温度和光线很敏感，因此也是理想的传感器材料。

半导体元件主要由硅（Si）和砷化镓（GaAs）等半导体材料制成。

### 32. 二极管有什么作用？

二极管是一种由两种不同半导体区域（即P层和N层）构成的电子元件。使用塑料或金属外壳对半导体晶体进行保护，以免受到机械损伤。两种半导体层与外部进行电气连接，P层形成阳极，而N层形成阴极。

## 33. 怎样检测二极管?

检测二极管最好的方法是检测其单向导电特性。

用万用表检测二极管的电阻,如果二极管正向电阻比较小而反向电阻比较大,说明二极管是良好的;如果二极管正反向电阻都比较大或比较小,那么可以判断二极管是损坏的。

## 34. 什么是发光二极管?

发光二极管(LED)和普通二极管一样,是 P-N 结二极管,当其正向导通时能够发光。

特性:比普通的灯泡发热小,寿命长;以低功率消耗发出亮光;只需较低电压即可工作。

LED 必须始终与一个串联电阻连接在一起,以便限制经过发光二极管的电流。

一个 LED 的 N 层掺杂较多时,P 层的掺杂只能较少。这样二极管接入流通方向时,电流几乎只通过电子运载。P 层内出现空穴与电子结合(复合)的情况时,释放出能量。根据具体半导体材料,这种能量以可见光或红外辐射形式释放出来。由于 P 层非常薄,因此可能有光线溢出。

## 35. 稳压二极管有什么作用?

稳压二极管接入阻隔方向,如果在阻隔方向上超过一个特定的电压,电流就会明显提高,二极管即可导电。通过提高掺杂物质含量可使阻隔层变得很薄,因此电压为 1～200V 时就会击穿。为了在出现击穿电压时电流迅速升高不会造成二极管损坏,必须通过一个相应的电阻限制电流。稳压二极管在车辆电子系统中用于稳压和限制电压峰值。

## 36. 什么是光敏二极管?

光敏二极管是 P-N 结二极管,由半导体和透镜组成。如果在有光线照射的光敏二极管上加反向电压,则反向电流就会通过,它的电流强度的变化和照在光敏二极管上的光线多少成比例。当光敏二极管上加反向电压时,测试它的逆向电流的多少就可确定光照量的多少。

## 37. 什么是整流二极管?

整流二极管是利用 P-N 结的单向导电特性,把交流电变成脉动直流电。整流二极管通过的电流较大,多数采用面接触材料封装的二极管。另外,整流二极管的参数除前面介绍的几个外,还有最大整流电流,是指整流二极管长时间工作所允许通过的最大电流值。它是整流二极管的主要参数,是选择整流二极管的主要依据。

## 38. 什么是晶体管?

晶体管是由三个半导体层组成的电子元件,也称三极管。每个半导体层都各有一个电气接头,根据半导体层的分布方式分为 PNP 晶体管和 NPN 晶体管。这三个半导体层及其接头称为发射极(E)、基极(B)和集电极(C)。电荷载体从发射极移动到基极(发射出去)并由集电极吸收,因此晶体管有两个 P-N 结,一个位于发射极与基极之间,另一个位于集电极与基极之间。

### 39. 什么是通路?

电路中,通路也叫回路,是指从电源的一端沿着导线经过负载最终回到电源另一端的闭合电路。

### 40. 什么是断路?

电路中,断路也叫开路,断开开关,电源构不成回路,此时电路中的电流为零。

### 41. 什么是短路?

电路中,负载被导线直接短接或负载内部击穿损坏,电荷没有经过负载,直接从正极到达负极,此时流过电路的电流很大。

### 42. 什么是串联?

两个或多个元件首尾相接在电路中,使电流只有一条通路,这种连接方式称为串联,如图 5-6 所示,电阻 $R_1$、$R_2$ 为串联。

图 5-6　串联电路　　　　　　图 5-7　并联电路

### 43. 什么是并联?

若干个元件首与首连接,尾与尾连接,接到一个电源上,这种连接方法称为并联,如图 5-7 所示,电阻 $R_1$、$R_2$ 为并联。

### 44. 什么是供电电源串联?

正确串联连接各供电电源的电极时,就会将各部分电压相加起来。将各电源彼此同极相对连接时就会削减电压。最大电流由最弱供电电源决定。

如图 5-8 所示,串联连接供电电源时,各部分电压相加形成总电压。同理,将各内阻抗相加即得到总内阻抗。

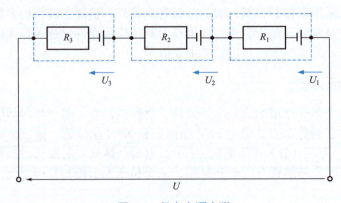

图 5-8　供电电源串联

## 45. 什么是供电电源并联?

可将供电电源并联起来,但必须确保所有供电电源都具有相同的标称电压值和内阻抗。必须将各电源的同极彼此相连,否则可能会对供电电源造成无法修复的损坏或破坏。

如图 5-9 所示,各部分电流相加形成总电流,各内阻抗并联连接在一起。并联连接供电电源可输出相对于单个供电电源来说更强的电流。

必须确保只将具有相同非负荷电压值和相同内阻抗的供电电源并联在一起。如果将不同容量和充电状态的蓄电池并联在一起(辅助启动),只能在短时间内保持这种连接状态,以免蓄电池过热。

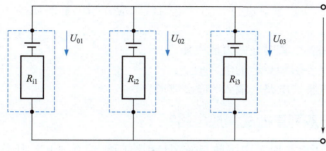

图 5-9　供电电源并联

## 46. 什么是逻辑电路?

在汽车电气/电子系统中需触发和执行大量的开关操作。带有大电流开关触点的继电器用于切换大功率负载。但是,如果机械触点仅流过很小的电流,那么很快灰尘就会造成接触问题,导致开关故障。

因此,如今控制信号的逻辑操作使用电子电路,它们在保证高工作可靠性的同时降低了功耗,减小了体积和重量。由于与这些电路相关的输出信号不仅取决于输入信号的数值,而且也取决于逻辑功能,因此它们被称作逻辑电路(图 5-10)。

图 5-10　逻辑电路

## 47. 什么是集成电路?

集成电路(Integrated Circuit,IC),是通过特殊的半导体工艺方法,把晶体管、电阻及电容等电路元器件和它们之间的连线,全部集成在同一块半导体基片上,最后再进行封装,做成一个完整的电路。

集成电路按其功能的不同,可以分为数字集成电路和模拟集成电路;按模拟集成电路的类型来分,则又有集成运算放大器、集成功率放大器、集成高频放大器、集成中频放大器、集成比较器、集成乘法器、集成稳压器、集成数/模和模/数转换器以及集成锁相环等。

### 48. 怎样检测集成电路?

集成电路出现故障一般是局部损坏,如击穿、开路、短路等。电源集成电路和功放芯片易损坏,存储器易出现软件故障,其他芯片有时会出现虚焊等。

判断集成电路是否损坏,可通过从各个方面测试集成电路的工作状态,并与正常工作状态做比较的方法来进行。即测量集成电路各引脚的对地电压值和电阻值,其中测量电压值必须在电路处于工作状态下进行,测量电阻值则应在断电静态状态下进行,具体判断方法如下。

❶ 检查集成电路各引脚对地的直流电压。
❷ 检查集成电路各引脚对地的电阻值。
❸ 用示波器检查集成电路的输入/输出波形。

### 49. 怎样拆卸双列直插式集成电路?

(1)用热风枪拆卸　对于引脚数目较多且引脚间距较大的IC,用烙铁拆卸不方便,一般使用热风枪进行拆卸。将热风枪的风力调到3挡,温度也调到3挡,风嘴沿IC两边焊脚上移动加热,当焊锡熔化时,可用镊子取下。

(2)用电烙铁拆卸　用电烙铁把焊锡熔化,加到IC两边的焊脚上并短路(即左边短接在一起,右边短接在一起,电烙铁温度可调到最高),焊锡尽量多些,盖住每个焊脚,然后两边同时轮流加热(即加热一下左边,再加热一下右边),等焊锡全部熔化时,用镊子移开IC。用电烙铁把主板上多余的焊锡除掉并清理焊盘,把IC焊脚上多余的焊锡也清除掉,保证IC焊脚平整。

### 50. 怎样维修四方扁平芯片?

(1)拆卸方法

❶ 开启热风枪并调节热风枪的气流与温度,一般温度调节在300～400℃之间,而气流大小根据喷嘴来定。如果是单喷嘴,气流挡位设置在1～3挡,其他喷嘴,气流可设置在4～6挡,使用单喷嘴,温度挡不可设置太高。
❷ 记下待拆卸IC的位置和方向,并在IC引脚上涂上适当的助焊剂。
❸ 手持热风枪手柄,使喷嘴对准IC各引脚焊点来回移动加热,喷嘴不可触及IC引脚,一般距离IC引脚上方6mm左右。
❹ 等IC引脚焊锡点熔化时,用镊子移开IC。
❺ 清除并取下余锡及焊剂杂质。可以用无水酒精或天那水清除焊剂杂质,用电烙铁把电路板上的焊盘整理平整。

(2)焊接操作

❶ 将拆卸下来的IC用无水酒精或天那水进行清洗,用电烙铁将脚位焊平整,并放在带灯放大镜下检查脚位有无离位,有无短路,如有则重新进行处理,如是新买回的IC则不需此步处理。
❷ 将整理好的IC按原标志放回电路板上,检查所有引脚是否与相应的焊点对准,如有

偏差，可适当移动芯片或整理有关的引脚。

❸ 把助焊剂涂在 IC 各引脚上，用烙铁把 IC 芯片四个角位焊接定位。

❹ 用热风枪在集成模块各边引脚处来回移动，逐一吹焊牢固，吹焊时要控制好风速，防止把模块吹移位。如发现模块位置稍有偏差，可待四周焊锡完全熔化后，用镊子将其轻推一下，即可复位，然后用镊子在 IC 上面轻轻向下压一下，使其与电路板接触良好。

❺ 清洗助焊剂，检查电路板上有无锡珠、锡丝引起的短路现象，待 IC 冷却后方可通电试机。

当然焊接的时候，也可以不用热风枪而用电烙铁焊接，具体方法是：先用电烙铁把 IC 芯片四个角位焊接定位，然后在电烙铁头部加足焊锡和焊剂，温度调到 450℃，电烙铁头接触 IC 脚并顺着往同一个方向快速拖动，用拖焊的方法，把 IC 焊牢。

## 51. 什么是集成运算放大器？

把电子系统的输出量（电压或电流）的一部分或全部，经过一定的电路送回到它的输入端，称为反馈。如果引入的反馈使放大电路的放大倍数降低，就称为负反馈；如果引入的反馈使放大电路的放大倍数增大，就称为正反馈。集成运算放大器的符号如图 5-11 所示。

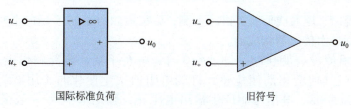

图 5-11　集成运算放大器的符号

## 52. 什么是反相放大器？

反相放大器电路如图 5-12 所示。输入信号 $u_1$ 经电阻 $R_1$ 加到反相输入端，同相输入端经 $R_2$ 接地，电阻 $R_f$ 跨接在反相输入端和输出端之间，形成一个负反馈放大器。

反相放大器的放大倍数：$A_f=-R_f/R_1$，式中，$A_f$ 为负值，表明集成运放输出电压与输入电压反相，所以称为反相放大器。而且，$A_f$ 仅取决于 $R_f/R_1$ 的比值，与集成运放本身无关。电阻 $R_2$ 称为平衡电阻，其作用是保证放大器稳定工作。

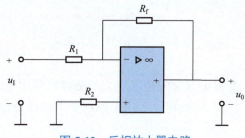

图 5-12　反相放大器电路

## 53. 什么是同相放大器？

同相放大器电路如图 5-13 所示。输入信号 $u_1$ 经电阻 $R_2$ 加到同相输入端，反相输入端经

$R_1$ 接地，负反馈由电阻 $R$ 接到反相输入端而形成。

放大倍数：$A_f=1+R_f/R_1$，$A_f$ 大于零，表明输出电压 $u_0$ 与输入电压 $u_I$ 同相。如果 $R_1=\infty$（开路）或 $R_f=0$，则 $A_f=1$，构成的电路称为电压跟随器，如图 5-14 所示。电压跟随器一般作为信号与其负载之间的缓冲隔离。

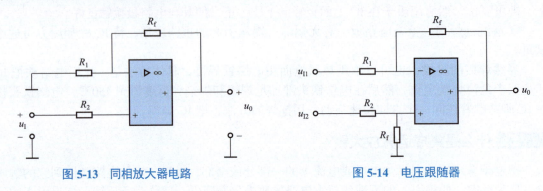

图 5-13　同相放大器电路　　　　　图 5-14　电压跟随器

### 54. 电桥信号放大电路在汽车上是怎样应用的？

如果需要对温度、压力或形变等进行检测，可采用如图 5-15 所示的电桥信号放大电路，图中电桥的一个臂是由传感器构成的。

当传感器的阻值没有变化时，即 $\Delta R=0$ 时，电桥平衡，电路输出电压 $u_0=0$；当传感器因温度、压力或其他变化而使传感元件的电阻值发生变化时（用 $\Delta R$ 表示），电桥就失去平衡，变化量变成了电信号而产生输出电压 $u_0$，输出电压 $u_0$ 一般很小，需要经过放大器进行放大。

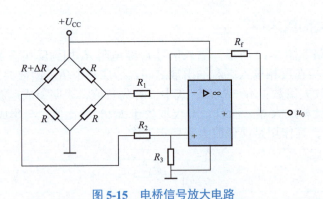

图 5-15　电桥信号放大电路

在电喷发动机中，用来测量进气量的进气压力传感器就是由压敏电阻和集成运放制成的。这种传感器被广泛使用，例如，捷达轿车采用了该传感器。压敏电阻式进气压力传感器工作原理示意图见图 5-16。

进气压力传感器有一个通气口与进气管相通，进气压力通过该口加到压力转换元件上。压力转换元件是由四个压敏电阻构成的硅膜片。硅膜片受压力变形后，电桥输出信号，压力越大，输出信号越强。该信号经集成运放放大后传送给 ECU，该进气压力传感器与进气温度传感器制成一体。

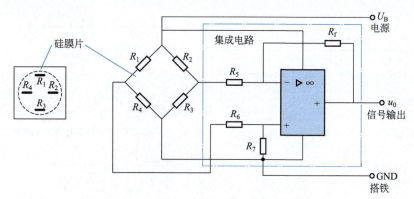

图 5-16　压敏电阻式进气压力传感器工作原理示意图

### 55. 简单电压比较器在汽车上是怎样应用的？

例如，如图 5-17 所示为氧传感器与 ECU 连线原理图。

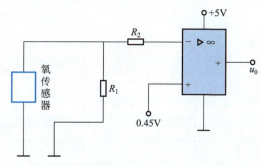

图 5-17　氧传感器与 ECU 连线原理图

### 56. 滞回比较器在汽车上是怎样应用的？

例如，在汽车 ABS（电控防抱死）系统中，车轮的速度是靠轮速传感器传递给 ECU 的。霍尔轮速传感器就是轮速传感器的一种，其主要由与车轮或传动系统连接在一起的触发齿圈、霍尔元件、永久磁铁和电子电路等组成。

当触发齿圈随着车轮旋转时，霍尔元件上的磁场会发生周期性变化，霍尔元件就会产生毫伏级的正弦波电压，将霍尔元件产生的微弱的正弦波信号放大整形为 11.5～12V 的标准脉冲信号，就是通过由集成运放构成的电子电路来实现的，其电路原理示意图如图 5-18 所示。

电路分四个部分：由霍尔元件构成的信号产生部分；由 $A_1$、$R_1$、$R_{f1}$ 组成的放大部分；由 $A_2$、$R_2$、$R_3$、$R_{f2}$ 组成的滞回比较器；三极管 VT 构成的输出级。稳压电路保证霍尔元件和比较器基准电压的稳定不变。霍尔元件感受触发齿轮转动带来的磁场变化而产生微弱的正弦波信号（图 5-19），该信号经 $A_1$ 放大器放大后，送到比较器 $A_2$，电阻 $R_2$、$R_3$ 向比较器 $A_2$ 提供基准电压，$A_2$ 输出经过滞回整形的脉冲信号。$u_{A2}$ 控制输出开关三极管，向外传输幅值达 11.5～12V 的脉冲信号。二极管 VD 的作用是电源反接时，进行保护。电容 $C_1$、$C_2$ 是稳压电路的滤波电容。

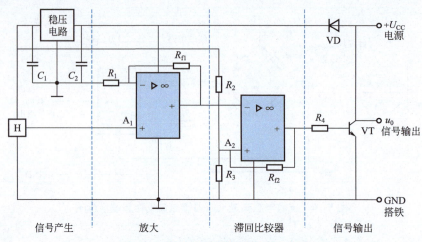

图 5-18　霍尔传感器电路原理示意图

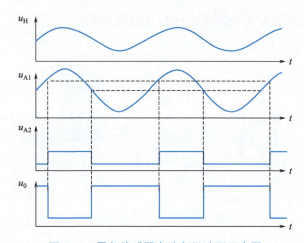

图 5-19　霍尔传感器电路各级波形示意图

### 57. 窗口比较器在汽车上是怎样应用的？

在汽车充电系统电路中，当电压过低或过高时，报警器发出警报，这就是汽车充电系统电压监视器电路，如图 5-20 所示。

当充电系统电压大于 14.5V 时，$A_1$ 反相端检测到的电压和同相端检测到的电压都大于基准电压，比较器 $A_1$ 输出电压为零，三极管 $VT_1$ 不能导通，$LED_1$（黄色）不亮；比较器 $A_2$ 输出电压为电源电压，驱动三极管 $VT_2$ 导通，发光二极管 $LED_2$（红色）发光，指示电压过高。

当充电系统电压小于 12V 时，$A_1$ 反相端检测到的电压和 $A_2$ 同相端检测到的电压都小于基准电压，比较器 $A_2$ 输出电压为零，三极管 $VT_2$ 不能导通，$LED_2$（红色）不亮；比较器 $A_1$ 输出电压为电源电压，驱动三极管 $VT_1$ 导通，发光二极管 $LED_1$（黄色）发光，指示电压过低。

当电压介于 12～14.5V 之间时，$A_1$ 反相端检测到的电压大于基准电压，比较器 $A_1$ 输出电压为零，三极管 $VT_1$ 不能导通。$A_2$ 同相端检测到的电压小于基准电压，比较器 $A_2$ 输出电压为零，三极管 $VT_2$ 不能导通。$LED_1$（黄色）和 $LED_2$（红色）都不亮，指示电压正常。

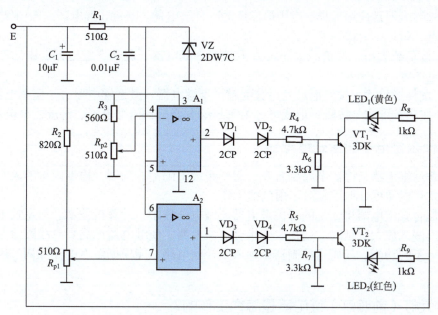

图 5-20　汽车充电系统电压监视器电路图

### 58. 继电器的基本原理是什么？

继电器具有控制系统（输入回路）和被控制系统（输出回路），通常应用于自动控制电路中。

继电器是一种当输入量（电、磁、声、光、热）达到一定值时，输出量将发生跳跃式变化的电子自动控制器件。

继电器实际上是用较小电流去控制较大电流的一种"自动开关"，所以在电路中起着自动调节、安全保护、转换电路等作用。

### 59. 继电器的作用是什么？

扩大控制范围；放大作用；综合信号控制；自动、遥控、监测。

（1）扩大控制范围　例如，多触点继电器控制信号达到某一定值时，可以按触点组的不同形式，同时换接、断开、接通多路电路。

（2）放大作用　例如，灵敏型继电器、中间继电器等，用一个很微小的控制量，可以控制很大功率的电路。

（3）综合信号控制　例如，当多个控制信号按规定的形式输入多绕组继电器时，经过比较综合，达到预定的控制效果。

（4）自动、遥控、监测　例如，自动装置上的继电器与其他电器一起，可以组成程序控制线路，从而实现自动化运行。

### 60. 汽车继电器类型有哪些？

（1）按工作原理　按工作原理分类有电磁继电器、热继电器、固态继电器、电子混合式继电器等，但目前汽车行业使用得最多的还是电磁继电器，以及部分电子混合式继电器。

电磁式继电器是使用最早、应用最广泛的一种继电器。电磁式继电器一般由铁芯、线圈、衔铁、触点、簧片、引线等组成。

（2）按负载大小　按负载大小可分为微功率继电器、弱功率继电器、中功率继电器、大功率继电器等。

（3）按外形尺寸　按外形尺寸可分为超微型继电器、微型继电器、小型继电器等。

（4）按防护形式　按防护形式可分为密封继电器、封闭继电器、开放式继电器等。

### 61. 什么是电子混合式继电器？

如将普通继电器与控制电路结合在一起便组成了雨刮控制器，根据雨量的大小控制雨刮的工作模式，以便更好地控制汽车雨刮的工作。

电子混合式继电器将传统的开关继电器与微电子技术、计算机技术、信息技术相结合，在继电器内嵌入放大、延时、遥控以及组合逻辑电路，使继电器产品具有故障诊断、报警和模糊控制等不同功能。如风扇控制器，加入了控制电路，能根据温度的高低调节风扇的工作模式。

### 62. 大灯（前照灯）继电器是怎样工作的？

大灯的工作电流较大，如果用车灯开关直接控制前照灯，车灯开关易烧坏，因此在前照灯电路中设有灯光继电器。

图 5-21　大灯继电器电路

（1）工作原理　大灯继电器电路如图 5-21 所示。SW 端子与前照灯开关相连，E 端子搭铁，B 端子与电源相连，L 端子与变光开关相连。当接通前照灯开关时，继电器线圈通电，电磁铁产生磁力，使衔铁带动动触点与静触点接通；当切断线圈电流时，由于电磁力消失，衔铁就在弹簧的作用下迅速回位，使动触点与静触点断开。利用触点的开、闭，从而实现对灯光电路的控制。

如图 5-22 所示，大灯继电器按照控制方式分为两种，一种是继电器控制正极的方式，一种是继电器控制搭铁的方式。

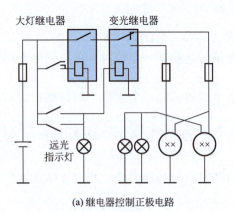
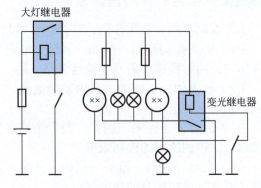

(a) 继电器控制正极电路　　(b) 继电器控制搭铁电路

图 5-22　大灯继电器控制方式

（2）实例　如图 5-23 所示，本田飞度轿车的照明电路是控制搭铁线的。

❶ 转动照明开关到小灯位置时，小灯、尾灯、仪表照明灯及后牌照灯亮，前照灯不亮。

❷ 转到大灯位置时，前照灯继电器线圈通电，前照灯亮，同时尾灯、仪表照明灯及后牌

照灯仍亮，这时，拨动变光开关，可以变换远光或近光。

❸ 当照明开关处于 OFF 挡时，所有照明灯不亮，这时，如果向上推照明开关柄，会车开关闭合，前照灯继电器线圈和远光灯丝的电流都通过会车开关搭铁，远光灯亮，以提醒其他车辆注意安全。

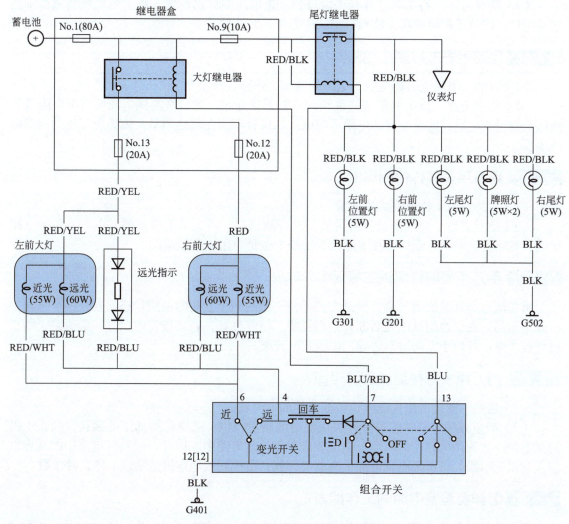

图 5-23　本田飞度轿车的照明电路

## 63. 万用表的作用是什么？

万用表可以用来测量电路中的电流、电压及电阻，以及测试电路的通断和测试二极管等。选择测量量程，可通过功能选择开关完成测量。

## 64. 用万用表怎么测量交流电压？

（1）目的　用于测量家庭用或工厂供电线路的电压，交流电压电路，及电力变压器端头的电压。

（2）测量方法　将功能选择开关设置到交流电压挡，并连接测试探头。测试探头的极性是可以互相交换的。

### 65. 用万用表怎样测量直流电压？

（1）目的　测量各种类型的电池、电气设备和晶体管电路的电压及电压降。

（2）测量方法　将功能选择开关设置到直流电压测量挡位置。将黑色负极测量探头连接地电位，红色正极测量探头放到待测试的部位，并读数。

### 66. 用万用表怎样测量电阻？

（1）目的　测量电阻器电阻，电路的通断、短路、开路。

（2）测量方法　设定电阻或连续性的功能选择开关，然后将测试笔放到待测电阻或线圈两端测量其电阻，此时应保证电阻不带电。二极管不能在此挡测量，因为所使用的内部电压太低。

### 67. 用万用表怎样检测通断？

（1）目的　为了检查电路的通断。

（2）测量方法　将功能选择开关旋到通断测试挡，将测试笔接到测试电路。如果电路接通，蜂鸣器会响。通断检查在实际汽车维修中也是应用频率很高的。

### 68. 用万用表怎样测试二极管？

将功能选择开关旋到二极管测试方式挡位，检测两个方向的通路状态。若在一个方向二极管是通的，在交换测试笔之后断开，则说明二极管良好；若二极管两个方向都通路，则二极管被击穿；若两个方向均不通导，说明它已开路。

### 69. 用万用表怎样测试直流电流？

（1）目的　测量使用直流电设备或器件的电流量。

（2）测量方法　将功能选择开关旋到电流测量挡位。选择量程的正确插孔，插入正极测试引线。为测量电路中的电流，电流表应串联接进电路中。因此，要断开电路中的某点以接入测试笔引线。将正极测试笔连接高电位一侧，负极测试笔连接低电位一侧，并读数。

### 70. 怎样衡量蓄电池的工作能力？

蓄电池的工作能力用"容量"来衡量，它是在规定的端电压范围内，蓄电池对负载供给一定电流所能持续的时间（$t$），即衡量蓄电池电能做功的能力，$W=UIt$。在实际运用中，蓄电池的容量指标 $Q$ 常用安时（A·h）来表示。

$$Q=It$$

式中　$I$——放电电流，A；

$t$——放电时间，h。

由于电流单位安培(A)=库仑/秒，所以容量的单位安时(A·h)=库仑/秒×3600秒=3600库仑（3.6kC）。

库仑是电荷量单位，1库仑=$6.24\times10^{18}$个电子所带的电量，所以容量与电池的物质量（正负极板数、总面积、电解液密度）有关。对于标准正负极板组而言，每片正极板的额定容量为15A·h，每个单格电池中负极板数总是比正极板多1片，因此可以算出一定容量的单格电池中正负极板的准确片数,如 3-QA-60A·h 蓄电池,其额定容量为 60A·h,正极板数 =60A·h/15A·h=4;负极板数 =4+1=5。如果蓄电池的额定容量不是 15A·h 的整数倍数,则极板的尺寸、厚度及材料就会有所区别。

## 71. 什么是蓄电池的额定容量?

额定容量是检定蓄电池质量的重要指标,新蓄电池必须达到该指标,否则被视为不合格产品。

根据 GB 5008—91 规定,额定容量是:将充足电的新蓄电池在电解液温度为 $(25\pm5)$℃ 条件下以 20h 率的放电电流连续放电至单格电池平均电压降到 1.75V 时输出的电量。

检测时,要注意随时调整镍铬合金电阻率的阻值大小。因为放电时间长了,蓄电池的端电压就会缓慢下降,需随时调整负荷阻值才能维持放电电流不变;放电过程中镍铬合金线的滑动变阻器温度会有所上升,但在 4.5A 电流的作用下,阻值上升不明显。

## 72. 什么是蓄电池的储备容量?

储备容量表达了在汽车充电系统失效时,蓄电池作为唯一电源能为照明和点火系统等用电设备提供 25A 恒流的能力。

根据 GB 5008.1—91 规定:充足电的蓄电池在电解液为 $(25\pm2)$℃ 条件下以 25A 恒流放电至单格电池平均电压降到 1.75V 时的放电时间称为蓄电池的储备容量,单位为分钟(min)。

国家标准规定:12V、45A·h 蓄电池在电解液温为 25℃ 的室温条件下以 25A 恒流放电,蓄电池端电压维持在 10.50V(单格电压 1.75V)以上的时间不得少于 67min。

## 73. 什么是蓄电池的启动容量?

(1)参数 国家标准曾规定:当电解液温度为 -18℃ 时,以 3 倍或 4 倍额定容量数值的电流放电 2.5min(150s),单格电压降至 1V 所提供的电量为蓄电池的启动容量。如 6-QAW-45A·h 免维护干荷蓄电池的启动放电电流应为 $3\times45=135(A)$,放电 2.5min(150s),蓄电池端电压降到 6V 时的电量,如果能维持 6V 至 2.5min,则其启动容量为 $Q=It=135A\times0.042h=5.67A\cdot h$。这说明铅酸蓄电池放电电流特别大时,电化学反应极其剧烈,产生的 $PbSO_4$ 晶粒也很粗大,容易将极板海绵状组织的缝隙堵塞,电化学反应难以深入到极板内层,容器中的硫酸分子也难以渗透到极板孔隙中去,所以启动容量很小。

(2)低温启动能力 低温启动能力是衡量汽车蓄电池能力的最主要指标,它直接关系到汽车的操纵性能。在汽车维修的竣工质量标准中(GB/T 15746.2—1995)规定"当环境温度不低于 -5℃ 时,应启动顺利,允许连续启动不多于 3 次,每次启动不多于 5s"。"若启动超过 3 次或多于 5s 均为不合格"。在起动机和控制电路以及内燃机正常的前提下,蓄电池能否提供强大电流、保持蓄电池端电压在规定值以上并持续相当时间,是评价蓄电池启动能力的重要指标。

(3)免维护干荷蓄电池 免维护干荷蓄电池的新产品,若其额定容量为 60A·h,首次注以规定密度的电解液后,不经初充电启动放电电流为 300A,放电终止电压为 6.0V 时的连续放电时间应不小于 1.4min。

(4)普通蓄电池 当液温为 -18℃ 以下时,启动放电电流为 348A,连续放电 30s,其端电压应不低于 7.2V。该项试验允许进行 3 次,有 1 次达到即为合格。

### 74. 怎样测试蓄电池？

连接蓄电池检测仪，测试蓄电池负载容量。

❶ 检查损坏：如果外壳破裂或端子松动，则更换蓄电池。

❷ 检查指示灯（指示灯颜色取决于蓄电池制造商）：如果指示灯显示蓄电池需要充电，转至步骤❸。

❸ 连接蓄电池检测仪，测试蓄电池负载容量，并施加蓄电池安时率3倍的负载。负载施加正好15s时，蓄电池电压读数应始终高于9.6V。

a. 如果读数始终高于9.6V，则蓄电池正常；清理端子和壳体，并将其重新安装。

b. 如果读数在6.5～9.6V之间，连接蓄电池充电器，并以初始电流40A将蓄电池充电3min。

c. 在整个3min内观察蓄电池电压，最高读数应始终低于15.5V。如果读数始终低于15.5V，则蓄电池正常；清理端子和外壳，并将其重新安装。如果在快速充电的3min内，读数高于15.5V，则蓄电池已损坏，将其更换。

d. 如果读数降至低于6.5V，则连接蓄电池并慢速充电，并以5A的电流充电不超过24h（或直到指示灯显示满充，或电解液相对密度至少为1.270），然后再次测试负载容量。如果电压仍然降至低于6.5V，则蓄电池已损坏，将其更换。

### 75. 蓄电池怎样充电？

免维护式蓄电池的充电状态是根据蓄电池端子之间的电压读数来判断的。

（1）蓄电池充电状态

❶ 当蓄电池闲置24h后，测试其电压才能准确确定蓄电池充电状态，这样有足够的时间使每个电池中的酸达到平衡。如果蓄电池在过去的24h内进行了充电或放电，蓄电池充电状态仅是估计的。

❷ 免维护式蓄电池的充电状态是根据蓄电池端子之间的电压读数来判断的。因为蓄电池的电流流入或流出影响其电压，所以当检查电压时，发动机必须停止并且关闭所有的电气负载，包括寄生负载。蓄电池刚刚进行过充电或者放电都会对电压有影响，所以考虑测试前一段时间内对蓄电池进行了什么操作是很重要的。

（2）充电程序　连接或断开蓄电池电缆、蓄电池充电器或跨接电缆时，务必将点火开关置于OFF位置，否则可能损坏发动机控制模块/动力系统控制模块或其他电子元件。

在蓄电池电缆连接时给侧面端子蓄电池充电，将充电器连接至正极电缆螺栓及远离蓄电池的搭铁处。在蓄电池电缆断开时给侧面端子蓄电池充电，安装蓄电池侧面端子适配器并连接充电器至适配器上。

❶ 关闭充电器。

❷ 确保所有蓄电池端子连接处清洁且紧固。

❸ 将充电器正极引线连接至蓄电池正极端子，位于蓄电池上或者发动机舱盖下分置式跨接器双头螺栓。

❹ 将充电器负极引线连接至发动机舱内牢固的发动机搭铁或搭铁双头螺栓上，发动机搭铁或者搭铁双头螺栓直接连接至蓄电池负极端子，但是远离蓄电池。如果蓄电池负极电缆断开并且使用了端子适配器，则直接连接至适配器上。

❺ 接通充电器并且设置为正常充电的最高设置。

❻ 启用蓄电池充电器后，每半小时检查一次蓄电池。

a. 对蓄电池进行充电，直到恒压变流式充电器显示蓄电池充满。

b. 触摸蓄电池侧面，估计蓄电池的温度。如果触摸时感觉太热或者其温度超过45℃，则中断充电并在蓄电池冷却后继续充电。

❼ 充电后，对蓄电池进行测试。

## 76. 怎样进行蓄电池充电系统测试？

在发动机启动的情况下，观察仪表板组合仪表充电指示灯或驾驶员信息中心信息。在仪表板组合仪表上充电指示灯应该熄灭，而驾驶员信息中心不应显示充电系统信息。

（1）电路/系统检验

❶ 如果仪表板组合仪表上的充电指示灯不点亮，充电系统信息不显示在驾驶员信息中心，则要检测间歇性故障和接触不良故障。

❷ 如果充电指示灯在仪表板组合仪表上或在驾驶员信息中心显示充电系统信息，则执行以下"电路/系统测试"。

（2）电路/系统测试

❶ 点火开关置于ON位置，没有设置引起充电系统故障的发电机或蓄电池电流传感器故障码。如果设置了故障码要执行故障码诊断。

❷ 点火开关置于OFF位置，测量蓄电池端子电压。室温条件下，电压读数应该为12V或以上。如果不在规定范围内，则需要进行蓄电池检查和测试。

❸ 将层叠碳板测试仪连接至蓄电池。

❹ 启动发动机并将发动机转速提高到2500r/min。观察测试仪上的电压读数，电压读数应在12.6～15.0V之间。如果不在规定的范围内，则更换发电机。

❺ 调整层叠碳板测试仪至规定负载测试输出值。如果不在规定值内，更换发电机。

## 77. 怎样诊断和解决蓄电池故障？

（1）蓄电池故障原因　如果蓄电池测试正常，但不能正常工作，以下是一些常见的原因。

❶ 车辆附件整夜未关。

❷ 行车速度较慢且频繁停车，时停时走，同时还使用很多电气附件，特别是空调系统、前照灯、刮水器、加热型后窗、车载电话等。

❸ 电气负载超出发电机输出功率，特别是车辆上增加了售后加装设备。

❹ 充电系统存在故障，包括传动皮带打滑和发电机损坏等。

❺ 蓄电池未正常维护，包括蓄电池压紧装置松动或蓄电池绝缘体（如果使用）缺失。

❻ 电气系统中出现了机械故障，如导线短路或卡住，导致断电。

（2）电解液冻结　电解液的冻结点取决于其密度。完全充电的蓄电池直到周围的温度降至-54℃才会冻结。然而，充电不足的蓄电池在-7℃可能会冻结。冻结会损坏蓄电池，应使蓄电池保持80%以上的适当充电状态以防止冻结，蓄电池凝固点为低于-32℃。

（3）车辆存放期间的蓄电池保护　有些车辆的附属装置会作为一个寄生负载，持续微量地耗用蓄电池的电量。长期不使用的蓄电池会放电，这样会导致蓄电池永久性损坏，放电的蓄电池在寒冷天气也会冻结。

在车辆停放30天以上时，为了保持蓄电池的充电状态，应断开蓄电池搭铁电缆，以防止因寄生放电电流而导致蓄电池放电。

当不能断开蓄电池时，采取以下措施。

❶ 保持蓄电池高充电状态。

❷ 制定规范的时间表，每 20 ～ 45 天给蓄电池充一次电。长期处于放电状态的蓄电池，难以重新充电，甚至可能永久性损坏。

### 78. 蓄电池维护和使用应注意什么？

（1）保证蓄电池紧固牢靠　蓄电池应该在车上安放牢靠，以防在行驶中因振动而使蓄电池连线脱落，导致供电中断。

（2）保持蓄电池表面清洁　应经常清理蓄电池盖上的灰尘、污垢等，以免其加注孔盖或螺塞上的通气孔被堵塞。如果发现极柱上出现固体氧化物时，应及时用热水浇冲，予以清除，以免影响极柱与接线柱之间的导通性。清理干净后，将蓄电池表面擦拭干净，在极柱及接线柱上抹上黄油，保证极柱不被氧化。

（3）保证蓄电池电解液液面的高度正常　蓄电池在充放电过程中，电解液中的水会因为电解和蒸发而逐渐减少，导致电解液液面下降。如果不及时补充的话，会缩短蓄电池的使用寿命。车主一旦发现液面过低，应及时补充蒸馏水。

（4）及时给蓄电池充电　蓄电池放完电后或停止使用前应及时充电，以免造成极板硬化，缩短蓄电池使用寿命。

## 第二节　故障诊断与维修操作

### 79. 为什么使用能量管理系统？

能量管理系统负责监督和控制车辆停止及行驶期间的能量平衡。

车辆的车载网络主要由一个能量存储器（蓄电池）、一个能量发生器（发电机）以及数量众多的能量消耗部件（电气/电子设备）组成。由蓄电池（能量存储器）提供电能，通过起动机（用电器）启动车辆发动机。

车载网络负责为保证车辆及其功能的可用性提供电能。保证车辆的启动能力是其中最为优先的目标。能量管理的任务是在车辆所有运行状态下将能量的使用始终保持在最优化状态。

每个能量管理系统的主要组成部分都是发动机控制单元中的电源管理系统软件（DME/DDE），该电源管理系统控制车内的能量流。

发动机启动后发电机（能量发生器）提供电流，在理想状态下该电流能够满足所有用电器的需求且有多余的电能为蓄电池充电。所连接用电器的耗电量大于发电机可以提供的电量时，车载网络电压就会下降至蓄电池的电压水平，这时蓄电池开始放电。

### 80. 能量管理中蓄电池导线有什么特点？

如果蓄电池导线从后备厢经过车辆地板外侧与燃油管路平行铺设到发动机室内时，出于安全考虑需监控该导线。因发生事故或撞到障碍物（例如护栏）造成蓄电池导线损坏时，就会从蓄电池上断开蓄电池导线并关闭发电机，以避免造成短路以及形成火花。

蓄电池正极接线柱上连接了两根导线，这两根导线负责为电气组件供电。其中一根蓄电池导线通过蓄电池正极接线柱通向起动机和发电机。例如宝马车型，根据车型的不同，这根蓄电池导线可配备监控装置。另一根蓄电池导线通向一个或多个车载网络的配电盒，这根蓄电池导线没有监控装置。

### 81. 为什么要使用安全型蓄电池接线柱（SBK）？

（1）安全型蓄电池接线柱（SBK）组件　SBK 由一个传统的可拧紧式接线柱组成，带有内装燃爆材料的空心圆柱体，有一个锁杆用于防止蓄电池导线重新滑回触点位置。

（2）安全型蓄电池接线柱（SBK）的作用　为了保护起动机电路，采用了安全型蓄电池接线柱作为保护措施，该装置可在发生事故时消除短路危险。这种安全型蓄电池接线柱直接与蓄电池正极连接。

使用 SBK 目的：为了将发生事故时发生短路的危险降至最低，车辆内的车载网络分为两个电路（例如宝马车型）。

❶ 一个是车载网络供电部分，通过高电流熔丝防止发生短路。
❷ 一个是起动机电路，该电路无法通过任何传统熔丝方式提供保护。

### 82. 什么是总线端？

车辆中所有用电器必须有一侧接地，另一侧则连接正电压。在电工学中总线端用于连接电线、电缆和导线（可松开）。在车辆中总线端是指连接控制单元和电气组件并为其供电的接线柱。不同总线端拥有各自标准化的名称。

### 83. 什么是总线端 30？

车辆中的所有用电器始终通过接地点（导电车身部件）与车辆蓄电池负极接线柱连接。车辆中的部分用电器也始终与车辆蓄电池的正极接线柱连接，这种电路只能通过开关或继电器断开。

在车辆电气车载网络中，永久带有蓄电池电压的总线端称为总线端 30（也称 B+ 或永久正极）。安装并连接蓄电池后，导线束的这个分支在关闭点火开关并拔下点火钥匙后仍然保持供电状态。总线端 30 负责为停车后仍需正常运行或只为保存数据而需要用电的控制单元和总成供电。例如，闪烁警告装置开关就是通过总线端 30 供电的。

### 84. 什么是总线端 R？

只有将点火钥匙插入点火开关并转到第一个卡止位置后，一部分用电器才能通过点火开关与蓄电池正极连接并得到供电。在这种情况下点火开关相当于一个开关，这个总线端称为总线端 R。

例如：如果车载收音机通过总线端 30（永久正极）连接时，则拔下点火钥匙后仍可以正常工作。如果收音机通过总线端 R 连接，则只有总线端 R 接通后收音机才能运行。除收音机外，安全系统（MRS、ACSM）也通过这个总线端供电。

### 85. 什么是总线端 15？

点火钥匙转到第二个卡止位置时，则启用总线端 15（也称为接通的正极，点火正极）。其他控制单元和电气组件也通过总线端 15 供电，例如空调系统和驻车辅助系统（PDC）通过总线端 15 接通。总线端 R 和总线端 15 由 CAS 控制单元控制。

### 86. 什么是总线端 31？

由于所有用电器都连入一个电路内，因此除电源 B+ 外该电路还需要必要的接地连接。通过一根单独的接地导线和车身钢板连接蓄电池的负极接线柱，这种连接也称作总线端 31（接地）。

### 87. 为什么使用智能化发电机调节 IGR？

在减少 $CO_2$ 排放措施方面，正在引入各种不同的工艺技术以降低所有车辆的耗油量。其中一项措施是部分回收利用发动机的动能。根据驾驶员的驾驶方式，仅智能化发电机调节一项措施就可以有效减少的 $CO_2$ 排放，从而可以节省能量。

❶ 智能化发电机调节的核心原理是扩展车辆蓄电池的充电策略。蓄电池不再完全充满电，而是根据不同的环境条件（车外温度、蓄电池老化等）充电到规定程度。

❷ 与传统充电策略不同，目前仅在车辆滑行阶段进行能量回收利用。此时发电机在外部激励最大的状态下工作，并将所产生的电能储存在车辆蓄电池内。此时不消耗燃油，车辆滑行期间产生的动能通过车轮和发动机作用在发电机上，从而产生电能。

❸ 车辆加速阶段发电机不承受外部激励作用，因此不会为产生电能而消耗能量和燃油。

### 88. 充电调节和电压调节是怎样控制的？

❶ 与传统充电调节不同，智能化蓄电池调节不会 100% 充电，蓄电池充电到最大充电量的 70%～80%。

❷ 系统定期停用智能化发电机调节功能并允许蓄电池 100% 充电，以确保蓄电池长期保持全部容量（恢复）。

❸ 在智能化发电机调节系统中，发电机电压在低电压范围内的时间相对较长，以便车辆蓄电池更有效地吸收电流。

### 89. 智能化发电机调节系统有哪几个运行状态？

IGR 功能分为以下三个运行状态。
（1）IGR 较低　在滑行阶段提高发电机电压并为蓄电池充电（能量回收利用）。
（2）IGR 中等　在 IGR 较低与 IGR 较高之间的阶段内不允许蓄电池耗电，保持目前的充电状态（部分减小发电机负荷）。
（3）IGR 较高　能量从蓄电池返回到车载网络内（减小发电机负荷）。

### 90. 智能化发电机调节系统较低功能运行状态是怎样的？

在车辆滑行阶段可提高发电机电压并为蓄电池充电（能量回收利用）。
❶ 车辆处于滑行阶段时 IGR 提高发电机电压（这个发电机负荷仅在转速超过 1000r/min 且车速高于 10km/h 时出现）。
❷ 提供电压可以提高蓄电池充电电量。
❸ 随着滑行次数和持续时间的增加，蓄电池充电状态不断提高（在 IGR 较低阶段中充电状态最高可达到 100%）。

## 91. 智能化发电机调节系统中等功能运行状态是怎样的？

在 IGR 较低与 IGR 较高之间的阶段内不允许蓄电池耗电，保持目前的充电状态（部分减小发电机负荷）。

❶ 蓄电池充电状态足够时系统调节发电机电压的方式是，蓄电池以可接受的程度向外供电，此时车载网络有一部分由蓄电池供电。

❷ 在这种状态下发电机的负荷最小，只有维持车载网络稳定运行的作用。所需要的 IGR 电压由电源管理系统限制到与车载网络匹配的电压。

## 92. 智能化发电机调节系统较高功能运行状态是怎样的？

能量从蓄电池返回到车载网络内（减小发电机负荷）。

❶ 在使用燃油行驶阶段，系统发出部分减小发电机负荷的请求信息。此时不再主动为蓄电池充电，而是仅使充电状态保持在足够使用的程度。

❷ 为确保只在滑行阶段充电的蓄电池在受控状态下向外供电，加速阶段车载网络电能需求较低时需发出发电机部分至完全卸载的请求信息，以减少 $CO_2$ 排放。蓄电池充电状态达到某一程度（70%～80%）时就会出现这种情况。

❸ 只有达到蓄电池的某一最低充电程度时，才能进行智能化发电机调节。

❹ 蓄电池充电状态足够时系统调节发电机电压的方式是，除滑行阶段外使蓄电池充电状态几乎保持不变，在这种状态下发电机只为车载网络供电。

## 93. 双蓄电池系统的功能和工作原理是什么？

例如奔驰 W221 双蓄电池系统，电源控制系统的任务是根据需要为车辆所有电气设备和部件提供电源。为了保持可靠性，电源控制系统提供两条电源线路：一条是起动机蓄电池线路；另一条是主蓄电池线路。

车辆电源供应控制单元（N82/1）将两种蓄电池线路调节为不同的参数和特性。为了确保车辆正常工作，如果需要的话，两种蓄电池线路可被连接在一起。

（1）起动机蓄电池线路　起动机和起动机蓄电池属于起动机蓄电池线路部分。仅在特殊的情况下，其他的用电设备才能使用该电源。在发动机启动后，起动机蓄电池由车辆电源供应控制单元内的转换电路控制，通过主蓄电池线路至少充电 1h。

（2）主蓄电池线路　所有其他电气设备都属于主蓄电池线路，电源由蓄电池（GI）和发电机提供。

（3）中央电器设备切断　为了在所有运行条件下防止蓄电池过放电，电源控制系统的充电状态被连续监测。车辆电源供应控制单元发送一个信号到电气设备，这些电气设备将会以特定的顺序并且根据参数化的时间和电压值来占用主蓄电池线路。通过这个信号，个别的控制单元会切断电气设备或者减少这些电气设备的电源需求。

（4）静止电流切断　为了使蓄电池在车辆静止（发动机熄火）的情况下获得更长的使用寿命，静止电流切断继电器，将静止电流减小到最小。为此，用电设备在预定的时间后断开与电源的连接。当静止电流切断继电器闭合时，充电转换器未进入工作状态。

（5）紧急运行模式　如果主蓄电池过放电时，安装在前附加熔丝盒内的蓄电池连接继电器（Bzk1）将会闭合。

当发动机运行时（接线端 6 接通），所有不重要的电气设备就会被切断。只有当发电机产生足够的电能时，两个蓄电池才能通过发电机进行充电。如果在主蓄电池线路中存在故障

（如发电机故障，车载电网线路断路），起动机蓄电池线路就会重新连接。此时只有点火开关控制单元（NT3）仍然能够通过车载电源供应控制单元实现从起动机蓄电池获得电源。这对于紧急停车（P）功能而言是很重要的，因为它能够在钥匙移开时，确保通过变速器保证车辆的安全（紧急停车功能）。

（6）紧急停车功能　EIS控制单元将电压切换到紧急电路模式。带直接选择的智能伺服模块内的弹簧蓄压器工作，变速器转换到停车位置。在功能重新恢复后，带直接选择的智能伺服模块内的电子和机械系统将自动同步。

（7）组合仪表显示　车辆电源供应控制单元通过底盘CAN总线发送状态和故障信息到中央网关控制单元（N93），并从中央网关控制单元通过中央CAN、总线发送到组合仪表。

当出现以下情况时显示红色蓄电池符号。
❶ 发动机运行，从发电机未收到信号。
❷ 在车辆电源供应控制单元中有故障码，如充电转换器故障。

### 94. 双蓄电池系统启动模式是怎样工作的？

在启动过程中，两条蓄电池线路彼此从电路上独立出来。主电路系统电压由主蓄电池线路提供，起动机蓄电池线路确保车辆能正常启动。当接收到"发动机运行"信息达30s时，双蓄电池连接继电器再次断开。

### 95. 双蓄电池系统发动机运行模式是怎样工作的？

如果发动机运行，即使主蓄电池供应电压过低时，起动机蓄电池也在充电。只要发动机运行，车辆电源供应控制单元就会根据温度控制充电特性，对起动机蓄电池进行充电转换并调节到特定的充电电压。

双蓄电池的充电标准受到多方面因素的影响，若两个蓄电池已完全充满电，则充电电流受到发电机的限制，目的是降低燃油消耗和提高发动机的效率。

### 96. 双蓄电池系统用电设备切断模式是怎样工作的？

有许多因素导致用电设备不得不切断，目的是使主蓄电池能够充分地充电，以及确保对所有重要的部件提供稳定的电源供应。某些用电设备需要以一定的次序临时性地短暂切断。

为了让发电机增加其输出电源电压，怠速转速也能够增加。怠速转速的增加由ME-SFI控制单元控制。

### 97. 双蓄电池系统用发动机运行时用电设备切断模式是怎样工作的？

如果蓄电池电压降至低于12.2V且超过2s，首先切断用电设备。如果电压不会增加，则会有更多的用电设备被切断。请求切断用电设备的信号由车辆电源供应控制单元发送，通过中央网关控制单元往内部CAN总线发送，然后用电设备由相应的控制单元解除其工作状态。

### 98. 双蓄电池系统发动机熄火时用电设备切断模式是怎样工作的？

如果点火开关置于1挡或2挡时，电气设备仍然工作，若系统电源电压低于特定的电压值，则用电设备切断功能开始起作用。然后用电设备在一定的时间间隔内以特定的次序切断。

## 99. 电源管理系统是怎么控制的？

（1）电源管理控制单元 J644　奥迪 A6 轿车电源管理控制单元 J644 在后备厢内的蓄电池旁边，诊断地址码为 61。主要是监控蓄电池状态，在极端的情况下调节充电电压，切断用电器；防止蓄电池过度放电，保证车辆用电保障。

（2）控制原理　电源管理控制单元 J644 可持续监控蓄电池的状况，它会检查蓄电池的充电状态（SOC）及启动能力。在发动机运转时，该控制单元会将发电机的充电电压调节到最佳状态。另外该控制单元还可以卸掉载荷（减少用电器数量）及提高怠速转速。

为了避免在发动机关机的情况下出现静电流消耗，该控制单元在极端情况下可以通过 CAN 来关闭用电器，从而可避免蓄电池过度放电。

## 100. 电源管理系统蓄电池管理器的任务是什么？

为了能执行蓄电池自诊断，电源管理控制单元内的蓄电池管理器必须算出下面这些数据：蓄电池温度、蓄电池电压、蓄电池电流、工作时间。

蓄电池电流和蓄电池电压在控制单元内测量，蓄电池温度是通过一种算法来折算的，而蓄电池电压是在正极接线柱上测量的。

## 101. 电源管理控制单元有哪些功能模块？作用是什么？

电源管理控制单元 J644 分为三个功能模块，这些功能模块在不同的车辆状态下开始工作。

（1）蓄电池管理器　功能模块 1 是蓄电池管理器，它负责蓄电池诊断（总是处于工作状态）。

（2）静态电流管理器　功能模块 2 是静态电流管理器，它在需要时会关闭驻车后的用电器（发动机不转）。

（3）动态管理　功能模块 3 用于动态管理，它可调节充电电压以及降低负荷（减少用电器数量，发动机运转）。

这三个功能模块在一定的状态下才会激活，见表 5-1。

表 5-1　功能模块的激活

| 车辆状态 | 蓄电池管理器 | 静态电流管理器 | 动态管理 |
| --- | --- | --- | --- |
| 15 号接线柱关闭 | 激活 | 激活 | — |
| 15 号接线柱接通<br>发动机不运转 | 激活 | 激活 | — |
| 15 号接线柱接通<br>发动机运转 | 激活 | — | 激活 |

## 102. 静态电流管理器的任务是什么？有什么功能？

（1）工作任务　在奥迪 A6 轿车电源管理系统中，电源管理控制单元 J644 内的静态电流管理器的任务是：在必要时请求控制单元关闭用电器。静态电流管理器在 15 号接线柱关闭和 15 号接线柱接通/发动机关闭时才工作。

❶ 当车辆已停止时，必须尽可能地减小静电流，以降低蓄电池的放电量，从而保证在长时间停车后仍能启动车辆。

❷ 当蓄电池电量不足以给所有驻车用电器供电时，舒适用电器和信息娱乐用电器的功能就会被关闭。控制单元究竟要关闭哪个用电器，这是由关闭等级来决定的。

❸ 在"车辆信息"下的故障导航中可显示出控制单元可关闭哪些用电器或功能。

❹ 用电器关闭分为六个等级。

❺ 蓄电池的充电量越少，关闭等级就越高。所需要的关闭等级由电能管理控制单元经数据总线系统来提供，组合仪表会告知驾驶员哪些功能受到限制。

某些功能受到限制的原因可能就是因为某些关闭等级已经启动。关闭等级已经启动会作为故障被存储在电能管理控制单元的故障存储器内。

（2）关闭等级功能　电源管理控制单元根据蓄电池的充电状态来启动各个关闭等级。

### 103. 电源管理系统关闭等级控制原理是什么？

电源管理控制单元 J644 在必要时会将所需要的关闭等级发送到数据总线上。连接在总线系统上的控制单元在读入这些信息后，就会关闭与各个关闭等级相关的用电器。因此，在每个控制单元内都存储有关闭等级将要关闭的用电器的信息。

从图 5-24 中可看出：电源管理控制单元将"关闭等级 2"发送到舒适 CAN 总线上，于是舒适 CAN 总线上的控制单元就关闭与"关闭等级 2"相对应的用电器或功能，这个对应的关系存储在相应控制单元的软件内。

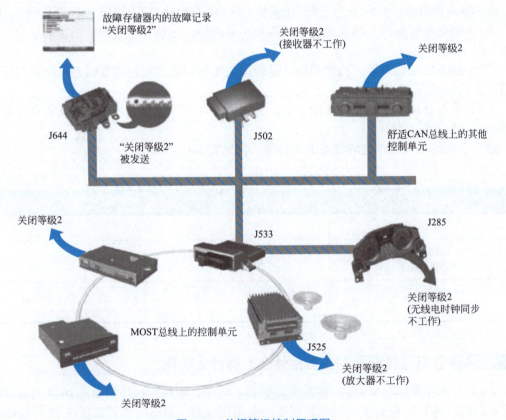

图 5-24　关闭等级控制原理图

例如：为了节能，轮胎压力监控控制单元 J502 关闭了天线接收器。数据总线诊断接口 J533 会将"关闭等级 2"这个信息分配到其他总线系统上，于是其他总线系统上的所有控制单元也做出反应，即关闭与"关闭等级 2"相关的用电器。

连接在组合仪表 CAN 总线上的控制单元 J285 会关闭无线电时钟的接收器（为了节能），或者连接在 MOST 总线上的数字音响包控制单元 J525 关闭音频放大器。

### 104. 静态管理器逐级降低静态电流的作用是什么？

静态管理器能延长车辆停放的时间。这些"关闭等级"优先顺序是 1-2-5-3-6，这在开发系统时就定好了。

❶ 当接通降低静态电流的各个等级时，车辆停放的时间就可延长，因为"关闭等级"越高，静态电流就越小。但是车辆无法计算停放的时间可延长多长。当驾驶员启动车辆后，所有功能立即恢复。"关闭等级 4"有些特别，它不能由车本身来执行，必须借助于诊断仪来完成。

❷ 当车辆停放时间超过 3h，若此时静态电流 > 50mA，则"关闭等级 2"会立即启动。

发动机启动后，所有原来正在工作的"关闭等级"都被复位（撤销了）。将充电器接到车载蓄电池上时，也会关闭所有的"关闭等级"，但这些功能不适用于"关闭等级 4"——运输模式。

### 105. 什么是普通硅整流发电机？

普通硅整流发电机由三相交流发电机和 6 个硅整流二极管组成。如东风 EQ1091 型载货汽车用 JF132 型发电机和北京切诺基汽车发电机。其电刷有外装式和内装式之分，前者电刷架可直接在发电机的外部拆装，后者更换电刷时，则必须将发电机解体。

### 106. 什么是整体式硅整流发电机？

整体式硅整流发电机的集成电路（IC）调节器装在硅整流发电机内部，减少了发电机外部的连接导线，而且还能大大简化制造过程，因而正在日益得到广泛应用，如丰田 YR、YB 系列发电机，北京切诺基汽车发电机，夏利汽车发电机，一汽奥迪汽车发电机，上海桑塔纳（JFZ1813Z 型发电机）汽车发电机等。

### 107. 什么是无刷硅整流发电机？

无刷硅整流发电机是指无电刷和集电环的发电机。这种交流发电机没有电刷和集电环，可以减少在运行中由于电刷与集电环而引起的各种故障。其结构与一般爪极式交流发电机大致相同，但其磁场绕组是静止的，它通过一个磁轭托架固定在后端盖上。两个爪极中只有一个爪极直接固定在发电机转子轴上，另一个爪极则用非导磁连接环固定在前一个爪极上。当转子旋转时，一个爪极就带动另一个爪极一起在定子内转动，于是定子的三相绕组中便感应出三相交流电，经整流后再变为直流电。

这种交流发电机有一定的缺点：一是两个爪极之间连接的制造工艺较困难；二是由于磁路中增加了两个附加气隙，故在输出功率相同的情况下，必须增大磁场绕组的励磁功率。

### 108. 什么是带有励磁机的无刷硅整流交流发电机？

带有励磁机的无刷硅整流交流发电机实际上是在爪极式三相交流发电机的基础上增加了一部专为其励磁的小型硅整流发电机，称为励磁机。其特点是磁场绕组固定，而三相绕组是转动的。当发电机转动时，在三相绕组中便感应出三相交流电，在发电机内部经二极管整流后变为直流电，直接供给爪极式三相硅整流发电机的磁场绕组励磁发电。其结构比较复杂，所以仅在需要大功率输出时采用。

### 109. 6 管发电机结构是怎样的?

6 管发电机由 6 个硅整流二极管组成。

### 110. 8 管发电机结构是怎样的?

8 管发电机有 2 个与中性点连接的二极管，其整流器共有 8 个二极管。

8 管整流电路中采用了 8 个硅整流二极管，其中 6 个组成三相全波桥式整流电路，还有 2 个是中性点二极管，1 个正极管接在中性点和正极之间，1 个负极管接在中性点和负极之间，对中性点电压进行全波整流。

### 111. 9 管发电机结构是怎样的?

9 管发电机有 3 个磁场二极管，其整流器共有 9 个二极管。

9 管整流器由 6 个大功率整流二极管和 3 个小功率励磁二极管组成。其中 6 个大功率整流二极管组成三相全波桥式整流电路，对外负载供电。3 个小功率管二极管与 3 个大功率负极管也组成三相全波桥式整流电路，专门为发电机磁场供电，所以称 3 个小功率管为励磁二极管。

### 112. 11 管发电机结构是怎样的?

11 管发电机除有 6 个硅整流二极管组成的整流器外，还有 2 个中性点二极管和 3 个磁场二极管，其整流器共有 11 个二极管，如桑塔纳轿车用的 JFZ1813Z 型发电机。

整体式发电机由 11 管交流发电机和集成电路调节器两部分组成。中性点为硅整流二极管 $VD_4$、$VD_8$，在发电机高速运转时，可增大其输出功率 10%～15%。

### 113. 发电机调节器有什么作用?

发电机调节器的作用是在发动机转速变化时，通过调节发电机励磁绕组的励磁电流，使发电机的电压保持稳定，防止发电机电压过高而烧坏用电设备和导致蓄电池过量充电，同时也防止发电机电压过低而导致用电设备工作失常和蓄电池充电不足。调节器按元件性质来分可分为触点式和电子式两种，目前常用的主要是电子式。电子式电压调节器又分为晶体管调节器和集成电路调节器。

### 114. 晶体管调节器是怎么工作的?

晶体管调节器是将三极管作为一个开关串联在发电机的磁场电路中，根据发电机输出电压的高低，控制三极管的导通和截止，以调节发电机的励磁电流，使发电机输出电压稳定在规定的范围之内。晶体管调节器有内搭铁式和外搭铁式两种。

### 115. 集成电路调节器是怎么工作的?

集成电路调节器（IC）具有体积小、重量轻、灵敏高、寿命长、不需维修等优点。它安装于整体式交流发电机后端盖上，可以减少发电机外部连接导线和充电系统故障，并大大简化了生产制造过程。它作用是：当发电机转速变化，输出电压超过极限额值时，自动调节发电机的输出电压，使之保持稳定，以防电压过高烧坏用电设备和使蓄电池过充电。

集成电路调节器也称 IC 调节器，其工作原理与晶体管调节器相同。集成电路调节器装在发电机上，根据电压检测点的不同，可分为发电机电压检测法和蓄电池电压检测法两种。

### 116. 电压调节器置于发电机内的电路原理是什么？

电压调节器一般有三个接线柱：B（或 +、火线、电枢）接线柱、E（或 -、接地）接线柱、F（磁场）接线柱。

整体式发电机将发电机的电压调节器置于发电机内，发电机无磁场接线柱，但有一个充电指示灯接线柱 L，L 接线柱在发电机内部连接提供励磁电流的整流器输出端。

### 117. 怎样测量各接线柱之间的电阻？

（1）测量发电机的输出端子 B+ 和搭铁端 E 之间的阻值（壳体或搭铁接线柱） 通过测量可以判断交流发电机整流器是否有故障，如有故障应将发电机解体，进一步检测。

（2）测量发电机正电刷 F 接线柱和负电刷 E 接线柱之间的阻值 通过测量各接线柱之间的阻值，不能确定交流发电机是否有故障时，应进行试验台试验。

### 118. 怎样进行发电机试验台试验？

（1）空载试验 空载试验是在交流发电机不带任何负载（不对外输出电流）情况下的一种试验。空载试验的目的是：初步判定发电机是否有故障。

（2）负载试验 负载试验就是在交流发电机带有负载（对外输出电流）情况下的一种试验。负载试验的目的是：进一步测定发电机是否有故障。

交流发电机的有些故障，在没有电流输出的情况下是表现不出来的，所以如果交流发电机空载试验正常，应再做负载试验。

### 119. 怎样检测与维修转子？

（1）励磁绕组的检修 用万用表测量励磁绕组的电阻，应符合标准。每个滑环与转子轴之间的阻值都应该为∞。

（2）转子轴和滑环的检修 转子轴的弯曲会造成转子与定子之间间隙过小而摩擦或碰撞，如发现发电机运转时阻力过大或有异响，应检查转子轴是否有弯曲。

滑环表面应光滑，无烧蚀，厚度应大于 1.5mm。

（3）轴承的检修 若发现发电机运转时有异响，应仔细检查是否因轴承的损坏而造成的。

### 120. 怎样检测与维修整流器？

将二极管的引线与其他连接分离，用指针万用表的两个表笔分别接到二极管的引线与壳体上，测二极管的正向与反向电阻。二极管的正向电阻应符合标准值，反向电阻应在 10kΩ 以上。

### 121. 怎样诊断和排除发电机充电故障？

如捷达轿车，启动发动机后，充电指示灯发亮。

（1）诊断要点

❶ 确定故障诊断的故障现象。

❷ 尽可能地重现故障。

❸ 执行故障诊断，最大可能地初步把握故障产成部位或零部件。

（2）结合发电机原理分析　捷达轿车采用的是整体式硅整流发电机，电压调节器采用的是内装式 IC 调节器，并用充电指示灯指示蓄电池的充、放电状态；发电机正常工作时，指示灯熄灭。

检查时，在"B+"与"D+"接线柱间连接一个电流表，测得静态激磁电流为 2.6A，较正常值略低。

取下电流表，启动发电机，测量发电机"B+"端及"D+"端电压，其电压值为 12.7V，提高发动机转速，查看电压表，结果"B+"端及"D+"端电压同时升高，表明故障在发电机。

（3）执行故障排除　拆下发电机并进行解体检查，发现有一个炭刷的连线已经断开。更换新炭刷，修复后装车再试，故障排除。

（4）维修总结　行车时，充电指示灯常亮不灭，表明充电系统有故障。其原因以下 4 点。

❶ 激磁二极管断路损坏，"D+"端电压下降，在发电机的"B+"端与"D+"端形成电位差。

❷ 内装 IC 调节器性能不良，激磁电流减小，发电机输出电压下降。

❸ 激磁绕组局部短路或激磁回路接触电阻增大，磁场强度下降。

❹ 发电机驱动皮带过松或打滑，发电机转速下降。

## 122. 起动机是怎样执行启动工作的？

从蓄电池正极接线柱出发的一根导线经过点火线圈，接在磁力开关的 S 端，这根导线是用来控制磁力开关的。点火开关接通和切断电路，并控制磁力开关的动作。

一根导线直接连接在磁力开关的 B 端。导线具有优良的导电性能，因为将有强电流流过，以便使电机转起来。另一根导电性良好的导线连接在电动机磁力开关的 M 端。电动机内部换向器的触点接通 B 端和 M 端以后，电流就从蓄电池流向电动机，电动机开始转动。

## 123. 为什么要在某些启动电路中装置继电器？

由于起动机启动时流过的电流比较大，经常会使点火开关损坏。为了避免点火开关触点被烧蚀，延长其使用寿命，使电流不流过电磁开关的电磁线圈，以减少电磁开关的电压降，许多汽车对装有电磁开关的起动机，采用有启动继电器的启动系统控制电路。采用启动继电器可以用较点火开关启动挡小得多的小电流控制电磁开关的起动机开关电路。

## 124. 怎样测试起动机消耗电流？

❶ 将电压表正极引线连接至蓄电池正极接线柱。

❷ 将电压表负极引线连接至蓄电池负极接线柱。

❸ 将电流表正极引线连接至蓄电池正极接线柱。

❹ 将电流表负极引线连接至蓄电池加载装置，如层叠碳板上。

❺ 将蓄电池加载装置的另一条引线连接至蓄电池负极端子。

❻ 将蓄电池加载装置设在最大电阻挡（开路）。

❼ 启动发动机。

❽ 记录启动期间显示的电压。
❾ 将点火开关拧到关闭位置，调整蓄电池加载装置，使电压表读数与上步记录的读数相符。
❿ 记录蓄电池加载装置的消耗电流。
⓫ 将蓄电池加载装置设回到"开路"位置。
⓬ 检查消耗电流是否符合标准值。
⓭ 如果电流超出规格，拆卸并维修启动电动机。

## 125. 发电机不发电的原因有哪些？

硅整流发电机不发电是最常见的故障，主要表现为充电指示灯常亮、蓄电池电量消耗过快、灯光逐渐变暗等，主要原因如下。
❶ 传动皮带过松或有油污。
❷ 电刷接触不良。
❸ 励磁电路断路或无励磁电流。
❹ 转子和定子线圈短路、断路与搭铁。
❺ 发电机输出线路短路。
❻ 整流板二极管损坏等。

## 126. 发电机发电量不足有什么表现？原因有哪些？

发电机发电量不足可以通过电流表或充电指示灯来判断，车辆运行时电流表偏向负值或指示灯亮，表明发电机的发电量不足，主要原因有以下几点。
❶ 发电机皮带过松、有油污。
❷ 连线有松动或锈蚀。
❸ 怠速转速过低。
❹ 调节器工作不良。
❺ 发电机整流器中个别二极管损坏。
❻ 发电机集电环脏污或磨损严重、炭刷与集电环接触不良。
❼ 发电机定子绕组接线不良或转子绕组有故障。
❽ 发电机转子和定子有刮碰或气隙不当。

## 127. 发电机发电量过高的原因有哪些？

发电机发电量过高一般表现为照明灯泡经常烧损、蓄电池电解液消耗过快、发电机或点火线圈过热等，主要原因有以下几点。
❶ 发电机正电刷与元件板短路。
❷ 磁化线圈断路。
❸ 温度补偿电阻断路，调节器电压调整值过高。
❹ 机械式调节器低速触点黏结。
❺ 机械式调节器高速触点接触不良。

## 128. 充电电流不稳定的原因有哪些？怎样排除？

交流发电机在工作时，电流表指针摆动，即发电机充电电流不稳定。

（1）充电电流不稳定的原因

❶ 发电机皮带过松。

❷ 发电机与蓄电池之间连线接触不牢。

❸ 炭刷磨损不均或炭刷弹簧失效。

❹ 调节器各触点烧蚀或有油污。

❺ 调节器调整不符合要求。

（2）检查与排除

❶ 检查发电机皮带的松紧度是否合适，如不合适则更换或调整。检查发动机皮带张紧轮，必要时更换。

❷ 检查发电机与蓄电池的各接线柱之间的导线连接情况。

❸ 用试灯检查发电机，使发动机稳定运转。这时，若试灯亮度有明暗变化，表示发电机有故障。必要时分解并检查发电机，检查炭刷接触状况和转子与定子线圈是否接触不良。

### 129. 起动机电枢线圈和磁场线圈间实际线路是怎样布置的？

起动机电枢线圈和磁场线圈之所以采用不同的连接方式，所考虑的是电动机所需的性能。在汽车启动电动机里，通常采用一种被称为串绕型的布线方式。在这种特殊的布线电路中，激励线圈和电枢线圈是串接在一起的。

### 130. 怎样测试启动电压？

❶ 将电压表的负极引线连接至搭铁端。

❷ 将电压表正极引线连接至电磁开关端子30。

❸ 启动发动机。

❹ 记录启动期间显示的电压。

❺ 如果电压低于规格且启动性能差，则拆卸并修理启动电动机。

### 131. 怎样测试起动机接触不良？

❶ 将电压表正极引线连接至蓄电池正极接线柱。

❷ 将电压表负极引线连接至电磁开关M端子。

❸ 记录启动期间显示的电压。

❹ 对电磁开关端子50、电缆的蓄电池正极压接端子和蓄电池正极端子连接器，重复本程序。

❺ 修复所有电阻（电压读数）过大的接头。

### 132. 怎样测试起动机接地？

❶ 将电压表正极引线连接至蓄电池负极接线柱上。

❷ 将电压表负极引线连接至起动机壳体上。

❸ 记录启动期间显示的电压。

❹ 对电缆的蓄电池负极压接端子和蓄电池负极端子连接器，重复本程序。

❺ 修复所有电阻过大的接头。

## 133. 怎样测试开关电路?

❶ 将电压表负极引线连接至电磁开关端子 50。
❷ 将电压表正极引线连接至蓄电池正极接线柱上。
❸ 启动发动机。
❹ 记录启动期间显示的电压。
❺ 如果电压高于规定值,则测试电磁开关电路(开关电路最大电压差 2.5V),找出电阻过大的根源并修复接头。

## 134. 起动机运转无力故障怎么排除?

主要检查蓄电池、起动机电磁开关。
(1)故障表现　起动机转动缓慢无力,带动发动机困难,或接通启动开关后,起动机只有"咔嗒"一声,并不转动。
(2)可能发生故障的部件　蓄电池、起动机和连接导线。
(3)检查项目
❶ 蓄电池电量是否不足、导线连接是否虚脱。
❷ 电磁开关是否损坏。

## 135. 起动机空转故障怎么排除?

接通启动开关,起动机空转。重点检查驱动齿轮。
❶ 检查起动机主开关接触盘行程,若过短,则会造成电磁开关提前接触,会听到轻微的摩擦声。
❷ 驱动齿轮或飞轮齿圈是否严重磨损、打滑。
❸ 单向离合器是否有打滑现象。

## 136. 电子控制单元的功能和组成有哪些?

(1)电子控制单元(ECU/ECM)的功能　电子控制单元接收来自各种传感器和开关的信号并进行计算,将计算结果与存储器中存储的数据进行比较,为执行器输出最佳信号,该控制模块是 ECM 系统的核心。

电子控制单元是以单片微型计算机(即单片机)为核心所组成的电子控制装置,具有强大的数学运算、逻辑判断、数据处理与数据管理等功能。

电子控制单元是汽车电子控制系统的控制中心,其功用是分析处理传感器采集到的各种信息,并向受控装置(即执行器或执行元件)发出控制指令。

(2)电子控制单元的组成　电子控制单元(ECU)组成如图 5-25 所示。
❶ 输入回路:输入回路作用示意图见图 5-26。
a. 针对模拟信号。输入回路需要先滤除杂波,再通过 A/D(模/数)转换器将连续变化的模拟量转换成数字量之后才能输入微处理器。
b. 针对数字信号。输入回路需要通过数字缓冲器进行限幅、整形和分频(如将曲轴位置传感器信号分频为 1° 信号等)处理后,才能传输到微处理器进行运算处理。
❷ 微处理器:微处理器在各种存储器的支持下,统一控制各组成部分,对输入信号进行运算处理并输出控制信号。微处理器主要由中央处理器(CPU)、数据存储器(RAM/ROM)和输入/输出(I/O)接口等组成。

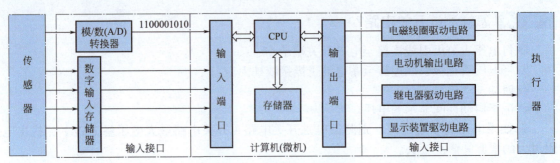

图 5-25 电子控制单元组成

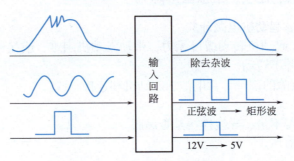

图 5-26 输入回路作用示意图

❸ 输出回路：输出回路是微处理器与执行器之间的中继站，其功用是根据微处理器发出的指令，控制执行器动作。

### 137. 启动及充电装置是怎么控制的？

汽车的启动系统包含一个 12V 的启动电动机，这个启动电动机会驱动发动机开始燃烧过程，把电能转化成机械能。车辆的电力系统必须可以提供充足的能量以确保启动电动机可以转动曲轴。

充电系统由一个蓄电池组和一个交流发电机构成。蓄电池必须有足够的能量去运行汽车的启动电动机和其他电力系统。交流发电机会在发动机运行时并且蓄电池需要加大输出时给蓄电池充电。组合仪表上安装有充电警示灯，它会在交流发电机没有输出电能或者电能输出低的情况下被点亮。

### 138. 交流发电机是怎么控制的？

交流发电机在结构上都相似且都包括一个定子、一个转子、一个整流器和一个调节器。单向输出端用一根粗电缆连接到蓄电池的正极。交流发电机通过其支架接地。三针脚连接器为充电警示灯、蓄电池供电，为发动机控制模块交流发电机充电信号提供连接。

### 139. 启动电动机是怎么控制的？

每个启动电动机都属于电磁啮合型且都包括一系列线束电动机、一个单向离合器和一个整体线圈。当点火开关移到启动位置时，网关防盗模块发出信号来给起动机线圈提供电压。当发动机要求启动时，网关防盗模块在同意启动要求之前先检查正确的特征编码是否被接收。

启动电动机上的连接器为网关防盗模块提供连接。直接与蓄电池正极端子连接的坚固的专用电缆为起动机的运行提供能量。电缆通过铜制的双头螺柱与线圈连接且用螺母固定。

## 140. 车窗系统是怎么控制的？

在带有前电动车窗及后电动车窗的车辆上，每个车门的内饰板上都有一个翘板开关，控制该车门上车窗的升降。DDM（车门控制单元）上有4个开关，以便驾驶员能控制每个车窗的升降，DDM上还有一个隔离开关，以防止后车门电动车窗开关使车窗升降。

在点火开关位于AUX或IGN位置时，或点火开关转动到关闭位置40s后，电动车窗仍可以升降。如果车门在这40s的时间内被打开或当点火开关转到关闭位置时，车门已经打开，则40s的定时取消。该功能也适用于天窗的运行。车窗系统控制图见图5-27。

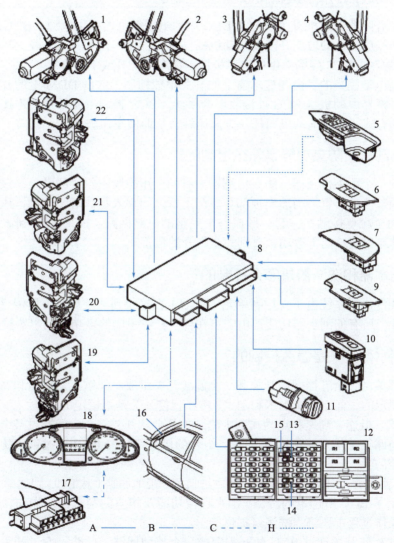

图5-27 车窗系统控制图

A—硬线；B—K总线；C—诊断总线；H—驾驶员侧门组合开关总线
1—左前车门电动玻璃升降器；2—右前车门电动玻璃升降器；3—左后车门电动玻璃升降器；4—右后车门电动玻璃升降器；5—驾驶员侧门组合开关（DDM）；6—前排乘客侧门电动车窗开关；7—左后车门电动车窗开关；8—车身控制单元（BCU）；9—右后车门电动车窗开关；10—中控门锁开关；11—驾驶员侧门锁芯；12—乘客舱熔丝盒；13—驾驶员侧门组合开关熔丝；14—后车门电动玻璃升降器熔丝；15—前车门电动玻璃升降器熔丝；16—车窗防夹传感器；17—诊断连接器；18—组合仪表；19—右后车门锁体；20—左后车门锁体；21—前排乘客侧门锁体；22—驾驶员侧门锁体

### 141. 电动车窗是怎么控制的？

当点火开关位于 AUX 或 IGN 位置时，或在 BCU 接收到来自位于组合仪表上的 K 总线上的点火关闭信息 40s 后，电动车窗在任何时候都可运行。

当 40s 定时器处于运行状态时，定时功能可以通过打开任意一个前车门的方式取消，或当 BCU 接收到点火关闭信息时，一个车门已经打开，此时定时功能也被取消。当定时功能取消后，BCU 同时在 K 总线上，向天窗 ECU 发送一个信息，使天窗不能运行。

### 142. 电动玻璃升降器电动机是怎么控制的？

电动玻璃升降器电动机直接由位于 BCU 内的电子继电器提供电源。BCU 接收来自开关的信号，并向相应的电动玻璃升降器电动机提供电源，使车窗上升或下降。车窗的上升或下降也由 BCU 控制，BCU 颠倒提供的电源极性，使车窗上升或下降。

前窗都是电动控制的，由相应车窗上的开关单独控制，或由 DDM 上的开关控制。每个前电动玻璃升降器电动机从 BCU 处接收电源供给。BCU 控制电源及接地连接，并通过颠倒电动机极性的方式，控制电动机向任一方向运转，从而使车窗玻璃向上或向下运动。

### 143. 电动车窗防夹功能是怎么控制的？

系统安装一个防夹传感器。防夹传感器中有两个用橡胶密封好的触点，该橡胶密封沿车门上框饰条顶部全长布置。当玻璃顶部与车门上框之间夹入物体时，该物体压迫传感器，使传感器内的两个触点接触在一起，形成一个完整的电路回路。BCU 探测到该完整的电路回路后，立即使车窗玻璃向下运动，直到完全打开的位置。

### 144. 刮水器和洗涤器是怎么控制的？

刮水器和洗涤器系统由车身控制单元（BCU）在接收到驾驶员或雨量传感器（如安装）的指令后动作。所有的刮水器功能都由安装在驾驶杆右手侧的多功能刮水器拨杆开关控制。

### 145. 刮水器开关是怎么控制的？

刮水器开关由一个五挡摆动开关和一个旋转开关组成。间歇式、低速和高速刮水的刮水开关位置是锁定的，而点动式刮水和刮水/洗涤程控开关是不锁定的。

❶ 间歇式、低速、高速和点动式刮水的开关都会从开关接头之间通过某个金属线的连接完成一个接地路径（从开关到达 BCU）。组合的接地路径由 BCU 通过选定功能的一个或两个信号来监控。

❷ 洗涤/刮水程控开关一旦开启，就会完成一个接地回路（从 BCU 到达单一的洗涤泵）。接地回路显示了 BCU 所选定的洗涤/刮水程控功能及相应的刮水器的操作，同时此回路在完成接地的操作过程中还将为洗涤泵提供能量。

❸ 间歇式旋转开关通过 BCU 的开关完成一个接地回路。此路径穿过开关内的电阻器，BCU 根据开关位置的不同来测定电阻值。BCU 将依据电阻值来选择确定间隔延时的长短。

### 146. 汽车中产生直流（DC）信号的装置有哪些？

在汽车中产生直流（DC）信号的装置有蓄电池、PCM（提供传感器参考电压）以及各种模拟传感器，如发动机冷却液温度传感器、燃油温度传感器、进气温度传感器、节气门位置传感器、热线式空气流量计、节气门开关以及进气压力传感器等。

## 147. 汽车中产生交流（AC）信号的装置有哪些？

在汽车中产生交流（AC）信号的装置有车速传感器（VSS）、防滑制动轮速传感器、磁电式曲轴位置（CKP）传感器和凸轮轴位置（CMP）传感器、爆震传感器（KS）。

## 148. 汽车中产生可变频率调制信号的装置有哪些？

在汽车中产生可变频率信号的装置有数字式空气流量计、进气压力传感器、光电式车速传感器（PVSS）、霍尔式车速传感器（HVSS）、光电式凸轮轴和曲轴位置（CKP）传感器、霍尔式凸轮轴位置（CAM）传感器和曲轴位置（CKP）传感器。

## 149. 汽车中产生脉宽调制信号的装置有哪些？

在汽车中产生脉宽调制信号的电路或装置有初级点火线圈、电子点火正时电路、废气再循环控制（EGR）、净化控制、涡轮增压和其他控制电磁阀、喷油嘴、怠速控制电动机和电磁阀的电路。

## 150. 串行数据（多路）信号是由哪些模块产生的？

如果汽车中具备自诊断能力和其他串行数据传输能力的控制模块，则串行数据是由动力控制模块（PCM）、车身控制模块（BCM）和防滑制动系统（ABS）或其控制模块产生的。

## 151. 什么是电压降？

❶ 闭合电路中的部件或负荷工作时需消耗一定的电压。电压降说的就是负荷两端消耗的电压，只在有电流时才有电压降。

❷ 电压降转换为热或运动。在简单的灯电路中，灯两端的电压降将灯点亮（电压转变为热）。如果还串有其他负荷或灯，各装置上的电压降是成比例的。

❸ 电阻最大的负荷电压降最大，串联电路的总电压降等于电源电压。

❹ 有时电压降表示电路中出了故障。例如，导线或接插件腐蚀造成的电阻可能消耗原本给负荷用的电压。

❺ 最后一个负荷的接地侧的电压应该总是接近零（小于0.1V）。

## 152. 什么是对地短路？

对地短路是在电路的电源侧和接地侧之间出现了几条不需要的路径。发生这种情况，由于电流总是要走阻力最小的路径，电流会绕过本应经过的负荷。

因为负荷电阻有限制电流的作用，跨过负荷的短路会造成很大的电流。

## 153. 什么是对电源短路？

对电源短路也是电流有了不希望有的通路。有一条通路绕过开关直接加到负荷上，这样即使没有接通开关，灯泡也点亮（图 5-28）。

## 154. 查阅电路图有什么要点？

查阅电路图要注意三个要点。

❶ 掌握各种车型的电路图中图形意义、标注规则、符号含义和使用方法等，记不住不要紧，但要看着电路图能找到

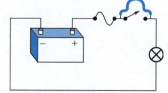

图 5-28 对电源短路

对应元件。

❷ 掌握一定的电气系统的工作原理，尤其是电器元件的电路输出和输入。

❸ 掌握承修车辆的电器布置情况。

### 155. 查阅电路图有什么技巧？

（1）一种车型　精心分析一种车型的典型电路，掌握各个系统之间的接线特点和规则，进而了解一个车系电路特点。

（2）两路理顺

❶ 顺向：从用电设备找到蓄电池正极和搭铁，顺着电流流向，从蓄电池正极出发到用电设备，再到搭铁。

❷ 逆向：逆着电流方向，从负极搭铁到用电器，再到蓄电池正极。

选择一种路径或者两种路径结合的方法去理顺，善于将一个复杂的系统回路简化，这样有利于快速理清电路结构。

### 156. 电路图有什么基本特点？

电路图通常可以分为3个部分来阅读处理，即最上部、最下部和中部。

最上面部分为中央配电盒电路，其中标明了熔丝的位置及容量、继电器位置编号及接线端子号等。中间部分是车上的电气元件及连线。最下面的横线是搭铁线，上面标有电路编号和搭铁点位置；最下面搭铁线的标号是为了方便标明在一页画不完的连线的另一端在何处。

（1）电路图最上部　在大众车系电路图中，控制单元（J519）符号置于最上部（图 5-29）。

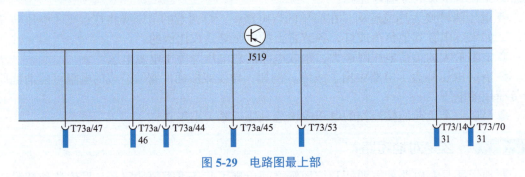

图 5-29　电路图最上部

（2）电路图最下部　负极搭铁电位在最下部，如图 5-30 所示。

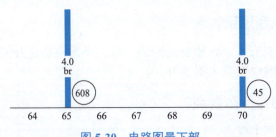

图 5-30　电路图最下部

⑥⓪⑧—接地点（在排水槽中部）；㊺—接地点（在仪表板中部，空调器右侧支架上）

（3）电路图中间部分　在大众车系电路图中，中间部分是车上的电器元件及连线（图5-31）。

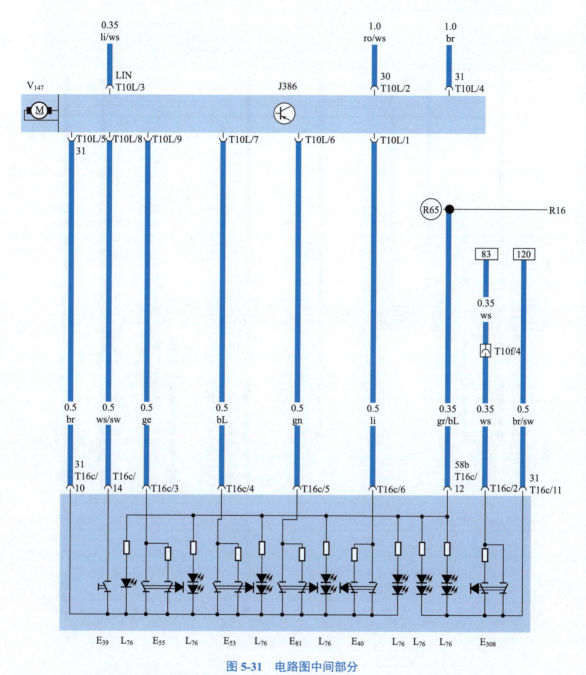

图 5-31　电路图中间部分

$V_{147}$—驾驶员侧车窗升降器电动机；$E_{39}$—后部车窗升降器锁止开关；$E_{308}$—驾驶员侧车内联锁按钮

### 157. 电流路径走向是怎样的？

电流方向基本上是从上到下，电流流向从电源正极→保护装置→开关→用电器→搭铁→电负极，形成简明的完整回路（图5-32）。

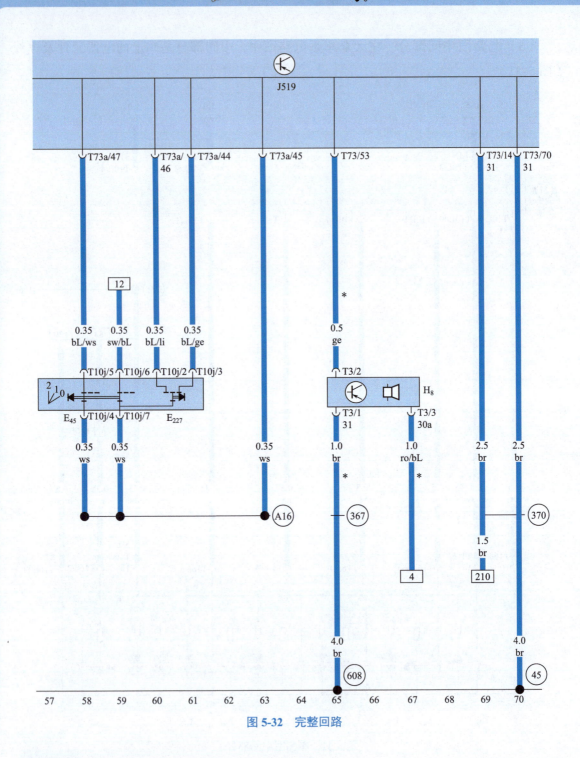

图 5-32 完整回路

### 158. 电路图最上边的内部正负线路是什么?

电路图最上边内部水平线为接电源正极的导线,有 30、15、X 等。电路中经常通电的线路使用代号 30,接地线的代号是 31,受控制的大容量用电设备的电源线代号是 X,受控制的小容量用电设备的电源线代号是 15。

## 159. 什么是常火线？

常电源就是在蓄电池正常的情况下，均有规定电压的电源线。30 号线接蓄电池正极，汽车维修中称为"常火线"。

## 160. 什么是条件电源？

条件电源就是在一定的条件下才有规定电压的电源，即 15 号线。点火开关置于 ON（接通）和 ST（启动）挡时，30 号线经点火开关连接中央继电器盒内的 15 号线，也就是说打开钥匙门时会有电。

## 161. 什么是卸荷线？

电路中，卸荷线也就是 X 线，是大容量火线，雾灯、刮水器和后挡风玻璃加热等用电取自 X 线，只有在点火开关位于 ON 挡时 X 触点继电器 J59 才工作，30 号线经 X 触点继电器接通 X 线，而在点火开关位于 ST（启动）挡启动发动机时 X 线自动断电，从而保证发动机能顺利启动。

## 162. 汽车电路接线有什么特点？

汽车电路接线一般采用单线制、用电设备并联、负极搭铁，线路用颜色不同的线和编号加以区分，并以点火开关为中心分成几条主干线。

（1）蓄电池正极线  从蓄电池引出直通熔断器盒，也有的从蓄电池正极线直接引到起动机正极接线柱上，再从熔断器盒引出较细的正极线到其他电路。

（2）点火、仪表和信息指示线  这些设备的电路必须经过汽车钥匙才能接通。

（3）专用线  无论发动机是否工作都需要接入的电器，如收放机点烟器等。

（4）启动控制线  起动机主电路的控制开关（触盘）常用磁力开关来通断，其接线方式：小功率起动机磁力开关的吸引线圈和保持线圈由点火开关的启动挡控制；大功率起动机的吸引线圈和保持线圈则由起动机继电器控制。

（5）搭铁线  搭铁点分布在汽车全身，与不同金属相接。

## 163. 电源系统的接线有什么特点？

（1）发电机与蓄电池连接特点  发电机与蓄电池并联，蓄电池负极必须搭铁。蓄电池正极经电流表（或直接）接发电机正极，蓄电池静止电动势常为11.5～13.5V，发电机输出电压常限定在13.8～15V之间。发电机工作时电压比蓄电池电压高0.3～3.5V，这主要是为了克服线路压降，使蓄电池充电时既能充足，又不至于过度充电。

（2）发电机接线特点  国产硅整流发电机的接线柱旁均有标记或名称，"+"或"B+"为电枢接线柱，此接线柱应与蓄电池"+"极相连；"F"为磁场接线柱，它与调节器磁场接线柱相连；"E"为搭铁接线柱，应与调节器的搭铁接线柱相接。

（3）发电机调节器  外置调节器的交流发电机的磁场线圈搭铁方式由两种：一种是磁场线圈直接在发电机内部搭铁；另一种是磁场线圈不在发电机内部搭铁，而是通过调节器搭铁。

## 164. 启动系统的接线有什么特点？

（1）点火开关直接控制起动机的电路  点火开关在启动挡直接控制起动机的吸引线圈和保持线圈，用启动继电器触点作为开关。

（2）带启动保护的起动机控制电路

❶ 当点火开关在 0 挡时，电路均断开。

❷ 点火开关在 1 挡时（未启动）的电路为发电机→激磁点火线圈→点亮仪表指示灯。

❸ 点火开关在 2 挡时，除了接通上述电路外，还要接通起动机继电器电路：蓄电池正极→点火开关→起动机继电器线圈→继电器常闭触点→搭铁→蓄电池负极→起动机驱动发动机。

❹ 发动机点火工作后，启动保护继电器常闭触点断开，切断充电指示灯搭铁点路，充电指示灯熄灭，表示发电机工作正常。

发动机点火工作后，同时也切断了启动继电器线圈的搭铁电路，当发电机正常工作时，即使误将点火开关置于启动挡，起动机也不会与飞轮啮合，避免打坏飞轮齿圈与起动机，起到保护起动机的作用。

### 165. 照明系统的接线有什么特点？

❶ 照明系统的电流一般来自蓄电池正极，不受点火开关控制，前照灯的远光灯功率较大，常用灯光继电器来控制通断。超车灯信号常用短时接通按钮来控制远光灯亮灭来表示。现代汽车的照明系统常用组合开关集中控制。

❷ 前照灯又分为远光灯与近光灯，用变光开关控制。

❸ 照明灯由灯光开关控制，包括驻车灯、尾灯、仪表灯、牌照灯。

### 166. 仪表报警系统的接线有什么特点？

所有电气仪表都由点火开关控制。

❶ 仪表的表头与其传感器串联，燃油表、水温表一般还接有仪表稳压器。

❷ 指示灯、报警灯常与仪表装配在一个总成内或在附近布置，它们与仪表一同受点火开关的工作挡（ON）和起动挡（ST）控制。在 ON 挡应能检验大多数仪表、指示灯、报警灯是否良好。

❸ 指示灯和报警灯按照电路接法如下。

a. 灯泡接点火开关火线，外接传感开关：开关接通则与搭铁构成通路，灯亮，如充电指示灯、手制动指示灯、制动液液面报警灯、门未关报警灯、机油压力报警灯、水位过低报警灯等。

b. 指示灯泡接地，控制信号来自其他开关的火线端，如远光指示灯、转向指示灯、座椅安全带未系指示灯、防抱死制动指示灯（ABS）、巡航控制指示灯等。

### 167. 点火开关是怎么控制的？

例如迈腾轿车，将 ID 发生器（点火钥匙）插入预锁位置。发动机运转，点火钥匙退回到 15 号线位置。关闭发动机→压下点火钥匙后将手放开，点火钥匙将被弹回到取出位置。

### 168. 启动系统是怎么控制的？

例如新迈腾轿车，将 ID 发生器（点火钥匙）插到启动位置，车载电网控制单元接收到启动信号的同时确认离合器位置（手动变速器）、变速杆位置（自动变速器）、蓄电池电压等信号是否在相应位置。若在相应位置，车载电网控制单元控制 J682（接线端 50 供电器）、J329（总线端 15 供电器）给起动机供电使其工作，从而启动发动机。

### 169. 启动系统电路路径是怎样的？

如图 5-33 所示为迈腾轿车启动系统电路，分析：蓄电池→ 20 → 7 → SB30 → 4.0 → 27 → J329

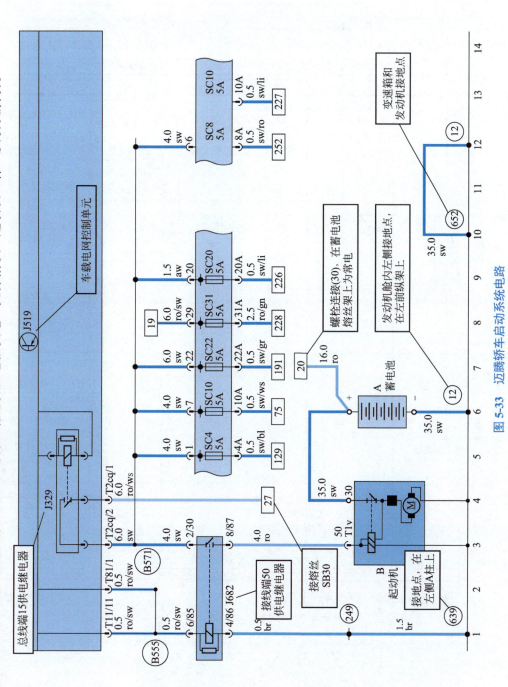

图 5-33 迈腾轿车启动系统电路

## 170. 启动系统电路路径是怎样的？

如图 5-34 所示为北京现代悦动轿车充电系统电路，分析如下。

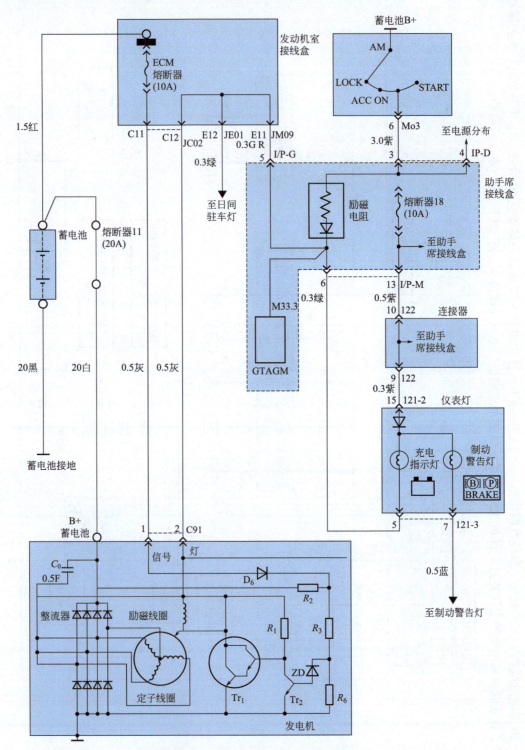

图 5-34　北京现代悦动轿车充电系统电路

（1）励磁线圈电路　蓄电池 B+ →点火开关→励磁电阻→发动机室接线盒 JM09 端子→发动机室接线盒连接器 JC02 的 C12 端子→发电机连接器 C91 的 2 号端子→励磁线圈→电压调节器 $Tr_1$ →发电机接地。

（2）蓄电池充电电路　发电机蓄电池 B+ →熔断器 11（20A）→蓄电池→蓄电池接地→发电机接地。

（3）发电机电压调节器电路

❶ 电压调节器电源电路：蓄电池正极→ ECM 熔断器（10A）→发动机室接线盒接器 JC02 的 C11 端子→发电机连接器 C91 的 1 号端子→电压调节器。

❷ 充电指示灯电路：蓄电池 B+ →点火开关→助手席接线盒熔断器 18（10A）→连接器 122 端子 10 →连接器 122 端子 9 →连接器 I/P-M 端子 6 →仪表灯充电指示灯→发动机室接线盒 JM09 端子→发动机室接线盒 C12 号端子→发电机连接器 C91 的 2 号端子→电压调节器→发电机接地。

### 171. 风扇低速电路和高速电路路径是怎样的？

如图 5-35 所示为君威轿车冷却系统电路，分析如下。

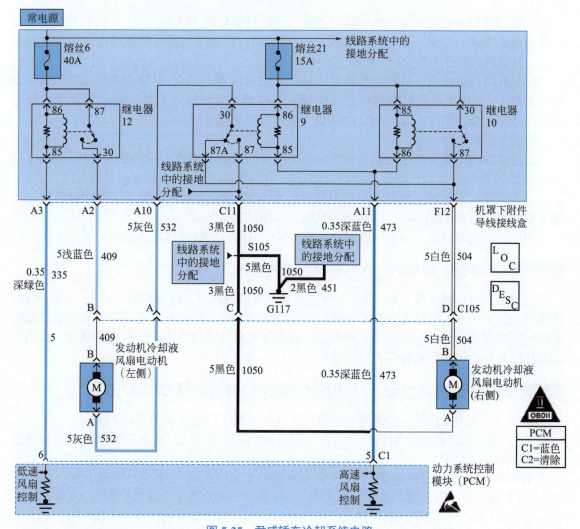

图 5-35　君威轿车冷却系统电路

（1）风扇低速电路分析

❶ 控制电路：动力系统控制模块（PCM）控制散热风扇低速运转时，其中C1-6脚为低电平，为继电器12线圈提供接地回路，控制电路如下为常电源→机罩下附件导线接线盒内40A熔丝6→机罩下附件导线接线盒内继电器12线圈→发动机控制模块的C1-6脚。当C1-6脚输出低电平信号时，继电器12线圈得电，其触点闭合。

❷ 主电路：常电源→机罩下附件导线接线盒内继电器12触点→发动机冷却液风扇电动机（左侧）→机罩下附件导线接线盒A10脚→继电器9常闭触点（30-87A）→机罩下附件导线接线盒F12脚→发动机冷却液风扇电动机（右侧）→结点S105→G117搭铁。此时，左、右两个风扇串联，每个风扇的工作电压为供电电压的一半，两个风扇同时低速运转。

（2）风扇高速电路分析　动力系统控制模块（PCM）控制散热风扇高速运转时，其C1-6脚、C1-5脚均为低电平，为继电器9、10、12线圈提供接地回路。

❶ 左侧风扇电路。

a. 第一级控制电路：常电源→机罩下附件导线接线盒内40A熔丝6→机罩下附件导线接线盒内继电器12线圈→发动机控制模块的C1-6脚。此时继电器12线圈得电，其触点闭合。

b. 第二级控制电路：常电源→机罩下附件导线接线盒内15A熔丝21→机罩下附件导线接线盒内继电器9线圈→发动机控制模块的C1-5脚。此时继电器9线圈得电，其常开触点闭合，常闭触点断开（即30-87接通，30-87A断开）。

c. 主电路：常电源→机罩下附件导线接线盒内继电器12触点→发动机冷却液风扇电动机（左侧）3机罩下附件导线接线盒A10脚→继电器9常开触点（30-87）→机罩下附件导线接线盒C11脚→结点S105→G117搭铁。此时左侧风扇运转。

❷ 右侧风扇电路。

a. 控制电路：常电源→机罩下附件导线接线盒内15A熔丝21→机罩下附件导线接线盒内继电器10线圈→发动机控制模块的C1-5脚。此时继电器10线圈得电，其触点闭合。

b. 主电路：常电源→机罩下附件导线接线盒内继电器10触点→发动机冷却液风扇电动机（右侧）→结点S105→G117搭铁。此时，右侧风扇运转。

因左、右两侧并联，每个风扇都有单独的接地通路，所以风扇高速运转。

### 172. 无雨量传感器的刮水系统是怎样控制的？

凯越轿车通过刮水器/洗涤器开关可以实现刮水器的高速、低速或间歇动作，在刮水器/洗涤器开关关闭时，可以实现刮水片的自动复位功能，通过间歇开关还可以实现刮水器动作时间间隔的调节。当风窗刮水系统处于工作状态，且自动空调系统处于自动控制时，自动空调系统能够自动切换至除雾模式。

### 173. 刮水器高速、低速、间歇动作控制电路路径分别是怎样的？

凯越轿车无雨量传感器的风窗刮水系统及洗涤系统控制电路如图5-36所示。

（1）刮水器的高速控制和电路走向　刮水器/洗涤器开关切换至高速位置时，即可实现刮水器的高速动作。

刮水器的高速控制电路为：15号线→连接器C201的30号端子→熔丝F16→连接器C201的1号端子→刮水器/洗涤器开关的A8号端子→刮水器/洗涤器开关的A9号端子→连接器C202的67号端子→刮水器电动机的5号端子→刮水器电动机→刮水器电动机的3号

端子→搭铁点 G303。

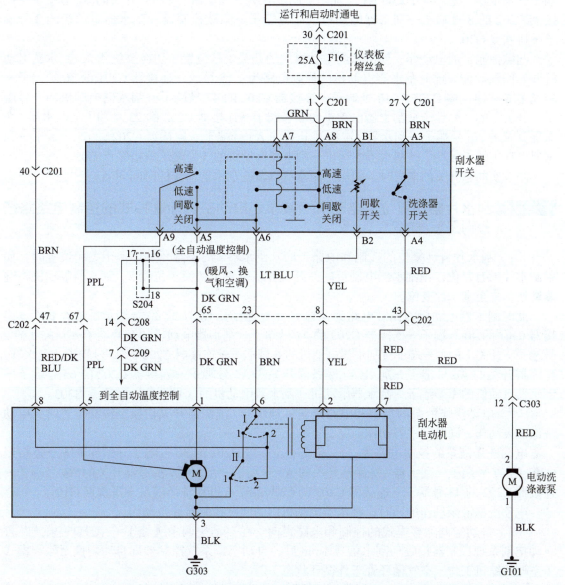

图 5-36　凯越轿车无雨量传感器的风窗刮水系统及洗涤系统控制电路

（2）刮水器的低速控制和电路走向　刮水器/洗涤器开关切换至低速位置时，即可实现刮水器的低速动作。

刮水器的低速控制电路为：15 号线→连接器 C201 的 30 号端子→熔丝 F16→连接器 C201 的 1 号端子→刮水器/洗涤器开关的 A8 号端子→刮水器/洗涤器开关的 A5 号端子→连接器 C202 的 65 号端子→刮水器电动机的 1 号端子→刮水器电动机→刮水器电动机的 3 号端子→搭铁点 G303。

（3）刮水器的间歇动作控制和电路走向　刮水器/洗涤器开关切换至间歇位置时，即可实现刮水器的间歇动作。

刮水器的间歇动作控制电路为：15 号线→连接器 C201 的 30 号端子→熔丝 F16→连

接器 C201 的 1 号端子→刮水器/洗涤器开关的 A8 号端子→刮水器/洗涤器开关的 A7 号端子→刮水器/洗涤器开关的 B1 号端子→间歇开关→刮水器/洗涤器开关的 B2 号端子→连接器 C202 的 8 号端子→刮水器电动机的 2 号端子→间歇控制器→刮水器电动机的 3 号端子→搭铁点 G303。

间歇控制器通电动作，使刮水器电动机内的开关Ⅰ从位置 1 切换至位置 2，刮水器电动机开始间歇动作。此时刮水器电动机的控制电路为：15 号线→连接器 C201 的 30 号端子→熔丝 F16→连接器 C201 的 40 号端子→连接器 C202 的 47 号端子→刮水器电动机的 8 号端子→开关Ⅰ的 2 号端子→刮水器电动机的 6 号端子→连接器 C202 的 23 号端子→刮水器/洗涤器开关的 A6 号端子→刮水器/洗涤器开关的 A5 号端子→连接器 C202 的 65 号端子→刮水器电动机的 1 号端子→刮水器电动机→刮水器电动机的 3 号端子→搭铁点 G03。

当改变间歇开关的电阻时，间歇控制器可以改变刮水器动作的时间间隔。

### 174. 刮水片自动复位、电动洗涤液泵、自动空调除雾模式的控制电路路径分别是怎样的？

（1）刮水片自动复位的控制和电路走向　刮水器/洗涤器开关切换至关闭位置时，如果刮水片没有复位，则刮水器电动机内的开关Ⅱ从位置 1 切换至位置 2。刮水器电动机将继续动作，直至刮水片复位。

此时刮水器电动机的控制电路为：15 号线→连接器 C201 的 30 号端子→熔丝 F16→连接器 0201 的 40 号端子→连接器 C202 的 47 号端子→刮水器电动机的 8 号端子→开关Ⅱ的 2 号端子→开关Ⅰ的 1 号端子→刮水器电动机的 6 号端子→连接器 C202 的 23 号端子→刮水器/洗涤器开关的 A6 号端子→刮水器/洗涤器开关的 A5 号端子→连接器 C202 的 65 号端子→刮水器电动机的 1 号端子→刮水器电动机→刮水器电动机的 3 号端子→搭铁点 G303。

（2）电动洗涤液泵的控制和电路走向　刮水器/洗涤器开关切换至洗涤位置时，电动洗涤液泵动作，同时刮水器动作。

电动洗涤液泵的控制电路为：15 号线→连接器 C201 的 30 号端子→熔丝 F16→连接器 C201 的 27 号端子→刮水器/洗涤器开关的 A3 号端子→刮水器/洗涤器开关的 A4 号端子→连接器 C202 的 43 号端子→连接器 C303 的 12 号端子→电动洗涤液泵→搭铁点 G101。

电动洗涤液泵动作的同时，刮水器电动机内的间歇控制器通电动作。

（3）自动空调除雾模式的控制和电路走向　在自动空调系统处于"AUTO"模式，且自动空调系统控制器接收到刮水信号 1min 后，自动空调系统控制器即自动切换至除雾模式（空调压缩机工作，空气循环处于外循环状态）。

此时刮水信号电路为：15 号线→连接器 C201 的 30 号端子→熔丝 F16→连接器 C201 的 40 号端子→连接器 C202 的 47 号端子→刮水电动机的 8 号端子→开关Ⅱ的 2 号端子→开关Ⅰ的 1 号端子→刮水电动机的 6 号端子→连接器 C202 的 23 号端子→刮水器/洗涤器开关的 A6 号端子→刮水器/洗涤器开关的 A5 号端子→连接器 C208 的 14 号端子→连接器 C209 的 7 号端子→自动空调系统控制面板的 B7 号端子。

由于刮水器的动作，使开关Ⅱ有规律地在位置 1 与 2 之间切换。刮水信号电压也在 0～12V 之间有规律地变化。在刮水器停止动作 20s 后，自动空调系统回到原来状态。

### 175. 怎么检修刮水器系统不工作？

❶ 熔丝 F16 是否熔断。

❷ 刮水器/洗涤器开关的 A8 号端子与电源间的电路是否有故障。检查方法：用一端搭铁良好的测试灯，另一端接到刮水器/洗涤器开关的 A8 号端子，点火开关转至接通位置时，测试灯若不亮，表明此电路有故障（包括断路、电路中电阻过大、接触不良或对搭铁短路）。
❸ 刮水器/洗涤器开关是否有故障。检查方法：把刮水器/洗涤器开关置于高速位置，用一端搭铁良好的测试灯，另一端接到刮水器/洗涤器开关 A9 号端子，点火开关转至接通位置时，测试灯若不亮，表明刮水器/洗涤器开关有故障。
❹ 刮水器电动机是否有故障。检查方法：脱开刮水器电动机导线侧连接器，将测试灯一端接到刮水器电动机导线侧连接器的 5 号端子，另一端接到刮水器电动机导线侧连接器的 3 号端子。把点火开关转至接通位置时，若测试灯亮，表明刮水器电动机有故障。
❺ 刮水器电动机的 3 号端子与搭铁间电路是否有故障。检查方法：断开刮水器电动机导线侧连接器，用一端接蓄电池正极的测试灯，另一端接到刮水器电动机导线侧连接器的 3 号端子，若测试灯不亮，表明此电路有故障。

## 176. 怎么检修刮水器系统无高速挡？

❶ 刮水器/洗涤器开关的 A9 号端子与刮水器电动机的 5 号端子之间电路是否有故障。
❷ 检查方法：用一端搭铁良好的测试灯，另一端接至刮水器电动机的 5 号端子。当点火开关接通，且把刮水器/洗涤器开关置于高速位置时，如果测试灯不亮，则检查断路、电路中电阻过大、接触不良或对搭铁短路。

## 177. 怎么检修刮水器系统无低速挡？

❶ 刮水器/洗涤器开关是否有故障。检查方法：用一端搭铁良好的测试灯，另一端接至刮水器/洗涤器开关的 A5 号端子，当点火开关接通时，若测试灯不亮，表明刮水器/洗涤器开关有故障。
❷ 刮水器/洗涤器开关的 A5 号端子与刮水器电动机的 1 号端子之间电路是否有故障。检查方法：用一端搭铁良好的测试灯，另一端接至刮水器电动机的 1 号端子，当点火开关接通，且刮水器/洗涤器开关置于低速位置时，若测试灯不亮，表明此电路有故障（包括断路、电路中电阻过大、接触不良或对搭铁短路）。
❸ 刮水器电动机是否有故障。检查方法：断开刮水器电动机导线侧连接器，将测试灯一端接到刮水器电动机导线侧连接器的 1 号端子，另一端接到刮水器电动机导线侧连接器的 3 号端子。点火开关转至接通位置时，若测试灯亮，表明刮水器电动机有故障。

## 178. 怎么检修刮水器系统无间歇挡？

❶ 刮水器/洗涤器开关是否有故障。
❷ 刮水器/洗涤器开关的 A7 号端子与 B1 号（B2 号）端子间电路是否有故障。
❸ 刮水器/洗涤器开关的 B2 号（B1 号）端子与刮水器电动机的 2 号端子间电路是否有故障。
❹ 熔丝 F16 与刮水器电动机 8 号端子间电路是否有故障。
❺ 刮水器电动机是否有故障。

## 179. 怎样检查和测量起动机励磁绕组？

励磁绕组也就是磁场线圈或者磁场绕组，也叫定子绕组，其产生磁场。

励磁绕组的常见故障有接头脱焊、断路或搭铁。用万用表测量励磁绕组是否导通，如果导通则说明线圈没断路。

（1）磁场绕组断路检测　用万用表测量磁场绕组的正极端与电刷之间的电阻，应为0。否则，说明磁场绕组断路，只能更换。

（2）磁场绕组对壳体短路的检测　用万用表检查磁场绕组的正极端与定子壳体之间的电阻，应为∞。否则，表示磁场绕组与壳体短路，只能更换。

### 180. 怎样检查和测量起动机电刷与电刷架？

检查电刷的高度，一般不应低于标准的2/3，电刷的接触面积不应小于75%，并且电刷在电刷架内无卡滞现象。用万用表测量同名电刷应导通，正电刷与电刷架无导通，负电刷与电刷架应导通，电刷弹簧应无拆断、变软现象，否则应更换。

### 181. 怎样检查和测量起动机单向离合器？

单向离合器切断与发动机旋转运动间的联系，保护电动机由于发动机高速运动而造成的毁坏。

检查其单向性，一个方向可以转动，另一个方向用25N力检查其是否可以转动，如果无法转动，表明单向离合器良好。如果在两个方向上都可锁止或转动，或者有明显的异常阻力，应更换。检查齿轮是否掉齿或磨损，否则应更换。检查小齿轮齿形，如果轮齿磨损或损坏，应更换小齿轮。

### 182. 怎样识别起动机接线柱？

（1）3个接线柱　电磁开关绝缘盖上有3个接线柱，分别是B（或30）接线柱、M（或C）接线柱和S（或50）接线柱。

（2）4个接线柱　有的电磁开关绝缘盖上有4个接线柱，分别是B接线柱、M接线柱、S接线柱和R接线柱。

B接线柱和M接线柱通常是8mm或10mm的粗铜质螺栓；有接线片的为M接线柱，是串励电动机励磁绕组供电端接线柱；剩下的一根是B接线柱，为蓄电池的火线接线柱。S接线柱和R接线柱通常是4mm或5mm的粗铁质螺栓，有接线片的是S接线柱，上面的电线通往启动继电器；剩下的一个接线柱是R接线柱，上面接的电线通往点火线圈的附加电阻。电磁开关的外壳也是一个无形的接线柱31，即搭铁。

### 183. 怎样检查和排除起动机不转动故障？

（1）故障信息　某捷达轿车，在启动发动机时，起动机不转。

（2）故障检查　检查发现，起动机不转且听不到启动锁止和倒车灯锁止继电器（J226）吸合的声音。启动前，检测J226的端子7，搭铁正常；端子2有12V电压，正常。启动时，检测J226的端子6，有12V电压，正常；端子8电压为0，不正常。这说明启动锁止继电器确实没有吸合。

（3）故障点确定　J226不吸合的原因：J226的端子1、端子3或端子9没有接收到正确的挡位识别信号，但在本案例中，挡位识别相符，说明这点可以排除，那么只有J226已损坏导致的起动机不转动。

### 184. 怎样检查和排除起动机有时无法工作故障?

（1）故障信息　某 2009 年产迈腾 1.8T 自动变速器轿车，起动机有时无法工作。

（2）检查分析　根据电路（图 5-37），直接短接 J682 的端子 30 和端子 87，此时起动机能正常运转；在起动机正常工作时，测量 J682 的端子 85 与搭铁间的电压为 0，而正常应为 12V。检查 J682 的端子 85 与 J519 的端子 T11/11 之间的线路，正常；检查 J682 的端子 86 的搭铁情况，也正常。

由上述检查分析，利用排除法，可排除起动机及启动继电器之间线路存在故障的可能性。

连接 VAS5052，读取故障码，故障信息显示为"发动机转速传感器不可靠信号"，同时发现发动机转速表不规则摆动。断开点火开关，断开发动机转速传感器的导线连接器，再接通点火开关，故障现象依旧。由此可见，故障并不是发动机转速传感器造成的，排除控制单元故障，那么问题应该还是出在线路上。

发动机转速传感器信号线与其他传感器的线路存在短路。经分析，判断是发动机转速传感器信号线与 G188 的信号线短路，拆检线束后发现 2 根线束的绝缘已经被磨破。

（3）故障排除　按要求对线束进行处理后试车，故障没有再出现，至此故障彻底排除。

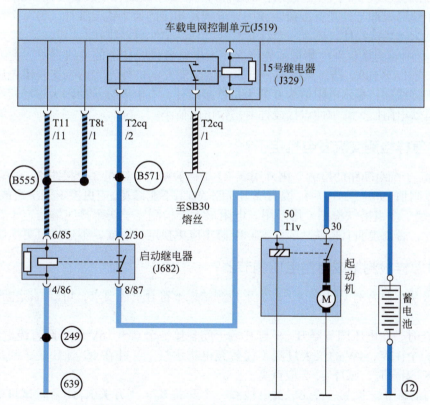

图 5-37　迈腾 1.8T 自动变速器轿车起动机电路

### 185. 直流电输出是怎么形成的?

❶ 交流发电机分为定子绕组和转子绕组两部分，三相定子绕组按照彼此相差 120° 电角度分布在壳体上，转子绕组由两块极爪组成。当转子绕组接通直流电时即被励磁，两块极爪形

成N极和S极。磁力线由N极出发，通过空气间隙进入定子铁芯，再回到相邻的S极。转子一旦旋转，转子绕组就会切割磁力线，在定子绕组中产生互差120°电度角的正弦电动势，即三相交流电，再经由二极管组成的整流元件变为直流电输出。

❷ 当开关闭合后，首先由蓄电池提供电流。电路为：蓄电池正极→充电指示灯→调节器触点→励磁绕组→搭铁→蓄电池负极。此时，充电指示灯由于有电流通过，所以灯会亮。

❸ 发动机启动后，随着发电机转速提高，发电机的端电压也不断升高。当发电机的输出电压与蓄电池电压相等时，发电机"B"端和"D"端的电位相等，此时，充电指示灯由于两端电位差为零而熄灭，指示发电机已经正常工作，励磁电流由发电机自己供给。发电机中三相绕阻所产生的三相交流电动势经二极管整流后，输出直流电，向负载供电，并向蓄电池充电。

### 186. 怎样识别发电机接线柱？

（1）电枢接线柱　电枢接线柱在交流发电机上是比较粗的接线柱，一般直径在6mm。

（2）磁场接线柱和中性点接线柱　发电机上有2个较细、一般直径在3mm的接线柱，其中的一个螺钉根部与外壳直接接触或用导电铜片相接的为搭铁接线柱，另一个与之相邻的细接线柱则为磁场接线柱，还有一个独立的接线柱为中性点接线柱。

（3）万用表测量识别　测量前先将交流发电机各接线柱上的导线拆下，把万用表置于"$R \times 10$"或"$R \times 100$"挡，然后把一支表棒接交流发电机外壳，另一支表棒先后接电刷架上的2个细接线柱，显示电阻值为0的为搭铁接线柱，有电阻显示的则为磁场接线柱。电枢接线柱对搭铁电阻值大，中性点接线柱对搭铁电阻值小。

### 187. 怎样检测交流发电机定子？

（1）定子绕组断路的检测　用万用表$R \times 1$挡检测定子绕组3个接线端，两两相测，应有较小的电阻值，如果阻值为∞，说明绕组断路。如果不能修复，应更换定子绕组或定子总成。

（2）定子绕组搭铁检测　用万用表电阻最大挡检测定子绕组接线端与定子铁芯间的电阻，应为∞，否则说明有搭铁故障。实际维修中应更换定子总成，不建议只更换绕组。

### 188. 怎样检测集成电路电压调节器？

以丰田某车型为例（图5-38），如果检测结果不符合下述要求，可以判断电压调节器已损坏。

❶ 检查时，在电压调节器B、S与E端子间各接一个0～16V的可调直流电源，B与F端子间接一个12V、4W的仪表灯泡（代替充电指示灯），并在IG与B端子间接1个开关$K_1$。开关$K_1$闭合时，试灯1、2应点亮。

❷ P与E端子之间接一个6V蓄电池和一个开关$K_2$，当开关$K_2$闭合时试灯2应熄灭，当开关$K_2$断开时试灯2应点亮。

❸ 调节可调直流电源1，当电压升高到15.5V以上时试灯2应熄灭，当电压下降到13.5V以下时试灯2应点亮。

❹ 调节可调直流电源2，当电压下降到13.5V以下时试灯1应点亮。

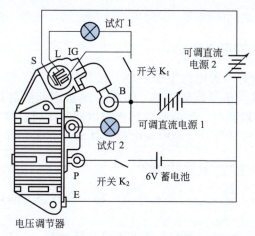

图 5-38　丰田某车型集成电路电压调节器检测接线图

### 189. 怎么判断充电系统异常？

工况正常的发电，在打开点火开关时，发电机指示灯应亮，在发动机启动后熄灭。如果在发动机运转时充电指示灯亮，说明充电系统有故障。蓄电池的电压在 13.8V 左右。

如果存在发电机指示灯工作闪烁或者不亮等异常情况，蓄电池电压低于 12.8V 或者更低、高于 14.5V，就必须对充电系统进行检查。

### 190. 怎么检查充电系统？

❶ 检查发电机的传动带和导线连接状况。如果传动带存在老化、表面炭化、张紧度过松等原因，都会造成传动带打滑、发出尖叫声，使发电机丢转。如果轴承损坏，会使发电机丢转、产生运转噪声，严重时会使转子与定子发生接触摩擦，造成发电机严重发热，导致充电系统故障。

❷ 打开点火开关，不启动发动机，如果充电指示灯不亮，则拔下发电机的线束插头，用试灯一端搭铁，另一端测量发电机"L"端时，如果能够使充电指示灯亮，可以判断发电机有故障。如果充电指示灯仍旧不亮，证明充电指示灯线路有断路或灯泡损坏，应按照充电系统的电路图检查充电指示灯线路以及检查仪表板内的充电指示灯灯泡。

❸ 打开点火开关，不启动发动机，在充电指示灯亮时，拔下发电机的线束插头，充电指示灯应熄灭，测量插头的"L"端的电压应为蓄电池电压。如果充电指示灯不熄灭，可以判断是充电指示灯线路有搭铁故障。应按照充电系统的电路图检查充电指示灯线路，排除线路搭铁故障。

❹ 在充电指示灯能够亮的情况下，启动发动机中速运行，充电指示灯应熄灭。如果不能熄灭，而拔下发电机插头后灯才熄灭，可以判断发动机有故障，应检修或更换发电机。

❺ 关闭点火开关，检查并记录蓄电池电压。然后连接发电机插头，中速运行发动机，测量电压应高于启动前的电压，应在 13.8V 左右。如果所测电压低于启动前的电压或高于 14.5V，可以判断发电机故障。

❻ 测量发电机壳体与蓄电池负极之间的电压不应超过 0.5V。如果超过 0.5V，应检查蓄电池负极与发动机搭铁线路，确保可靠连接，清除接触点的电阻，紧固所有接头。

❼ 测量蓄电池正极与发电机输出端的电压也不应超过 0.5V。如果超过 0.5V，应检查蓄

电池正极与发电机输出端之间的线路，确保可靠连接，清除接触点的电阻，紧固所有接头。

### 191. 远光灯是怎么控制的？

前照灯远光继电器始终由蓄电池电压供电。按下转向信号/多功能开关，使转向信号/多功能开关信号电路搭铁。车身控制模块（BCM）通过向前照灯远光继电器控制电路提供搭铁，使前照灯远光继电器通电。当前照灯远光继电器通电时，继电器开关触点闭合，蓄电池电压通过远光灯熔丝供至远光灯电源电压电路，从而点亮远光灯。

### 192. 怎样检修远光控制电路故障？

使用故障诊断仪，指令远光灯点亮和熄灭。在指令状态之间切换时，测试灯应点亮和熄灭。

如果测试灯始终点亮，则测试控制电路是否对搭铁短路。如果电路测试正常，则更换车身控制模块。

如果测试灯始终熄灭，则测试控制电路是否对电压短路或开路/电阻过大。如果电路测试正常，则更换车身控制模块。

### 193. 驻车灯是怎么控制的？

车身控制模块通过向驻车灯控制电路提供电压，使驻车灯通电。当驻车灯控制电路通电时，驻车灯点亮。

### 194. 怎样检修驻车灯控制电路故障？

使用故障诊断仪，指令相应尾灯点亮和熄灭以进行测试。在指令状态之间切换时，测试灯应点亮和熄灭。

如果测试灯始终点亮，则测试控制电路是否对电压短路。如果电路测试正常，则更换车身控制模块。

如果测试灯始终熄灭，则测试控制电路是否对搭铁短路或开路/电阻过大。如果电路测试正常，则更换车身控制模块。

如果所有电路测试正常，则更换相应的不工作尾灯。

### 195. 乘客舱变光电路是怎么控制的？

车身控制模块通过仪表板组合仪表变光参考电压电路向仪表灯变光器开关提供一个参考电压，仪表板组合仪表灯变光器开关是前照灯开关的一部分。当变光器开关置于期望的亮度位置时，参考电压通过变光器开关可变电阻器和仪表板组合仪表灯变光器开关信号电路施加至车身控制模块。车身控制模块解释该电压信号，然后通过仪表板灯控制电路、背景灯控制电路和发光二极管变光控制电路，施加一个脉宽调制（PWM）电压，以点亮发光二极管、仪表板组合仪表灯和部件。

### 196. 怎样检修乘客舱变光控制电路故障？

❶将点火开关置于OFF位置，断开相应的不工作背景灯部件的线束连接器。

❷测试相应部件的黑色导线和搭铁之间的电阻是否小于5Ω。如果大于规定范围，则测试搭铁电路是否开路/电阻过大。

❸ 在相应部件的控制电路和搭铁之间连接一个测试灯。
❹ 用故障诊断仪指令发光二极管背景灯变光测试启用/停止。
❺ 如果所有电路测试正常，则测试或更换相应的不工作背景灯部件。

如果测试灯始终点亮，则测试控制电路是否对电压短路。如果电路测试正常，则更换车身控制模块。

如果测试灯始终熄灭，则测试控制电路是否开路/电阻过大或对搭铁短路。如果电路测试正常，则更换车身控制模块。

### 197. 前雾灯电路是怎么控制的？

前雾灯继电器始终由蓄电池电压供电。通过按下前雾灯开关，使前雾灯开关信号电路通过电阻器瞬时搭铁。车身控制模块通过向前雾灯继电器控制电路提供搭铁，使前雾灯继电器通电。当前雾灯继电器通电时，继电器开关触点闭合，蓄电池电压通过前雾灯熔丝提供至前雾灯电源电压电路，从而点亮前雾灯。

### 198. 怎样检修前雾灯控制电路故障？

测试车身控制模块 12V 参考电压电路线束连接器相关的 2 个端子和车身控制模块信号电路线束连接器相关的 2 个端子之间的电阻是否为 2.5～3.0kΩ。

如果不在规定范围内，则测试 12V 参考电压电路和信号电路是否开路/电阻过大。如果电路测试正常，则更换前照灯开关。如果所有电路测试正常，则更换车身控制模块。

### 199. 制动灯电路是怎么控制的？

制动踏板位置传感器用于感测驾驶员操作制动踏板的动作。制动踏板位置传感器向车身控制模块提供一个模拟电压信号，车身控制模块将向左、右和中央停车灯控制电路提供蓄电池电压。

### 200. 怎样检修制动灯控制电路故障？

❶ 将点火开关置于 OFF 位置，断开左侧尾灯/制动灯及右侧尾灯/制动灯上相应的线束连接器。
❷ 测试左侧尾灯/制动灯线束连接器相应端子及右侧尾灯/制动灯线束连接器相应端子相应的搭铁电路线束连接器端子和搭铁之间的电阻是否小于 5Ω。

如果大于规定值，则测试相应的搭铁电路是否开路/电阻过大。
❸ 在左侧尾灯/制动灯线束连接器相应端子及右侧尾灯/制动灯线束连接器相应端子相应的控制电路线束连接器端子和搭铁之间连接一个测试灯。
❹ 使用故障诊断仪，指令制动灯测试。在指令状态之间切换时，测试灯应点亮和熄灭。

如果测试灯始终点亮，则测试相应的控制电路是否对电压短路。如果电路测试正常，则更换车身控制模块。

如果测试灯始终熄灭，则测试相应的控制电路是否对搭铁短路或开路/电阻过大。如果电路测试正常，则更换车身控制模块。

### 201. 牌照灯电路是怎么控制的？

当前照灯开关置于驻车灯或近光位置时，通过牌照灯信号电路向车身控制模块提供搭铁。车身控制模块通过向牌照灯控制电路提供蓄电池电压做出反应，这使左侧和右侧牌照灯通电。

将点火开关置于 ON 位置，执行牌照灯测试，牌照灯应点亮/熄灭。

### 202. 怎样检修牌照灯控制电路故障？

❶ 将点火开关置于 OFF 位置，断开牌照灯的线束连接器。
❷ 测试牌照灯搭铁电路线束连接器相关端子和搭铁之间的电阻是否小于 5Ω。
如果大于规定值，则测试搭铁电路是否开路/电阻过大。
❸ 在牌照灯控制电路线束连接器相关端子和搭铁之间连接一个测试灯。
❹ 使用故障诊断仪，指令牌照灯测试。在指令状态之间切换时，测试灯应点亮和熄灭。
如果测试灯始终点亮，则测试控制电路是否对电压短路。如果电路测试正常，则更换车身控制模块。
如果测试灯始终熄灭，则测试控制电路是否对搭铁短路或开路/电阻过大。如果电路测试正常，则更换车身控制模块。
❺ 如果所有电路测试都正常，则测试或更换牌照灯。

### 203. 中央高位制动灯电路是怎么控制的？

制动踏板位置传感器用于感测驾驶员操作制动踏板的动作。制动踏板位置传感器向车身控制模块提供一个模拟电压信号，车身控制模块将向左、右和中央制动灯控制电路提供蓄电池电压。将点火开关置于 ON 位置，执行牌照灯测试，牌照灯应点亮/熄灭。

### 204. 怎样检修中央高位制动灯控制电路故障？

❶ 将点火开关置于 OFF 位置，断开中央高位制动灯的线束连接器。
❷ 测试中央高位制动灯搭铁电路线束连接器端子 B 和搭铁之间的电阻是否小于 5Ω。
如果大于规定值，则测试搭铁电路是否开路/电阻过大。
❸ 在中央高位制动灯控制电路线束连接器相关端子和搭铁之间连接一个测试灯。
❹ 使用故障诊断仪，指令中央制动灯测试。在指令状态之间切换时，测试灯应点亮和熄灭。
如果测试灯始终点亮，则测试控制电路是否对电压短路。如果电路测试正常，则更换车身控制模块。
如果测试灯始终熄灭，则测试控制电路是否对搭铁短路或开路/电阻过大。如果电路测试正常，则更换车身控制模块。
❺ 如果所有电路测试都正常，则更换中央高位制动灯。

### 205. 前转向信号电路是怎么控制的？

始终向转向信号/多功能开关提供搭铁。当转向信号/多功能开关置于"右转"或"左转"位置时，通过右转或左转信号开关电路向车身控制模块提供搭铁。随后，车身控制模块通过相应的电源电压电路向前转向/侧转向和后转向信号灯提供电压。将点火开关置于 ON 位置，执行中央制动灯测试，中央制动灯应点亮/熄灭。

将点火开关置于 ON 位置，指令左前转向信号灯测试，左前转向信号灯和转向信号复示灯应点亮/熄灭。

将点火开关置于 ON 位置，指令右前转向信号灯测试，右前转向信号灯和转向信号复示灯应点亮/熄灭。

## 206. 怎样检修前转向信号控制电路故障？

❶ 将点火开关置于 OFF 位置，断开相应转向信号灯的线束连接器。
❷ 测试下列相应的转向信号灯搭铁电路线束连接器和搭铁之间的电阻是否小于 5Ω。
左前转向信号灯搭铁电路线束连接器相应端子。
左侧转向信号复示灯搭铁电路线束连接器相应端子。
右前转向信号灯搭铁电路线束连接器相应端子。
右侧转向信号复示灯搭铁电路线束连接器相应端子。
如果大于规定值，则测试搭铁电路是否开路/电阻过大。
❸ 在下列相应的转向信号灯控制电路线束连接器和搭铁之间连接一个测试灯。
左前转向信号灯电路线束连接器相应端子。
左侧转向信号复示灯电路线束连接器相应端子。
右前转向信号灯电路线束连接器相应端子。
右侧转向信号复示灯电路线束连接器相应端子。
❹ 使用故障诊断仪，指令相应转向信号灯点亮和熄灭以进行测试。在指令状态之间切换时，测试灯应点亮和熄灭。
如果测试灯始终点亮，则测试信号电路是否对电压短路。如果电路测试正常，则更换车身控制模块。
如果测试灯始终熄灭，则测试信号电路是否对搭铁短路或开路/电阻过大。如果电路测试正常，则更换车身控制模块。
❺ 如果所有电路测试都正常，则更换相应的转向信号灯。

## 207. 怎样检修转向信号电路对蓄电池短路？

使用故障诊断仪，指令相应转向信号灯点亮和熄灭以进行测试。在指令状态之间切换时，测试灯应点亮和熄灭。
如果测试灯始终点亮，测试信号电路是否对电压短路。如果电路测试正常，则更换相应的控制模块。
如果测试灯始终熄灭，则测试信号电路是否对搭铁短路或开路/电阻过大。如果电路测试正常，则更换相应的控制模块。
如果所有电路测试都正常，则更换相应的尾灯/举升门尾灯。

## 208. 什么是发动机控制单元的常供电源？

发动机控制单元的常供电源一般由保险盒内的某一熔丝为发动机控制单元的某两端提供常电源，该电源为发动机控制单元的存储器供电，用于记忆发动机故障信息。如果该供电不正常，将导致发动机控制单元无法工作，会使得发动机无法启动。

## 209. 什么是发动机控制单元的点火开关电源？

在打开点火开关后，输出电源到发动机控制单元的某端。发动机控制单元在该供电的控制下，进入工作状态，向发动机电控系统的传感器输出 5V 电压的电源，如果没有 5V 电压或者其他非正常电压，将导致发动机不正常工作，甚至使发动机无法启动。

在发动机正在运行时，发动机控制单元监测相关某端子上的电压。当电压低于11V时，将设置表示系统电压过低的故障码。当电压高于16V时，将设置表示系统电压过高故障码。

### 210. 怎么检查燃油泵继电器？

在打开点火开关后，发动机控制单元即通过其相关某端分两路输出控制电压，使燃油泵继电器动作，一路通过相关熔丝向燃油泵电动机供电，另一路通过相关熔丝向点火线圈和废气再循环阀供电。如果2s后发动机控制单元没有收到曲轴位置传感器（CKP）的基准脉冲信号，也就是说发动机没有启动，那么发动机控制单元就切断相关端输出的电压，停止对燃油泵电动机、点火线圈和废气再循环阀供电。如果燃油泵继电器不工作，将导致发动机不能启动。

### 211. 什么是点火提前角控制？

发动机运转时，ECU根据发动机的转速和负荷信号，计算相应工况下的点火提前角，并根据发动机的水温、进气温度、节气门位置、爆震信号等修正点火提前角，最后得到一个最佳的点火正时。ECU控制点火线圈的初级通电，在到达点火正时角时，ECU切断点火线圈初级电流并在次级线圈中感应出高压电，使相应气缸的火花塞跳火，点燃混合气。

### 212. 什么是通电时间（闭合角）控制？

点火线圈初级电路在断开时需要保证足够大的电流，以使次级线圈产生足够高的电压。与此同时，为防止通电时间过长而使点火线圈过热损坏，ECU根据蓄电池电压及发动机转速等信号，控制点火线圈初级电路的通电时间。

### 213. 什么是怠速控制？

怠速是指发动机在对外无功率输出负荷情况下的稳定运转状态。怠速转速过高，会增加燃油消耗量。

通常发动机输出功率时，其转速是由驾驶员通过节气门踏板改变节气门的位置，调节气缸进气量来实现的。但在怠速，驾驶员已放松节气门踏板，对进气量的调节已无能为力，为此发动机控制系统负责对怠速转速的控制。

怠速转速控制的实质是对怠速时进气量、喷油量、点火提前角的控制，通过对三者的调节，以达到适合各工况的稳定转速。

一般由发动机控制单元对怠速进行控制，包括：启动后的控制；暖机过程的控制；负荷变化的控制；减速时的控制。

### 214. 怎么检测冷却液温度传感器？

（1）线路电压检测

❶拔下传感器线束插头，打开点火开关，测量插头上的电压，应为5V左右。

❷测量电脑端的输出电压，也应为5V。

❸将线束插头接好，启动发动机，将发动机逐渐升温，测量传感器侧两端子之间的电压，应在0.5～4V之间变化，温度越低时电压越高；温度越高时电压越低。

（2）传感器线路检测　拔下冷却液温度传感器线束插接器及发动机控制单元端子，测量两个端子与电脑相应端子之间有无断路,对地有无短路,是否阻值过大等,否则应维修或更换相关线束。

## 215. 怎么检测曲轴位置传感器?

以通用别克凯越轿车为例,曲轴位置传感器检测步骤如下。

❶ 关闭点火开关,断开曲轴位置传感器插头,测量传感器的 1 端与 2 端之间应为 400～600Ω(图 5-39)。如果不在此数值范围,可判定曲轴位置传感器本身存在故障,应更换传感器。曲轴位置传感器的两根信号线与屏蔽线是绝缘的。

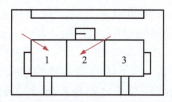

图 5-39　测量传感器的 1 端与 2 端之间电阻

❷ 打开点火开关,测量两根信号线对搭铁电压应为 1.4V,这是发动机控制单元在信号线上的预置电压(图 5-40)。在开动起动机时,测量曲轴位置传感器的信号电压,应接近 1.6V。如果传感器内部、信号线路、发动机控制单元内部开路或短路,都会造成电脑无法接收曲轴位置信号,从而引起发动机无法启动。

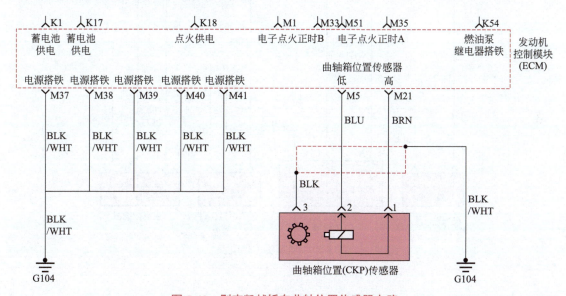

图 5-40　别克凯越轿车曲轴位置传感器电路

## 216. 凸轮轴位置传感器与点火是什么关系?

发动机电脑根据凸轮轴位置信号和曲轴位置信号,控制 4 个气缸按照 1、3、4、2 的顺序进行喷油。当发动机电脑接收不到凸轮轴位置信号时,就按照 1、4 缸同时喷射,2、3 缸同时喷射的方式控制喷油。因为点火线圈产生双火花,所以发动机仍能启动并运转,此时爆燃控制关闭,点火提前角推迟,输出功率下降。

### 217. 怎么检测爆震传感器？

爆震传感器在发动机振动时产生交流信号，在发动机没有爆震时，交流信号电压约为0。爆震传感器信号的振幅和频率由发动机的爆燃强度决定，信号电压一般为0.3～5V。

发动机控制单元内含有一个爆震滤波器模块，能够把来自爆震传感器的信号与发动机正常噪声信号进行比较，噪声信号的大小是发动机控制单元已知的，并且取决于发动机转速和负荷。通过比较，如果偏差过大，就判定发动机发生了爆震，从而精确判定爆震状况。

别克某车型轿车压电式爆震传感器电路如图5-41所示，其检测步骤如下。

（1）检测传感器的电阻值　关闭点火开关，拔下传感器的1芯插头，用万用表电阻挡测量1芯插头与传感器外壳之间的电阻，此值应为∞，否则说明传感器已损坏，应及时更换。

（2）检测传感器的信号电压　拔下传感器的导线插头，当发动机怠速运转时，用示波器检测爆震传感器的信号端子与搭铁端子之间是否有脉冲波形电压的输出，若没有，则说明传感器有故障，应及时进行更换。

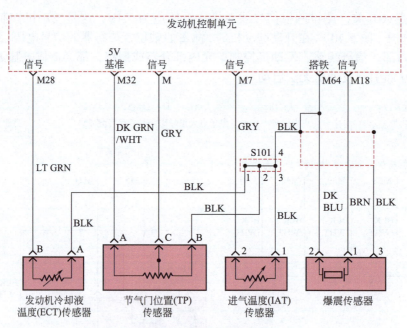

图5-41　爆震传感器电路

### 218. 怎么进行氧传感器反馈电压测试？

（1）万用表检测　氧传感器达到工作温度350℃或启动后以2500r/min的转速运转3min，对氧传感器的输出电压进行测试，也就是发动机热车至正常工作温度且稳定运转时，在接线正常的情况下，用万用表检测氧传感器信号线（灰色和黑色）间电压，应在0.1～0.9V跳变周期快速波动。

（2）用故障诊断仪检测　将发动机热车至正常工作温度，观察"氧传感器电压"项显示数值，应在0.1～0.9V跳变周期快速波动。

## 219. 怎么通过电压判断氧传感器故障?

❶ 使用氧化锆加热型氧传感器,混合气在接近理论空燃比时,输出 0.45V 电压。
❷ 尾气稍微偏浓时,输出电压就突变为 0.6～0.9V。
❸ 尾气变稀后,输出电压突变为 0.3～0.1V。
❹ 电压值为 0、0.4～0.5V、1.1V 的恒定值时,说明氧传感器线路出现故障。

## 220. 怎么进行氧传感器加热器电阻检测?

用万用表电阻挡(欧姆挡)测量氧传感器接线端中加热电阻接线柱(白色)与搭铁接线柱(白色)之间的电阻,20℃时其阻值为 1～6Ω 或 12Ω(具体车型和参数要参考车型手册)。电阻值若为∞,则表明加热电阻烧断,如果不符合标准,应更换氧传感器。

## 221. 电动燃油泵是怎样运行的?

电动燃油泵(总成)在燃油箱内,只要发动机工作,使发动机控制单元接收到来自曲轴位置(CKP)传感器的基准脉冲信号,控制单元就通过其相关端输出控制电压,使燃油泵继电器动作,其输出电压再通过熔丝盒向燃油泵电动机供电,燃油泵开始工作,燃油系统输送压力燃油。

## 222. 电动燃油泵继电器工作电路是怎样的?

发动机控制单元 K54 端→1 号蓝/绿色线→发动机熔丝盒(此时,熔丝盒内 C106/10 端→燃油泵继电器 85 号和 86 号脚→熔丝盒的 C106/19 端)→2 号黑色线→搭铁线(图 5-42)。

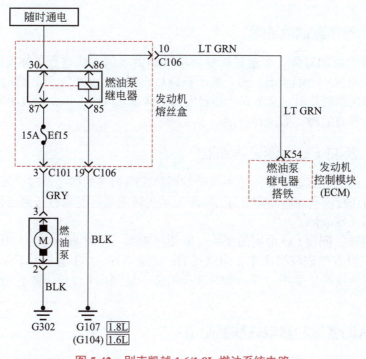

图 5-42 别克凯越 1.6/1.8L 燃油系统电路

### 223. 电动燃油泵工作电路是怎样的？

发动机熔丝盒（此时，熔丝盒内 BAT 电源→燃油泵继电器 30 号和 87 号脚→熔丝 Efl5→熔丝盒 C101/3 端）→ 3 号灰色线→燃油泵电动机→ 4 号黑色线→搭铁（图 5-42）。

### 224. 怎么检查燃油泵电动机故障？

❶ 燃油泵工作应有泵转动声音，如果在点火开关打开时候，燃油泵没有"嗡嗡"工作声音，则要进行进一步检查。

用测试灯测量燃油泵熔丝，在打开点火开关的 2s 内，应有 12V 电压。否则，应检查燃油泵继电器和相关电路。

在燃油泵继电器及相关电路正常的情况下，燃油泵没有运转声音，也没有输出油压，则可以判定燃油泵本身已经损坏，应更换燃油泵。

❷ 在燃油泵熔丝满足测试要求时，继续测试燃油泵插头 3 端的灰色线，应与燃油泵熔丝有相同的测试结果，即在打开点火开关的 2s 内，应有 12V 电压。

❸ 测量燃油泵插头 2 端的黑色线，应与搭铁导通，如果不通，则检查电路（开路）故障。

❹ 检查发动机控制单元的 K54 端，在打开点火开关 2s 内或启动起动机时继电器应能够输出 12V 电压，如果此时没有 12V 电压输出，可以判定发动机控制单元有故障。

### 225. 怎么用传统的方法测试喷油器？

检查喷油器外部线束的连接可靠性，接着用试灯检视。将 12V 的试灯接在喷油器插接器两个端子之间，然后启动发动机，观察试灯的闪亮变化情况，如果试灯闪亮，则表明喷油器控制电路连接正常，否则说明线路或电脑（ECU）有故障。试灯要视喷油器线圈电阻型号而选用。

### 226. 怎么单体测试喷油器？

喷油器单体性能的好坏，可通过单独向喷油器供电的方法进行单体检测。将 12V 电源接入喷油器接线座的一个端子上，另一端子搭铁后再断开，如此重复，此时监听喷油器的动作响声。如果每次在搭铁时，能听到喷油器发出的清脆"咔嗒"声，则表明喷油器通电良好，否则应判断喷油器有故障，需进行更换。

### 227. 怎么断油（缸）测试喷油器？

在发动机怠速工况状态下逐一拔下与喷油器接线座相连的插接器时，发动机转速有明显下降的感觉，则判断该喷油器性能良好，如果发动机转速和性能没有任何变化或变化极微弱，则表明该喷油器出现故障。

逐缸断火测试，测量 CO 浓度的变化，以便判断哪一个喷油器漏油。因为某缸断火时，被压缩的混合气没有燃烧就排出来，应该是 HC 浓度增加，CO 值基本不变化。而漏油的喷油器是决定 CO 浓度的主要喷油器，如果断火的那一缸测出 CO 值下降较明显，则说明该缸的喷油器漏油。

### 228. 怎么测量喷油器电磁线圈阻值？

首先断开点火开关，使用万用表的欧姆挡检查喷油器两个接线端子之间的电阻值，看其是否与标称电阻值相符。但须注意不同车型所配用喷油器的型号不相同,一般情况下电流驱动型的喷油器的电阻值在 3Ω 左右;而电压驱动型的喷油器的电阻值在 11～13Ω 附近。如果检测的电阻值与参考值相差很大,那么可以判断喷油器出现故障。

### 229. 喷油器控制电路是怎样的?

高电阻抗型喷油器用 12V 电压驱动,其电磁线圈电阻较大,为 12～16Ω,由于其电流小,使用可靠,被现代车型广泛应用。捷达轿车喷油器就属于高电阻抗型喷油器,如果某个喷油器不工作,那么很可能发生冷启动性能差、怠速不稳、加速性能下降、功率下降。

如图 5-43 所示为喷油器控制电路。喷油器电磁线圈的 1 号针连接 12V 电源,2 号针通过控制单元接地,控制单元按点火顺序控制 4 个喷油器电磁线圈接地并控制接地的持续时间,执行不同的喷油量。蓄电池电压波动会给喷油量精确性带来影响,因为电压低会使开启时间增加,电压高会使喷油器开启时间减少,控制单元会根据蓄电池电压自动补偿开启时间。

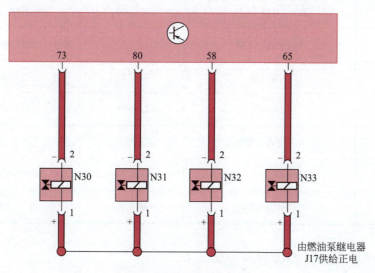

图 5-43 喷油器控制电路

### 230. OBD-Ⅱ 维修应用有哪些关键要点?

由于汽车生产商不断更新和改进其发动机控制系统,市场上有各种不同的国产和进口产品。不同汽车生产商以及同一个生产商的不同车型、相同车型不同生产时间的车载诊断数据的读取和系统维修方法都有所不同。这就是为什么在进行维修诊断时,必须使用相应维修手册的原因。

但是,现在已经制定了标准,要求对所有车的电控系统采取一个标准化的测试步骤,这就是人们通常说的 OBD-Ⅱ。在该系统中,车辆会采用相同的术语、缩写及元件的定义描述。同样执行相同的诊断步骤,并显示相同的故障码。

无论生产商是否相同,OBD-Ⅱ 系统的大部分故障码可以用来显示相同的故障。而有一些故障码仅仅对应一个特定的系统,或者各个系统代表不同的含义。故障码是一个五位数的代码,同时含有数字和字母。诊断接口端子如图 5-44 所示,端子含义见表 5-2。

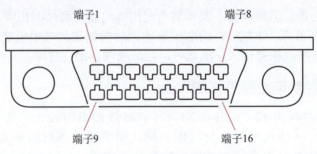

图 5-44 诊断接口端子

表 5-2 端子含义

| 端子 | 含义 | 端子 | 含义 |
| --- | --- | --- | --- |
| 端子 1 | 生产商自由使用 | 端子 9 | 生产商自由使用 |
| 端子 2 | J1850 总线（+） | 端子 10 | J1850 总线（-） |
| 端子 3 | 生产商自由使用 | 端子 11 | 生产商自由使用 |
| 端子 4 | 车身接地 | 端子 12 | 生产商自由使用 |
| 端子 5 | 信号接地 | 端子 13 | 生产商自由使用 |
| 端子 6 | 生产商自由使用 | 端子 14 | 生产商自由使用 |
| 端子 7 | ISO 9141-2 "K" 线 | 端子 15 | ISO 9141-2 "L" 传输线 |
| 端子 8 | 生产商自由使用 | 端子 16 | 蓄电池 |

### 231. 传感器自诊断原理是什么？

ECU 监测到电压值超出规定范围且持续一段时间不消失时，即判定传感器有故障，自动将代表传感器故障的代码存入随机存储器，并点亮故障指示灯。

水温传感器、节气门位置传感器、进气歧管压力传感器、进气温度传感器等向 ECU 输入模拟信号的传感器，正常情况下，向 ECU 输入的信号电压值，都有一定的变化范围。通常采用监测其输入的信号电压值是否在规定的范围内来确定其是否有故障，若传感器输出的信号电压数值多次偏离正常工作范围且持续一定时间，ECU 便认为该器件或电路发生了故障，把这一故障以代码的形式存入内部随机存储器，并同时点亮仪表板上的故障指示灯。

水温传感器正常工作时，其输出信号电压值在 0.1～4.8V 范围内变化。如果水温传感器输入电压信号低于 0.1V 或高于 4.8V，ECU 监测到电压值超出规定范围且持续一段时间不消失时，ECU 即判定水温传感器有故障，自动将代表水温传感器故障的代码存入随机存储器，并点亮故障指示灯。

传感器的故障自诊断基本原理见图 5-45。

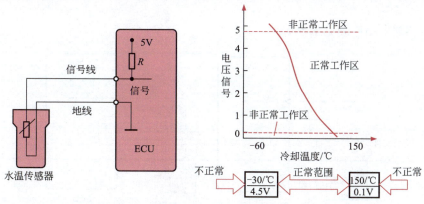

图 5-45　传感器的故障自诊断基本原理

❶ 氧传感器与空燃比反馈控制系统、爆震控制系统等控制所依据参数是在不断变化的，因此这些信号变化的快慢也反映了传感器是否存在故障。

❷ 当某传感器的输出信号变化过慢、在一段时间内不发生变化、保持高于或低于某一值超过了一定时间时，ECU 将判定该传感器有故障。

❸ 对偶尔出现的一两次或几次信号数值的偏离和丢失，ECU 则不认为是故障，也不存入存储器内。

❹ 氧传感器在正常工作时，其输入电压应在 0.1～0.9V 内波动不少于 8 次 /10s。如果 ECU 在 1min 以上检测不到氧传感器的输出信号或氧传感器信号在 0.1～0.9V 之间 1min 以上没有变化，即判断为氧传感器电路有故障，并设定相应的故障码。

❺ 发动机以 1000r/min 的转速运转，当转速传感器丢失了 3～4 个信号脉冲时，ECU 不会判定是转速传感器发生了故障，故障指示灯不会点亮，相应的故障码也不会存入存储器内。只有信号脉冲丢失持续一定的时间，ECU 才认为是故障。

❻ 故障信号的出现不只与传感器或执行器本身出现的故障有关，而且与相应的配线电路故障有关，电子控制系统的各种传感器和执行器都是如此。

❼ 在 ECU 判断出某一电路故障时，只是提供了故障的性质和范围，最后要确定是传感器、执行器还是相应配线故障，应进一步检查配线、插头、ECU 和相关元器件。

❽ 对于执行器（如喷油器、点火器、怠速控制阀等）故障，有的能被 ECU 检测出来，有的则不能被检测，依车型的控制软件设计而异。

## 232. 水温传感器故障是怎样设置的？

当水温传感器与 ECU 之间的导线出现断路时，+5V 电压通过内设电阻 $R$ 直接送入 A/D 转换器，ECU 监测的信号电压会高于 4.8V（近 5V），ECU 也会判定水温传感器有故障。同理，当水温传感器与 ECU 之间的导线出现搭铁短路时，输入 A/D 转换器的信号电压为 0，ECU 监测到信号电压低于 0.1V，也会判定水温传感器有故障。当传感器发生故障时，其信号不能作为发动机的控制参数使用，ECU 从程序存储器中调出某一固定数值作为发动机的应急参数，以维持发动机的运转。

发动机水温传感器发生故障时，ECU 将启用代用值固定为 80℃；进气温度传感器发生故障时，可将进气温度设定为 22℃。或者，ECU 另用与其工作性质相关器件的信号参数值代用。例如，进气流量传感器损坏后，ECU 则用节气门位置传感器的信号参数值来代用。

水温传感器电路控制见图5-46。

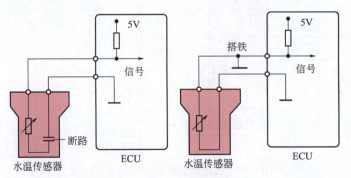

图5-46 水温传感器电路控制

### 233. 怎样控制和调节氙气灯？

在氙气灯上装有动态照程调节装置，该装置使用了水平传感器，该传感器将车辆的水平信息（一个脉冲宽度调制信号）传给照程调节控制单元J431，车辆的前桥和后桥各装一个这种传感器。另外有些车型的大灯还有动态转弯灯光调节功能。

使用的水平传感器与氙气灯动态调节用的传感器是相同的，该传感器将一个脉冲宽度调制信号发送到大灯照程调节控制单元上。

大灯照程调节控制单元J431与大灯左、右功率模块J667和J668之间的数据交换通过一根500kbit的CAN总线来完成（图5-47）。

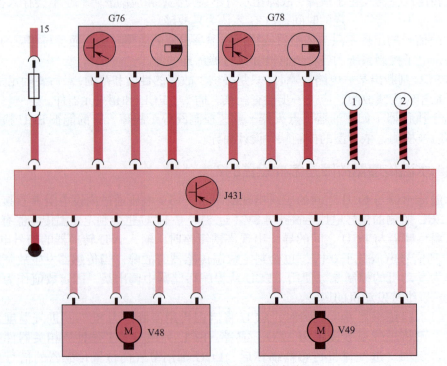

图5-47 氙气灯调节控制电路

### 234. 自适应氙气灯作用范围是什么？

灯光转动的角度在转弯方向的内侧可达约 15°，在外侧可达 7.5°。

自适应氙气灯可以在转弯时对灯光进行动态调节，这种大灯的投射模块内装有一个电动机，该电动机可在车辆转弯时在水平方向上改变灯光照射方向，大灯透镜和支架并不转动。

这个角度变化可使车辆在转弯时得到更好的照明效果，这时灯光转弯内模块的转动角是外模块的 2 倍。这样就可在相同的灯光强度下，得到最大的照亮范围。

当车辆静止或车速 < 6km/h 时，大灯内的投射模块不会回转；当车速超过 10km/h 时，灯光回转的角度主要取决于方向盘转动的角度。

这样就可以满足在车辆静止时不得摆动大灯灯光的法律规定。同时，当车辆在这种低速状态进行加速时，在转向角度不变的情况下，可以使得大灯的偏转均匀过渡。

### 235. 氙气灯自适应调节装置内部结构是怎样的？

氙气灯自适应调节装置见图 5-48。

回转角度由回转模块内的一个电感式传感器来监控，传感器值作为脉冲宽度调制信号直接用于大灯功率模块。

如果调节电动机或传感器失效，功率模块会将故障信息发送到大灯照程调节控制单元 J431，然后组合仪表 J285 的显示屏会显示相应的内容来通知驾驶员。

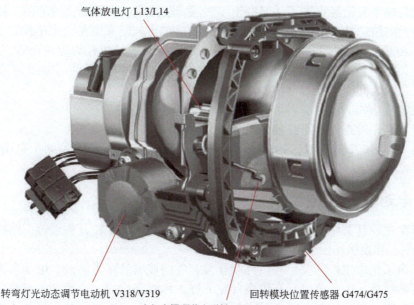

气体放电灯 L13/L14
转弯灯光动态调节电动机 V318/V319
大灯光栅调节电磁铁 N395/N396
回转模块位置传感器 G474/G475

图 5-48　氙气灯自适应调节装置

### 236. 怎样设定氙气大灯系统？

以奥迪 A6 轿车为例。

（1）前照灯照程调节控制单元作用　　配备氙气灯的奥迪车辆由于其高亮度可能会对迎面驶来的驾驶员视线有所影响，因此配备氙气灯的车辆必须配备高度自动调节功能，即氙气灯出厂时要调整好标准高度，之后前照灯的高低要随着车辆载荷分布自动进行调整。如果车辆前部高后部低，则前照灯要向上抬，保证驾驶员足够的视野；而如果车辆后部低前部上抬（后排太沉或后备厢重物太多），则必须自动将灯光下调，以防止影响对面车辆。因此配备氙气灯的车辆增加了前照灯照程调节控制单元J431，地址码为55，位置在副驾驶员侧杂物箱后方。

（2）基本设定和匹配　　奥迪A6轿车，车辆在出厂时J431存储了当前的前后水平位置传感器位置，并视为默认水平位置。当前后车身倾斜角度改变时，系统会根据前后传感器G76、G78电压，判定车身倾斜角度，并指令左右前照灯电动机V48、V49做出相应调节。在更换过前照灯、前后传感器或断开相应插头后，仪表会出现报警，前照灯调节控制单元中存储"基本设定未完成"的故障码，即控制单元需要重新学习默认水平位置。打开点火开关，将车辆停置于水平地面，前照灯打开或关闭均可。55-04-001（基本设定）相当于告知车辆控制单元车辆已水平，当前位置为默认水平位置，此时可以通过前照灯调节螺钉来将灯高调节至符合法规的高度。55-04-002（存储设定）相当于告知车辆控制单元灯光默认高度已调节好，将当前车身倾斜传感器位置及对应的电动机位置存储下来，可看到车辆前照灯会自低到高运转一遍并回到原位完成存储。此时基本设定完成，故障码自动清除，报警消失。

（3）判断车辆是否水平设定　　系统进行前照灯基本设定的前提条件是"车身水平"，也就是说如果系统根据前后倾斜传感器判定车辆目前不是水平的，则不允许进行下一步。也许通过肉眼观察车身已经水平了，但由于传感器安装位置、悬架老化等原因，使得传感器反馈给控制单元的结论是不水平的。可以读取55-08-002（判断车辆是否水平设定）进行检查，Ⅰ区为前部传感器电压，Ⅱ区为后部传感器电压，在水平时两者均应在2.5V左右。如果升高悬架，则该电压值升高；如果车身降低，则该电压下降；如果前后差值超过0.5V，则系统认为车身存在俯仰。

执行设定方法如下。

❶ 举升车辆，检查传感器安装位置及固定连接装置。

❷ 执行05-08-002的同时，抬起或压下偏离2.5V的那个悬架，使两个电压都在2.5V左右时，进行基本设定。

### 237. 电动车窗是怎么控制的？

电动车窗主控开关中装有车门多路控制装置，电动车窗主控开关通过多路控制装置控制4个车门的电动摇窗机（图5-49）。

电动车窗系统由主控开关、各门控制开关、各门玻璃升降电动机、电动车窗继电器（位于多路控制系统单元中，该单元在仪表台左下方）和线路构成。主控开关对除左前门外的其余三门电动车窗的集中控制，是通过主控开关控制电动车窗继电器的工作与否来实现的。电动车窗继电器的作用是给其余三门电动摇窗机提供工作电源。接通主控开关上的主开关，电动车窗继电器工作，主控开关和各门开关均可操作其余三门电动车窗，切断情况下各开关均不可操作。在各门电动车窗开关里集成了两个继电器，但是这两个继电器均由电动车窗继电器提供工作电源。

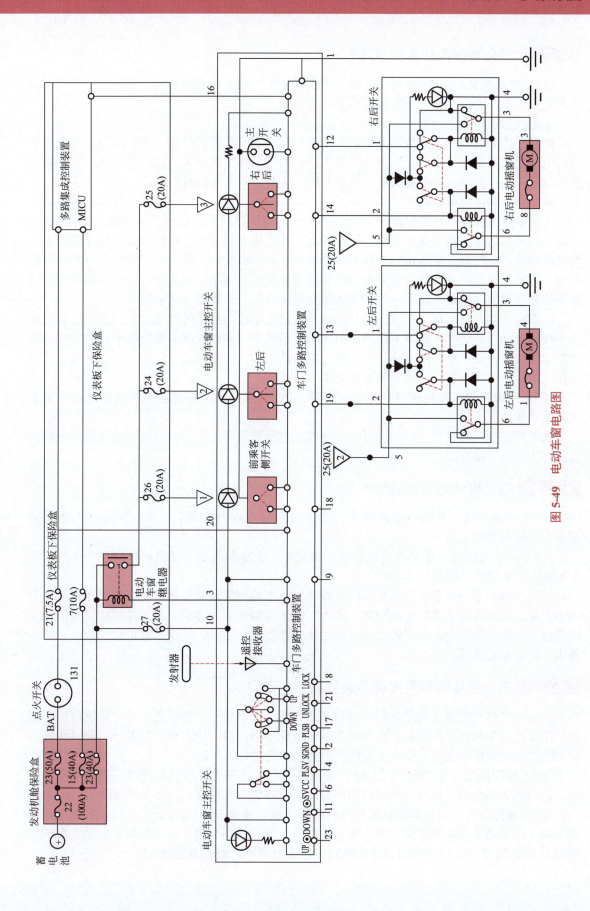

图 5-49 电动车窗电路图

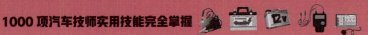

### 238. 怎么检修电动车窗故障?

（1）故障信息  某2006年生产的本田雅阁轿车,左前门上的车窗主控制开关不能控制其余三个车窗,同时其余三个车窗也不能单独工作。

（2）检查分析

❶初步断定故障。接到故障车辆后,用左前门的主升降开关操作,除左前门外其余三个门的电动摇窗机都不工作。分别按其余各车门上的电动摇窗机开关,摇窗机均无反应。利用解码器进入动作测试,各电动摇窗机均能工作,证明故障出在控制电路。

❷结合电路图分析问题。

a.各车窗单独控制开关电路。结合电路图分析,该线路是从主控开关内部到外部搭铁的。其余三门开关的中间接线通过导线连接在一起,还连接主控开关,然后通过主控开关的1号脚外部搭铁。三门开关构造相同,只有三个触点、一条搭铁、一条上升信号线、一条下降信号线,各开关通过控制这两条信号线与搭铁的导通给车门多路控制装置一个请求信号,车门多路控制装置通过控制线输出一个控制电源到相应的车门开关内的继电器。

b.车窗控制开关电路。车窗控制开关也是通过这条线与搭铁的通断给车门多路控制装置一个接通电动车窗继电器的请求信号。由于断路造成车门多路控制装置接收不到主控开关的通断请求信号,而不会控制电动摇窗机继电器搭铁工作,致使其余三门得不到继电器提供的工作电源,导致操作各开关均不能正常工作。

（3）故障排除  车门主控开关存在故障,必须更换带车门多路控制装置的电动车窗主控开关总成。

如果线路板损坏较轻,视情况可以对线路板进行修复再使用。可对断路的部位用电烙铁重新焊接或用导线跨接。

### 239. 怎么排除雨刷器故障?

（1）故障信息  某别克凯越轿车,车主报修打开点火开关后,雨刷开关在关闭的情况下,雨刷器依然工作。

（2）分析与排除  接车后首先确认故障现象,此车的雨刷电动机和模块是一体的,拔下雨刷电动机插头后雨刷停止工作。

别克凯越轿车的雨刷电动机是由模块控制的,而控制模块和雨刷电动机集成在一起作为一个总成。根据电控系统的组成分类：输入→电子控制单元→输出。利用排除法输入信号,经测量后正常,雨刷电动机运转正常,说明执行器正常。因此,输出部分正常,所以只要检查电子控制单元即可。

### 240. 怎么检修照明距离调节装置警告灯点亮?

大众途锐汽车装备了前照灯射程自动调节装置,在前后桥上各设置了一个车辆高度传感器,用来感知车辆高度的变化,根据整车载荷分配不同,自动调节前照灯射程。同时在该系统出现故障的时候,会点亮仪表上的灯光系统故障警告灯。

（1）故障信息  某2008年款3.6L大众途锐汽车,发生事故后在修理厂更换了左前照灯,进行相关匹配后,仍然不能排除前照灯照明距离调节装置警告灯点亮的故障。

（2）故障分析  用仪器读取前照灯照明距离调节装置55的故障码,可以判断出故障范围为高度传感器故障和基本设定未完成。在配备空气悬挂的车型上,车辆高度信号由车辆水平调节系统34提供,而不是由传感器单独供给大灯照明距离调节装置55。

（3）故障排除　通过仪器查询全车电控系统发现，该车已经配备了车辆高度控制系统34。

由引导性功能查询得知，编码1286531为不带车辆高度调节系统34；编码1288195为带车辆高度调节系统34。重新执行控制单元编码，编码的过程是：55（前照灯照明距离调节装置）→007（编码）→1288195。编码成功后再进行前照灯系统的基本设定：55→04→1。

该案例是由于对控制单元的编码错误，导致大灯照明距离调节装置55的配置错误。在该系统中，根据车辆配置的不同而采用车辆高度的数据来源也不同，所以才会误报高度传感器故障。重新编码后，该系统所需要的车辆高度数据由车辆水平调节系统34提供，因此不会再报车辆高度传感器故障。最后执行大灯系统基本设定，故障排除。

## 241. 怎么检修右前座椅不能调节？

（1）故障信息　一辆奥迪C6轿车报修右前座椅不能调节。

（2）检查分析　用电脑检测，有右后门控制单元无法通信的故障。测量右后门控制单元，供电和搭铁均正常，于是怀疑电脑有问题，更换右后门控制单元后，故障依旧。

该车右后门控制单元并不是通过CAN线与网关通信，而是通过LIN线连接到左前门控制单元，于是测量右后门控制单元与左前门控制单元的LIN线连接。左前门控制单元与右后门控制单元的LIN线不通，逐段检查线路，发现左前门处LIN线断路。接通电路后故障排除。

## 242. 怎么检修喇叭不响？

❶ 对于故障车首先用电脑检测，无故障码。

分析喇叭的工作过程：首先喇叭的触点开关将信号发送到转向柱电子控制单元J527，J527将信息发送到舒适总线上，电网控制单元J519收到信号，通过控制喇叭继电器来给喇叭供电。

❷ 检查喇叭开关的信号是否传递到J519，通过读取数据块发现，J527的信号正常，读取J519的数据块，发现J519的信号正常。接下来测量喇叭处电压值，发现喇叭处无供电，于是问题集中在喇叭继电器、J519和相关线路。更换继电器后故障排除。

## 243. Kessy无钥匙系统的特点是什么？

利用Kessy无钥匙系统可以在不操作遥控钥匙的情况下，解锁或锁止汽车，同时只要轻轻按下启动按键即可实现车辆的启动或熄火。如有一把有效遥控钥匙在接近汽车的范围内，同时触摸车门拉手上的传感区或按压后备厢盖上的按钮，就能打开车门，不再需要钥匙。在启动方面，驾驶员开门进入车内后，无须拿出钥匙，只要踩住刹车踏板，轻按一下一键启动按钮，发动机即被启动。

Kessy无钥匙系统是由发射器、接收器、遥控中央锁控制模块、无钥匙系统控制模块及相关线束组成的控制系统。其基本原理是：当有一把有效遥控钥匙在接近范围内，则无钥匙系统Kessy会将访问权限授予该钥匙，紧接着就可以在不主动操作遥控钥匙的情况下执行以下功能。

❶ 无钥匙解锁：通过前门拉手或后备厢盖上的按钮将汽车解锁。
❷ 无钥匙启动：启动发动机并行驶，为此在车内必须有一把有效的遥控钥匙。
❸ 无钥匙闭锁：通过前门某一拉手，将汽车锁止。

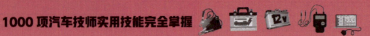

### 244. 怎样诊断无钥匙系统？

任意一根天线出现故障时，无钥匙进入及无钥匙打开后备厢功能都将失效；除排挡杆下方天线故障外，其他天线故障并不影响车辆启动。

天线出现故障时，Kessy 各功能工作状态见表 5-3。

❶ 发动机控制单元、仪表、钥匙锁芯、ELV 都能单独更换，仪表和 ELV 可以一起更换，其他部件只能全套一起更换。另外，Kessy 控制单元不是防盗部件。

❷ 对于带 Kessy 控制器的无钥匙系统，在完成钥匙的在线防盗匹配后，遥控匹配也自动完成，无须在车身控制器中单独匹配遥控。

❸ 当钥匙的防盗信息或者钥匙丢失时，车门将无法打开。此时，可以使用 VAS 诊断仪进入引导性功能，防盗器对钥匙进行在线防盗匹配，继而正常启动车辆。

表 5-3　Kessy 各功能工作状态

| 故障（如果） | 无钥匙进入 | 无钥匙启动 | 后备厢打开 |
| --- | --- | --- | --- |
| 车门把手天线 | 否 | 是 | 否 |
| 排挡杆下方天线 | 否 | 否 | 否 |
| 后座椅下方天线 | 否 | 是 | 否 |
| 后备厢内天线 | 否 | 是 | 否 |
| 后保险杠内天线 | 否 | 是 | 否 |

### 245. 无钥匙系统的工作流程是怎样的？

❶ 用手触摸驾驶侧车门把手（左前车门），外拉手接触式传感器 G605 就会将"手指放入"这个信息发送给车上舒适系统中央控制单元（J393）。

❷ 舒适系统中央控制单元（J393）通过驾驶员侧的智能进入启动装置天线（R200）将一个唤醒信号发送到车钥匙上，同时也令所有智能进入启动天线向钥匙发送一个信号。

❸ 车钥匙根据这些信号来确定钥匙在车上的位置，并将这个信息发送到中央门锁和防盗警报装置天线（R47）。

❹ 中央门锁和防盗警报装置天线（R47）将这个信息发送给舒适系统中央控制单元（J393）。

❺ 舒适系统中央控制单元（J393）将"打开车门"这个信息发送给车门控制单元（指门把手已经触发过的车门）。

❻ 收到舒适系统中央控制单元（J393）命令的车门控制单元再操纵相应的锁芯，这样就打开车门了。

❼ 正常的开门过程包括停用安全装置、开门、确认闪光及接通车内灯。除了确认闪光外，舒适系统中央控制单元（J393）和中央门锁/防盗警报装置天线（R47）将车辆状态发送到车钥匙内。

### 246. 什么情况下防盗系统进入警戒状态？

在关闭点火开关、拔下点火钥匙、关闭四个车门、关闭后备厢盖、关闭发动机罩的情况下，按下遥控器上的"锁闭"按钮，门锁电动机动作使车门锁闭，转向灯闪烁一次，报警扬声器鸣响一声，防盗指示灯闪烁（亮0.1s、熄灭0.7s），防盗系统进入警戒状态。如果车门、后备厢盖、发动机罩未关闭，或某个报警开关未断开搭铁，在按遥控器设防后，仅能够执行锁闭门锁动作，防盗系统不能进入警戒状态。

### 247. 防盗系统的触发报警条件是什么？

在防盗系统处于警戒状态时，如果非法开启车门、后备厢、发动机罩，使相关的报警开关接通时，防盗系统立即报警，使扬声器鸣响，使转向灯闪烁。

### 248. 怎么解除防盗系统报警？

如别克凯越轿车防盗报警解除：用遥控器执行开锁、用钥匙打开左前门锁、用钥匙打开右前门锁或用钥匙打开后备厢盖都能够使防盗系统退出警戒和报警状态。

当按下遥控器上的"开锁"按钮时，门锁电动机动作使车门开锁，报警扬声器不响，转向灯闪烁两次，防盗指示灯闪烁熄灭，防盗系统退出警戒或报警状态。如果用遥控器开锁后，在30s内未进行任何操作（打开车门、打开发动机罩、打开后备厢、打开点火开关），系统将自动锁闭车门，并进入警戒状态。在停车场操作遥控器，可以帮助驾驶人快速找到自己的车。当用钥匙打开门锁或后备厢盖时，防盗系统也能够退出警戒或报警状态，但转向灯不闪烁。

### 249. 如何防止电路搭铁不良故障？

❶ 应防止搭铁处有潮湿、锈蚀的现象，否则很容易在搭铁处形成氧化和腐蚀。
❷ 对于搭铁不良的部位，先用细砂布打磨，将油漆或锈蚀物清理干净，然后拧紧固定螺栓或者将插接器插牢固。

### 250. 怎么检修汽车搭铁线断路？

搭铁线若有导线断开或者连线端子锈蚀现象，会导致搭铁线失去作用，严重时可能导致电器不工作或较明显的工作不良。通常这种情况都能通过目测检查发现故障。如目测不能发现故障，则可以进行电阻测量、电控检测仪检测或其他辅助手段而准确确定故障点所在的位置。

### 251. 怎么检修汽车搭铁接触不良？

汽车搭铁接触不良一般是导线断路、导线端子锈蚀、连线端子松动等所致。
一般汽车电路大多是数字信号及高精度的模拟信号电路，如果搭铁线有接触不良故障，就相当于在电路中串联了电阻，有可能会使高精度信号失准。通常这种情况都能通过目视或测试电阻检查发现故障点。

### 252. 怎么检修汽车线路馈电端短路？

线路馈电端是指在电动机、灯、电磁线圈等用电器前面的电源线路。线路馈电端短路通常是由于导线绝缘层损坏而引起的。
通常这种情况有些损能直接看到，但有些无法直接观察到。视故障部位和情况，根据电路图和线路走向分步检修。

### 253. 怎么排除导线的故障?

（1）检查导线断路　当线路出现断路时，主要表现为线头脱落、开关失效、导线折断、插头松动或搭铁不良。

检查时，对于明显的导线断裂部位比较容易查找，但是对于比较隐蔽的内芯线断路，需使用万用表、试灯才能确定故障部位。

（2）检查导线短路　导线因绝缘层损坏或导线线头裸露部分相互接触，使导线间发生短路。可用万用表或试灯检测线路的短路故障。

（3）检查导线搭铁

❶ 外观检查：直接用眼睛观察导线是否有破裂、破损处。

❷ 试灯检查：以蓄电池作为电源，将蓄电池的负极搭铁，正极接试灯的一个引线端子，而试灯的另一个引线端子接导线，如果试灯发亮，表明导线已搭铁。

❸ 万用表检查：用万用表的两表笔分别与导线和车架接触进行检查。

### 254. 车载网络系统有什么特点?

车载网络系统是指借助双绞线、同轴电缆或光纤等通信介质，将车内众多的控制模块（或节点）联结起来，使若干传感器、执行机构和电子控制单元（ECU）共用一个公共的数据通道，通过某种通信协议，在网络控制器的管理下共享传输通道和数据。

车载网络系统减少了线束的使用，改善了系统的灵活性，通过系统的软件可以实现系统功能的变化和数据共享，也提高了对系统故障的诊断能力。例如车载网络可以将汽车的行驶状态参数传送到显示屏上，提高驾驶安全性。

### 255. 什么是 LAN 系统?

局域网（Local Area Network，LAN）是将分布在汽车上的电器与电子控制单元相互连接，并按照网络协议相互进行通信，以共享硬件、软件和信息等资源的网络系统。LAN 主要分为车内网络和车外网络。

### 256. 车载 CAN 总线系统有哪些特点?

CAN 即控制器局域网，是国际上应用最广泛的现场总线之一，在车载各电子控制装置 ECU 之间交换信息，形成汽车电子控制网络。总线是模块间运行数据的通道，即所谓的信息高速公路。数据总线可以实现在一条数据线上传递的信号能被多个控制单元（系统）共享。

❶ CAN 为多主方式工作，即网络上任一节点均可在任意时刻主动地向网络上其他节点发送信息，而不分主从，通信方式灵活。

❷ CAN 网络上的节点信息分成不同的优先级，可满足不同的实时要求。

❸ CAN 的每帧信息都有 CRC 效验及其他检错措施，保证数据出错率极低。

❹ CAN 的通信介质可为双绞线、同轴电缆或光纤，选择灵活。

❺ CAN 节点在错误严重的情况下具有自动关闭输出功能，以使总线上其他节点的操作不受影响。

### 257. 怎么检测 CAN 系统节点故障?

CAN 系统节点故障是指电控模块故障，它包括软件故障和硬件故障。其中硬件故障一般是指芯片和集成电路的故障，造成汽车信息传输系统不能正常运行；软件故障主要是指汽车信息传输系统通信出现故障，造成控制系统失灵。

对于节点故障，一般只有采用替换控制单元的方法进行检测，然后读取故障码来排除。

### 258. 怎么判断 CAN 系统通信线路故障？

当汽车信号传输系统出现通信线路故障时，会导致通信线路短路，通信信号失真，还可能会引起电控系统错误动作。判断链路是否出现故障，一般采用汽车专用光纤诊断仪来检查通信数据信号是否与标准数据相符，如果出现异常，说明链路出现故障。

### 259. 怎么检测 CAN 系统电源系统故障？

汽车信息传输系统的核心部分是电控模块，电控模块的正常工作电压为 10.5～15.0V。当汽车电源系统提供的正常工作电压低于此值时，就会造成一些对工作电压要求高的电控模块出现停止工作的状态，从而使整个汽车信息传输系统出现无法通信的故障。

检查时应首先检查蓄电池的电压、各接头连接情况、相关的熔丝、发动机与车身的搭铁是否良好以及相应控制单元的电源供给等情况，还应检查发电动机的输出电压是否正常等。

### 260. 怎么检修和排除电动车窗不能升降故障？

（1）故障信息　朗逸轿车，右前电动车窗不能升降。接通点火开关，操纵左前车门上的右前升降器开关 E81，右前电动车窗不能升降，操纵右前车门上的升降器开关 E107，升降器也不能升降，故障确实与客户描述一致。经检查除右前车门升降器不能升降外，其他 3 个车门均能正常升降。

（2）检查和排除　用故障诊断仪，进入网关安装列表检查故障，发现电子中央电气系统存在故障，故障码为 01332——乘客侧车门控制单元 J387 无信号/通信。

根据故障码含义，初步分析造成该故障的原因可能是右前车门控制单元的供电、接地或 LIN 总线断路。

拆下仪表板左侧熔丝盖，测量 SC36 号针脚两端对地的电压，约为蓄电池电压。然后拆下右前车门饰板，拔下 J386 的插头，测量 T6d/3 号针脚与 T6d/4 号针脚的电压，约为蓄电池电压，这说明控制单元的供电及接地正常。

左前车门控制单元的 LIN 总线也是连接 T73b/17 号针脚，而左前升降器能正常升降，右前升降器不能升降，可能是连接右前车门控制单元的 LIN 总线断路。测量 T73b/17 号针脚与 J387 的 T6d/5 号针脚之间的通断，结果这根线处于断路。这样就可以确定是 LIN 总线断路，经过检查在靠近右前车门的中间位置发现 LIN 总线断开。修复 LIN 总线，升降器恢复正常工作。

### 261. 怎么检修和排除右前车门车窗玻璃升降器不能升降故障？

（1）故障信息　某 2012 年生产的 POLO 轿车，右前车门升降器不能升降。

（2）检查和排除　升降器开关的状态是通过 LIN 总线连接 BCM，并通过 BCM 读取到的。如果右前车门控制单元的供电、接地或 LIN 总线连接不正常，升降器开关的状态不可能通过 BCM 读出。那么既然升降器开关的数据能读出，就表明以上连接都正常，故障可能是右前车门升降器控制单元损坏。更换右前车门升降器控制单元，检查升降器能正常升降。

### 262. 怎么检修和排除天窗故障？

（1）故障信息　某新款帕萨特轿车，天窗不能关闭。接通点火开关，旋转天窗开关，发现天窗没有任何反应。

用故障诊断仪检测，发现是不可进入天窗控制单元的诊断信息，该故障的原因最大可能是天窗开关、带有电动机的控制单元 J245 及相关的线束存在故障。

（2）检查和排除　尝试使用引导性故障查询检查故障，发现天窗控制器存在 1 个，故障码 02071，含义为数据总线（LIN）电路中有电器故障。经过查看天窗系统的电路图发现，天窗控制单元 J245 通过 LIN 连接数据总线诊断接口（网关）J533，LIN 用于向 J245 传递接通点火开关的信号及便捷关闭天窗的信号。根据故障码的含义，初步分析该故障的原因可能是 LIN 存在短路。该车天窗不能关闭的故障不是 J245 损坏引起的。

J245 的 LIN 是连接 J533 的 T20c/2 号针脚，该针脚的 LIN 还连接仪表板中间的时钟。当调节组合仪表的时间时，仪表板中间的时钟是通过 LIN 同时自动调整的。当该 LIN 存在故障时，调节组合仪表的时间，仪表板中间的时钟不能同时自动调整。尝试调节组合仪表的时间，发现仪表板中间的时钟的确不能同时自动调整，这说明 LIN 确实存在故障。

该车的 J533 安装位置在制动踏板支架的右侧，拔下 J533 的插头，发现插头的针脚有进过水的现象，故障点已经找到。对进过水的插头进行处理，将插头装回，故障排除。

### 263. 机油压力报警系统电路是怎样控制的？机油压力低压开关和高压开关分别是怎样控制的？

桑塔纳 2000 型轿车的机油压力报警系统是用来监视和指示发动机润滑系统工作状况的，它由油压检查控制器 J114、油压指示灯 K3 和高低压开关 F1、F22 等元件组成，如图 5-50 为其系统的电路接线图。

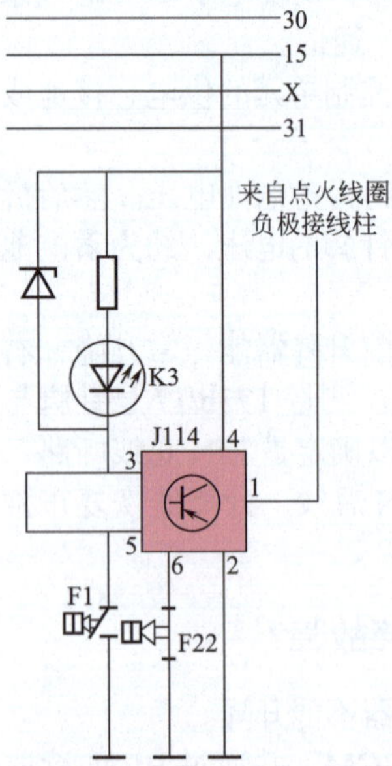

（1）电路组成及控制　油压指示灯安装在仪表板上，两端并联了一个稳压二极管。油压指示灯采用红色发光二极管，其正端串接的附加电阻为 330～500Ω，当正向电压大于 2V 时便能导通点亮，它会根据油压检查控制器的指令信号而发出报警指示。

油压检查控制器固装在里程表框架上，内置集成电路和报警蜂鸣器。J114 为系统的控制中枢，它根据低压油压开关和高压油压开关监测到的信号，发出油压指示灯是否闪亮和油压报警蜂鸣器是否鸣叫的指令信号。J114 是 6 脚集成电路，其中 4 脚接电源正极，2 脚搭铁接电源负极，1 脚接转速信号，5 脚接高压开关 F1，6 脚接低压开关 F22，3 脚接油压指示灯 K3 负端。

（2）低压开关　低压开关 F22 安装在气缸盖上主油道的后端，绝缘体为褐色，上标有"(0.30±0.15)bar"字样（1bar=100kPa），用以感受缸盖油道的油压。F22 为常闭型开关，当感受的机油压力高于 (30±15)kPa 时，开关断开。低压开关利用外壳直接搭铁，向 J114 输送低压信号。在发动机工作过程中，如果低压油压开关的触点接通，油压指示灯就会闪亮，所以这种报警为闭路报警和灯光报警。

图 5-50　桑塔纳 2000 型轿车机油压力报警系统的控制线路

F22—低压油压开关；F1—高压油压开关；K3—油压指示灯；J114—油压检查控制器

（3）高压开关　高压开关 F1 安装在机油滤清器支座上，其绝缘体为白色，上标有"(1.8±0.2)bar"字样，接线颜色为蓝/黑色，用以感受缸体主油道的油压。F1 为常开型开关，当感受的油压高于 (180±20)kPa 时，开关闭合，高压开关也是外壳搭铁，向 J114 输送高油压信号。在发动机工作过程中，如果高压油压开关中的触点断开，油压指示灯报警闪亮，油压蜂鸣器也同时发出声响，所以这种高压报警为开路报警和声光报警。

从点火线圈初级负端引出导线到控制器 1 脚，向 J114 输送发动机转速信号。

### 264. 机油压力的控制过程是怎样的？

如图 5-50 所示，开关和触点所处的状态是发动机静止时各开关与触点的状态。在汽车启动时，油压指示灯先闪亮一会儿，发动机启动后马上熄灭（发动机启动过程中点火开关接通的瞬间，发动机是静态，直至机油压力建立之前，低压油压开关都是导通的，所以油压指示灯闪亮）。在发动机启动后，当机油压力达到 30kPa 时，低压油压开关断开，油压指示灯不再闪亮。当发动机转速高于 2150r/min 时，只要机油压力小于 180kPa，高压油压开关成为开路，油压检查控制器中的电子线路被触发，油压指示灯闪亮并伴有蜂鸣声。在机油压力正常的工况下，高压油压开关则是闭合的。

### 265. 怎么检查机油压力系统线路？

❶ 将发动机熄火，接通点火开关，油压指示灯应闪亮，此时蜂鸣器不可鸣响。

❷ 发动机转速低于 2150r/min 时，拔下低压油压开关的电线接头，并在车体或发动机上搭铁（相当于低压油压开关触点闭合），此时，油压指示灯应闪亮，蜂鸣器应不鸣响。

❸ 发动机转速高于 2150r/min 时，拔下高压油压开关的电线接头，但不要接到车体上（相当于让高压油压开关开路），此时油压指示灯应闪亮，蜂鸣器应鸣响。如果达到以上要求，说明油压检查控制器与相关线路是正常的。

### 266. 燃油油位传感器电路是怎样控制的？怎么检修燃油表常见故障？燃油表有什么特殊故障？

（1）燃油油位传感器电路控制　如图 5-51 所示，当转动点火钥匙时，发动机控制模块的 K51 号脚发送一个 5V 的电压信号给燃油油位传感器的 1 号脚，燃油油位传感器通过油位浮子可变电阻的阻值将反馈电压回送给发动机控制模块的 K34 号脚，经过控制模块内部程序处理后，通过发动机控制模块的 K30 号脚传送一个脉宽调制信号给组合仪表的 B3 号脚，组合仪表接收到此信号后，通过内部程序处理后，将燃油油位显示出来。

（2）燃油表常见故障：油位传感器故障　某别克凯越轿车，燃油箱里有足够的燃油，但组合仪表的燃油表有时不显示。行车一段时间，燃油表指针缓慢上升，直到显示实际油位。

❶ 用万用表测量燃油液位传感器到发动机控制模块（ECM）的传输线，无断路和短路现象，线路连接良好。

❷ 测量发动机控制模块仪表的传输线，导通。

这样可以判断液位传感器受外界气温的影响而无法传输反馈信号给发动机控制模块，更换液位传感器后故障排除。

❸ 燃油表插接器接触不良特殊故障。由于 C202 插头内有水汽，造成插脚接触不良，燃油表出现故障。当启动发动机或车辆行驶一段时间后，车内温度上升，加上车辆的颠簸，使线路又碰巧连接上了，所以故障呈间歇性。

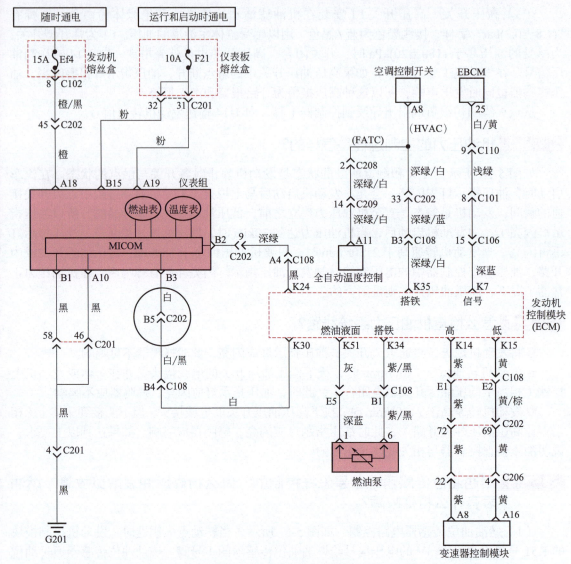

图 5-51 别克凯越组合仪表电路图

### 267. 怎么排除电子驻车指示灯报警？

（1）故障信息　某 2012 年生产的新帕萨特轿车，电子驻车指示灯（黄灯）有时报警。接通点火开关，检查组合仪表上没有出现电子驻车指示灯（黄灯）报警。出现故障时关闭点火开关再重新打开，故障灯熄灭。

（2）检查和排除　用故障诊断仪进入网关安装列表检查，发现驻车制动器存在故障，进入驻车制动器检查故障码，发现存在 1 个故障码 C100D12——左侧停车制动器电动机供电电压对正极短路（偶发性故障）。

由于车辆现在没有出现故障，在驻车控制单元内只有一个偶发性的故障码，先清除故障码行驶观察。初步分析造成该故障的原因可能有两个：一是左侧制动器电动机供电线对正极短路或控制单元有故障；二是驻车制动器控制单元出现故障。

该车左侧制动器电动机 V282 的正极端子 T2dy/1 通过红/黄色导线连接驻车制动器控制单元的 T30/14 针脚。驻车制动器控制单元安装位置在变速杆后部中央通道下方。检查左侧制动器电动机的线束，没有发现对正极短路。拆下中央通道，拔下驻车控制单元的插头，检查没有出现进水的现象。再将车内后部地毯拆开，检查连接驻车制动器电动机的红/黄色导线是否存在与其他正极线短路，经检查不存在对正极短路。

经过以上检查，已排除线束对正极短路造成的故障。造成该故障的原因可能是驻车制动器控制单元有故障。更换驻车控制单元，故障排除。

### 268. 怎么检修发动机部件供电继电器故障？

（1）故障信息　某 2012 年生产的新帕萨特轿车，装配 CEA1.8TSI 发动机，搭载 0AM7 挡双离合变速器，该车电子节气门控制系统指示灯 EPC 及尾气排放系统 OBD 灯报警、启动时间长及加速无力。

（2）检查和排除　用故障诊断仪检测，发现发动机电控系统存在 2 个故障。故障码 00135——燃油油轨/系统压力过低（静态）；故障码 12423——发动机部件供电继电器电路电气故障（静态）。选择读取测量值功能，查看高压燃油压力为 7.00bar（1bar=$10^5$Pa）。

初步分析造成该故障的原因与高压燃油压力低有关，发动机部件供电继电器 J757 给燃油压力调节阀 N276 供电，如果 J757 没有给 N276 供电，对于 N276 就是断电状态，而该发动机的 N276 在断电状态下，就会对高压燃油系统的压力泄压。考虑到 J757 是给 N276 供电，控制单元存储了 J757 的故障，这表明故障原因可能是 J757 的相关线束存在断路或 J757 自身存在故障。经检查发现该继电器没有插紧，重新安装继电器，启动发动机，检查高压燃油压力为 40.00bar，故障排除。

### 269. 安全带维修有哪些注意事项？

❶ 安全带张紧器的部件，既不允许打开也不允许修理，基本上只能使用新部件（否则会有受伤危险）。
❷ 受过剧烈碰撞或在地上摔过的安全带张紧器单元不允许再安装到车辆上。
❸ 出现机械损坏（凹坑、裂缝）的安全带张紧器单元要彻底更新。
❹ 不允许使用电动螺丝刀拆卸安全带张紧器。
❺ 工作中断时，要把安全带张紧器单元重新放回运输容器中。
❻ 不允许随意放置安全带张紧器单元。
❼ 不允许使用油脂、清洁剂或类似制品处理安全带张紧器单元，不允许承受 100℃以上高温，即使是很短的时间也不可以。

### 270. 安全气囊维修有哪些注意事项？

❶ 操作安全气囊系统时必须断开蓄电池的接线，断开蓄电池接线后无须等待。在将安全气囊系统连接到电源上时，车内不能有人逗留。
❷ 在提举（接触）安全气囊单元之前，机械师必须释放自身静电。通过触摸诸如水龙头、暖气管或金属支架之类接地的金属零部件可实现释放自身静电。
❸ 安全气囊单元在从运输容器中取出后应当立即进行安装。
❹ 发生安装工作中断时，要将安全气囊单元重新装入运输容器中。
❺ 不允许随意放置安全气囊单元。

❻安全气囊在已拆卸的情况下存放时，带软垫的一侧应向上。
❼安全气囊单元如果曾落到硬的地板上或有损坏，则不允许再安装。

### 271. 怎样拆装前部安全带？

（1）拆卸前部安全带（图5-52）
❶断开车辆蓄电池。
❷前移座椅至最前端。
❸拆卸B柱下部饰板。
❹拆卸安全带导向片罩1。
❺旋出螺栓14，并从车身上取下安全带端部接合件13。
❻旋出螺栓12，并取出安全带自动回卷装置11。
❼脱开插头10，拧出螺栓8，并取下安全带导向件9。
❽旋出螺栓2，并取下安全带导向片3。
（2）安装前部安全带　安装以倒序进行。

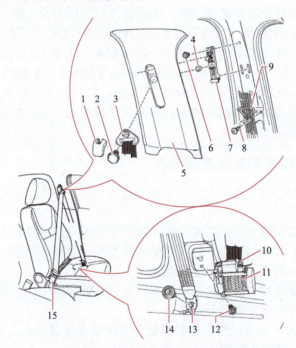

图5-52　前部安全带部件及装配

1—安全带导向片罩；2,6,8,12,14—螺栓；3—安全带导向片；4—导向套；
5—B柱上部装饰板；7—安全带高度调节装置；9—安全带导向件；10—插头；
11—安全带自动回卷装置；13—安全带端部接合件；15—安全带锁

**维修提示**

静电放电可能导致安全带张紧器意外触发，因此维修工必须在脱开插头连接之前进行静电放电，可通过接触车身或车门锁芯来放电。

## 272. 怎样拆卸和安装后排座椅外侧安全带？

后排座椅外侧安全带部件及装配见图 5-53。

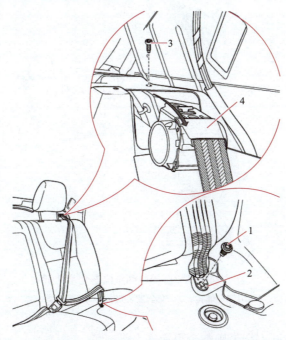

图 5-53　后排座椅外侧安全带部件及装配
1,3—螺栓；2—安全带端部接合件；4—不带安全带张紧器的安全带自动回卷装置

（1）拆卸
❶ 拆卸后排座椅坐垫。
❷ 拆卸后排座椅靠背。
❸ 拆下 C 柱装饰板。旋出螺栓 1，并从车身上取下安全带端部接合件 2。拆下后窗台板。
❹ 旋出螺栓 3，并从车身上取下不带安全带张紧器的安全带自动回卷装置 4（箭头位置）。
（2）安装　安装以倒序进行。
（3）后排座椅中间座位安全带装配　见图 5-54。
（4）安全带的检查（安全带一面变形或边缘呈波浪状）
❶ 检查带身。
❷ 检查自动收卷器（锁止功能）。
❸ 安全带锁的目测检查。
❹ 安全带锁的功能检查。
❺ 检查导向件和锁舌。
❻ 检查固定件和固定点。
（5）检查自动收卷器（锁止功能）　安全带自动回卷装置有两个锁止功能。第一个锁止功能在从安全带自动回卷装置中迅速抽出安全带（抽带加速度）时触发。第二个锁止功能通过改变车辆移动过程（与车辆有关的锁止功能）而触发，在这种情况下必须将车辆开到平面上。

❶ 从安全带自动回卷装置中迅速用力抽出安全带。

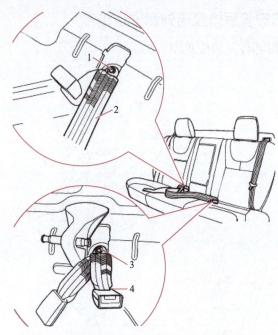

图 5-54　后排座椅中间座位安全带装配

1,3—螺栓；2—安全带装置；4—安全带锁

无锁止作用——连同安全带锁整个更换安全带。

如安全带的抽出或卷回发生故障，应首先检查是不是安全带自动回卷装置的位置改变了。

❷ 系好安全带。

❸ 将汽车加速到 20km/h，然后用脚制动器进行一次最大制动。

如果在制动过程中安全带没有被卡止机构锁止，则应连同安全带锁整个更换安全带。

（6）检查安全带锁

❶ 安全带锁的目测检查：检查锁扣是否有裂缝或裂开。如有损坏应连同安全带锁整个更换安全带。

❷ 安全带锁的功能检查：把锁舌推入锁扣，直至可听见两者啮合的声音。用力拉动安全带，检查闭合机构是否卡止。

即使在 5 次以上的检查中只有 1 次锁舌没有锁止在安全带锁中，也必须连同安全带锁整个更换安全带。

❸ 检查开锁：用手指按压安全带锁上的按钮，松开安全带。在带身松开时，锁舌必须自动从安全带锁中弹出来。至少进行 5 次检查，只要有 1 次锁舌没有弹出来，就连同安全带锁整个更换安全带。

 维修提示

绝不允许在安全带锁的按钮上使用润滑剂，来消除操作安全带时的噪声或干涩情况。

（7）检查导向件和锁舌

❶ 检查塑料材料有无变形、脱落和开裂。在出现裂槽和 / 或损坏时要连同安全带锁整个

更换安全带。

❷ 检查固定件和固定点,进行以下目测和功能检测:紧固片变形(拉伸);高度调节装置不起作用。

如果固定点(座椅、门柱、汽车地板)变形或螺纹损坏,应连同安全带锁整个更换安全带。

### 273. 怎样拆卸驾驶员侧安全气囊?

驾驶员侧安全气囊见图 5-55。
❶ 断开车辆蓄电池。
❷ 将方向盘调高到最高位置。
❸ 将方向盘转到如图 5-55 所示位置。
❹ 将螺丝刀插入方向盘背面的孔中,直至达到限位位置(约 8mm)。
❺ 向驾驶员车门方向旋转螺丝刀(图 5-55 中箭头位置),这样方向盘右侧的安全气囊卡子就可解锁。
❻ 转动方向盘 180°,按同样方法松开方向盘左侧的安全气囊卡子。
❼ 将方向盘旋转 90° 回到中间位置。
❽ 从方向盘上脱开安全气囊。
❾ 按下插头锁扣并拔出安全气囊插头 1。
❿ 取下驾驶员侧安全气囊 2。

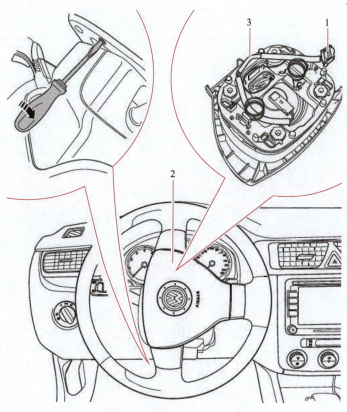

图 5-55　驾驶员侧安全气囊

### 274. 怎样安装驾驶员侧安全气囊？

❶ 检查图 5-55 中线束 3 是否已铺设好。
❷ 将安全气囊插头 1 插入插座中，必须听到安全气囊插头插入的声音。
❸ 将安全气囊压入方向盘。
❹ 检查安全气囊是否嵌入方向盘左右侧。

### 275. 怎样调整安全气囊螺旋电缆？

❶ 将汽车停放在平整的路面上，并且保持前轮的方向正对正前方。
❷ 轻轻地将螺旋电缆按照顺时针方向转到端点位置，然后将其逆时针旋转约 3 圈。
❸ 将螺旋电缆的标记对准外壳上的标记。

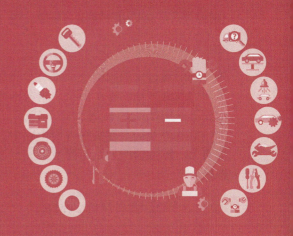

# 第六章

# 底盘维修

## 第一节　维修知识与通识技能

### 1. 钢板弹簧式非独立悬架结构是怎样的？

钢板弹簧中部通过 U 形螺栓固定在前桥上。钢板弹簧的前端卷耳用弹簧销与前支架相连，形成固定式铰链支点，起传力和导向作用；而后端卷耳则用吊耳销与可在车架上摆动的吊耳相连，形成摆动式铰链支点，从而保证弹簧变形时两卷耳中心线间的距离有改变的可能。

减振器的上、下两个吊环通过橡胶衬套和连接销分别与车架上的上支架和车桥上的下支架相连。盖板上装有橡胶缓冲块，以限制弹簧的最大变形，并防止弹簧直接碰撞车架。

### 2. 钢板弹簧式非独立悬架有什么特别作用？

❶ 当汽车空载或实际装载量不大时，副钢板弹簧不承受载荷而由主钢板弹簧单独工作。在重载或满载情况下，车架相对车桥下移，使车架上副钢板弹簧滑板式支座与副钢板弹簧接触，主、副钢板弹簧共同参加工作，一起承受载荷而使悬架刚度增大，以保证车身振动频率不致因载荷增大而变化过大。

❷ 在小载荷时，仅主钢板弹簧起作用，而当载荷增加到一定值时，副钢板弹簧开始与主钢板弹簧接触，悬架刚度随之相应提高，弹簧特性变为非线性。当副钢板弹簧全部接触后，弹簧特性又变为线性的。这种渐变刚度钢板弹簧的特点是副钢板弹簧逐渐起作用，因此悬架刚度的变化比较平稳，从而改善了汽车行驶平顺性。

### 3. 什么是螺旋弹簧非独立悬架？

螺旋弹簧非独立悬架一般只用于轿车的后悬架。两根纵向推力杆的中部与后桥焊接为一体，前端通过带橡胶的支承座与车身做铰链连接，后端与轮毂相连接。纵向推力杆用以传递纵向力及其力矩。整个后桥、纵向推力杆及车轮可以绕支承座的铰支点连线相对于车身进行上、下纵向摆动。

螺旋弹簧的上端装在弹簧上座中，下端则支承在减振器外壳上的弹簧下座上，它只承受垂直力。减振器的上端与弹簧上座一起装在车身底部的悬架支座中，下端则与纵向推力杆相连接。

### 4. 独立悬架有什么特点？

❶ 由于左右车轮的运动相对独立、互不影响，可以减少行驶时车架或车身的振动，同时可以减弱转向轮的偏摆。

❷ 独立悬架的非簧载质量小，可以减小来自路面的冲击和振动，提高行驶平顺性。簧载质量是指汽车上由弹性元件支承的质量；而非簧载质量是指弹性元件下吊挂的质量。对于非独立悬架，整个车桥和车轮都属于非簧载质量，对于独立悬架，只有部分车桥是非簧载质量，而主减速器、差速器、壳体等都装在车架或车身上，成为簧载质量，所以独立悬架的非簧载质量要比非独立悬架的小。

❸ 独立悬架与断开式车桥配用，可以降低汽车的重心，提高汽车行驶平顺性。

### 5. 双叉臂式悬架有什么特点？

❶ 双叉臂式悬架拥有上下两个叉臂，横向力由两个叉臂同时吸收，支柱只承载车身质量，因此横向刚度大。

❷ 双叉臂式悬架的上下两个 A 字形叉臂可以精确定位前轮的各种参数，前轮转弯时，上下两个叉臂能同时吸收轮胎所受的横向力，加上两叉臂的横向刚度较大，所以转弯的侧倾较小。

### 6. 麦弗逊式独立悬架有什么特点？

❶ 麦弗逊式独立悬架目前在轿车中应用很广泛。

❷ 麦弗逊式独立悬架结构较简单，布置紧凑，用于前悬架时能增大两前轮内侧的空间，故多用于发动机前置前轮驱动的轿车上（如捷达、桑塔纳等）。

❸ 前轮采用麦弗逊式独立悬架时，前轮定位各参数的变化较小，除前束可调整外，其他参数有的车型规定不可调整，有的车型则规定可以调整。

### 7. 多连杆式独立悬架有什么特点？

多连杆式独立悬架是由一些杆、筒以及弹簧等简单构件组成的组合悬架。

从结构上看，多连杆仅由一些杆、筒以及弹簧等简单构件组成，但却是一个非常难达到完美要求的汽车总成，这是因为悬架既要满足汽车操纵稳定性的要求，又要保证汽车的舒适性要求。

### 8. 前悬架的作用是什么？

前悬架吸收了车轮在不平路面上行驶时的冲击能量，并将此能量分散到整个悬架系统中。此过程在乘客和路面之间起到隔振作用。悬架系统分散能量和吸收能量之比确定了车辆的行驶平顺性。行驶平顺性已被设计到悬架系统中，无法调整。

## 9. 前悬架的原理是什么？

当车辆在不平路面上行驶时，悬架系统必须让轮胎和车轮总成能进行垂直运动，同时使轮胎保持与路面水平，这就要求转向节悬架在下控制臂和滑柱总成之间。下控制臂在控制臂的最外点与转向节相连，此连接是通过球节实现的。控制臂的最内端通过半刚性衬套在2个点与车架连接，转向节的上部与滑柱总成连接，滑柱总成通过一个上轴承与车身连接，转向节可独立于车身结构和车架上下移动。

当车辆驶过颠簸路面时，转向节的上下运动大部分被螺旋弹簧吸收，弹簧在滑柱总成上保持张紧状态。滑柱与此系统配合使用，可缓冲螺旋弹簧的振动。滑柱实质上是一个液压缸，其内充满油液，并有一根可移动的轴与滑柱内的活塞相连。减振器内的阀门对油液的流动产生阻力，从而阻止活塞和轴快速运动。减振器的每端都采用这种方式连接，以便利用单个弹簧的反作用力。滑柱的每一端是悬架系统与车辆的连接点并作为螺旋弹簧座，这可使滑柱利用阻尼操作单独减小弹簧的反作用力。下控制臂可以在车架上沿垂直方向转动，球节使转向节与路面保持垂直。

## 10. 稳定杆的作用是什么？

前悬架系统装有一个稳定杆，稳定杆通过稳定连杆和稳定杆减振块连接在左、右下控制臂总成之间。稳定杆可以控制车辆转向时悬架系统的独立位移量，对独立位移量的限制确定了车辆转向时的操控特性。

## 11. 典型的后悬架结构是怎样的？

独立悬架的调整是通过可调节后连接杆和下控制臂实现的。后螺旋弹簧固定在车身和下控制臂之间，橡胶隔振垫在顶部和底部都对螺旋弹簧进行了隔离。后悬架由2个连接至转向节和加强车身部位的减振器组成。

车辆的半独立式扭力横梁后悬架由车桥总成通过位于整体式纵臂前部的橡胶衬套和支架连接至车身底部，用螺栓将支架安装到车身底部纵梁。车桥结构本身保持车轮与车身中心线的几何相对位置。

## 12. 电控空气悬架的作用是什么？

❶ 电控空气悬架是通过电子控制单元计算悬架的受力及感应路况，实时调整空气悬架减振器的刚度和阻尼系数。

❷ 电控空气悬架系统通过气压减振器上与活塞整合为一体的电磁阀，可以根据需要在15～20cm内对每个压杆的阻尼进行调节，而减振器上的车轮加速传感器可以为方向操作性和稳定性提供最佳减振力。

## 13. 电控空气悬架减振器的结构原理是什么？

（1）减振支柱 为了能以最佳的承载宽度来达到后备厢的最大利用容积，后桥的空气弹簧直径就被限制到最小的尺寸。而为了满足舒适要求，空气的体积又不能太小。为了解决这个矛盾，使用一个与减振器连在一起的储气罐，用于额外供应空气。

（2）减振器

❶ 结构。采用的是双管式充气减振器，该减振器具有电动连续可调功能，活塞中的主减

振阀是通过弹簧来预张紧的,在该阀的上面有一个电磁线圈,连接电缆通过中空的活塞杆通往外部。

❷ 工作过程。减振的阻尼力大小主要由该阀的液体流动阻力来决定的。流过该阀的液压油的阻力越大,减振的阻尼力也就越大。

### 14. 电控空气悬架空气供给总成一般安装在什么位置?

通常安装在发动机舱内左前部。

### 15. 电控空气悬架空气供给总成结构是怎样的?

空气供给总成结构及组件见图 6-1。

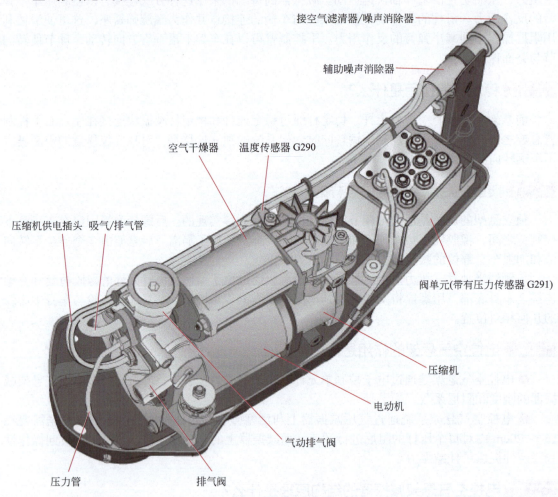

图 6-1　空气供给总成结构及组件

空气供给总成安装在发动机舱内左前部,这样就可避免在乘员舱内产生噪声,而且还可以达到有效的冷却效果,因而这种布置可以延长压缩机的接通时间,从而提高调节的质量。

为了防止压缩机过热,在必要时(气缸盖温度太高)空气供给总成会被切断。最大静态系统压力为 16bar(1bar=$10^5$Pa)。

电磁阀体内包含有压力传感器以及用于控制空气弹簧和蓄压器的阀(图 6-2)。

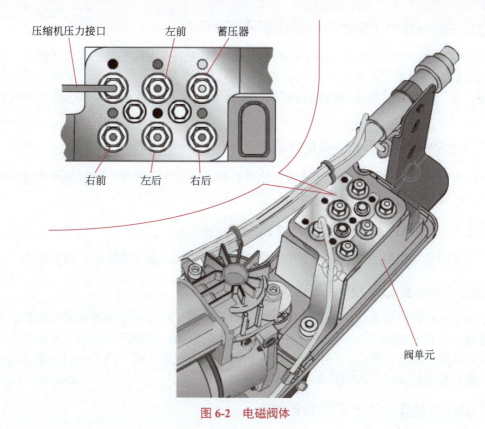

图 6-2 电磁阀体

### 16. 电控空气悬架压力传感器的结构原理是怎样的？作用是什么？

❶ 奥迪压力传感器 G291 是浇铸在电磁阀体内的。
❷ 压力传感器测量的是前、后桥减振支柱的压力或蓄压器内的压力。
❸ 压力传感器采用的是电容测量原理。将要测量的压力会使得陶瓷膜片发生偏移，于是安装在这个膜片上的电极和固定在传感器壳体上的对应电极之间的距离就发生了变化。

这两个电极构成了一个电容器，两电极之间的距离越小，这个电容器的电容就越大。传感器内部集成的电子装置会测量出这个电容值并将它转换成一个线性输出信号。

### 17. 电控空气悬架车身速度传感器的结构是怎样的？作用是什么？

为了能使车辆在任何行驶状态都能获得最佳的减振效果，就需要知道在这段时间内车身的运动情况（悬挂质量）和车桥部件（非悬挂质量）的特性。车身的加速度由三个传感器来测量，其中两个传感器装在前桥减振支柱座上，第三个传感器位于右后车轮罩内。车桥部件（非悬挂质量）的加速度是通过分析车辆水平传感器信号而确定的。

这些传感器通过支架用螺栓固定在车身上，传感器和支架通过卷曲折边的方式连在一起。

### 18. 电控空气悬架车身水平传感器是怎样的？

大众奥迪车身水平传感器，在每个轮侧悬架上安装一个，即 G76、G77、G78、G289。
车身水平传感器接收叉形臂和车身之间的距离信息（也就是车身水平信息）。传感器是以 800Hz（四轮驱动车是以 200Hz）的频率来工作的，这个频率足以确定非悬挂质量的加速度。

### 19. 主动车身稳定控制系统组成部件有哪些?

主动车身稳定控制系统（Active Body Control，ABC）是主动悬架系统先进技术的代表。

主动悬架控制系统主要由前车身高度传感器、后车身高度传感器、方向盘转向与转角传感器、节气门位置传感器和车速传感器、控制开关、电子调节悬架电控单元和执行器等组成。

### 20. 主动悬架的基本特点是什么?

在汽车行驶路面、行驶速度和载荷变化时，自动调节车身高度、悬架刚度和减振器阻尼的大小，从而改善汽车的行驶平顺性。

### 21. 主动悬架控制系统主要有什么类型?

汽车主动悬架控制系统主要有主动车身稳定控制系统、连续性阻尼控制系统等。

### 22. 主动车身稳定控制系统的特点是什么?

主动车身稳定控制系统使汽车对侧倾、俯仰、横摆、跳动和车身高度的控制都能更加迅速、精确。车身的侧倾小，车轮外倾角度变化也小，轮胎就能较好地保持与地面垂直接触，使轮胎对地面的附着力提高，以充分发挥轮胎的驱动、制动作用。汽车的载质量无论如何变化，始终以悬架的几何形式保持车身高度不变。

### 23. 什么是连续性阻尼控制系统?

连续性阻尼控制系统（Continuous Damping Control，CDC）是一种智能识别道路状况的新型汽车减振系统。

CDC 由电子控制单元、CAN、4 个车轮垂直加速度传感器、4 个车身垂直加速度传感器和 4 个阻尼器比例阀组成。CDC 的工作原理是，电子控制单元根据传感器传来的信号和用户给予的控制模式，经过运算分析后向悬架发出指令，悬架可以根据电子控制单元给出的指令改变其刚度和阻尼系数，使车身在行驶过程中保持良好的稳定性能，并且将车身的振动响应控制在允许范围内。

### 24. 什么是底盘线控系统?

底盘线控系统的核心是线控驱动系统、线控转向系统和线控制动系统。

线控系统是指执行机构和操纵机构两者没有机械联结和机械能量的传递，驾驶员的操纵指令通过传感器件感知，再采用电信号等形式经过网络传递给执行机构与电子控制器。其中，执行机构利用外部能源完成相应的任务，而其执行的整个过程和执行结果受电子控制器的控制与监测。

线控驱动系统是指电子控制器根据驾驶员指令来控制发动机的转速，并且通过加速踏板来控制发动机输出扭矩的大小。

线控转向系统由转向系统、电子控制系统和方向盘系统三部分组成，去除了转向轮与方向盘之间的机械连接装置，使得其自身与其他系统更加协调。线控制动系统由接收单元、踏板行程传感器和制动踏板等组成，经制动控制器接收车轮传感器信号、踏板信号与制动信号来控制车轮制动。

## 25. 什么是连续控制底盘系统？有什么作用特点？

连续控制底盘系统（Continuously Controlled Chassis Concept，4C）由电子控制全时四轮驱动系统和持续调校悬架系统构成。

连续控制底盘系统可利用纵向、横向、滚动及倾斜感应器，加上车轮速度、方向盘角度、输出功率及制动力等数据，对动力分布及悬架做出调节。

## 26. 连续控制底盘系统的原理是什么？

分布在底盘的相应传感器可测量车身相对于道路的纵向、横向和垂直方向的加速度，并通过防抱死制动器和稳定控制系统来测量每个车轮的旋转和垂直运动、方向盘的偏转角、速度、转向、发动机扭矩以及各种紧急障碍数据等，整个过程以电子线路的形式与轿车全轮驱动系统相连接。由传感器收集上来的数据主动上传给微处理器，再由微处理器将这些信息反馈给减振器，并以500次/s的速度对其进行刷新。

## 27. 带有车身水平高度控制和高度调节功能的空气悬架系统有什么特点？

例如，保时捷卡宴E2空气悬挂系统带有车身水平高度控制和高度调节功能，在配备该空气悬架系统的车辆上，驾驶员可以设置五种不同的水平高度，系统将自动调整到预先选定的水平高度，从而与车速达到匹配，在车辆装载的状态下，车辆的高度仍自动保持恒定。各个水平高度只能在发动机运转时设置，不允许车辆在一般地形或特殊地形设置下在公路上行驶。

## 28. 不同的水平高度有哪些？

不同水平高度有一般地形高度、特殊地形高度、低位高度、装载高度等。

例如，保时捷卡宴E2空气悬挂系统，标准水平高度设置下的离地间隙约为190mm。

## 29. 一般地形高度是怎么设置的？

一般地形高度（加高高度Ⅰ）用于越野行驶（野外道路和丛林道路等），与标准高度相比，车辆升高约28mm（前桥）和25mm（后桥）。越野驾驶程序启用后，车辆自动升高到一般地形高度。一般地形高度只能在车速低于80km/h时手动选择，车速超过80km/h（越野驾驶程序启用后为100km/h）时，车辆将自动降至标准高度。

## 30. 特殊地形高度是怎么设置的？

特殊地形高度（加高高度Ⅱ）设置仅用于极其复杂艰难、需要最大离地间隙的地形。与标准高度相比，车辆升高约58mm（前桥）和55mm（后桥）。特殊地形高度只能在车速低于30km/h时手动选择，车速超过30km/h时，车辆自动降至一般地形高度。

## 31. 低位高度是怎么设置的？

（1）低位高度Ⅰ 低位高度Ⅰ用于高速行驶，当车速超过138km/h时，车辆与标准高度相比自动降低约22mm（前桥）和25mm（后桥）。当车速下降到80km/h以下持续约10s或40km/h以下时，车辆自动升高到标准高度。如果使用中控台上的跷板开关手动设置了低位高度，在车速低于40km/h时低位高度仍然起作用。

（2）低位高度Ⅱ　低位高度Ⅱ用于高速行驶，当车速超过210km/h持续40s以上时，车辆与标准高度相比自动降低约32mm（前桥）和35mm（后桥）。当车速下降到170km/h以下持续60s或下降到120km/h以下时，车辆自动升高到低位高度Ⅰ。

### 32. 装载高度是怎么设置的？

装载高度设置便于向后备厢内装载物品，但是存在损坏底盘部件、总成和车身底部的风险。如果车辆在装载高度状态下的离地间隙不足，当车辆从路缘上驶下时可能会发生拖底，因此在起步之前务必切换到标准高度。装载高度下车辆与标准高度相比降低约52mm（前桥）和55mm（后桥），在车速超过5km/h时，车辆自动升高到标准高度。

### 33. 转向节有什么特点？

由于车桥负荷的不同，所以转向节（轴承、法兰）型号也不同。例如奥迪，所有的四缸发动机和六缸汽油发动机使用的都是直径为85mm的轴承；其他发动机（车桥负荷高）使用的是直径为92mm的轴承。车轮轴承上有一个卡环，它是用于安装车轮转速传感器的。

转向节是一个铝制锻件，导向杆和下支承臂通过压入的镀锌-铁衬套来支撑。由于车轮轴承的尺寸不同，所以有两种转向节。

如果装配操作时发生意外，法兰与轴承安装配压时阻力过大，则立即停止安装并进行检查，必要时更换新的轴承（新轴承安装时如果操作发生意外，还需要再更换新的轴承）。

### 34. 梯形连杆有什么特点？

❶梯形连杆是砂型铸铝件，它是车轮轴承座与副车架之间在下部的连接件。
❷稳定杆的连杆固定在梯形连杆上。
❸副车架上的支承采用非对称分裂式黏结橡胶轴承，它可改善负载变化时（如制动和转弯）的自转向特性。

### 35. 上部横向导臂有什么特点？

上部横向导臂是铝制锻件，它是用来在上面连接车轮轴承座和副车架的。车身通过减振支柱支承在横向导臂上。奥迪轿车上首次使用了一种新的支承元件，这就是黏结橡胶-金属轴承，它在轴向有裂缝，因此能以很小的变形来吸收较大的轴向力。但该轴承仍能保持扭转柔性，这样在横向导臂扭转时就不会有阻力了。

### 36. 转向系统的作用是什么？有哪些重要组成机构（部件）？

❶转向系统决定车辆行驶的方向，该系统负责车辆平稳、稳定以及安全的转向，它必须稳固和完全可靠。
❷转向系统由三个基本结构组成。
a. 转向操纵机构。转向操纵机构是驾驶员转动使车辆转向的零件，包括方向盘、转向轴和转向管柱。
b. 转向机。转向机降低转向轴转动速度的同时，将转向轴的转动传递给转向传动机构。转向机箱体总成直接连接到车架。
c. 转向传动机构。转向传动机构除了将齿轮运动传递给前轮外，还要保持左右轮之间的正确关系。例如，转向传动机构包括转向摇臂、直拉杆、转向节臂和横拉杆等。

## 37. 转向操纵机构是怎样的?

转向操纵机构部件包括方向盘、转向轴、转向管柱和转向轴万向节。点火钥匙开关部件安装在转向管柱盖中。为了安全,方向盘移动可以通过取出点火钥匙和使用螺栓锁止,然后将轴固定到转向管柱上。某些转向系统可能具有倾斜调整或伸缩装置,以使驾驶更舒适。

## 38. 转向管柱和转向轴安装结构是怎样的?

转向轴位于转向管柱内部。转向管柱支承转向轴并将其固定到位,在转向轴顶部为方向盘,底部为挠性连接或万向节,以及其他将方向盘转动传递到转向机的零件。

在某些齿轮齿条式转向系统上,从方向盘至转向机的角度变化非常明显,需要一个中间齿轮箱。

## 39. 可收缩转向操纵机构安装结构是怎样的?

可收缩方向盘和转向管柱用于防止驾驶员在事故中受到严重伤害。在碰撞开始过程中可收缩转向管柱被压下时,在防止方向盘伤害驾驶员的同时,它也缓冲了驾驶员与方向盘的二次碰撞。通过沿转向管柱垂直收缩,碰撞的能量被转向轴或转向管柱吸收。

转向轴分为两部分,一部分连接在内部,另一部分传递扭矩,通过细齿或平行边沿防止它滑动或转动,还可以使用模压销(塑料)将轴的两部分连接起来,防止间隙过大。这种结构允许塑料销在碰撞开始过程中折断,转向轴将向内压缩,使作用到驾驶员身上的力得到缓冲。

## 40. 转向机类型有哪些?

转向机有循环球式(RB)和齿轮齿条式(RP)两种,这两种形式的转向操纵机构几乎用在目前所有车型上。RB式通常用于商用车辆上,RP式用于乘用车上。与RP式相比,RB式具有两个优点,一个是可靠性比较高,另一个是受轮胎反冲力的影响较小,轮胎反冲会引起转向操纵机构振动。另外,RP式也具有两个优点,一个是质量较轻,另一个是结构更简单,即成本更低。

## 41. 什么是循环球式转向机构?

采用独立悬架时,每端带有球铰的侧杆将转向摇臂的运动传递给转向节臂,这种结构允许左右车轮相互独立地垂直运动。相对转向摇臂对称地安装有一个惰性臂,惰性臂作为一个方向上的支点,其内的橡胶弹簧(衬套)可防止路面振动直接影响方向盘。

## 42. 什么是齿轮齿条式转向机构?

当方向盘转动时,运动通过齿条到达左右侧杆,通过转向节臂到达轮毂。侧杆每端使用球铰,以保证自由角度运动。通过增大或减小各个侧杆的长度来调整前束。

## 43. 液压动力转向系统的作用和传动方式是什么?

(1)作用  在车辆操作过程中,动力转向系统使用油压为转向传动机构提供助力。

(2)传动方式  液压动力转向系统通过一个液压转向助力泵产生转向助力,该助力泵由内燃机的皮带传动机构进行驱动。通过转向力使转向柱下端的扭力杆扭转。通过扭转控制阀门，从而使液压油作用于齿轮齿条式转向器内的工作活塞上。由此在齿轮上产生的作用力与驾驶员施加的转向力叠加，合力通过转向横拉杆促使车轮转向。

### 44. 动力转向系统有哪些主要组件？

动力转向系统包括三个主要组件。
（1）转向助力泵　动力转向泵由发动机驱动，它为操作动力转向系统提供必要的油压。
（2）控制阀　控制阀调节动力转向系统，阀开度控制通向系统的油压，压力方向（左侧或右侧）也由阀控制。
（3）动力缸　动力缸接收油压，为转向传动机构提供助力。

### 45. 液压动力转向系统有哪几种类型？

动力转向系统的主要部件为动力缸、控制阀和转向机。根据这些部件的布置对动力转向系统分类。
（1）整体式动力转向系统　动力缸、控制阀和转向机为一个包含在一起的单元，这种类型的动力转向系统在现代汽车上最常见。
（2）拉杆式动力转向系统　动力缸靠近转向传动机构中间位置。
有两种类型的拉杆式动力转向系统：分离式和组合式。
❶分离式：动力缸、控制阀和转向机是完全分离的单元。
❷组合式：控制阀和动力缸为一个单元，转向机单独为一个单元（组合式动力转向系统通常用于重型卡车和客车上）。

### 46. EPS 电动助力转向系统基本组成有哪些组件？特点是什么？

EPS 电动助力转向系统由转向角度传感器、力矩传感器、伺服电动机、ESP 控制单元等组成。EPS 电动助力转向系统见图 6-3。

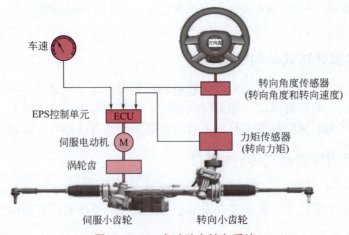

图 6-3　EPS 电动助力转向系统

❶仅在需要转向时才启动电动机产生助力，能减少发动机燃油消耗。
❷能在各种行驶工况下提供最佳助力，减小由路面不平所引起电动机的输出转矩通过传动装置的作用而对助力向系统的扰动，改善汽车的转向特性，提高汽车的主动安全性。

❸ 没有液压回路，调整和检测更容易，装配自动化程度更高，且可通过设置不同的程序，快速与不同车型匹配，缩短生产和开发周期。

❹ 良好的直线行驶模式（电控机械助力转向系统支持转向系统恢复到直线行驶位置）。

❺ 能够对转向命令直接但不激烈地进行应答（这样就确保了即使行驶在凹凸不平的路面时也能达到舒适的转向反应）。

## 47. 电控机械助力转向系统结构是怎样的？

（1）扭矩传递　双小齿轮电控机械助力转向系统中，由转向小齿轮和传动小齿轮将必需的转向力传递给齿条。驾驶员施加的扭矩通过转向小齿轮来传递，而传动小齿轮则通过蜗杆传动装置传递电控机械助力转向系统电动机的支持扭矩。

（2）转向器　转向器由转向扭矩传感器、扭转杆、转向小齿轮、传动小齿轮、蜗杆传动装置以及带控制单元的电动机构成。电控机械助力转向机的核心部件就是转向器中的带两个花键的齿条。

用于转向支持的电动机带有控制单元和传感单元，它安装在第二个小齿轮上。这样就建立了方向盘和齿条之间的机械连接。因此，当伺服电动机失灵时，车辆仍可以通过机械传动进行转向。

## 48. 转向角传感器的工作原理是怎样的？有何作用？

（1）转向角传感器 G85 的安装位置　转向角传感器 G85 位于复位环后侧，复位环上带有一个安全气囊滑环。传感器固定在转向柱开关和方向盘之间的转向柱上，它通过 CAN 数据总线将信号传递到转向柱电子系统控制单元 J527，由此控制单元获悉转向角的大小，转向柱电子系统控制单元中的电子装置分析这个信号。

（2）失效影响　转向角传感器 G85 失灵时，紧急运行程序启动。由一个备用值替代消失的传感器信号。转向支持功能仍能进行。指示灯 K161 接通，来显示该故障。

（3）功能组成　转向角传感器主要由下列部件组成：带 2 个编码环的编码盘；带 1 个光源和 1 个光传感器的光栅组。编码盘由 2 个环构成，外侧为绝对环，内侧为增量环。

（4）角度的测量　角度的测量是根据光栅原理来进行的。每个绝对环光栅组形成 1 个信号电压顺序，由转向柱电子系统控制单元处理所有信号电压顺序。

## 49. 转向力矩传感器的作用是什么？

在行车过程中，驾驶员通过转向力矩传感器 G269 来确定其所施加的转向力矩的大小，从而得到其需要的转向助力力矩。转向主动齿轮与转向轴通过一个扭力杆连接，与带有转向阀的普通液压转向系统是一样的。如果驾驶员转动方向盘，那么扭力杆和转向轴相对于转向主动齿轮的位置就发生了扭转，扭转程度取决于驾驶员所施加的转动力矩的大小。转向力矩传感器 G269 可以测量出扭转程度。

## 50. 转向力矩传感器信号是怎样产生的？

转向轴与带有 8 对极偶的环形磁铁、两个传感器靶轮（各有 8 个齿）及转向主动齿轮都是刚性连接的。两个传感器靶轮的齿是错开分布的，从上面沿着旋转轴方向看，一个传感器靶轮的齿处在另一个传感器靶轮的齿隙中。在两个传感器靶轮中间是两个霍尔传感器，传感器与壳体是刚性连接的。

### 51. 转向力矩传感器怎么判断转向？

如果没有转动方向盘，那么传感器靶轮与磁极的相对位置则位于每个传感器靶轮齿的南北极的正中间。所以，这两个传感器靶轮被磁力线穿过的方式是一样的，两个传感器靶轮之间没有磁场，两个霍尔传感器输出的信号也相同。

### 52. 转向力矩传感器失效有什么影响？

如果转向力矩传感器损坏，则必须更换。如果识别到故障，则转向支持系统关闭。但是关闭的过程不是突然的，而是"软的"。为了能够进行"软"关闭，控制单元必须根据电动机转向角和电动机转子转向角来计算出扭矩备用信号。控制灯 K161 显示红色以表示有故障。

### 53. 转子位置传感器的结构是怎样的？有何作用？

转子位置传感器用于探知转子的位置。传感器的控制单元必须知道转子的准确位置，以便计算出环绕的定子磁场所需要的相电压（电子传感器控制的整流）。

转子位置传感器测得的相电压值也可以用于确定转向止点。为了避免出现硬的机械式止点，通过电动机械式转向系统可以实现软的止点。

转子位置传感器的转子上有一个盘，是用透磁通的金属制成的。这个转子盘的形状像凸轮盘，该盘被一个固定在壳体上的电磁线圈环所包围，该电磁线圈环具有定子的作用。该电磁线圈环由三个单线圈构成，其中一个线圈具有励磁线圈的作用，另两个线圈作为接收线圈使用。

### 54. 转子位置传感器的工作原理是什么？

励磁线圈通入正弦曲线的励磁电压后，其周围产生的交变磁场作用在转子盘上，转子盘将交变磁场的磁通引向接收线圈，接收线圈将感应到一个交变电压，该电压与转子盘的位置成一定的比例，与励磁电压存在相位差。

### 55. 转向辅助控制单元 J500 的工作原理是什么？有何作用？

（1）安装位置  转向辅助控制单元 J500 直接固定在电动机上，因此省去了和助力转向系统零件间复杂的导线敷设。

（2）信号控制  仪表板显示控制单元 J285 的输入信号，例如转向角传感器 G85 的信号、发动机转速传感器 G28 的信号、转向扭矩和转子转速及车速信号和说明已经识别点火钥匙的信号。

控制单元决定当前需要多少转向支持。控制单元计算出启动电流的大小并启动电动机 V187。

（3）传感器失灵时的影响  控制单元中集成了一个温度传感器，用这个传感器，控制单元可以获知转向装置的温度。如果温度超过 100℃，转向支持就会持续降低。

如果转向支持下降了 60%，则电控机械助力转向系控制灯 K161 显示黄色，并且故障被存储。

转向辅助控制单元 J500 如果损坏，可以整体更换，但必须用 VAS5051 激活控制单元永久程序存储器中相应的综合特性曲线。

电子控制功能示意图见图6-4。

（4）指示灯K161故障 指示灯K161发生故障时，可以有两种指示灯颜色。黄色代表轻度警报。指示灯显示红色时，还会发出三声响亮的警报音。只有当转向辅助控制单元信号到达，并说明系统工作状态正常时，指示灯才熄灭。这个自检过程大约需要2s。发动机启动后，指示灯立刻熄灭。

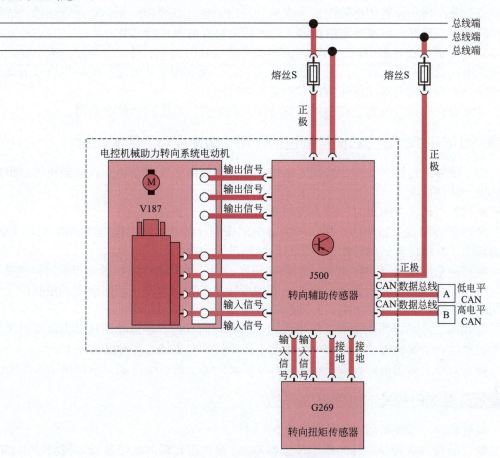

图6-4 电子控制功能示意图

### 56. 电动机械式助力转向电动机V187的工作原理是什么？有何作用？

电动机械式助力转向电动机V187用于产生转向助力所需要的力矩，其电动机是永久励磁式三相交流同步电动机，该结构的优点在于体积小、功率大。

由于采用永久励磁式三相交流同步电动机，所以省去了用于将励磁电流送往转子的滑环。控制单元会计算出所需要的相电压，并通过末级功放接通定子线圈，定子由12个励磁线圈构成，每4个励磁线圈串联在一起，接通正弦曲线的电流。

### 57. 电动机械式助力转向系统是怎样控制的？

❶ 打开驾驶员车门后，FlexRay数据总线被唤醒，控制单元之间开始通信。控制单元J500开始初始化，系统开始自检。

❷ 接通点火开关（15号线接通），组合仪表控制单元J285短时激活指示灯进行检查。

如果确认系统无故障，指示灯会在几秒钟后熄灭。

❸启动发动机（15号线接通），如果发动机转速超过500r/min，那么助力转向系统处于激活状态。如果扭杆未被方向盘上的作用力扭动（由转向力矩传感器G269来感知），那么转向角传感器G85的信号就会自动与转子位置传感器的信号进行同步，这两个测量值之间相互依赖的关系将作为特性曲线存储在控制单元J500中。随后，在车辆行驶中，助力转向系统通过分析转子位置传感器的信号来感知转向运动。该控制单元会考虑驾驶模式选择系统中相应的设置选择，以便确定使用哪条助力转向特性曲线进行调节。

❹在车辆行驶过程中，助力转向的强度主要由转向力矩、转向角和车速来决定。电动机的激活电流由控制单元计算，定子绕组由末级功放通入相应的电流。电动机通过滚珠丝杠作用到齿条上的力增大驾驶员施加在方向盘上的转向力。

❺如果在车辆行驶的过程中关闭发动机，助力转向系统就会自动关闭。

### 58. 电子机械助力转向控制过程作用（随速控制）是怎样的？

为了能够进行转向支持，装配了电控机械助力转向系统电动机，该电动机可以根据需要启动助力转向系统。

❶驾驶员转动方向盘时，助力转向开始。

❷由于方向盘上扭矩的作用，转向器中的扭矩杆转动。转向扭矩传感器G269探测扭矩杆的转动，并将探测到的转向扭矩传递给控制单元J500。

❸转向角度传感器G85通知当前转向角度，而转子转速传感器通知当前转向速度。

❹控制单元根据转向扭矩、车速、发动机转速、转向角度、转向速度和控制单元中的特性曲线计算出必需的支持扭矩，并且启动电动机。

❺由第二个平行作用于齿条的小齿轮来进行转向支持。小齿轮的传动由电动机来进行。电动机通过一个蜗轮传动装置和一个传动小齿轮将转向支持力传递到齿条上。

❻方向盘上的扭矩和支持扭矩的总和就是转向器上的有效扭矩，由该扭矩来传动齿条。

### 59. 驻车时的转向过程是怎样的？

❶驻车时，驾驶员用力转动方向盘。

❷扭转杆因此转动。转向扭矩传感器G269探测扭转杆的转动并通知控制单元J500，方向盘上有一个很大的转向扭矩。

❸转向角度传感器G85通知大的转向角度，而转子转速传感器通知当前转向速度。

❹根据很大的转向扭矩、0km/h的车速、发动机转速、大的转向角度、转向速度和控制单元中的特性曲线（车速为0km/h的特性曲线），控制单元获悉必须产生一个大的支持扭矩，继而启动电动机。

❺驻车时，通过第二个平行作用于齿条的小齿轮来达到最大转向支持。

❻方向盘上扭矩和最大支持扭矩的总和就是转向器上的有效扭矩，在该扭矩的作用下，齿条移动。

### 60. 市区行驶时的转向过程是怎样的？

❶市区行驶时，驾驶员在转弯时转动方向盘。

❷扭矩杆转动。转向扭矩传感器G269获悉扭转杆转动，并通知控制单元J500，方向盘上有一个中等的转向扭矩。

❸ 转向角度传感器 G85 通知这个中等的转向扭矩,而转子转速传感器通知当前转向速度。

❹ 根据中等的转向扭矩、0km/h 的车速、发动机转速、中等的转向角度、转向速度以及控制单元中的特性曲线(车速为 0km/h 的特性曲线),控制单元获悉必须产生一个中等的支持扭矩,继而启动电动机。

❺ 转弯时,通过第二个平行作用于齿条的小齿轮来进行中等的转向支持。

❻ 方向盘上扭矩和中等支持扭矩的总和就是转向器上的有效扭矩,通过该扭矩传动齿条(市区行驶转弯时)。

### 61. 高速公路行驶时的转向过程是怎样的?

❶ 换车道时,驾驶员轻轻转动方向盘。

❷ 扭转杆因此转动。转向扭矩传感器 G269 获悉扭转杆转动并通知控制单元 J500,方向盘上有一个小的扭矩。

❸ 转向角度传感器 G85 通知小转向角度,而转子转速传感器通知当前转向速度。

❹ 根据一个小的转向扭矩、0km/h 的车速、发动机转速、小的转向角度、转向速度及控制单元中的特性曲线(0km/h 车速的特性曲线),控制单元获悉必须有一个小的支撑扭矩或无须支持扭矩,继而启动电动机。

❺ 高速公路行驶时,通过第二个平行作用于齿条的小齿轮来进行一个小的转向支持,或者不进行转向支持。

❻ 方向盘上扭矩加上最小支持扭矩就是换车道时的有效扭矩,该扭矩传动齿条。

### 62. 主动式复位过程是怎样的?

❶ 弯道行驶时,如果驾驶员降低了转向扭矩,则扭转杆的张力松开。

❷ 根据降低的转向扭矩、转向角度和转向速度可以计算出一个理论复位速度,将这个理论复位速度与转向角速度进行比较,可以算出复位扭矩。

❸ 由于车桥的几何构造,转向车轮上产生复位力。由于转向系统和车桥中的摩擦,复位力常常太小,不足以使车轮重新回到直线行驶状态。

❹ 通过车速、发动机转速、转向角度、转向速度及控制单元中的特性曲线,控制单元计算出电动机必须提供多大的扭矩,才能使车轮复位成功。

❺ 控制单元启动电动机,这样车轮就回到了直线行驶。

### 63. 直线行驶修正过程是怎样的?

直线行驶修正是一项功能,这个功能通过主动式复位而产生。这里会产生一个支持扭矩,在它的作用下,可以使车辆重新回到无须扭矩的直线行驶状态,可以通过下述方式进行。

(1)长期方式　长期方式是指对直线行驶中的长期偏差进行补偿修正,这种偏差可能会在用夏季轮胎更换已使用过的冬季轮胎时出现。

(2)短期方式　短期方式校正短期偏差,因此,驾驶员无须为了对抗侧风而"反向转向",这样就减轻了驾驶员的负担。

(3)修正过程

❶ 恒定的侧面力,例如侧风,会对车辆产生影响。

❷ 为了保持车辆能够直线行驶,驾驶员需转动方向盘。

❸ 通过车速、发动机转速、转向角度、转向速度和控制单元中的特性曲线,控制单元可

以计算出电动机需要产生多大的扭矩才能进行直线行驶校正。

❹ 启动电动机，车辆重新回到直线行驶状态，驾驶员无须再"反向转向"。

## 64. 什么情况下需要拆解维修液压动力转向机？

实际维修中，视具体情况大修，有些情况有一定维修价值，有些情况没必要维修，需要直接更换整个转向机。

转向器（也称转向机或方向机）分解图见图6-5。

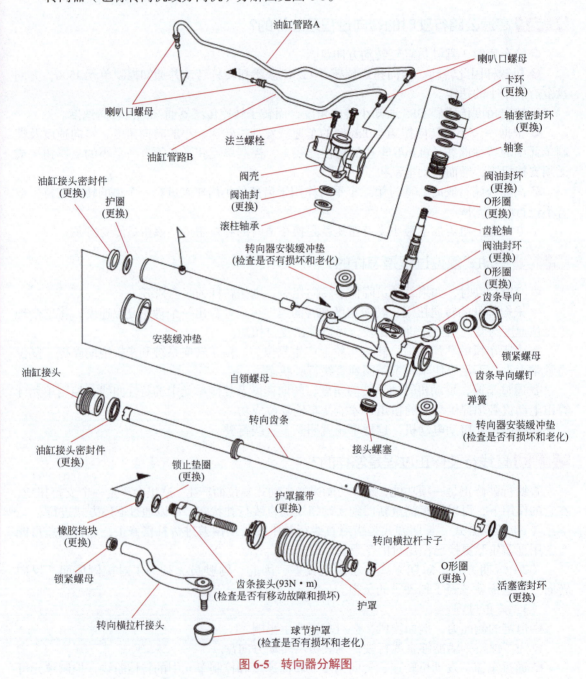

图6-5 转向器分解图

## 65. 制动系统的作用是什么？基本原理是怎样的？

使行驶中的汽车按照驾驶员的要求进行强制减速甚至停车；使已停驶的汽车在各种道路条件下稳定驻车；使下坡行驶的汽车速度保持稳定。

由于惯性作用（移动物体继续移动的趋势），在发动机从动力传动系统断开后，移动的车辆不能立即停车。这种惯性必须减小，以便使车辆停止。发动机将热能转化为动能（运动能量）以移动车辆；相反，制动器使这种动能还原回热能使车辆停止，通常汽车制动器通过将固定物体按压到转动物体上来进行工作。制动效果从两个物体之间的摩擦得到。

## 66. 制动总泵工作过程是怎样的？

制动总泵将制动踏板的运动转变为液压压力，它包括储存制动液的储液罐，以及产生液压压力的活塞和泵。

有两种类型的主泵：单个主泵使用一个活塞，将液压压力发送到所有四个分泵；串列型主泵使用两个活塞，将液压压力单独发送到前后车轮分泵，或右前和左后以及左前和右后车轮分泵。串列型主泵比单个主泵使用更普遍。

## 67. 行车制动器的作用是什么？由哪些机构和部件组成？

驾驶员通过踩踏制动踏板启用行车制动器，这样可以无级控制制动强度。
主要部件有助力泵、制动盘、制动片、制动钳、制动管路等。主要机构如下。
❶ 带有制动踏板的踏板机构。
❷ 带有主缸的制动助力器。
❸ 液压回路，带有制动力液压调节单元、传输制动力的制动管路和制动液补液罐。
❹ 四个车轮制动器，带有制动钳、制动摩擦片和制动盘。

## 68. 制动助力器的作用是什么？什么是串联制动主缸？

制动助力器以气动方式将驾驶员通过制动踏板施加的作用力增大。在制动助力器输出端装有一个压杆，该压杆操纵主缸内的两个活塞（分别用于两个制动回路）并由此产生液压系统内的压力。由于带有两个活塞，因此又称为串联制动主缸。

## 69. 制动总泵的作用是什么？怎么维护？

❶ 制动总泵是将驾驶员踩踏板的力转换成油压的部件。
❷ 制动总泵包括一个储存制动液的储液罐和一个可产生油压的缸。制动总泵将驾驶员踩踏板的力转换成液压，然后液压作用在前后轮的盘式制动卡钳上并传给鼓式制动器的制动分泵。
❸ 维护保养主要是制动液的更换。

## 70. 制动踏板的作用是什么？怎么维护？

❶ 它是由驾驶员的脚踏力所控制的零件。脚踏力转换成液压力，作用在制动系统上。制动力的大小取决于驾驶员踩在制动踏板上的力。
❷ 在维护保养时必须检查踏板自由行程、高度和行程余量。

## 71. 鼓式制动器的作用是什么？怎么维护？

❶ 它是一种与车轮一起旋转的制动鼓。制动蹄片从内侧压紧制动鼓，产生的摩擦力控制

车轮的转动。

❷ 必须定期检查制动鼓和制动衬片。

### 72. 盘式制动器的工作过程是怎样的?

在制动钳上带有制动管路接口。踩下制动器时，制动管路内的液压压力就会作用到制动钳内的活塞上。所产生的压力将制动摩擦片压到制动盘上，通过该压紧力使制动摩擦片与制动盘之间产生摩擦，随即产生的摩擦力阻止车轮移动并对其进行制动。车轮或整个车辆的动能通过摩擦转化为热能，在紧急、反复减速过程中可能会达到极高温度，甚至可能会使制动盘变得炽热。

### 73. 怎样维护盘式制动器?

盘式制动器维护主要是根据使用情况更换制动蹄片和制动盘。视车辆行驶情况，前轮大概 3 万千米，后轮大概 5 万千米更换制动蹄片。

### 74. 机械驻车制动器（非电子）的结构是怎样的? 具体作用是什么?

（1）结构　机械驻车制动器的结构和工作原理在某些方面与行车制动器有很大不同，通过拉杆（踏板）以机械方式操作驻车制动器。

（2）作用

❶ 车辆停驶后防止滑溜。

❷ 使车辆在坡道上能顺利起步。

❸ 行车制动系统失效后临时使用或配合行车制动器进行紧急制动。

### 75. 防抱死制动系统（ABS）的作用是什么?

ABS 功用是防止车轮突然抱死。

（1）作用

❶ 制动时保持方向稳定性。

❷ 制动时保持转向控制能力。

❸ 制动时能减少制动距离。

❹ 制动时能使轮胎磨损下降。

（2）对比说明　在干燥道路上突然施加制动时或在湿滑道路上正常施加制动时，制动力过大会严重影响车轮正常转向，这样车轮可能会抱死。当前轮抱死时转向系统不能控制车辆，当后轮抱死时车辆将进入自旋的情况。为了防止这种情况发生，所以车辆装备了 ABS 系统。

### 76. 什么是制动效能?

制动效能是指汽车迅速减速直至停车的能力，具体可用制动距离、制动时间或制动减速度来评价。

制动效能主要取决于汽车制动时所受的地面制动力，而地面制动力不仅取决于车轮制动器的制动力，还受附着条件的限制。

最大地面制动力等于纵向附着力。

$$F_{\tau max}=F_\varphi=Z\varphi_B$$

式中　$F_{\tau max}$——最大地面制动力，N；
　　　$F_\varphi$——纵向附着力，N；
　　　$Z$——车轮法向反作用力，N；
　　　$\varphi_B$——纵向附着系数。

在车轮法向反作用力一定时，最大的地面制动力取决于车轮与地面间的纵向附着系数。对于一般汽车而言，车轮制动器的制动力足够大，所以获得尽可能大的纵向附着系数是提高制动效能的关键。

## 77. ABS 系统是怎么分类的?

一般是按控制通道和传感器数目分类的。

（1）控制通道　能够独立进行制动压力调节的制动管路称为控制通道。汽车电子防抱死制动控制主要有三通道和四通道两种型式。

（2）控制分类

❶ 独立控制。如果一个车轮的制动压力占用一个控制通道，则可以进行单独调节，称为独立控制。

❷ 一同控制。如果两个车轮的制动压力是一同调节的，称为一同控制。分为低选原则一同控制和高选原则一同控制。

（3）列举车型　捷达轿车装备的 MK20-I/E 型 ABS，硬件为四通道、软件为三通道调节回路，即前轮单独调节，后轮以两轮中地面附着系数低的一侧为依据进行统一调节。也就是说，四个轮速传感器、三个制动压力调节器，前轮独立控制，后轮按低选择方式控制。

## 78. ABS 控制系统组成有哪些?

ABS 控制系统由电子控制单元、传感器和执行元件组成。

（1）电子控制单元

❶ 电子控制单元是电控系统的核心控制元件，实际上是一个微机。

❷ 接收来自传感器的信号，完成对这些信息的处理。

❸ 发出相应的指令来控制执行元件的正确动作。

（2）传感器

❶ 传感器是感知信息的部件。

❷ 负责向电子控制单元提供系统的工作情况和运行状况，从而使电子控制单元正确管理系统的运转。

（3）执行元件

❶ 执行元件是指令的完成者。

❷ 执行电子控制单元发出的各项指令。

## 79. 轮速传感器是怎么工作的?

轮毂上有齿圈随车轮旋转，齿圈切割磁场产生交变电压，其频率随车轮转速变化。交变电压作为车轮转速信号输送到电子控制单元（ECU）。

（1）作用　测出车轮的转速，并将信号送到 ECU。

（2）结构　该传感器由传感头和齿圈两部分组成，传感头由永磁铁、极轴、感应线圈等组成。

（3）工作原理　传感器与普通的交流发电机原理相同。永久磁铁产生一定强度的磁场，齿圈在磁场中旋转时，齿圈齿顶和电极之间的间隙就以一定的速度变化，这样就会使齿圈和电极组成的磁路中的磁阻发生变化。其结果使磁通量周期性增减，在线圈两端产生正比于磁通量增减速度的感应电压。

### 80. 怎样检查轮速传感器？

如果轮速传感器损坏，电子控制单元则接收不到转速信号，ABS 系统将停止工作，并点亮 ABS 警告灯，此时车辆仅有常规制动。

轮速传感器的导线、插接器或传感头松动，电磁线圈等出现接触不良、断路、短路或脏污、间隙不正常，都会影响车轮转速传感器的工作，从而造成 ABS 系统工作异常。

检查方法如下。

❶ 检查传感器安装有无松动。
❷ 传感头和齿圈是否吸有磁性物质及污垢。
❸ 传感器导线是否破损、老化。
❹ 插接器是否连接牢固和接触良好，如有锈蚀、脏污，应清除。

### 81. 怎样测试轮速传感器？

（1）诊断测试　使点火开关处于 OFF 位置，将 ABS 电子控制单元插接器插头拆下，查出各传感器与电子控制单元连接的相应端子，在相应端子上用万用表电阻挡检测传感器线圈与其连接电路的电阻值是否正常。

如果电阻值无穷大，表明传感器线圈或连接电路有断路故障。

如果电阻值很小，表明有短路故障。为了区分故障是在电磁线圈或在连接电路，应拆下传感器插接器插头，用万用表电阻挡直接测试电磁线圈的阻值。

如果所测电阻值正常，表明传感器连接电路或插接器有故障，应修复或更换。

（2）转子齿圈的检测　主要检查转子齿圈的齿数，转子齿圈有无裂纹，转子齿圈有无缺齿和断齿，转子齿圈的齿与齿之间是否吸附有铁屑。传感器头部端面与齿圈凸起端面要保留约 1mm 的空气间隙，可用无磁性的厚薄规进行检查。

（3）传感器输出信号的检测　用汽车诊断仪读取数据流，汽车以 20km/h 的速度行驶，检查车轮转速传感器输出。

### 82. ABS 电子控制单元是怎样工作的？

将液压控制单元（储液器、电动回液泵、电磁阀）与电子控制单元集成于一体。

电子控制单元内部设有故障存储器，随车带有故障诊断接口，借助诊断仪调取故障码可以很方便地进行故障诊断。

❶ 例如捷达轿车，液压控制单元和电子控制单元组成一体。
❷ 液压控制单元由储液器、电动回液泵、电磁阀等组成。
❸ 电子控制单元（ECU）中具有两个完全相同的微处理器，它们按照同样的程序对输入信号进行计算处理，并将最终结果进行比较，一旦发现最终结果不一致，即判定自身存在故障，它会自动关闭 ABS，同时将仪表板上的 ABS 警告灯点亮。

### 83. ABS 警示灯是怎样工作的？

ABS 警示灯的功用是在 ABS 出现故障时，由 ABS 电脑控制其点亮，向驾驶员发出警报信号，并可由 ABS 电脑控制闪烁显示故障码。

❶ 在仪表板及仪表板附加部件上装有两个故障警示灯，一个是 ABS 警示灯（K47），另一个是制动装置警示灯（K118）。

❷ 打开点火开关后 ABS 警示灯亮约 2s 后熄灭，说明自检结束的同时已启动 ABS。若 ABS 警示灯常亮，说明 ABS 出现故障。

### 84. ABS 系统控制过程是怎样工作的？

❶ 在汽车以大于或等于 20km/h 车速运行过程中，紧急制动时，ABS 系统的控制单元接收到制动灯开关接通信号，车轮上的转速传感器采集 4 个车轮的转速信号，送到 ABS 控制单元，判断车轮是否有抱死的趋势。

❷ ABS 工作过程可以分为建压阶段、保压阶段、降压阶段和升压阶段。

### 85. ABS 建压阶段是怎样工作的？

制动时，通过助力器和总泵建立制动压力。此时常开阀打开，常闭阀关闭，制动压力进入车轮制动器，车轮转速迅速降低，直到 ABS 电子控制单元通过转速传感器识别出车轮有抱死的倾向为止。

### 86. ABS 保压阶段是怎样工作的？

当轮速传感器发出抱死危险信号时，ECU 向电磁线圈通入一个较小的保持电流（约为最大电流的 1/2）时，电磁阀处于"保压"位置。此时主缸、轮缸和回油孔相互隔离密封，轮缸中的制动压力保持一定。

### 87. ABS 降压阶段是怎样工作的？

在制动压力保持不变后，控制单元还不断检测车轮转速信号，若判断出车轮仍有抱死倾向时，ABS 电子控制单元立即向液压控制单元发出控制信号，打开常闭阀，启动液压泵工作，制动液从制动器经低压蓄能器被送回到制动总泵，制动压力降低，制动踏板微量顶起，车轮抱死程度降低，车轮转速开始上升。

### 88. ABS 升压阶段是怎样工作的？

为了取得最佳的制动效果，当车轮达到一定转速后，ABS 电子控制单元再次命令常开阀打开，常闭阀关闭。随着制动压力增加，车轮再次被制动和减速。

### 89. 什么是电子制动力分配（EBD）？

EBD 是 ABS 附加的软件功能，无须添加任何硬件。车辆轻微制动，车轮无抱死倾向时 EBD 起作用：自动调整不同路况下前后轴的制动力分配比例。

❶ 使用电子制动力分配功能可免装比例阀及减载阀。在车轮部分制动时，电子制动力分配（EBD）功能就起作用，转弯时尤其如此，转速传感器将按时发出 4 个车轮的转速信号，电子控制单元根据这些信号计算车轮的转速。

❷如果后轮滑移率大于某个设定值，则由液压控制单元调节后轮制动压力，使后轮制动力降低，以保证后轮不会先于前轮抱死。

❸与传统的制动力分配方式（用比例阀）相比，电子制动力分配（EBD）功能保证了较高的车轮附着力以及合理的制动力分配。同时，电子制动力分配（EBD）并没有增加新的硬件，而是通过软件来实现制动力的合理分配，降低了成本。

❹当 ABS 起作用时，电子制动力分配（EBD）系统即停止工作。

❺EBD 的升压及保压与 ABS 工作过程完全一样，但降压控制则不同。当后轮有抱死倾向时，后轮的常开阀关闭，常闭阀打开，车轮压力降低，与 ABS 不同的是：此时液压泵不工作，降压所排放出的制动液暂时存放在低压蓄能器中。

### 90. 什么是 ASR 系统？

ASR（Anti Slip Regulation），是应用于车轮防滑的电子控制系统，可以说 ASR 是 ABS 的升级版产品。

车速传感器将行驶汽车的驱动车轮转速及非驱动车轮转速转变为电信号，输送给电子控制单元（ECU）。ECU 根据车速传感器的信号计算驱动车轮的滑移率，若滑移率超限，控制器再综合考虑节气门开度信号、发动机转速信号、转向信号等因素确定控制方式，输出控制信号，使相应的执行器动作，使驱动车轮的滑移率控制在目标范围之内。

### 91. ASR 系统和 ABS 系统的相同点是什么？

❶ASR 系统和 ABS 系统都用于控制车轮和路面的滑移率，以使车轮与地面的附着力不下降。因此两系统采用的是相同的技术，它们密切相关，常结合在一起使用，共享许多电子组件和共同的系统部件来控制车轮的运动，构成行驶安全系统。

❷车轮轮速传感器与 ABS 系统共享。

❸节气门开度传感器与发动机电控系统共享。

❹ASR 系统的 ECU 也是以微处理器为核心，配以输入/输出电路及电源等组成。

❺ASR 系统与 ABS 系统的一些信号输入和处理是相同的，为减少电子器件的应用数量，ASR 控制器与 ABS 电控单元常组合在一起。

### 92. ASR 系统和 ABS 系统的区别是什么？

❶ABS 系统可防止制动时车轮抱死滑移，提高制动效果，确保制动安全；ASR 系统（TRC）可防止驱动车轮原地不动而不停地滑转，提高汽车起步、加速及在滑溜路面上行驶时的牵引力，确保行驶稳定性。

❷ABS 系统对所有车轮起作用，控制其滑移率；而 ASR 系统只对驱动车轮起制动控制作用。

❸ABS 系统是在车辆制动时，车轮出现抱死情况下起控制作用，在车速很低（小于 8km/h）时不起作用；而 ASR 系统则在整个行驶过程中都工作，在车轮出现滑转时起作用，当车速很高（80～120km/h）时不起作用。

### 93. ASR 系统常用的控制方式是什么？

发动机输出功率控制，驱动轮制动控制，同时控制发动机输出功率和驱动轮制动力。

（1）发动机输出功率控制 在汽车起步、加速时，ASR 系统控制器输出控制信号，控制发动机输出功率,以抑制驱动轮滑转。常用方法有:辅助节气门控制、燃油喷射量控制和延迟点火控制。

(2)驱动轮制动控制　直接对发生空转的驱动轮加以制动,反应时间最短。普遍采用ASR系统与ABS系统组合的液压控制系统。

(3)同时控制发动机输出功率和驱动轮制动力　控制信号同时启动ASR系统制动压力调节器和辅助节气门调节器,在对驱动车轮施加制动力的同时减小发动机的输出功率,以达到理想的控制效果。

## 94. ABS系统工作时有什么表现?

❶ ABS系统工作时受制动踏板的控制,并且ABS系统投入工作时,在制动踏板上会产生一种液压脉动效应,紧急制动时使踏板连续跳动,感觉像反弹踏板,且听到"嘣嘣"声音。

❷ 当汽车车速达到25km/h左右时,ABS系统投入工作;当汽车减速且车速降到20km/h以下时,ABS系统停止工作。

## 95. ABS系统故障有什么表现?

❶ 如果汽车正常行驶时ABS警示灯点亮,或紧急制动时ABS系统不起作用,则说明ABS系统有故障。

❷ 如果在启动发动机之前,将点火开关旋至ON位置,ABS警示灯不亮,或者将点火开关旋至ON位置,ABS警示灯点亮3s后不熄灭,也表示ABS系统有故障。

## 96. 带ABS系统的车辆怎么进行液压制动系统排气?

第一步,预排气;第二步,正常排气;第三步,再次排气。

(1)预排气

❶ 连接制动液加注和排气装置(专用设备)。

❷ 排气顺序:将左前和右前的制动钳同时排气;将左后和右后的制动钳同时排气。

❸ 插上排气瓶软管后打开排气阀,直至排出的制动液无气泡为止。接着通过"基本设置"功能用测试仪(VAS5051)再次对液压单元排气(以捷达轿车为例)。

(2)正常排气

❶ 连接制动液加注和排气装置(专用设备)。

❷ 以规定的顺序打开排气阀并对制动钳排气。

a. 左前制动钳。

b. 右前制动钳。

c. 左后制动钳。

d. 右后制动钳。

使用合适的排气软管,它必须紧固在排气阀上,以避免空气进入制动装置。

❸ 在插上排气瓶软管后打开制动钳排气阀,直至排出的制动液无气泡为止。

(3)再次排气

❶ 用力踩下制动踏板并踩住。

❷ 打开制动钳上的排气阀。

❸ 将制动踏板踩到底。

❹ 在踏板踩下时关闭排气阀。

❺慢慢松开制动踏板。

每个制动钳必须进行4次排气,排气顺序如下。

❶左前制动钳。

❷右前制动钳。

❸左后制动钳。

❹右后制动钳。

排气后必须进行试车,同时必须至少进行一次ABS调节。

## 97. EBA电子制动力辅助系统的作用是什么?

如果属于非常紧急的制动,EBA电子制动力辅助系统就会指示制动系统产生更高的油压使ABS系统发挥作用,从而使制动力快速产生,减少制动距离。

EBA电子制动力辅助系统利用传感器感应驾驶者对制动踏板踩踏的力度与速度大小,然后通过电脑判断驾驶员此次刹车的意图。

在车辆行驶过程中,制动辅助系统会全程监测制动踏板,一般正常刹车时该系统并不会介入,会让驾驶员自行决定刹车时的力度大小。但当其侦测到驾驶员忽然以极快的速度和力量踩下制动踏板时,会被判定为需要紧急制动,于是便会对刹车系统进行加压,以增强并产生最强大的刹车力道,让车辆及驾乘人员能够迅速脱离险境。

## 98. TCS系统与ABS系统有什么区别? TCS系统的控制是怎样的?

(1)TCS系统与ABS系统的区别

❶ABS系统利用传感器来检测轮胎何时要被抱死,再减少制动器制动压力以防被抱死,它会快速地改变制动压力,以保持该轮在即将被抱死的边缘。

❷TCS系统主要通过发动机点火的时间、变速器挡位和供油系统来控制驱动轮打滑。

(2)TCS系统的控制

❶起步和低速加速时控制。在车辆起步和低速加速时通过TCS系统对驱动轮进行短暂制动使车辆的牵引力小于或等于附着力,降低车轮打滑。配置该系统的车辆,即使起步瞬间迅速将加速踏板完全踩到底,驱动轮也不会打滑。

❷高速行驶控制。在车辆高速行驶时发现车轮打滑,TCS系统通过发动机控制单元指令来执行以下项目。

a.减少喷油量。

b.断缸,如果是6缸发动机可以暂时关闭3个喷油器,降低发动机输出扭矩。

c.推迟点火提前。

d.适当关闭电子节气门。

e.升挡,通过增大负荷降速,使发动机输出有效功率下降,使车辆的牵引力小于或等于附着力,实现避免或减少车辆打滑。

## 99. 可变传动比转向系统控制过程是怎样的?

可变传动比转向系统(Variable Gear Ratio Steering,VGRS)改变了普通转向系统传动比恒定的缺点,由转向控制ECU根据转向角传感器信号和车速信号计算出转向执行器总成的目标转动角度,并且通过转向执行器总成的转动角度与驾驶员转动方向盘的角度相加来控制前轮的转向角。因此,其转向机构的传动比可根据车辆行驶状况而动态变化,从而实现车速从低速到高速范围内良好的转向操作灵活性和车辆稳定性。

### 100. 可变传动比转向系统的作用是什么？

可变传动比转向系统可确保车速越快，操控性越平稳顺畅。

可变传动比转向系统通过转向器调整到最适合当前车速的位置以发挥作用。低速行驶时，齿轮传动比位于最低值，以保证操控装置的快速反应能力和停车，急转弯及通过U形弯道时的易操控性。可变传动比转向系统的另一个关键优势在于，当操控汽车转弯时，时常发生过度校正，然而通过一步步最小限度的辅助，系统能够有效消除过度校正的惯性。

### 101. 可变传动比转向系统中转向执行器总成的结构是怎样的？各主要部件是怎样工作的？

转向执行器总成由电动机、锁止机构、减速机构和输出轴组成。

（1）电动机　采用高功率、低噪声的直流无刷电动机作为伺服电动机，封装在转向执行器总成壳体内，由永磁铁、线圈和转子轴组成。转子轴与谐波齿轮减速器的波动发生器相连接，将电动机的转矩传输到谐波齿轮减速机构，其作用是由转向控制ECU发出的信号控制，并根据方向盘的转动方向顺时针或逆时针旋转。转角传感器的作用是检测电动机的转子轴位置和旋转速度。

（2）锁止机构　锁止机构安装在电动机上，主要由固定在电动机上的锁架、安装在壳体上的锁杆及使锁杆作用的电磁阀组成。在系统发生故障时，锁止机构可以机械锁止电动机，使电动机停止旋转。锁止机构激活时，转向ECU切断锁止电磁阀的电流，回位弹簧推动锁杆与锁架齿槽啮合，以机械锁止电动机的转动，锁止解除时，转向控制ECU接通锁止电磁阀的电流，使锁杆与锁架脱开，电动机转动。

（3）减速机构　减速机构采用了结构紧凑、减速比大、高精度的谐波齿轮传动装置，它利用机械波控制柔性齿轮的弹性变形来实现运动和动力传递。

当刚性齿轮固定时，波动发生器凸轮由电动机带动旋转，凸轮在柔性齿轮内转动，就迫使薄壁滚珠轴承及柔性齿轮发生弹性变形。这时柔性齿轮变形成椭圆形齿轮，随波动发生器凸轮旋转的相反方向转动，椭圆形长轴上的齿与刚性齿轮上的齿啮合，而短轴上的齿则脱开，形成"啮入 - 啮合 - 啮出 - 脱开"，使柔性齿轮相对刚性齿轮发生错齿位移。

波动发生器凸轮顺时针（逆时针）转动一周，柔性齿轮相对刚性齿轮逆时针（顺时针）转过了2个齿。因为柔性齿轮比刚性齿轮少2个齿，而与柔性齿轮相啮合的驱动齿轮齿数与柔性齿轮齿数相等。因此，驱动齿轮输出轴也相对刚性齿轮转过2个齿。

谐波齿轮传动比 = 柔性齿轮齿数 / 刚性齿轮齿数 - 柔性齿轮齿数。

### 102. 可变传动比转向系统的工作原理是怎样的？

根据车辆行驶在低、中速范围要求转向响应灵敏性和高速范围要求转向响应无须过度灵敏，VGRS系统通过转向执行器总成输出轴顺时针（正向）或逆时针（负向）的角位移来控制增大或减小前轮转向角的目的。

（1）低、中速行驶　低、中速行驶时，驾驶员顺时针（右转）转动方向盘，转向控制ECU根据目标转向角，使转向执行器总成内的电动机逆时针旋转。

电动机转动通过波动发生器输入减速机构，电动机与柔性齿轮的传动比降为50∶1。转向执行器总成内的柔性齿轮带动驱动齿轮输出轴相对方向盘所连接的转向执行器总成内的刚性齿轮产生顺时针角位移,因此输出轴顺时针转动角度要比方向盘转动角度大,其值等于方向盘实际转动角度加上转向执行器总成转动角度。这样前轮将增大偏右转向角,提高了车辆低、中速转向的响应,防止车辆转向不足。

(2)高速行驶  高速行驶时,驾驶员顺时针(右转)转动方向盘,转向控制ECU根据目标转向角,使转向执行器总成内的电动机顺时针旋转。

电动机的转动通过波动发生器输入减速机构,电动机与柔性齿轮的传动比降为50:1。

转向执行器总成内的柔性齿轮带动驱动齿轮输出轴相对方向盘所连接的转向执行器内刚性齿轮发生少量的逆时针角位移,因此输出轴顺时针转动角度要比方向盘转动角度小,其值等于方向盘实际转动角度减去转向执行器总成转动角度。这样前轮将减小偏右转向角,迟缓了车辆高速转向的响应,防止车辆转向过度。

### 103. 电控驻车制动系统的作用是什么?是怎样实现的?

EPB电子驻车制动系统就是取代传统拉杆手刹的电子手刹按钮,比传统的拉杆手刹更安全,不会因驾驶者的力度不同而改变制动效果。

❶ EPB电子驻车制动系统通过内置在其ECU中的纵向加速度传感器来测算坡度,从而可以算出车辆在斜坡上由于重力而产生的下滑力,ECU通过电动机对后轮施加制动力来平衡下滑力,使车辆能停在斜坡上。

❷ 当车辆起步时,ECU通过离合器踏板上的位移传感器以及油门的大小来测算需要施加的制动力,同时通过高速CAN与发动机ECU通信来获知发动机牵引力的大小。ECU自动计算发动机牵引力的增加,相应地减少制动力。当牵引力足够克服下滑力时,ECU驱动电动机解除制动,从而实现车辆顺畅起步。

### 104. 传统手刹和电子驻车制动有哪些异同?

传统手刹和电子驻车制动的比较见表6-1。

表6-1  传统手刹和电子驻车制动的比较

| 项目 | 内容/说明 ||
|---|---|---|
|  | 传统手刹 | 电子驻车制动 |
| 操作 | 拉起手制动手柄 | 按下电子驻车制动按钮 |
| 释放 | 松开手制动手柄 | 按开电子驻车制动按钮 |
| 坡路起车 | 手刹、加速踏板和离合器踏板的复杂配合 | 车辆起步时自动释放 |
| 停车 | 持续地施加手制动或脚制动 | 当激活"Auto Hold"功能后车辆在每次静止后自动停稳 |

### 105. EPB系统主要组成部件有哪些?

EPB系统的主要部件有控制单元、驻车制动电动机及液压单元。

EPB电子驻车制动系统见图6-6。

(1)控制单元J540  该控制单元安装在后备厢右侧的蓄电池的下方。从蓄电池开始,驻车制动左、右电动机V282/283是单独控制的。在这个控制单元内装有两个处理器,驻车制动器松开的命令要由这两个处理器共同执行。该控制单元内还有一个微型倾斜角传感器。

（2）液压单元　为了能在主动巡航控制的调节过程中降低噪声，就需要使用集成的抽吸式阻尼消音器。这些抽吸式阻尼消音器就是一些小腔，通过橡胶膜片来平息制动液的波动。这种经过改进的液压单元只用于带有主动巡航控制装置的车。

（3）驻车制动电动机　驻车制动左、右电动机 V282/283。

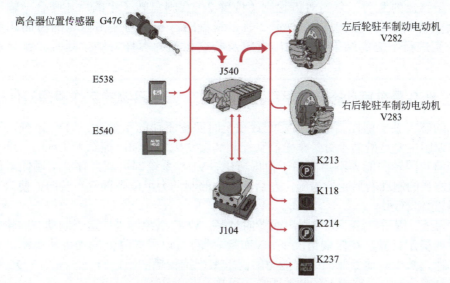

图 6-6　EPB 电子驻车制动系统

## 106. EPB 系统驻车制动电动机是怎样工作的？

要想实现驻车制动功能，就必须将驱动电动机的旋转运动转换成制动活塞的一个非常小的直线往复运动。这就需要斜轴轮盘机构与螺杆驱动相结合才能实现这个功能。

（1）电动机工作过程　这个运动转换过程分为三步来进行。

第一步，是"慢减速"（1∶3），这一步由电动机 - 齿轮机构输入端上的齿形皮带来完成。

第二步，由斜轴轮盘机构来实现。齿轮机构的输出端减速系数可达 147（与电动机的转速相比）。

第三步，通过一个螺杆来驱动制动活塞，这样就将旋转运动转换成往复直线运动。

（2）执行工作　螺杆直接由斜轴轮盘机构来驱动。制动活塞内装有一个气缸，该气缸可在轴向滑动。两个平面可防止气缸转动，在气缸尾部加粗的部分上装有一个压紧螺母，螺杆的旋转运动会带动压紧螺母在螺杆上进行移动。

（3）驻车制动器拉紧　螺母在螺杆上向前运动，于是气缸与活塞接触，气缸和活塞都被压靠在制动盘上。

（4）驻车制动器松开　螺母在螺杆上向前运动向回旋转，于是气缸卸荷，密封圈在恢复原状时会将活塞向回推，于是就松开了制动盘。

## 107. EPB 系统后轮执行元件斜轴轮盘机构是怎样工作的？

输入齿轮上安装有一个斜盘，该斜盘上带有圆锥形花键，斜盘与输入齿轮不是轴向平行的。因此在输入齿轮转动时，该斜盘会呈摆动运动状态。斜盘是通过键槽固定在减速器壳体内的，它不能自由转动。

❶ 斜盘上有 51 个齿,输出齿轮有 50 个齿。
❷ 通过这个所谓的"分度误差",斜盘的齿就总是与输出齿轮的齿面相接触,而绝不会进入齿槽。因此,输出齿轮就会多转动一个小角度。
❸ 输入齿轮转一圈,输出齿轮和斜盘上各有两个齿轮啮合在一起。
❹ 由于斜盘的摆动,第二对齿轮副(位置2)在斜盘转了半圈后才啮合。输出齿轮在位置1会多转一点,这就使得在位置2时,斜盘的齿还是与输出齿轮的齿面相接触。这个运动一直进行下去的结果是:输出齿轮及与它相连的螺杆每转半圈时,就会多转半个齿宽。

### 108. 什么是车辆动态行驶平稳控制系统?VDC系统的工作原理是什么?

车辆动态行驶平稳控制系统主要配置在全时四轮驱动的车辆上,VDC系统对转向行驶稳定性的控制主要是借助于对各车轮制动控制和发动机功率输出控制来实现的。例如汽车转弯时,若前轮因转向能力不足而趋于滑出弯道,VDC系统即可获得预计车辆侧滑信息,这时就采取适当的制动右后轮的措施。左后轮产生的制动力可以帮助汽车转向,使汽车继续按照原来理想路线行驶。

在弯道上,因后轮趋于侧向滑出而转向过多,VDC系统即采取适当制动右前轮的办法,维持车辆的稳定行驶。在极端情况下,VDC系统还可以采取降低发动机功率输出的办法降低行驶车速,减少对地面侧向附着能力的需求来维持车辆的稳定行驶。采用VDC系统后,汽车在紧急避让或弯道路面上的制动距离还可进一步缩短。

### 109. VDC系统的主要传感器有哪些?

❶ 轮速传感器,用来跟踪每个车轮的运动状态。
❷ 方向盘转角传感器,用来传感方向盘的转角,在紧急避让和转向时提醒系统进入工作状态。
❸ 横向偏摆率传感器,用来记录汽车转向行驶时偏摆角度,是过度转向,还是不足转向。
❹ 横向加速度传感器,用来检测转向行驶时横向滑移距离。
❺ 车轮位移传感器,用来测量车轮和车身相对位置的变化。

### 110. 轮胎压力监测系统的作用是什么?有哪些类型?

(1)作用 轮胎压力监测系统(TPM)是在汽车行驶过程中对轮胎气压进行实时自动监测,并对轮胎漏气和低气压进行报警,以确保行车安全。
(2)类型
❶ 轮胎压力监测显示也称间接式轮胎压力监控系统。
a. 轮胎压力监测显示是ABS控制单元的一个软件功能,它通过计算ABS传来的数据,识别每个轮胎的胎压故障。
b. 驾驶员自己将气压充到标定的气压值,然后按压一个按钮使系统学习标定值。
❷ 带车轮位置识别的轮胎压力监测。
a. 这种系统由车轮电子单元、非接触式天线和控制单元构成。
b. 驾驶员将胎压充到正确值并且存储到系统内。
❸ 不带车轮位置识别的轮胎压力监测。

a. 不带车轮位置识别的轮胎压力监测系统集成在舒适系统控制单元内,中控锁和防盗警报天线用于接收来自车轮电子单元的信号。

b. 这种系统的轮胎标定压力是出厂时预设的。

## 111. 三种轮胎压力系统的主要区别是什么?

三种轮胎压力系统的主要区别见表 6-2。

表 6-2 三种轮胎压力系统的主要区别

| 项目 | 轮胎压力监测显示 | 带车轮位置识别的 TPM | 不带轮胎位置识别的 TPM |
| --- | --- | --- | --- |
| 软件 | ABS 控制单元中的软件模块 | 单独的轮胎压力监控单元 J502 | 轮胎压力监控单元 J502 位于舒适系统控制单元 J393 中 |
| 轮胎电子单元 | 无 | 每轮一个 | 每轮一个 |
| 天线 | 无 | 每个轮罩一个 | 无,信号由中控锁和防盗警报天线接收 |
| 标定轮胎压力 | 驾驶员自己充气并存储 | 驾驶员自己充气并存储 | 出厂预设 |
| 操作 | 按住按钮 2s | 通过信息系统 | 按住按钮 2s |
| 学习过程 | 在校准过程学习标定压力 | 轮胎重新充气后,需要开始学习 | 更换轮胎电子元件,标定压力不变 |

## 112. 轮胎压力监测显示(TPMD)的工作特点是什么?有哪些主要元件?是怎么进行监控的?

(1)工作特点 来自 ABS 的不同数据用于计算轮胎的滚动周长,滚动周长与其他相关参数进行比较。轮胎缺气会引起信号的变化,相关参数是系统根据自学习过程的驾驶状态计算出来的,此过程称为校准。

(2)主要元件

❶ J104 ABS 控制单元。

❷ J285 组合仪表。

❸ J533 网关。

(3)系统控制 轮胎压力监测显示(TPMD)是通过 ABS 系统的轮速传感器来比较轮胎之间的转速差别,以达到监测胎压的目的。

如图 6-7 所示,4 个轮速传感器把各自的车轮转速信号传至 J104,J104 将信号再传至轮胎气压监控控制单元 J793,J793 进行数据处理,如果轮胎气压太低或漏气,轮胎气压监控控制单元 J793 通过网关 J533 传至仪表 J285 进行报警。

❶ 监控轮胎体积。轮胎气压损失时,体积变小。要行驶相同的路程,缺气车轮必须比没有气压损失的轮胎转得更快。车轮转速被 ABS 控制单元传递给 J793,J793 将进行车桥轴对称和单侧车轮滚动范围比较。

❷监控轮胎振动。由于行车道的不平整性，每个轮胎滚动时都会引起转动振动，分析车轮转速可以测出该振动。如果气压降低，则振动方式改变，因此监控轮胎振动程序可以同时安全识别各个轮胎上的气压损失，如轮胎上的慢漏气等。

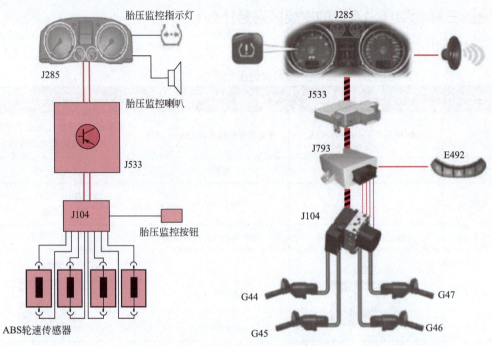

图6-7　间接式轮胎压力监控系统

### 113. 轮胎压力监测显示（TPMD）怎样校准？

每次更换轮胎或轮胎重新充气后，都需要重新校准。

（1）按住胎压校准按钮2s
❶仪表内的警报灯会亮起2s。
❷伴有一声锣响。
❸系统校准开始进行。
❹校准后警报灯自动熄灭。

如果系统监控到胎压损失，位于组合仪表内的警报灯就会闪亮，并同时伴有一声锣声报警，以此来提示驾驶员。

只有当重新校准后，警报灯才可熄灭。若不重新校准，每次打开点火开关后，都会伴有一声锣声报警。

（2）参数变化　轮胎参数发生变化时，系统需要校准以确定新的参数，轮胎参数变化包括以下内容。
❶更换轮胎。
❷轮胎重新充气。
❸底盘维修。

校准：按住胎压校准按钮2s，此时，仪表内的警报灯会亮起2s并伴有一声锣响。

在正常驾驶条件下，系统自动将轮胎标定压力校准到驾驶员的充气值。在校准过程中，数据是逐渐传递到胎压监控系统的。系统经过自学习后便可以进行胎压监控，整个过程需要几分钟时间。

### 114. 轮胎滚动周长的影响因素有哪些？胎压监控的终止条件是什么？

（1）因素影响　轮胎的滚动周长是胎压监控的基础，滚动周长除了受轮胎压力影响外，还会受到下列因素影响。

❶ 轮胎打滑（行驶打滑或制动打滑）。
❷ 转弯时轮胎的位置。
❸ 车辆负载。
❹ 路面状况（路面有雪、结冰、有水）。

（2）胎压监控终止　下列条件下，胎压监控将会终止。

❶ 路面不平坦或路面疏松。
❷ 驾驶员选择运动驾驶模式。
❸ 施加制动。
❹ 上坡行驶或下坡行驶。

### 115. 轮胎压力监测显示（TPMD）中更换ABS泵总成要注意什么？

更换ABS泵总成时，需要注意以下事项。

❶ 是否带有轮胎压力监控系统，如果有，则ABS需要正确编码。编码后，系统自动校准。
❷ 正确编码前，需要将轮胎充气到正确值。
❸ 为了确保校准正确进行，需要按下胎压监控按钮2s，此时仪表内警报灯亮起，系统校准再次进行。

### 116. 不带车轮位置识别的TPM系统的工作特点是什么？怎样操作切换？

（1）工作特点　轮胎压力传感器以固定的频率将数据向外传输，中控和防盗警报天线接收数据并将其传给轮胎压力监控系统控制单元J502（集成在舒适系统控制单元中）。

（2）操作切换

❶ 标定的气压（监控气压）在出厂时已经存储，该气压与标注在油箱盖上的大众集团认可轮胎的气压值是相同的。预设的满载气压和半载气压是不可改变的。
❷ 驾驶员可以通过中央扶手处的按钮在满载气压和半载气压间切换，检查轮胎气压状态，打开或关闭轮胎气压监控。

### 117. 不带车轮位置识别的TPM系统中怎么设定胎压？

如果车上装的轮胎气压值与油箱盖上的规定气压值不同，系统也可以用第二套气压设定值进行监控。

第二套气压设定值只能通过VAS5051/5052设定，系统无法通过轮胎压力传感器自动识别和学习第二套轮胎气压设定值。

设定第二套轮胎气压值步骤如下。

❶ 设定前读取轮胎传感器的识别码。
❷ 激活TPM的第二套设定值。
❸ 输入轮胎识别码和标定气压值。

### 118. 不带车轮位置识别的 TPM 系统中车轮压力电子装置元件有哪些?

车轮压力电子装置（传感器）见图 6-8。
❶ 压力传感器。
❷ 温度传感器。
❸ 加速度传感器。
❹ 电池。
❺ 测量、传送和控制元件。

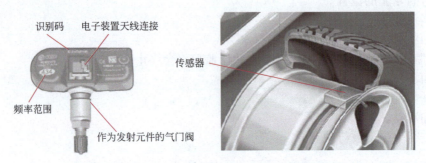

图 6-8　车轮压力电子装置（传感器）

### 119. 不带车轮位置识别的 TPM 系统中数据传输的作用有哪些?

（1）轮胎气压　判断轮胎的压力变化。
（2）温度　用来计算当前的轮胎气压。
（3）加速度　车轮加速度用来比较当前的车速。通过比较可以防止胎压监控电源 J502 将其他车辆的车轮电子元件误当成自己的。
（4）控制位　用来判断是否是内部故障。
（5）状态信息　信息传递的模式及其原因。

### 120. 轮胎压力数据传输状态和条件是什么?

轮胎压力数据传输状态和条件有以下三种情况。
❶ 车辆静止或车速低于 25km/h，无数据传递，除非轮胎压力变化超过 0.2bar/min（1bar=$10^5$Pa）。
❷ 当车辆静止时间超过 20min，之后车速高于 25km/h，则每隔 15s 传输 30 个信号（持续约 7.5min）。在正常行驶条件下，每分钟传输 1 个信号。
❸ 若轮胎压力缺失超过 0.2bar/min，则每 15s 传送一个信号。

### 121. TPM 系统中更换轮胎后怎么设定?

❶ 更换轮胎后，当车速超过 25km/h 时，系统会自动识别出新传感器的识别码并自动读取数据，加速度信息用来判断车速，此过程需要约 7min。
❷ 在 TPM 系统自动学习新的传感器前，系统需要先学习静止模式。此时车辆需要静止 20min，当轮胎漏气时需要 5min。
❸ 当车速超过 25km/h 的时间大于 7min 后，系统完成自学习。

## 122. TPM 系统中什么情况下故障报警灯点亮?

系统会自动识别出新传感器的识别码并自动读取数据。
① 换上备胎后（备胎不带压力传感器）。
② 没有安装轮胎压力传感器。
③ 利用修理包对轮胎进行修补后。
④ 周围有电磁干扰。
⑤ 更换轮胎后，静止时间不够。
⑥ 轮胎压力确实过低。

## 123. 带车轮位置识别的 TPM 系统是怎么控制的?

带车轮位置识别的 TPM 系统也称直接式轮胎压力监控系统，该系统利用安装在每一个轮胎里的压力传感器来直接测量轮胎的气压，利用无线发射器将压力信息从轮胎内部发送到中央接收器模块上的系统，然后对各轮胎气压数据进行显示。当轮胎气压太低或漏气时，系统会自动报警。

该系统为双向单天线直接测量系统。轮胎压力监控控制单元 J502 连接在 CAN 舒适总线上，每个车轮罩内都安装了一个轮胎压力监控发射器 G431、G432、G433、G434；后部轮胎压力监控系统 R96 天线位于车顶上的车内灯和滑动车顶模块之间。发射器和天线都是通过 LIN 总线与控制单元相连的，每个车轮还有一个轮胎压力传感器 G222、G223、G224、G225。

## 124. 带车轮位置识别的 TPM 系统的工作过程是怎样的?

当打开驾驶员侧车门或 15 号接线柱接通时，系统就开始初始化，控制单元 J502 给轮胎压力监控发射器 G431～G434 和天线 R96 各分配一个 LIN 地址。

初始化完成后，这几个发射器一个接一个从控制单元接收到一条信息，随后这些已经分配有地址的发射器发射出无线电信号（频率为 125kHz，只发射一次），由于这种无线电信号的作用半径很小，所以它们只会分别被相应的轮胎压力传感器所接收，传感器被所对应的无线电信号激活，会发送出测量到的轮胎当前压力和温度值，这些测量值被天线 R96 接收后再经 LIN 总线传送到控制单元。

轮胎压力传感器上装有离心力传感器，该传感器可以识别出车轮是否在转动。只要车处于停止状态，发送完一次信号后就不再进行任何通信。

车辆起步时，传感器约 2min 后开始与车轮位置进行匹配。当车速超过约 20km/h，每个传感器会自动发射当前的测量值，而不需等待来自各自发射器的信号。

发射出的无线电信号中包含有传感器的 ID，这样控制单元就可识别出是哪个传感器发出的信息及其位置。

正常情况下，发射器每隔约 30s 发射一次信号。如果传感器发现压力变化较快（>20kPa/min），那么传感器会自动切换到快速发送模式，这时每隔 1s 就发送一次当前测量值。

## 125. 怎样诊断胎压监控单元 J793 及四轮压力参数?

奥迪 A6L 轿车胎压监控单元 J793 位于动力 CAN 总线上，利用车轮速度传感器（EPS 传感器）比较各车轮的转动情况，当一个或多个胎压失压时，则其滚动周长变得越来越小。这样，行驶一定的路段该轮胎所需转动的圈数就增多。通过车轮转速传感器采集到这个信息，然后胎压监控单元 J793 对其进行分析。控制单元识别出较大的失压时，通过仪表盘中的指示灯向驾驶员发出警报。在某些动态运行状态下，例如，快速曲线行驶、恶劣路段上行驶、起步和制动时，只在一定条件下才由控制单元分析测量值，在多数情况下，不分析轮胎压力损失。

❶ 四轮压力警告数据块阅读：4C-08-001、4C-08-002，（4C 为地址码）。

数据块 4C-08-001 第Ⅱ区：左前轮胎压力警告。第Ⅳ区：右前轮胎压力警告。

数据块 4C-08-002 第Ⅱ区：左后轮胎压力警告。第Ⅳ区：右后轮胎压力警告。

以上各区显示 0～255，当轮胎压力报警时为 0，存储轮胎气压值后为 255。

❷ 四轮转速阅读：4C-08-014。

数据块 4C-08-014 第Ⅰ区：左前轮转速。第Ⅱ区：右前轮转速。第Ⅲ区：左后轮转速。第Ⅳ区：右后轮转速。

由于 ESP 的自诊断功能在车速达到 15km/h 以上就自动退出了，所以这组数据非常实用，可以在车辆行驶时连续监控车轮转速，从而找出导致压力报警的车轮。

### 126. 轮胎的标记有什么含义？

（1）轮胎的速度标记　在轮胎大小的数据说明（比如 185/65R 14-86T）后的速度标记（比如"T"）给出了所允许的轮胎最高速度（$v_{max}$）。汽车的轮胎必须选择为其最大允许速度比通过汽车所能达到的（结构形式所限的）最高速度要高。

（2）轮胎的磨损与使用性能　对于"高机动化汽车"的 H、V、Z 轮胎而言具有很高的轮胎制动附着力，包括在湿滑和被水淹没的路面上行驶。另外，这种结构形式轮胎的行驶里程不如其他型号轮胎那么长，例如 S 或 T 轮胎。

### 127. 轮胎的速度等级有哪些？

在每个轮胎侧壁上的标记中包括一个表示允许最高速度的字母。

例如：195/65 R 15 H 中的 H 表示"最高 210km/h"。

对于轿车轮胎来说，最常用的速度等级字母如下。

Q 表示最高 160km/h。

R 表示最高 170km/h。

S 表示最高 180km/h。

T 表示最高 190km/h。

H 表示最高 210km/h。

V 表示最高 240km/h。

W 表示最高 270km/h。

Y 表示最高 300km/h。

ZR 表示超过 240km/h。

### 128. 轮胎的性能有什么要求？

轮胎要求见图 6-9。

圆表面显示了轮胎的性能，它显示了要求 A 到要求 H 比例在轮胎结构和橡胶混合物中如何分配。一个要求的改进会造成对另外一个要求的不利。

潮湿制动性能的改进 A 将导致行驶舒适性 B、滚动阻力 G 以及预期寿命 F 下降。

轿车的预期寿命不仅取决于轮胎的橡胶混合物和结构形式，使用条件、汽车种类和行驶方式都会对轮胎的使用性能造成很大的影响。配有合适发动机的现代化的汽车允许经济的驾驶模式，同时也必须允许运动的驾驶模式。轮胎的使用寿命从 1 万～6 万千米或者 8 万千米均有可能。行驶方式是影响到轮胎使用寿命的决定性因素。

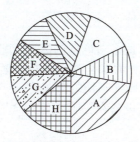

图 6-9　轮胎要求

A—潮湿制动性能；B—行驶舒适性；C—转向精确性；D—行驶稳定性；
E—轮胎质量；F—预期寿命；G—滚动阻力；H—抗滑性

### 129. 对于轮胎使用寿命的影响有哪些？

行驶方式和环境是影响轮胎使用寿命的决定性因素。

❶ 车速、制动、加速、转弯行驶、胎压、路面、室外温度和气候、质量、动态前束和倾角值、速度范围、潮湿或干燥，这些因素在不同强度下将影响到轮胎的使用寿命。

❷ 汽车重量会导致轮胎支承面被压平。在轮胎滚动时，会导致胎面和整个带束层持续损坏。在低胎压时会造成更高的强制变形，甚至产生更强的温度升高和更大的滚动阻力。由此会造成更大的磨损和更高的安全隐患。

### 130. 对于轮胎压力有什么要求？

笔者推荐始终遵照由生产厂商所给出的胎压。

### 131. 对轮纹深度的测量有什么要求？

轮纹深度在轮胎磨损最严重位置上的主胎面沟纹中测量，不要在 TWI（Tread Wear Indikator，意思是轮纹磨损标记）上测量。TWI 标记的位置在轮胎凸缘上可见。作为"TWI"标记的替代，可以为一个"△"标记或生产厂商的"公司图标"。TWI 突起部分为 1.6mm 高（图 6-10）。

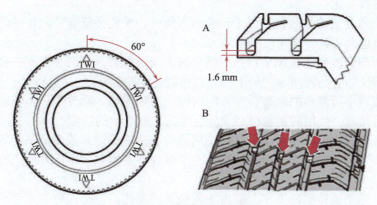

图 6-10　轮纹深度的测量

A—在主胎面沟纹中的 TWI 标记；B—带有 TWI 标记的主胎面沟纹（箭头）

TWI标记一定不要算在测量范围内。对于测量值而言，在胎面沟纹最深位置的尺寸是起决定作用的。

### 132. 轮胎上的颜色标记有什么含义？

❶ 轮胎侧壁上有一个白色点，这个白色点也称为匹配点。匹配点表示轮胎上径向力最低的位置（在整个轮胎圆周上测量）。径向力波动是径向摆动误差与轮胎刚性差异共同作用的结果，这种情况是由所用组件材料厚度不均匀造成的。

❷ 径向摆动偏差无法通过车间设备在轮胎本身上检测出来。只有装配成整个车轮时，才能利用车间设备检测径向摆动偏差。

❸ 在钢制轮辋的外侧轮缘上，作为标记用冲子冲出了一个最大径向摆动误差点（高点）。

❹ 钢制轮辋轮缘上的标记必须对准轮胎上的标记，这样才能确保最佳安装状态。铝合金轮辋上没有这样的标记。

❺ 轮胎运行表面上也有符合轮胎标准要求的彩色带状标记，这些彩色带状标记以代码形式表示宽度、直径、高宽比和速度等级等轮胎数据。

### 133. 汽车定位测量参数有哪些？

汽车定位测量参数包括前轮前束、前轮外倾、主销内倾、主销后倾等。

❶ 汽车定位参数是保证汽车安全行驶的重要参数，作为汽车性能检测一项重要指标的车轮定位参数的检测，在日常的维修中是必不可少的检测项目。

❷ 汽车车轮定位参数的测量方法有静态测量和动态测量两种，相应的检测设备也分为静态检测设备和动态检测设备两种。

静态测量法是在汽车停止的状态下使用测量仪器对车轮定位进行几何角度的测量。车轮静态测量参数包括：前轮前束、前轮外倾、主销内倾、主销后倾、两轮转角差（即转向前展差）、后轮束角与倾角以及后轴的偏斜与偏移等。使用的仪器主要有光学式和电子式两大类。

### 134. 汽车定位相互影响的参数有哪些？

四轮定位底盘维修时，往往无法应用理论去解决实际问题，其原因是：由于车体底盘的结构，所有四轮定位角度都在通过底盘的机械结构相关联，改变其中一个角度，其他的角度也会相应改变。

例如以下参数变化。

❶ 改变前束角会变动外倾角：由于改变前束角时，车轮会依着转向轴转动，因此外倾角会变动。后倾角越大，其外倾角改变也越大。

❷ 调整后倾角会改变车轮偏角：当后倾角加大或减少时，转向轴上支点会向前或向后移动。另外，可调整的就是转向轴的最下支点，也就是轮胎。

因此加大或减小后倾角的调整会使前轮向前或向后滑动，而改变了车轴偏角。为了使前轮自由向前、后移动，使用的转盘也必须具有可前、后滑动的功能。

❸ 改变外倾角可同时改变内倾角，改变内倾角会造成外倾角改变。不同的悬挂结构有不同的外倾角调整方法，如果向左、右移动上支架点或下支架点，不但外倾角改变，其内倾角跟着变。

因此即使外倾角被调整标准了，但由于内倾角的变化，也会使行车不平顺。解决了这个故障，同时又制造了另一个故障。

❹ 改变后轮前束会影响前轮单轮的前束：后轮前束角会决定后轮推进线角。现代的四轮定位都是采用推进线定位方法来决定前轮前束的，因此前束没有变化。

由于其单轮前束的基准线（推进线）变动了，因此单轮前束也会跟着变动，前轮总前束并没有因此而改变。

### 135. 车轮外倾角的作用是什么？对车辆有什么影响？

（1）作用　从汽车的前方看轮胎的几何中心线与地面的铅垂线的夹角。轮胎的上缘偏向内侧（靠近发动机）或偏向外侧（偏离发动机），当轮胎中心线与铅垂线重合时为零外倾角，当轮胎中心线在铅垂线外侧时为正外倾角，当轮胎中心线在铅垂线内侧时为负外倾角。调整车辆负载作用于轮胎的中心，消除跑偏，减少轮胎磨损。

（2）对车辆的影响

❶ 正外倾角太大的影响。轮胎外侧单边磨损，悬挂系统零件磨损加速，车辆会朝着正外倾角较大的一侧跑偏。

❷ 负外倾角太大的影响。轮胎里测单边磨损，悬挂系统零件磨损加速，车辆会朝着负外倾角较小的一侧跑偏。

### 136. 什么是前束？作用是什么？对车辆有什么影响？

从车辆的前方看，于两轮轴高度相同处测量左右轮胎中心线之间的距离，车轮前端距离与后端距离的差值称为前束角。前端距离大于后端距离为负前束，反之为正前束，相等为零前束。

（1）作用　降低轮胎磨损与滚动摩擦。

（2）对车辆的影响　轮胎外（内）侧磨损会有正（负）外倾角太大所形成的磨损形态胎纹磨损形式为羽毛状。当用手从内侧向外侧抚摸时，胎纹外缘有锐利的刺手感觉。

### 137. 什么是主销后倾角？作用是什么？对车辆有什么影响？

上球头或支柱顶端与下球头的连线（转向时，车轮围绕其进行转向运动的转向轴）向前或向后倾斜的角度。向前倾斜称为负主销后倾角，向后倾斜称为正主销后倾角。

（1）作用　转向稳定性及转向后方向盘自动回正能力。

（2）对车辆的影响

❶ 主销后倾角太小造成不稳定：转向后缺乏方向盘自动回正能力；车速高时发飘（车辆在高速公路上行驶时应对此项予以充分重视）。

❷ 主销后倾角不对称造成跑偏：左右两轮的主销后倾角不相等（超过0.5°）时车辆会出现跑偏，跑偏方向朝向主销后倾角较小的一侧。

### 138. 什么是主销内倾角？作用是什么？对车辆有什么影响？

从车辆的前方看转向轴线与地面铅垂线所形成的角度。

（1）作用　减少转向操纵力，减少回跳和跑偏现象，改善车辆直线行驶的稳定性。

（2）对车辆的影响　改善车辆稳定性能，主销内倾角失准车轮行驶漂浮不定，方向操纵性能明细差。

### 139. 四轮定位仪测量方法有哪些？

四轮定位仪的精度主要取决于测试方法和测试机构。

按照测量结构和测量方式的不同，四轮定位仪大致有以下几种分类。
（1）接触式测量　使用探头式差动变压器，测量车轮的端面高度变化。
（2）非接触式线激光传感器　使用线激光加CCD图像分析，测量车轮的端面高度变化。
（3）3D激光测量单元　采用3D激光、摄像测试技术。

### 140. 非接触式线激光传感器测量原理是什么？

（1）二传感器形式　两个传感器测量车轮的$X$、$Y$方向位置信息。先是在水平位置进行一次检测，然后传感器支架回转90°，再测量$Y$方向。两次测量的结果作为车辆调整的依据。调整结束后，再次用同样方法检测车辆轮胎，若不合格则再次调整，直到合格为止。
（2）三传感器形式　用三个传感器进行测量，传感器成品字形布置，分别处于钟表的9点、12点、3点钟位置。3点、9点钟位置的传感器用来测量$X$方向的轮胎位置数据，12点钟位置的传感器和底下两个传感器的中点连线，用来测量轮胎$Y$方向的位置数据。
（3）四传感器形式　四传感器是激光传感器。

### 141. 激光测量原理是什么？

（1）3D激光传感器　图像处理系统根据测量数据进行处理，得出需要的数据。
（2）轮胎轮廓线基本算法　系统需要根据所得图像得出轮胎轮廓线，方法如下。
❶ 测取车轮轮胎轮廓线。激光系统通过发射激光及接收激光的方式，测量车轮轮廓。通过连续的光束，读取并用计算机模拟出车轮轮廓。这个轮廓包括车轮边沿及车轮本身的毛刺、字迹等"扰动"成分，这是必须处理的。
❷ 提取高点附近的计算区段。通过轮胎壁过滤算法（经过过滤平滑处理，以消除轮胎变形、毛刺及字母影响）、轮胎边缘跳动补偿（去掉轮胎边缘及周期性的跳动）等处理方式，提取高点附近的一个区段的十几个点的数据，进行后续运算。
❸ 计算最高点，从距离数据上筛选出最高点。
（3）三线式前束、外倾的基本计算
❶ 首先计算前束，接着计算外倾角。
❷ 在修理工调整时，整个测量过程是动态的。测量结果可以动态显示在屏幕上，直到操作者调整合格为止。

### 142. 方向盘不正如何调整？

在调整前轮定位时，如果前束正确，但是方向盘不正，则应先把方向盘调正，然后通过调整转向拉杆，使转向拉杆居于中间位置，也就是说左右转向拉杆的长度一致。然后检测定位，调整前束。

如果只检测和调整前轮定位，但是后轮前束失准，同样会造成轮胎偏磨、跑偏和方向盘不正，因此后轮前束的调整不容忽视。只要是后轮前束可以调整的汽车，应当首先调整好后轮前束，然后再调整前轮前束和其他角度。这是车速较高的乘用车（轿车）采用四轮定位仪调整前束的主要原因。如果不调整后轮前束角或后轮前束角不可调，四轮定位仪将调整前束角来补偿不为零的推进角。

### 143. 车轮和轮胎运转不平顺的原因是什么？

运转不平顺最大可能是由于轮胎磨损而产生的。

运转不平顺的原因是多方面的。运转不平顺可能会由于轮胎磨损而产生，行驶中造成的轮胎磨损不是在整个胎面均匀分布的，这样在一定程度上破坏了车轮原有的平衡状态。转向时不容易察觉车轮的轻微不平顺，但是这不意味着它们不存在。这将加速轮胎的磨损，并缩短轮胎的使用寿命。

为了能在轮胎的使用过程中确保最佳安全性、最佳运转平顺性、磨损均匀，建议在轮胎全部使用寿命期内至少对车轮和轮胎平衡两次。

## 144. 车轮和轮胎平衡前应满足什么条件？

❶ 轮胎充气压力必须是正确的。
❷ 胎面没有发生偏磨并且应至少为 4mm 深。
❸ 轮胎必须没有任何损坏，如划伤、刺伤、鼓包等。
❹ 车轮悬架、转向装置、转向连接（包括减振器）必须处于正常状态。

## 145. 怎样进行车轮和轮胎平衡测试？

轮胎在动平衡机上滚动过程中对车轮和轮胎的径向力进行检验。

通过动平衡机可以进行除了当前已知的静平衡之外的其他测试。这个系统的特殊性是在滚动过程中对车轮和轮胎的径向力进行检验，其中一个滚轮用大约 635kg 的力压在车轮上，这样实现了在行驶过程中道路表面对轮胎支承力的模拟。通过在车轮、轮胎的径向跳动和轴向跳动以及在轮胎内的不同韧度而使得轮胎支承力变化。动平衡机识别和存储了在轮胎内最大测量径向力的位置，同时测量到轮辋边缘和轮辋中心之间最小尺寸的位置。

在更改配重质量之前不平衡量一定要小于 20g。

如果在平衡时确定残余不平衡量超过 20g，则应将车轮在轮毂上旋转一定的角度位置，将所显示不平衡的位置标记出来，然后将车轮螺栓拧松并且将轮毂转到另一位置，以便所标记的位置朝下。

将最下面的车轮螺栓用大约 30N·m 的力矩用手拧紧，以大约 30N·m 的力矩将其余的车轮螺栓以交叉方式拧紧，由此车轮就定位在轮毂上，再次用精配重设备检查不平衡量是否少于 20g。

## 146. 由于低胎压造成的轮胎损坏有什么故障特征？

胎体和橡胶分离、沿胎圈周向形成的宽凹痕和胎面裂纹，这三种轮胎故障情况均是由胎压过低造成的。

（1）胎体和橡胶分离　由于超低气压行驶而造成的强烈温度升高会导致温度过高并引起胎体从橡胶材料分离。

轮辋造成的胎缘圆周磨损和变色是这种损坏的典型磨损形式，在胎侧内部可以看见小的压缩褶皱。轮胎运动时，在钢丝帘布层之间，特别是在带束末端上会产生很高的剪力。

（2）沿胎圈周向形成的宽凹痕　如果行驶时气压过低，或者没有发现轮胎损伤或忽略时，可能会产生严重后果。轮胎可能在行驶中无法再承载出现的力。上述所指出的缺陷可能会导致轮胎功能极大地受到限制。橡胶混合物相互分离，可能导致轮胎部件的分离直至完全损坏。

（3）胎面裂纹　这种损伤的形成是长时间形成的，如果已经损伤的轮胎受到了很高的负荷，则可能在高速行驶时离心力的作用下造成轮胎部件的断裂。

### 147. 分动器起什么作用？

在多轴驱动（前、后桥驱动，或前、中、后桥以及中、后桥驱动）的汽车上，需要装设分动器，其作用可概括如下。

❶ 将变速器输出的动力分送到各驱动桥，并可视需要使前桥与动力接合或分离。

❷ 增大驱动车轮的转矩，以提高汽车的越野性能。

❸ 目前绝大多数越野汽车都采用两挡分动器，使之兼起副变速器的作用。

❹ 在分时四驱系统的分动器里是没有中央差速器的，当接通四轮驱动后，前、后轴呈刚性连接，以固定的比值进行动力分配。在铺装路面转弯的时候，由于前轮的转弯半径比同侧的后轮大，因此前轮的转速就要比后轮快，这样前、后轴的转速不相同，会出现"转弯制动"现象。这种情况对于分动器、差速器、传动轴、轮胎等部件都是有损伤的，所以四驱模式只适合在雪地、湿滑路段或越野时使用，在铺装路面行驶时应当切换回两驱模式。分动器见图6-11。

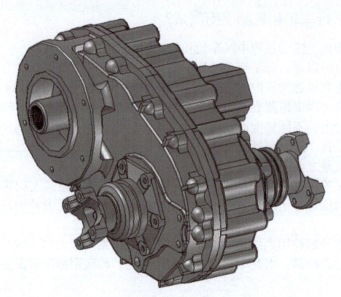

图6-11 分动器

### 148. 传动轴为什么会产生不平衡现象？有什么影响？

传动轴总成中万向节十字轴的轴向窜动、传动轴滑动花键中的间隙、传动轴总成两端连接处的定心精度、高速运转时传动轴的弹性变形、传动轴上点焊平衡片的工艺处理等因素，都能改变传动轴总成的不平衡度。

由于上述种种原因致使传动轴离开其平衡位置，便会发生相对于平衡位置的弯曲振动。旋转的传动轴因其质量偏心产生的离心惯性力，是引起传动轴弯曲振动的干扰力。此干扰力的频率与传动轴弯曲振动的固有频率相等时，便会发生共振，致使振幅急剧增加，有使传动轴折断的危险。一般称此时的转速为传动轴的临界转速，亦称为"危险转速"。

由于传动轴总成的不平衡，在汽车起步时，传动轴会产生异响，车身振动；改变车速时响声更明显，脱挡滑行时声响会更清晰地从传动轴部位发出，严重时会使传动轴明显弯曲和断裂。

## 149. 传动轴为什么要进行动平衡试验？

因在制造传动轴中，它的质量沿周围方向分布往往不均匀，特别是在高速旋转时易产生离心力而引起传动轴振动，使传动轴中间支承与减速器主动齿轮轴承增加额外负荷，从而加速轴承磨损。为了消除这种现象，传动轴在出厂前都进行了动平衡，校验时给轻的部位加上一块适当质量的平衡片后继续进行动平衡检验，待检验平衡后，可在滑动叉与传动轴上刻上箭头记号，以便拆卸后重装时，保持两者的相对位置不变。

## 150. 怎样检验传动轴管的弯曲度？

以专用支架安装传动轴万向节叉的两轴承孔，并以万向节叉两端面及花键轴中心孔定位，用百分表检查传动轴上的花键轴及支承轴承接合面的径向圆跳动，应不大于 0.15mm。在轴管全长上的径向圆跳动：全长小于 1m 的传动轴，应不大于 0.80mm；全长大于 1m 的传动轴，应不大于 1.00mm。或用 V 形架把传动轴轴管两端支起来，用百分表测量轴管外圆的径向圆跳动。

## 151. 怎样进行传动轴的弯曲校正？

当弯曲超过规定，变形量在 5mm 以内时，应在压床上进行冷压校正。将需校直的传动轴放到压床上的夹持位置，把两端夹持牢固。用压头向传动轴中间施加压力，注意使压头与传动轴的接触面积尽可能大些，以防局部变形。根据变形的程度，应有一定的超变形量和持续施压时间。

传动轴轴管上有明显凹陷或弯曲变形超过 5mm 时，可采用加热校直法校正。可先将花键轴头和万向节叉在车床上切下来（切下前，应做好装配时的对正记号），在轴管内穿一根较轴管内径略细而长的心轴，架起心轴两端，沿轴管弯曲或凹陷处加热至 600～850℃，垫上型锤，敲击校正。校正后，把切下来的花键轴头及万向节叉按原记号对正焊好。

## 152. 主减速器起什么作用？有哪几种形式？

主减速器的作用是降低转速，增大转矩，然后传给驱动轮，以获得足够的汽车牵引力和适当的车速。为满足不同的使用要求，主减速器的结构形式是不同的。

按减速传动的齿轮副数目分，有单级式和双级式主减速器。在双级式主减速器中，若第二级减速器同样有两副，并分置于两侧车轮附近，实际上成为独立部件，则称为轮边减速器。

按主减速器传动比挡数分，有单速式和双速式。前者的传动比是固定的，后者后轮有两个传动比供使用选择，以适应不同行驶条件的需要。

按齿轮副结构形式分，有圆柱齿轮式［又可分为轴线固定式和轴线旋转式（行星轮式）］、圆锥螺旋齿轮式和准双曲面齿轮式。

## 153. 单级主减速器的工作原理是怎样的？

单级主减速器的主动锥齿轮与传动轴相连接，装置在减速器壳上，减速器总成又装置在驱动桥壳上。从动锥齿轮与差速器外壳连成一体，并与主动锥齿轮啮合。当主动锥齿轮转动时，即带动从动锥齿轮和差速器外壳一起转动，通过两根半轴驱动车轮转动。由于主动锥齿轮齿数较少，从动锥齿轮齿数较多，所以能实现较大的减速作用，一般中、小型汽车普遍采用这种类型的单级主减速器。

# 1000项汽车技师实用技能完全掌握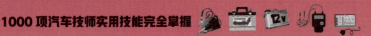

### 154. 双级主减速器的工作原理是怎样的？

当主减速器的减速比较大时，若采用单级主减速器，其从动锥齿轮势必很大，将影响必要的离地间隙，因此，必须采用由两对减速齿轮组成的双级主减速器，其工作原理如下。

主动锥齿轮旋转，带动从动锥齿轮旋转，完成第一级减速。第二级减速的主动圆柱齿轮与第一级的从动锥齿轮连成一体而一起旋转，带动从动圆柱齿轮旋转，进行第二级减速。因从动圆柱齿轮安装于差速器外壳上，所以，通过差速器和半轴即驱动车轮转动。由于其减速比为两级减速比的乘积，所以能得到较大的减速比。

### 155. 有的汽车差速器齿轮上有"YL"字样，有什么含义？为什么？

差速器齿轮制造有两种方法：一种是刨齿齿轮；另一种是圆拉齿轮（"YL"字样）。目前制造厂出厂时全部采用圆拉齿轮，这种齿轮与刨齿齿轮不能互相搭配使用，在更换个别齿轮时要仔细识别，不得混装。另外，特别要引起注意的是，圆拉齿轮只准成套更换，不可单换。识别方法是进行对比观察，刨齿齿轮的齿顶宽是大端宽、小端窄；圆拉齿轮的齿顶宽正好相反，大端窄、小端宽。

### 156. 主减速器磨合试验的目的是什么？

主减速器磨合试验是为了改善各运动配合接触工作表面状况，扩大和改善运动配合的实际接触面积，以形成正常的工作面，也是为了在近似使用的条件下，检验主减速器和差速器的修理、装配技术质量。修理、装配质量主要是从齿轮在工作时噪声大小、轴承发热程度以及各接合面等处是否漏油来判断，在磨合中所发现的隐患应及时排除。

### 157. 装配、调整差速器时有哪些技术要求？

装配、调整差速器时应检查差速器壳有无裂损，壳体与行星轮、半轴齿轮的接触面应光滑无沟槽。当以差速器壳与圆柱（锥）从动齿轮接合的圆柱面及端面为基准测量半轴齿轮承孔及差速器轴承轴颈表面的径向圆跳动时，一般均应不大于0.08mm，壳体与半轴齿轮承孔及壳体与轴承接合端面对壳体轴承轴颈轴线的轴向圆跳动应不大于0.05mm，行星轮接合球面的轴向圆跳动应不大于0.05mm。半轴齿轮轴颈与差速器壳的配合间隙以及十字轴轴颈与差速壳、行星轮的配合间隙均应符合修理规范要求。

## 第二节 故障诊断与维修操作

### 158. 怎样手动设置车辆高度？

操纵水平高度手动设置开关进行设置。

（1）设置条件 手动设置车辆高度的前提条件是发动机已启动和车门已关闭，在点火装置关闭后，最近一次选择的高度存储在存储器中。

（2）设置操作

● 要升高车辆，向前轻按跷板开关，车辆高度就会升高一个级别；降低车辆高度需要向后轻拨跷板开关,车辆高度就会降低一个级别。

❷ 关闭水平高度控制的具体步骤为:开启点火装置,向前按跷板开关 10~15s,松开跷板开关后,仪表板多功能显示器上显示"车辆水平控制功能关闭",此时车辆可以升高。

❸ 再次开启车身水平高度控制系统,首先要开启点火装置,向前按跷板开关 10~15s 或者使车辆起步,车身水平高度控制系统自动开启。

(3)信息显示和警告　所选高度通过跷板开关旁的 LED 显示,在调节过程中,跷板开关旁相应的 LED 指示灯闪烁,随后会持续亮起,高度变化也在仪表板多功能显示器上显示。但是,从标准高度到低位高度的自动切换以及从低位高度到标准高度的自动切换不会在仪表板多功能显示器上显示。如果存在系统故障,仪表板多功能显示器上会显示各种不同的信息。警告信息在控制系统停用时显示,此时不存在故障。当上述操作步骤完成时,警告信息立即消失。

## 159. 电控空气悬架控制单元故障怎么办?

(1)故障现象　一辆奥迪 A8 轿车,由于电控悬架的空气泵经常退出控制,使汽车无法根据路况和行驶条件的变化变更车身的高度及硬度。修理后空气泵不再退出控制,但使用一段时间后车身高度总是停留在最低位置,不再升高。

(2)具体故障诊断与分析　车辆在行驶中空气泵是否退出控制,主要取决于空气泵工作温度是否过高。

空气泵上装有温度传感器,当温度达到 130℃时,为了防止空气泵因过热而发生烧蚀现象,控制单元会自动断开空气泵的继电器,待温度正常后再恢复工作。

该车开始时空气泵经常退出控制的原因是电控悬架控制单元内的 A/D 转换器转换错误,本来空气泵工作温度正常,但由于控制单元数据转换错误,误认为空气泵工作温度超过 130℃,所以经常让空气泵退出工作。

(3)故障排除　更换电控悬架的控制单元和空气泵,并清除故障码,故障排除。

## 160. 电控空气悬架传感器故障怎么办?

(1)故障现象　一辆奥迪 A8 轿车电控悬架始终在最低位置,不能进行高度自动调节,稍遇颠簸车轮上部就可能与翼子板相碰。

(2)具体故障诊断与分析　用故障诊断仪调取故障码,含义为左前垂直高度加速度传感器短路或断路。

垂直高度加速度传感器用来测量车身高度的垂直加速度的变化,以确定汽车行驶路面的状况,控制单元根据垂直加速度传感器提供的信息,计算出汽车在该路面行驶所需的最佳阻尼力。

(3)故障排除　更换左前垂直高度加速度传感器,并清除故障码,故障排除。

## 161. 电控空气悬架空气弹簧故障怎么办?

(1)故障现象　一辆奔驰轿车电控悬架有时在最低位置,不能进行高度自动调节。在不平路面行驶时必须小心翼翼,稍遇颠簸车轮上部就可能与翼子板相碰。而有时又可以进行高度自动调节,不能进行高度自动调节时仪表显示"AIR SPRING VISIT WORKSHOP",即空气弹簧系统故障。

(2)具体故障诊断与分析　用故障诊断仪读取故障码，诊断为执行器中右前的一个电磁阀故障。

电控悬架控制的电磁阀输入或输出惰性气体氮气。如控制单元发现有电磁阀短路或断路，整个系统就会退出，电控悬架就停留在最低位置。如果是电磁阀短路或断路，在排除故障前电控悬架就应始终在最低位置。维修人员在检测过程中发现在对端子进行电阻检测时有时电阻值是∞，有时在测量中晃动一下线束，电阻值又恢复正常。

根据上述诊断，初步确定是电磁阀线束出现断路故障。

(3)故障点确定　经查排查发现一处可疑线段（比一般线软，好像内部无线丝），剥开发现此处断路。由于电磁阀线束外皮较粗，导线断开后在线束外皮的挤压下有时断开的导线还保持接触，所以有时检查电阻值正常。

(4)故障排除　更换电磁阀线束，清除故障码后，电控悬架可以进行高度自动调节故障排除。

## 162. 怎样检查和拆装转向球头？

某宝来轿车，用力下拉转向球头，再向上推。如果有明显的间隙，必须更换球头。

(1)检查球头　用力向里、外压车轮下部。要仔细检查球头。注意，有可能存在车轮轴承"窜动"或减振器上支座"窜动"。

(2)转向球头的拆卸

❶拆下12角自锁螺母；拆下车轮；举升车辆。

❷旋松螺母，直至螺母上表面与螺栓头平齐，拆下螺栓。

❸压出传动轴。

压出传动轴时，确保有足够间隙。

❹将传动轴固定到车身上。

传动轴不能向下悬挂，否则过度弯曲将会损坏内万向节。

❺将车轮轴承座连同转向球头从控制臂上拉出。

❻将车轮轴承座连同减振器向外摆，并且支撑好。

❼压出转向球头。

(3)转向球头的安装　安装时，拧上新的自锁螺母，用扭矩钥匙T40以防止其旋转；将球头装到车轮轴承座中，然后将转向球头固定到控制臂上。

## 163. 怎样检查和更换减振器？

以宝来轿车为例，操作步骤如下。

❶拆卸车轮；取下防尘帽。

❷从制动钳上拆下导向销；从支架上脱开制动片磨损传感器插头。

❸取下制动钳，并将其挂到车身上。

❹从控制臂上拆下连接件螺栓；从减振器上脱开ABS转速传感器线束。拆下车轮轴承座/减振器连接螺栓。

❺将扩张器插入槽内。将棘轮扳手旋转90°，沿减振器方向压制动盘，否则车轮轴承座孔内的减振器护套将发生倾斜。

❻向下拉车轮轴承座使其与减振器分开。

❼用减振器专用工具拆下减振器座上六角螺母，从下部取出减振器。

## 164. 怎样拆装万向节？

以宝来轿车为例，操作步骤如下。

（1）拆解万向节

❶拆下保护套两侧卡箍，尽可能将保护套向内等速万向节方向推。

❷使用塑料锤用力敲击外等速万向节，从传动轴上敲下外侧等速万向节。

❸用一根芯轴将内等速万向节的盖板从内等速万向节上敲下。

❹用弹簧垫圈夹钳拆下卡环；拆下两个卡箍，把万向节保护套向外万向节方向推。

❺压出内侧等速万向节。

（2）组装万向节

❶将新的防护套推到万向传动轴上。将外侧等速万向节用塑料锤小心地敲到传动轴上直至止位，卡紧卡环。

❷压入内侧等速万向节。球形毂（花键）内径上的倒角必须指向万向传动轴的接触凸肩。

❸放置弹簧钳。此时应注意，钳子的刃应贴紧卡箍的角。

❹用扭矩扳手旋转丝杆来夹紧卡箍（注意钳子不能歪斜），将卡箍在传动轴小直径上夹紧。

## 165. 怎样拆装后轮轴承？

以宝来轿车为例，操作步骤如下。

（1）拆卸后轮轴承

❶压出防尘盖：轻轻敲打鼓盖拔出器的卡爪，将防尘盖从其固定位置松开。

❷旋出螺栓，应用扳手固定住导向销。

❸拆下制动钳壳体并用金属线将其固定在车身上，以免其重力压迫或损坏制动软管。拆下制动盘。

❹旋出12角自锁螺母，用拉力器拉出车轮轴承/轮毂。

❺从轮毂轴上拉下轴承内圈。

（2）安装后轮轴承

❶尽可能将车轮轴承/轮毂装到轮毂轴上。

❷装好专用工具3420，将车轮轴承/轮毂压到止点位置，然后拆下专用工具。

❸使用新12角自锁螺母，将螺母拧到止位，将力矩拧到175N·m。

❹压入防尘盖。

❺进一步安装工作与拆卸顺序相反。

## 166. 怎样拆卸后桥？

以宝来轿车为例，进行以下拆卸。

❶松开车轮连接螺栓。车轮着地时，拆下螺栓。

❷举升车辆到装配高度，使螺旋弹簧不受力。

❸将车轮向下压，取下螺旋弹簧，拆下车轮。

❹举升车辆，拔下ABS转速传感器插头。

❺将ABS转速传感器线束从支架上拆下。

❻松开制动拉索，拆下制动管上的卡夹，断开制动管路。

❼取下卡子，从制动钳上拆下手制动拉线。

❽支撑后桥，例如用发动机和变速箱举升装置支撑后桥。

⑨拆下两侧轴承支架后桥螺栓，慢慢降下后桥。

### 167. 怎样拆卸转向节总成更换？

❶举升并妥善支承车辆。
❷拆卸轮胎和车轮。
❸从驱动桥半轴上拆卸轮毂螺母。
❹从制动盘上拆卸制动钳。支撑卡钳，以便它不悬挂在液压制动软管上。
❺从转向节总成上拆卸外转向横拉杆。
❻在装备防抱死制动系统(ABS)的车辆上，从转向节上断开ABS速度传感器电气连接器。
❼拆卸球节夹紧螺栓和螺母。
❽用球节拆卸工具KM-507-B从球节上拆下转向节。
❾从连接转向节总成至支柱总成的螺栓上拆下螺母，支撑驱动轴。
❿从轮毂上拆下半轴。
⓫拆卸转向节总成至支柱总成的连接螺栓。
⓬从车上拆卸转向节总成。

### 168. 怎样安装转向节总成更换？

❶将转向节总成安装到车上。
❷安装转向节总成至支柱总成螺母，紧固至120N·m。
❸将驱动轴连接到前轮毂上。
❹将球节连接到转向节总成上。
❺安装球节夹紧螺栓和螺母，紧固至60N·m。
❻连接防抱死制动系统速度传感器电气连接器。
❼将外转向横拉杆连接到转向节总成上。
❽将制动钳安装到制动盘上。
❾将轮毂螺母安装到驱动轴上。紧固驱动轴至轮毂螺母至150N·m。松开螺母，然后重新紧固至275N·m。安装车轮。

### 169. 怎样进行电动机械式转向系统设定？

（1）系统设定　如果系统有故障，除了附件外，其他的必须更换整个转向机构总成，新控制单元在安装后要在线进行编码。在车辆诊断仪上启动"给控制单元编码"功能后，首先要下载数据包，就是从中央数据库中将控制单元将要使用的必需的软件参数输入该控制单元中。随后的编码过程就是向控制单元输入有关车辆装备的信息。因为这个新控制单元尚未存储转向止点位置信息，所以在编码结束后还要执行"转向止点自适应"这个功能。

（2）手动自适应设定　大部分电动助力转向系统设定程序如下。
❶先将方向盘保持在中间位置，然后向左转到极限位置，并保持3s，再将方向盘向右转到极限位置并保持3s。
❷然后将方向盘回到中间位置。
❸进行路试，待车速超过20km/h电动助力转向系统故障灯自动熄灭后，即可完成对电动助力转向系统的设定。

维修举例：大众途安轿车电动助力系统就是按上述方法进行设定的，但大众系统其他轿车电动助力转向系统设定程序略有差别。

具体程序如下。

❶ 先将方向盘保持在中间位置，然后向左转 10°，停留 1~2s。

❷ 将方向盘回到中间位置，停留 1~2s；再将方向盘左转到极限位置，并保持 1~2s，将转向盘回到中间位置，停留 1~2s。

❸ 然后向右转 10°，停留 1~2s，将方向盘回到中间位置，停留 1~2s，再将转向右转到极限位置，并保持 1~2s，然后将方向盘回正即可。

### 170. 更换转向机后无法进行基本设定怎么办？

（1）故障现象　一辆迈腾轿车，转向机故障指示灯 K161 显示红色。

（2）故障诊断　读取电动转向机数据流发现，转向角度传感器 G85 信号、发动机转速信号、车速信号均正常。只有 44-11-01 显示的转向力矩传感器 G269 的转向力矩始终显示 0，进一步检查 G269 供电电压，44-11-02 转向力矩传感器的供电电压随着点火开关的转动在 0~0.3V 之间波动。

转向力矩传感器集成在转向机内部，由电动转向机控制单元为其提供工作电能，故障车的转向力矩传感器供电电压远远低于实际工作时要求的 2.5V，控制单元不能识别当前转向力矩的大小，所以不能进行基本设定，说明转向机控制单元内部供电有问题。

（3）故障排除　控制单元与电动机直接相连，出现损坏后应整体更换。更换转向机总成，故障排除。

### 171. 电动助力转向系统操作、维修诊断要注意什么？

使用电动助力转向系统的驾驶员，应注意避免打满转向。需要打满转向时，在止端停留时间要尽力控制在 3s 以内，否则会使电流过大引起元器件损坏。

❶ 保持蓄电池电量充足。蓄电池亏电会使转向变沉重，也会使整车中其他电控系统正常工作受影响。

❷ 系统的所有端子必须接触良好。插接器避免接触潮湿、高温，要保证其导电的良好性。控制器不能放置于潮湿、高温的地方。涉水时不仅要考虑排气尾管的高度，还要注意所有电器件必须高于水面。如传感器进水短路，就会造成电动转向熔丝断路，转向立即变得异常沉重。必须同时更换传感器和熔丝才能排除故障。

❸ 转向器转到止端时，助力电流达到最大值，此时显示屏和控制器容易发热。

### 172. 怎样检修电动助力转向系统变得特别沉重？

电动助力转向系统突然变得特别沉重，通常是由于电控系统进水短路，导致电控系统退出控制。应先检查控制系统线束插接器的接触是否良好，系统熔丝是否烧断，继电器是否损坏。控制器、电动机或传感器是否进水（外表可以看见水迹）、损坏。

如果控制器、电动机或传感器进水，必须更换。更换后需要对电动助力转向系统进行重新设定。

### 173. 怎样检修电控液压助力转向系统变得特别沉重？

电控液压助力转向系统中控制转向力矩大小的执行元件是动力转向伺服阀。该阀的作用是根据行驶速度在 PSU（功率控制器）内调节动车转向伺服阀的电流，车速越快，伺服的电流越小,转向助力比越小;相反,车速越慢,伺服阀的电流越大,转向助力比越大。动力转向伺服阀短路或断路时,电控液压助力转向系统的电控系统都会退出控制,转向系统会突然变得特别沉重。所以,电控液压助力转向系统突然变得特别沉重时,应重点检查动力转向伺服阀的电阻是否正确。

动力转向伺服阀一旦短路,会造成动力转向熔丝断路,导致转向突然变得异常沉重。

### 174. 动力转向系统转向沉重怎么排除?

(1) 故障现象　装有液压动力转向系统的汽车,在行驶中突然感到转向沉重。

(2) 故障原因

❶ 转向油罐缺油或油液高度低于规定要求。

❷ 液压回路中渗入了空气。

❸ 油泵驱动皮带过松或打滑。

❹ 各油管接头处密封不良,有泄漏现象。

❺ 油路堵塞或滤清器污物太多。

❻ 油泵磨损、内部泄漏严重。

❼ 油泵安全阀、溢流阀泄漏、弹簧弹力减弱或调整不当。

❽ 动力缸或转向控制阀密封损坏。

(3) 故障诊断与排除

❶ 用手压下转向油泵的驱动皮带,检查皮带的松紧度,若皮带过松,应调整。

❷ 启动发动机,使发动机怠速运转,突然提高发动机的转速,检查转向油泵驱动皮带有无打滑现象,发现问题后应按规定更换性能不良的部件。

❸ 检查转向油罐内的油液质量和液面高度,若油液变质,则应重新更换规定油液。若只是液面低于规定高度,应加油使油面达到规定位置。

❹ 如果发现油罐中的油液有气泡时,说明油路中有空气渗入,应检查各油管接头和接合面的螺栓是否松动,各密封件是否损坏,有无泄漏现象,油管是否破裂等。对于出现故障的部位应进行修整和更换,并进行排气操作,最后重新加入油液。

❺ 检查各油管接头等处有无泄漏,油路中是否有堵塞,查明故障后按规定力矩拧紧有关接头或清除污物。

❻ 对转向油泵进行输出油压检查,如果油泵输出压力不足,说明油泵有故障,此时应分解油泵,检查油泵是否磨损或内部泄漏严重,安全阀、溢流阀是否泄漏或卡滞,弹簧弹力是否减弱或调整不当,各轴承是否烧结或严重磨损等。对于叶片泵还应检查转子上的密封环或油封是否损坏,对于齿轮泵应检查齿轮间隙是否过大等,查明故障并予以修理,必要时更换油泵。

### 175. 动力转向系统转向泵异响怎么排除?

(1) 故障现象　汽车转向时,转向系统有过大的异响,并影响汽车的转向性能。

(2) 故障原因

❶ 转向油罐中液面太低,油泵在工作时容易渗入空气。

❷ 液压系统中渗入空气。

❸ 油罐滤网堵塞,或液压回路中有过多的沉积物。

❹ 油管接头松动或油管破裂。

❺ 油泵严重磨损或损坏。

❻转向控制阀性能不良。

（3）故障诊断与排除

❶当方向盘处于极限位置或原地慢慢转动方向盘时转向器发出"嘶嘶"声，如果这种异响严重，则可能为转向控制阀性能不良，应更换转向控制阀。

❷检查油罐液面高度，液面高度不够时应查明泄漏部位并修理，然后按规定加足油液。

❸检查转向油泵驱动皮带是否打滑，若打滑，应查明原因，更换皮带或调整皮带紧度。

❹察看油液中有无泡沫，若有泡沫，应查找漏气部位并予以修理，然后排除空气。若无漏气，则说明油路有堵塞处或油泵严重磨损及损坏，应予以修复或更换。

## 176. 动力转向系统转向时方向盘发抖怎么排除？

（1）故障现象　发动机工作时转向，尤其是在原地转向时滑阀共振，方向盘抖动。

（2）故障原因

❶油罐液面低。

❷油路中渗入空气。

❸转向油泵驱动皮带打滑。

❹转向油泵输出压力不足。

❺转向油泵流量控制阀卡滞。

（3）故障诊断与排除

❶首先检查油罐液面是否符合规定，否则按要求加注转向油液。

❷排放油路中渗入的空气。

❸检查转向油泵驱动皮带是否打滑或其他驱动型式的齿轮传动等有无损坏，发现问题后应按规定调整皮带紧度或更换性能不良的部件。

❹对转向油泵输出压力进行检查。压力不足时应分解油泵，检查油泵是否磨损或内部泄漏严重、安全阀及流量控制阀是否泄漏或卡滞、弹簧弹力是否减弱或调整不当、各轴承是否烧结或严重磨损等。对于叶片式转向油泵还应检查转子上的密封环或油封是否损坏，对于齿轮式油泵应检查齿轮间隙过大等。查明故障并予以修理，必要时更换油泵，如果泵轴油封泄漏也应更换转向油泵。

## 177. 怎么测试动力转向系统？

❶检查动力转向液液位和动力转向泵皮带张紧器。

❷接合驻车制动器。

❸断开泵上的高压管路，使用小容器收集油液。

❹将动力转向分析仪从动力转向泵连接至动力转向系统压力软管。

❺如果车辆装备了自动变速驱动桥，将换挡杆置于驻车挡（P）。如果车辆装备了手动变速驱动桥，将换挡杆置于空挡（N）。

❻完全打开仪表阀。

❼启动发动机并在急速下运行。

❽将方向盘在极限位置转动几次，以使油温预热到工作温度。

❾将发动机转速提高至 1500r/min。阀门完全关闭时间不得超过 5s，否则可能会造成泵内部损坏。

❿完全关闭仪表阀门，读取压力值。

⓫立即完全打开仪表阀。

⑫ 将方向盘先向左再向右打到底,如果压力值在规定的范围之内,表明泵没有问题。

## 178. 动力转向液泄漏是什么原因?

动力转向液泄漏是机械或管路原因。
❶ 检查动力转向泵、储液罐和泵传动轴是否泄漏。
❷ 检查动力转向系统软管。

## 179. 转向柱锁集成开关故障怎么排除?

如果设置故障码,进行故障诊断和重新设定后无法排除故障,则更换转向柱锁定控制模块。

(1) 诊断说明  车辆防盗子系统能够电动锁定或解锁转向系统。当电源模式转换为非关闭模式且存在已验证的驾驶员标识,则转向柱锁定控制模块可以解锁。一旦转向柱解锁,将允许启动请求。

(2) 故障排除  如果设置了故障码,清除所有故障码,在运行故障码的条件下,操作转向柱锁的集成开关;如果未设置故障诊断码,更换转向柱锁定控制模块。

## 180. 转向柱锁止电动机锁止电路故障怎么排除?

以通用科鲁兹轿车为例,执行转向柱锁止电动机锁止电路故障排除(表6-3)。其他车型遇到这样的故障同样按照表6-3中的故障诊断方法步骤及诊断思路进行有序化故障排除。

表6-3  转向柱锁止电动机锁止电路故障排除

| 项目 | 内容 | |
|---|---|---|
| 故障信息 | 显示故障码 | 故障说明 |
| | B289702 | 转向柱锁止电动机锁止电路对搭铁短路 |
| | B289705 | 转向柱锁止电动机锁止电路开路或对电压短路 |
| 诊断说明 | 车辆防盗子系统能够电动锁定或解锁转向系统。当电源模式转换为非关闭模式且存在已验证的驾驶员标识时,则转向柱锁定控制模块可以解锁。一旦转向柱解锁,将允许启动请求 | |
| 故障排除 | 步骤 | 诊断内容/排除方法 |
| | 1 | 点火开关置于OFF位置,断开K60转向柱锁止控制模块的线束连接器 |
| | 2 | 测试搭铁电路端子6和7与搭铁之间的电阻是否小于5Ω<br>如果大于规定值,则测试搭铁电路是否开路/电阻过大 |
| | 3 | 测试B+电路端子5和搭铁之间的电压是否高于11V<br>如果低于规定值,则测试转向柱解锁电路是否开路 |
| | 4 | 点火开关置于ON位置,测试控制电路端子3上的电压是否高于11V<br>如果低于规定值,则测试控制电路是否开路 |
| | 5 | 测试控制电路端子4与搭铁之间的电阻是否小于0.3Ω<br>如果高于规定值,则测试控制电路是否对电压短路 |
| | 6 | 断开K77遥控门锁接收器上的连接器 |
| | 7 | 测试K60转向柱锁止控制模块电路端子4和K77遥控门锁接收器电路端子1之间的电阻是否小于5Ω<br>如果大于规定范围,则测试控制电路是否开路 |
| | 8 | 如果所有电路测试都正常,则测试或更换K60转向柱锁止控制模块或K77遥控门锁接收器 |

续表

| 项目 | | 内容 |
|---|---|---|
| 部件测试 | 1 | 点火开关置于 OFF 位置，断开 K60 转向柱锁止控制模块的连接器 |
| | 2 | 将点火开关置于 ON 位置，指令 K77 遥控门锁接收器解锁 K60 转向柱锁止控制模块。测试 K60 转向柱锁止控制模块电路端子 4 和搭铁之间的电阻是否小于 5Ω<br>如果不是规定值，则更换 K77 遥控门锁接收器 |
| | 3 | 测试转向柱锁止电路端子 4 和搭铁之间的电阻是否为无穷大<br>如果小于规定范围，则更换 K60 转向柱锁止控制模块 |

## 181. EPB 系统怎样调整制动蹄片间隙？

❶ 制动蹄片间隙调整在车辆静止时周期性进行。当行驶距离每超过 1000km，而且电子驻车制动没有被应用时，间隙调整自动进行。
❷ 调整时，制动蹄片从其起始位置被压向制动盘。
❸ 控制单元通过检测电动机电流信号来判断蹄片行程，从而判断蹄片磨损情况，并对间隙进行补偿。

## 182. EPB 系统车辆怎么更换后制动蹄片？

❶ 更换制动蹄片时不能施加驻车制动，可以通过 VAS5051/5052 将压力螺母退回到初始位置。
❷ 更换完制动蹄片后，再次使用 VAS5051/5052 对蹄片位置进行匹配。

## 183. 怎样拆装驻车制动电动机？

重要一点，拔下插头前，必须保证点火开关至少已关闭 30s。具体拆装事项如下。
（1）拆卸事项
❶ 拔下插头。
❷ 拧下螺栓，拆下护盖。
❸ 取出电动机。
❹ 拆下密封圈。
（2）安装事项
❶ 清洁安装密封圈的环形槽和电动机接触面，安装新的密封环。
❷ 用星形螺栓工具套件微调螺杆，轻轻向回转动心轴，以使电动机能够正确安装到位。
❸ 安装螺栓，并拧紧。
❹ 装上插头。
❺ 对制动装置进行基本设置。

## 184. 制动失效故障怎么处理？

踩动制动踏板，根据踩制动踏板时的感觉，相应地检查有关部位。
（1）故障现象 踩下制动踏板，车辆不减速，即使连续踩几下制动也无明显减速作用。

（2）故障原因

❶ 制动踏板至制动主缸的连接松脱。
❷ 制动储液室无液或严重缺液。
❸ 制动管路断裂漏油。
❹ 制动主缸皮碗破裂。

（3）故障排除

❶ 踩下制动踏板时，如果感到很轻，稍有阻力感，则应检查主缸储液室内制动液是否充足。若主缸储液室内无液或严重缺液，应添加制动液至规定位置。再次踩下制动踏板时，若仍没有阻力感，则应检查制动主缸至制动轮缸的制动软管或金属管有无断裂漏油。

❷ 踩下制动踏板时，虽然感到有一定的阻力，但踏板位置保持不住，明显下沉，则应检查制动主缸的推杆防尘套处是否有制动液泄漏。若有制动液泄漏，说明制动主缸皮碗破裂；若车轮制动鼓边缘有大量制动液，则应检查制动轮缸皮碗是否压翻、磨损是否严重。

### 185. 制动不灵故障怎么处理？

路试车辆时，观察各车轮的制动情况。如果个别车轮制动不良，则应检查该车轮的制动软管是否老化；摩擦片、制动盘、制动鼓是否磨损到极限；摩擦片与制动鼓的接触面积是否过小。

（1）故障现象

❶ 汽车制动时，踩一下制动踏板不能减速或停车，连续踩几下制动踏板，效果也不好。
❷ 汽车紧急制动时，制动距离太长。

（2）故障原因

❶ 制动踏板自由行程太大。
❷ 制动主缸储液室内存油不足或无油。
❸ 制动液变质（变稀或变稠）或管路内壁积垢太厚。
❹ 制动管路内进入空气或制动液气化产生了气阻。
❺ 制动主缸、轮缸、管路或管接头漏油。
❻ 制动主缸、轮缸的活塞及缸筒磨损过度。
❼ 制动主缸、轮缸的皮碗老化或磨损引起密封不良。
❽ 制动主缸的进油孔、储液室的通气孔堵塞。
❾ 制动主缸的出油阀、回油阀不密封；活塞复位弹簧预紧力太小；活塞前端贯通小孔堵塞。
❿ 制动器的制动鼓与制动蹄片间隙不当；制动鼓与制动蹄片接触面积太小；制动蹄片质量不佳或沾有油污，制动蹄片铆钉松动；制动鼓产生沟槽磨损或失圆，制动时变形。
⓫ 真空助力器本身故障或真空管路有破损。

（3）故障排除

❶ 踩一下制动踏板，将踏板踩到底且无反力；连续几次踩制动踏板都能踩到底，且感觉阻力很小。应检查储液室中制动液液面高度是否符合要求，若液面低于"MIN"线以下，说明制动液液面太低。应检查制动踏板连动机构有无松脱。

❷ 连续踩几下制动踏板时，踏板高度仍过低，并且在第一次踩制动踏板后，感到总泵活塞未回位，踩下制动踏板即有制动主缸与活塞碰击响声。应检查主缸的活塞回位弹簧是否过

软；主缸的皮碗是否破裂。

❸ 连续踩几下制动踏板时，踏板高度低而软。应检查制动主缸的进油孔或储液室的通气孔是否堵塞。

❹ 踩一下制动踏板时，踏板高度过低；连续踩几下制动踏板时，踏板高度稍有增高，并有弹性感。应检查系统内是否存有气体。

❺ 踩一下制动踏板时，踏板高度较低；连续踩几下制动踏板时，踏板高度随之增高且制动效能好转。应检查制动踏板的自由行程及制动器的间隙。

❻ 维持制动踏板高度时，若缓慢或迅速下降，则应检查制动管路是否破裂、管接头是否密封不良；主缸、轮缸皮碗或皮圈密封是否良好。可踩下制动踏板，观察制动管路是否有制动液渗漏；制动主缸的推杆防尘套处是否有制动液渗漏；轮缸防尘套周围是否有制动液渗漏。

## 186. 制动跑偏故障怎么处理？

重要的是检查制动力是否均匀。

（1）故障现象

❶ 汽车行驶制动时，行驶方向发生偏斜。

❷ 紧急制动时，方向急转或车辆甩尾。

（2）故障原因

❶ 左右车轮轮胎气压、花纹或磨损程度不一致。

❷ 左右车轮轮毂轴承松紧不一、个别轴承破损。

❸ 左右车轮的制动蹄摩擦衬片材料不一或新旧程度不一。

❹ 左右车轮制动蹄摩擦片与制动鼓的接触面积、位置不一样或制动间隙不等。

❺ 左右车轮轮缸的技术状况不一，造成起作用时间或张力大小不相等。

❻ 左右车轮制动鼓的厚度、直径、工作中的变形程度和工作面的粗糙度不一。

❼ 单边制动管路凹瘪、阻塞或漏油；单边制动管路或轮缸内有气阻。

❽ 单边制动蹄与支承销配合过紧或锈蚀。

（3）故障排除

❶ 若车辆正常行驶时也有跑偏现象，则首先做以下外观检查：检查左右车轮轮胎气压、花纹和磨损程度是否一致；检查各减振器是否漏油或失效；检查悬架弹簧是否折断或弹力是否一致。

❷ 支起车轮，用手转动和轴向推拉车轮轮胎。若一侧车轮有松旷或过紧感觉，应重新调整轴承的预紧度；若转动车轮有发卡或异响，应检查该轮轮毂轴承是否破损或毁坏。

❸ 对汽车进行路试。制动后，若汽车向一侧跑偏，则为另一侧的车轮制动不良。首先对该车轮制动器进行放气，若无制动液喷出，说明该轮制动管路堵塞，应予以更换。若放出的制动液中有空气，说明该轮制动管路中混入空气，应予以排放。

❹ 如果制动器间隙过大，说明制动蹄摩擦片磨损严重或制动自调装置失效，应更换。

❺ 如果制动时出现忽左忽右跑偏现象，则应检查前轮定位是否符合要求，若前轮定位不正确，应调整；检查转向传动机构是否松旷，若松旷，应紧固、调整或更换。

## 187. 制动拖滞故障怎么处理？

（1）故障现象　抬起制动踏板后，全部或个别车轮的制动作用不能立即完全解除，以致影响了车辆重新起步、加速行驶或滑行。

（2）故障原因

❶ 制动踏板无自由行程，制动踏板拉杆系统不能回位。
❷ 制动总泵回位弹簧折断或失效。
❸ 制动总泵回油孔被污物堵塞，密封圈发胀或发黏与泵体卡死。
❹ 通往分泵的油管凹瘪或堵塞。
❺ 制动盘摆差过大。
❻ 前制动器密封圈损坏，造成活塞不能正常复位。
❼ 前、后制动器分泵密封圈发胀或发黏与泵体卡死。
❽ 鼓式制动器制动蹄回位弹簧折断或过软。
❾ 鼓式制动器制动蹄摩擦片破裂或铆钉松动。
❿ 鼓式制动器制动鼓严重失圆。

（3）故障排除

❶ 将汽车支起，在未踩制动踏板的情况下，用手转动车轮。如果某一车轮转不动，说明该轮制动器拖滞；若全部车轮转不动，说明全部车轮制动器拖滞。

❷ 如果为个别车轮制动器拖滞，首先旋松该轮制动轮缸的放气螺钉，如果制动液急速喷出，随即车轮能旋转自如，说明该轮制动管路堵塞，轮缸未能回油，应更换。如果车轮仍转不动，则拆下车轮，解体检查制动器。

❸ 若全部车轮制动器拖滞，则首先检查制动踏板自由行程是否符合要求，如果自由行程过小，应调整。然后检查制动踏板的回位情况，用力将制动踏板踩到底并迅速抬起，如果踏板回位缓慢，说明制动踏板回位弹簧失效或踏板轴发卡，应更换或修复。

### 188. 机械驻车制动不良怎么处理？

这类问题多数是驻车操纵杆的自由行程过大造成的，应进行调整或检修。

（1）故障现象

❶ 拉紧驻车制动器，汽车很容易起步。
❷ 在坡道上停车时，拉紧驻车制动器，汽车不能停止而发生溜车现象。

（2）故障原因

❶ 驻车操纵杆的自由行程过大。
❷ 驻车操纵杆或绳索断裂、松脱、发卡等。
❸ 驻车制动器间隙过大。
❹ 驻车制动鼓磨损过甚、失圆或有沟槽。
❺ 驻车制动蹄摩擦片与制动鼓的接触面积太小。

（3）故障排除

❶ 从驻车制动器操纵杆放松位置往上拉，直至拉不动为止。检查操纵杆的行程，如果行程过大，说明操纵杆的自由行程过大，应调整。如果感觉很沉，说明操纵杆或绳索及制动器发卡，应拆检。

❷ 经上述检查均正常，应拆检驻车制动器。

### 189. 怎么拆卸制动摩擦片？

❶ 拆下车轮，拆下防尘盖。

❷从支架上取下制动摩擦片报警插头并断开。
❸旋出制动钳固定螺栓。
❹拆下制动钳壳体后,用金属线将其固定在车身上,以免制动钳重力压迫或损坏制动管。
❺从制动钳壳体上拆下制动摩擦片。

## 190. 怎么安装制动摩擦片?

在安装新制动摩擦片前,用活塞调整工具 T10145(例如宝来汽车)将活塞压回到缸体,压回缸体前,用排液瓶从制动液储液罐中吸出制动液。否则,若储液罐盛满,流出的制动液会引发故障。
❶用活塞调整工具 T10145 压回活塞,将制动摩擦片插到制动钳和活塞间。
带有较大三脚架(白色)的制动摩擦片安装在内侧(活塞侧);带有较小三脚架(黑色)的制动摩擦片安装于制动钳壳体外侧。
❷将带制动摩擦片的制动钳壳体下部安装到车轮轴承座上。
❸用力推制动钳壳体,直至入位。制动钳壳体凸台必须位于车轮轴承座导向后面。
❹安装防尘盖,安装车轮。
❺检查复位。
a. 在停车状态下将制动踏板多次用力踩到底,使制动摩擦片达到其运行状态相应的位置。
b. 更换制动摩擦片后,检查制动液液面高度。

## 191. 怎么拆卸制动钳?

以大众车型为例,拆卸制动钳步骤如下。
❶卸下车轮。
❷用螺丝刀将制动钳的止动弹簧从制动摩擦片的止动弹簧中撬出,为此在两个止动弹簧中间插入螺丝刀。
❸用抹布固定住制动钳的止动弹簧,以免弹簧弹开。
❹脱开制动摩擦片磨损显示的插头连接。
❺将排气瓶的排气软管插到制动钳的排气阀上,然后打开排气阀。
❻装上制动踏板加载装置 VAG 1869/2。
❼关闭排气阀并取下排气瓶,拧下制动软管。
❽从制动钳轴套上拔下两个盖罩。
❾松开两个导向螺栓并从制动钳中取出。
❿从制动器支架上拆下制动钳,从制动钳中取出制动摩擦片。

## 192. 怎么安装制动钳?

以大众车型为例,安装制动钳步骤如下。
❶将带有止动弹簧的内部制动摩擦片装入制动钳(活塞)中。
❷将带止动弹簧的外侧制动摩擦片装入制动钳中。
❸将带制动摩擦片的制动钳放在制动器支架上。
❹用两个导向螺栓将制动钳拧在制动器支架上。

❺ 装上两个盖罩。
❻ 连接制动软管和制动钳的制动管路。
❼ 拆下制动踏板加载装置 VAG 1869/2。
❽ 将制动钳的止动弹簧装入制动摩擦片的止动弹簧中,并将其压到制动器支架下。
❾ 连接制动摩擦片磨损显示的插头。
❿ 制动装置排气。

### 193. 怎么拆卸盘式后轮制动片?

若需要重复使用,要在制动摩擦片上做好标记,安装时将其装到原始位置,以免制动不平稳。手制动拉杆位于常态位置。
❶ 拆下车轮。
❷ 从制动钳壳体上拧下固定螺栓时,应固定住导向销。
❸ 拆下制动钳壳体并用金属线固定,以免其重力压迫或损坏制动管。
❹ 拆下制动摩擦片和定位弹簧。

### 194. 怎么安装盘式后轮制动片?

以大众车型为例,安装盘式后轮制动片步骤如下。
压回活塞前,用专用放液瓶或塑料瓶从制动液储液罐中吸出制动液。制动液有毒,不能用嘴通过软管吸出。
❶ 沿顺时针方向旋转和调整拆卸工具的滚花轮并拧入活塞。
a. 若活塞移动困难,用开口扳手钳住平台,旋转拧入活塞。
b. 不能用活塞调整工具将活塞推回,否则制动钳自动调整功能将被破坏。
❷ 将制动摩擦片和制动摩擦片定位弹簧插入制动钳。
❸ 撕下外侧制动摩擦片背面保护膜。
❹ 用新的自锁螺栓固定好制动钳。
❺ 调整手制动,安装车轮。

### 195. 怎么拆卸盘式后制动钳?

以大众车型为例,拆卸盘式后制动钳步骤如下。
❶ 拆下车轮。
❷ 拆下卡夹,按箭头方向压制动杆,并且脱开制动拉索。
❸ 将排气瓶的排气管插到制动钳的排气阀上,然后打开排气阀。
❹ 安装制动踏板压下装置。
❺ 关闭排气阀并取下排气瓶。
❻ 拧下制动管,抵住导向销,从制动钳上拧下两个紧固螺栓,从制动器支架上拆下制动钳。

### 196. 怎么安装盘式后制动钳?

以大众车型为例,安装盘式后制动钳步骤如下。
❶ 用新的自锁式螺栓将制动钳固定在制动器支架上。
❷ 将制动管路拧到制动钳上。
❸ 制动装置排气。

❹将弹簧夹装在手制动器拉线定位器上。
a. 将制动钳上的手柄沿箭头方向压并将制动器拉线装上。
b. 将弹簧夹压在手制动器拉线上。
❺调整手制动,安装车轮。

### 197. 怎么拆卸后轮毂式制动器?

以大众车型为例,拆卸后轮毂式制动器步骤如下。
❶拆卸车轮。
❷安装好制动踏板压下装置。
❸将放液瓶软管连接到排气阀上并松开排气阀螺栓。
❹排完液后,拧紧排气螺栓并取下排气软管。
❺松开制动蹄调整装置。将螺丝刀插入制动毂螺纹孔中并且向上推楔形块。
❻旋出螺栓,拆下制动毂。
❼拆下车轮轴承和齿圈的轮毂。
❽拆下手制动拉索及制动管。

### 198. 怎么拆卸后鼓式制动蹄片?

以大众车型为例,拆卸后鼓式制动蹄片步骤如下。
(1) 检查制动分泵泄漏情况
❶用拆专用工具挑开防尘罩。
❷若发现防尘罩中有制动液,则更换制动分泵。
(2) 拆卸后鼓式制动蹄片
❶拆下车轮。
❷松开制动片调整装置。
❸拆下制动毂和轮毂连接螺栓,取下制动毂。
❹拆下弹簧和弹簧座。
❺用起子将制动蹄从支撑盘后面拉出。
❻取下回位弹簧,脱开手制动拉索。
❼从轮毂和支架间取出制动蹄。
❽用台钳夹紧制动蹄。
❾拆下弹簧,用专用工具拆下上回位弹簧。
❿用专用工具脱开定位弹簧,从制动蹄上拆下推杆和楔形块。

### 199. 怎么安装后鼓式制动蹄片?

以大众车型为例,安装后鼓式制动蹄片步骤如下。
❶将制动蹄导入轮毂和制动支架之间。
❷将制动蹄安到制动活塞上。
❸将手制动拉索连接到手制动手柄上。
❹装上下回位弹簧并且抬起下支撑后面的制动蹄。
❺装上弹簧和弹簧座,装上制动毂。
❻用力踩制动踏板一次。

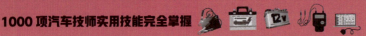

❼ 调整手制动。

## 200. 怎么调整盘式手制动装置？

以大众车型为例，调整盘式手制动装置步骤如下。
❶ 拆下中控台相关附件。
❷ 用力踩制动踏板一次。
❸ 拉紧手制动器 3 次，然后松开。
❹ 拧紧调节螺母。
❺ 调节完毕后应保证左侧和右侧制动钳上的拉杆至限位位置的距离总计不得低于 1mm 或超过 3mm。
❻ 检查两个车轮是否活动自如。

## 201. 怎么调整毂式手制动装置？

以大众车型为例，调整毂式手制动装置步骤如下。
❶ 拆卸相关附件。
❷ 将手制动手柄拉到第四定位槽处。
❸ 拧紧调整，直到用手难以转动车轮。
❹ 松开手制动，检查两车轮是否运转自由，如有必要向回轻微调整螺母。

## 202. 怎样分析实际 TPMS（轮胎压力监控系统）故障灯报警？

举例：A6L 于 2009 年 PA 版车型之后推出的胎压监控系统采用的是间接测量方式。胎压监控单元 J793 位于动力 CAN 总线上，利用车轮速度传感器（EPS 传感器）比较各车轮的转动情况。

一辆 2010 年产奥迪 A6L 2.4 轿车，在行驶约 3000km 时就出现过仪表板上 TPMS（轮胎压力监控系统）故障灯报警的现象。每次故障出现时，用户自行检查各轮胎的气压并存储胎压后报警灯会熄灭，但车辆行驶一段时间后又会报警，胎压监测系统异常报警频繁。

（1）具体诊断分析

第一步：
❶ 首先连接故障诊断仪 VAS5052 对车辆进行检测，发现轮胎压力监控系统控制单元中存储含义为"轮胎直径信号不可靠 / 偶发"的故障码。
❷ 进行常规检查，检查轮胎外观、尺寸及充气压力，均正常，也未更换过轮胎，各轮胎花纹磨损均匀正常。
❸ 路试，发现该车在存储胎压后行驶约几千米，胎压监测系统就会报警。观察数据流，报警时的各轮胎的报警状态均为 255，这说明各轮速信号无异常。根据以往的维修经验，维修人员先试换了 TPMS 控制单元 J793，但试车故障依旧。那么问题应该出在车轮上，于是又同时试换了 4 个相同的车轮。经长时间试车，发现故障消失了，由此可以判定问题出在轮胎的尺寸差异上。

第二步：
为了验证判断，再次安装原车的 4 个车轮，果然在行驶到 4.3km 时又出现了 TPMS 报警的情况，看来初步的判断得到了验证。为了弄清究竟是哪个车轮导致的系统报警，所以用备胎分别替换四个车轮进行观察。

❶ 将备胎安装在右前轮位置，试车行驶 5.6km 后 TPMS 报警。
❷ 将备胎安装在左前轮位置，试车行驶 4.8km 后 TPMS 报警。
❸ 将原车左前车轮安装在左后位置上，试车行驶 6.5km 后 TPMS 系统报警。
❹ 将原车左后车轮安装在右后位置上，试车行驶 50km 故障消失。
❺ 将原车右后车轮安装在左前位置上（替换备胎），试车行驶 175km 故障消失。
❻ 将原车右后车轮安装回原位，试车行驶 5.3km 后，TPMS 系统再次报警。至此，可以确定故障就出在右后轮上。

（2）结合车型基本技术原理分析　款款奥迪 A6L 轿车采用间接测量的胎压监测系统，因此车轮中没有安装胎压传感器。TPMS 控制单元 J793 通过舒适系统总线接收 ESP 控制单元 J104 传送来的 4 个轮速传感器的速度信号，通过分析来判断轮胎是否失压。

TPMS 系统按照 2 种不同的监控分析方式同时进行分析，可以同时识别出多个轮胎上的气压损失。

第 1 种方式：监控轮胎体积。当轮胎气压减小时，轮胎体积变小，要行驶相同的距离车轮必须比没有失压的车轮转得更快，车轮转速信号被 ESP 系统控制单元 J104 传递给 TPMS 控制单元 J793 进行分析。在 TPMS 系统中，各对角线的车轮转速被相加，然后进行比较，再将同轴车轮和单侧车轮的转速信号进行比较，由此可以顾及到弯道行驶、离心加速度及转向角度等因素的修正。

第 2 种方式：监控轮胎振动。由于行驶道路不平整，每个轮胎滚动时都会引起滚动振动，TPMS 通过测量各车轮转速分析该车轮的振动情况。如果气压降低，那么振动的方式就会发生改变，这种分析方式也可以同时测量出多个轮胎失压及轮胎缓慢漏气的情况。

（3）确诊分析　每次可通过 MMI 系统对胎压监测系统进行初始化设定，每次设定系统会有一次气压值的学习过程，在其后的行驶过程中，控制器会记录下各种行驶状态下的车轮转速和车轮振动状态，并结合车轮速度的变化规律、转向角度、横向加速度及离心加速度等因素的修正加以分析，气压的学习值就是系统监控的标准值。在行驶 10min 后，系统就可以监测出轮胎快速漏气，对轮胎缓慢漏气的监测大约需要行驶 1h。

如果判断出某个车轮气压过低，则将报警信息通过网关发送到组合仪表，发出声光报警，提示驾驶员某个车轮压力不正常。当一个车轮上由于轮胎损坏导致气压很快减小时，会亮起红色警告灯，驾驶员信息系统会有相关的文字提示，说明漏气轮胎的位置。当一个或多个轮胎缓慢漏气时，会亮起红色警告灯，但有可能没有文字提示说明哪个车轮漏气，系统只是提示车轮压力低于最低气压。

（4）故障排除　通过轮胎换位使各车轮间组成新的对应关系，消除了 J793 的误判断，排除故障。

## 203. 轮胎偏磨是什么原因？

路况和车轮定位等情况都会造成轮胎偏磨。

❶ 造成这种现象的原因在很多情况下是驾驶方式的问题，或者因为不正确的车轮定位造成的。

❷ 偏磨，通常伴有外胎肩磨损和纹槽磨凿的特征，轮胎总是在极限滑移角的位置上滚动并因此在路面上"磨损"时，总会出现偏磨。在弯路较多的路面上快速行驶将导致在外胎肩上的磨损程度增大。

❸ 为了能够达到最佳的行驶性能，底盘会设定为特定的前束和倾角值。当轮胎在超出规定值的条件下滚动时，会加重偏磨。特别是在错误前束和倾角值情况下，轮胎偏磨尤为严重，同时将加剧轮胎对角线斑点磨蚀。

❹ 为了防止轮胎偏磨，必须注意车轮位置应在汽车生产厂商规定的误差允许范围之内。在测量底盘参数时可以确定，车轮定位是否在规定的误差范围内或者是否需要更改车轮定位。

### 204. 轮胎外胎肩磨损是什么原因？

驱动轮上的轮胎外胎肩磨损比较明显，与胎压和行驶环境有很大关系。

❶ 这种磨损在大功率汽车的驱动轮上比较明显，这些汽车通常都是高速行驶很长的距离。在高速情况下由于轮胎离心力作用，在胎面中央的直径要比胎肩处大。由此，驱动力从胎面的中央区域范围传递到路面上，从而形成这种磨损，特别是在较宽轮胎上会出现这种现象。

❷ 通过减小轮胎充气压力不会减缓此种磨损。出于安全原因轮胎充气压力绝对不可以低于规定的轮胎充气压力。

❸ 驱动轮和非驱动轮适时换位可使各轮胎的磨损大致均匀。

### 205. 轮胎对角线斑点磨蚀是什么原因？

❶ 对角线斑点磨蚀与轮胎周向大约成 45°角。它一般只出现在一处，但是也可能会在轮胎圆周上多次出现。斑点磨损几乎只出现在非驱动轮胎上，特别是在左后轮胎上。在有些车型上这种磨损发生频率很高，而另一些车型则从不发生这种磨损。

❷ 前束值越大，这种磨损越严重。

❸ 前束角处于规定值的公差下限则可改善这种磨损。

### 206. 轮胎锯齿形磨损是什么原因？

形成原因较多，车轮定位和使用均有原因。例如，极度转弯或经常在极大的弯道上行驶就会造成轮胎锯齿形磨损。

❶ 锯齿形磨损是在单独花纹块上形成的阶梯形磨损，由此可能使得滚动噪声升高。轮胎支承面内的花纹块不均匀变形是产生锯齿形磨损的直接原因。

❷ 锯齿形磨损在非驱动轮上比在驱动轮上要更加严重。新轮胎会更容易产生锯齿形磨损，因为轮纹块较高时弹性变形就较大。随着轮纹不断磨损高度降低，轮纹块的硬度会提高，锯齿形磨损率降低。

### 207. 车辆行驶跑偏路试有哪些条件？

❶ 在前桥和后桥上检查所有车轮悬架部件是否有损伤。

❷ 检查和校正轮胎充气压力。

❸ 检查轮胎是否有外伤，如刺孔、划伤、胎侧鼓包、制动磨损点或损伤。

❹ 轮胎是否因为钉子或类似的物体而受到损伤并是否在轮胎商处进行过维修，可能的情况下更换这些轮胎。

❺ 检查轮胎花纹磨损状态和胎面花纹深度。

❻ 所有轮胎的种类、生产厂和胎纹是否一致。

❼ 如果轮胎是非单一运转方向的，其 DOT 标记应在轮胎外侧，否则表明车轮和/或轮

胎已调换过位置。

❽ 做路试的路面必须是平坦的、直的、无凹坑并且路面不倾斜的。

## 208. 怎么调整轮胎引起的车辆跑偏？

轮胎引起的车轮跑偏校正流程见表 6-4。

**表 6-4　轮胎引起的车轮跑偏校正流程**

```
                        路试确定车辆是否跑偏及跑偏方向
                                    ↓
                        如果车辆跑偏，互换两前轮
                                    ↓
                                  进行试车
                            汽车沿直线行驶则结束
                    ┌───────────────┴───────────────┐
              汽车向相反方向跑偏                  汽车沿相同方向跑偏
                    ↓                                   ↓
            反向安装一个前轮轮胎                    前后轮换位
            （改变其运转方向）
                    ↓                                   ↓
                  进行试车                            进行试车
            汽车沿直线行驶则结束                汽车沿直线行驶则结束
              汽车不沿直线行驶                    汽车不沿直线行驶
                    ↓                                   ↓
              将前后车轮互换              汽车向相反方向跑偏    无变化
                    ↓                         ↓
                  进行试车              反向安装一个前轮轮胎
            汽车沿直线行驶则结束          （改变其运转方向）
              汽车不沿直线行驶                    ↓
                    ↓                          进行试车
              前面车轮互换           汽车沿直线行驶则结束
                    ↓                汽车不沿直线行驶
                  进行试车                    ↓
        汽车沿直线 │ 汽车不沿直线      更换前轮轮胎
        行驶则结束 │ 行驶结束                 ↓
                    ↓                      进行试车
                更换前轮轮           汽车沿直线行驶则结束
                    ↓
                  进行试车
            汽车沿直线行驶

                              检查四轮定位，必要时调整
                                   四轮定位工序
                                  找到维修方向
                                  底盘状态的检查        调整前轮前束
                                                      调整前轮外倾
                           将车正确停放并安装定位设备   调整后轮前束
                                  选择正确的车型信息   调整后轮外倾
                                    偏位补偿 ──→ 调整前检测车轮转向角度
```

### 209. 怎么检查和排除手动变速器低速异响？

（1）故障检查　检查变速器低速时是否发出爆震声。
（2）故障排除
❶ 更换磨损的驱动桥等速万向节。
❷ 更换磨损的半轴齿轮毂。

### 210. 怎么检查和排除手动变速器加减速异响？

（1）故障检查　检查加速或减速时是否有沉闷的金属声。
（2）故障排除
❶ 紧固松动的发动机支座。
❷ 更换磨损的驱动桥内侧万向节。
❸ 更换壳体中磨损的差速器锥齿轮轴。
❹ 更换壳体中磨损的半轴齿轮毂。
❺ 更换磨损的外等速万向节。

### 211. 怎么检查和排除手动变速器振动异响？

（1）故障检查　车辆行驶时振动并伴有"咣咣"的响声。
（2）故障排除
❶ 更换粗糙的车轮轴承。
❷ 更换弯曲的车桥半轴。
❸ 更换车桥驱动轴中磨损的等速万向节。

### 212. 怎么检查和排除手动变速器空挡异响？

（1）故障检查　在发动机运行时，检查空挡是否有异响（是否有嗡嗡声音）。
（2）故障排除
❶ 更换磨损的齿轮组支撑轴。
❷ 更换磨损的离合器分离轴承。
❸ 更换磨损的输入轴齿轮组。
❹ 更换磨损的1挡齿轮/轴承。
❺ 更换磨损的2挡齿轮/轴承。
❻ 更换磨损的3挡齿轮/轴承。
❼ 更换磨损的4挡齿轮/轴承。
❽ 更换磨损的5挡齿轮/轴承。
❾ 更换磨损的主轴轴承。

### 213. 怎么检查和排除手动变速器倒挡异响？

（1）故障检查　检查仅在倒挡时出现的异响。
（2）故障排除
❶ 更换碎裂、擦伤或磨损的倒挡惰轮、惰轮轴套、输入齿轮或输出齿轮。
❷ 更换磨损的1～2挡同步器。

❸ 更换磨损的差速器齿轮/轴承。
❹ 更换磨损的齿圈。

### 214. 自动变速器异响有什么特征？

自动变速器异响的部件一般情况是不能够目视观察到的，与自动变速器相关的异响比较复杂，如变扭器、油泵、行星系统、轴承、差速器以及装配（装车）错误引起的异响等。

常见的自动变速器故障特征如下。
❶ 踩刹车踏板，挂入前进挡或倒挡时，自动变速器异响很大，松开刹车踏板时异响消失。
❷ 平稳行驶时，异响消失。
❸ 在急加速时，异响尤为明显。

### 215. 怎么判断变扭器异响？

变扭器始终有连续的异响，通常为油泵或液力变矩器异响。

变扭器是由泵轮、涡轮导轮和锁止离合器组成的，动力输出是涡轮。但有一部分自动变速器采用分流式变扭器，动力输出除了涡轮外，还有泵轮，如奇瑞风云 ZF-4HP14 变速器。自动变速器体内一个离合器总成直接和变扭器的外盖（泵轮）刚性连接，它随着发动机一起旋转（这一点对于判断异响相当重要）。

因为在 P 挡和 N 挡时，整个变扭器（泵轮、涡轮和导轮）一起在旋转，异响有可能在这些挡位中不存在，但自动变速器入其他挡位（D、2、L、R）时（将刹车踏板踩到底，车轮固定不动），变扭器涡轮将固定不动（因为涡轮轴被固定不动），这时，变扭器的涡轮和外盖之间的轴承将工作。若异响在这些挡位中出现，但又不存在于在 N、P 挡，这时应该检查变扭器。另外，变扭器异响有可能随着车辆的起步慢慢变小，到平稳行驶时，变扭器内部元件没有相对运动，异响可能消失。

### 216. 怎么判断自动变速器油泵异响？

自动变速器油泵异响有这样的规律：异响随着压力变化而变化。如帕萨特 01N 变速器油泵有异响，把自动变速器所在的挡位全部入完，并相应改变其发动机转速，如果异响一直都存在的话，可以排除传动机构上的元件产生异响（也就是说该自动变速器油泵有异响）。

在检查自动变速器油泵之前，可以通过一些测试来判断，调节主油压，如果异响随着主油压的变化而变化，则说明油泵（包括油泵的输入轴）有故障。对奇瑞风云 ZF-4HP14 液控自动变速器，可以通过调节节气门拉线（TV）来判断；对于帕萨特 01N 变速器，则可以通过拔掉电磁阀线束来判断（此时油压最大）。

自动变速器油泵的异响也可能是由于油格堵塞造成的，可以用油压表来判断这种类型的问题，如果是油格堵塞而造成的自动变速器油泵异响，当负荷增加引起油压增加时，油压表的指针将会波动很大，起伏不定。

### 217. 怎么判断行星齿轮系统异响？

这种类型异响往往和挡位有密切的关系。空挡时无异响，则为行星齿轮机构异响。当两个元件同方向、同速度运动时，它们之间没有相对运动，不会产生异响。

行星系统主要由太阳轮、行星架（行星轮）和齿圈组成。我们知道挡位变换是通过改变不同的输入元件和固定元件，得到不同的输出、不同的传动比而获得的。前面提及过两个同方向、同速度，若没有相对运动的元件不会产生异响。在3挡，自动变速器传动比为1∶1，这就意味着在3挡，整个行星系统没有相对运动的元件，然而，这种异响在3挡将会消失。在1挡、2挡、4挡和R挡，整个行星系统的元件将产生相对运动，异响通常在这些挡位中出现。换句话说，行星系统异响与挡位有关。另外，在前进挡或倒挡，将刹车踏板踩到底时，整个行星系统将被固定，没有相对运动，行星系统异响将会消失。

### 218. 怎么判断离合器异响？

（1）异响特征　汽车离合器分离或接合时发出不正常的响声，一般会有"沙沙"的异响声，或者会有间断的碰撞声。

（2）异响原因

❶ 分离轴承缺少润滑剂，造成干磨或轴承损坏。

❷ 分离轴承与分离杠杆内端之间无间隙。

❸ 分离轴承套筒与导管之间油污尘腻严重或分离轴承回位弹簧与踏板回位弹簧疲劳，如折断、脱落，使分离轴承回位不佳。

❹ 从动盘花键孔与其花键轴配合松旷。

❺ 从动盘减振弹簧退火疲劳或折断。

❻ 从动盘摩擦片铆钉松动或铆钉头外露。

❼ 双片离合器传动销与中间压盘和压盘的销孔磨损空旷。

### 219. 怎么检修差速器异响？

速腾轿车低速大角度转向时底盘发出"咕咕"的异响。

把车辆举升后，任意一侧的驱动轮制动，异响都存在，故排除车轮轴承和制动系统异响。更换驱动半轴，异响仍然存在，故排除半轴故障可能。因只有车辆转弯时存在异响，所以判断为差速器响声。分解差速器，测量差速器行星齿轮的齿轮间隙和啮合印痕，发现啮合印痕在齿根部位，判断是差速器不正常啮合而产生的异响。

由于差速器球形衬套的不正常磨损，造成差速器的行星齿轮啮合部位达到齿轮根部（正常应为齿轮中部啮合）。因为差速器行星齿轮只是在转弯时才发生转动，所以这种异响会在转弯时出现，故障表现为低速转弯时整车的噪声比较小，异响明显。

在判断是否为差速器异响的过程中，要求能够大角度（方向盘转角大于180°）转弯，并且伴随不同的加减速，如果异响能够随着车速改变，一般是差速器故障的概率高。

### 220. 怎么判断低速行驶换挡故障？

（1）故障信息　某宝马520i轿车，搭载6HP19型自动变速器，低速行驶时换挡生硬。路试，在松开加速踏板的瞬间，如果恰好遇到1～2挡和3～2挡的换挡点，则会出现明显的换挡冲击。

（2）检查和排除

❶ 检测发动机及变速器控制单元，未发现故障码。检查变速器油质、油量，正常。

❷ 查看变速器控制单元中存储的自适应值，发现离合器C的充油加速时间已经达到40ms。这一自适应值表明离合器C的油道存在泄漏，而2挡换入1挡时恰好是该离合器投入工作，所以换挡平顺性就难以保证。

更换离合器 C，路试，故障排除。

## 221. 怎么判断高速行驶换挡故障？

（1）故障信息　本田雅阁轿车搭载自动变速器。热车后自动变速器换挡过迟，换挡时发动机空转。对比车速和发动机转速判断出自动变速器升挡过慢。缓慢踩下加速踏板，当发动机转速达到 2200r/min 时自动变速器才升挡。如果用力踩下加速踏板，那么当发动机转速达到 3000r/min 以上时自动变速器才升挡，而且升 4 挡期间发动机转速突然上升，自动变速器打滑。

（2）故障检查

❶ 检查自动变速器油，油量正常。

❷ 测量节气门位置传感器信号电压，节气门完全关闭时该信号电压为 0.45V，节气门全开时为 4.5V 左右。转动节气门，该信号电压能够随着节气门开度而均匀变化，说明节气门位置传感器正常。

❸ 检查换挡电磁阀、锁止电磁阀、主轴转速传感器、副轴转速传感器等部件，均正常。检查 S 换挡程序开关及其线路，没有发现异常。

（3）分析和排除　将变速杆置于 D 位，踩住制动踏板，向变矩器锁止电磁阀通电，该电磁阀发出动作声，发动机转速却没有明显下降，也没有出现抖动或熄火现象，这就可以判定故障出在液力变矩器锁止离合器（或锁止油路）。更换液力变矩器，故障彻底排除。

该车自动变速器有两种故障：一是自动变速器控制单元性能不良；二是液力变矩器锁止离合器损坏。虽然升挡过迟和打滑故障有可能与自动变速器内部的换挡阀或换挡执行元件有关，但从维修原则上讲从易到难、从外围到内部，所以分解自动变速器一般在排除其他故障以后再进行。

## 参考文献

[1] 顾惠烽，等 . 汽车常见故障识别·检测·诊断·分析·排除 [M]. 北京：化学工业出版社，2019.
[2] 薛庆文 . 自动变速器故障维修案例分析与经验集锦 [M]. 北京：机械工业出版社，2013.
[3] 周晓飞 . 教你成为一流汽车维修技师（升级版）[M]. 北京：化学工业出版社，2016.
[4] 姚科业 . 汽车传感器识别·检测·拆装·维修（双色图解精华版）[M]. 北京：化学工业出版社，2017.
[5] 周晓飞 . 教你成为一流汽车维修工 [M]. 第 2 版 . 北京：化学工业出版社，2017.
[6] 曹守军 . 精选汽车维修案例解析 [M]. 北京：机械工业出版社，2014.